历史真相探索文学
这本书里所讲的故事都曾真实地在历史上发生过

九曲流沙

（精编版）

杜建辉 著

河南大学出版社
·郑州·

图书在版编目(CIP)数据

九曲流沙：精编版/杜建辉著．—郑州：河南大学出版社，2014.4
ISBN 978-7-5649-1479-0

Ⅰ.①九…　Ⅱ.①杜…　Ⅲ.①纪实小说—中国—当代　Ⅳ.①I247.5

中国版本图书馆 CIP 数据核字(2014)第 067601 号

责任编辑	陈　巧
责任校对	李　娟
封面设计	陈盛杰

出版发行	河南大学出版社		
	地址：郑州市郑东新区商务外环中华大厦 2401 号	邮编：450046	
	电话：0371-86059712（高等教育出版分社）		
	0371-86059713（营销部）	网址：www.hupress.com	
排　版	郑州市今日文教印制有限公司		
印　刷	郑州市今日文教印制有限公司		
版　次	2014 年 8 月第 1 版	印　次	2014 年 8 月第 1 次印刷
开　本	787mm×1092mm　1/16	印　张	14.5
字　数	344 千字	定　价	20.00 元

（本书如有印装质量问题，请与河南大学出版社营销部联系调换）

目 录

第 一 回
　　看潮生　抢果实　袁克成炮制"宛南方案"
　　附权势　演变脸　沈二皮设陷构害义军……………………… 1

第 二 回
　　丁二爷　携狗儿　元宵节大耍阴谋
　　失亲人　承遗志　走他乡折节向学……………………………… 11

第 三 回
　　放飞鸽　斗计谋　颜潜修谋中有谋
　　结学友　竞心志　夺冠军义中有义……………………………… 17

第 四 回
　　攻营垒　掠良田　颜氏豪门拔地起
　　察内应　灭匪焰　舍身保民举寨哀……………………………… 28

第 五 回
　　释囚犯　泯恩仇　牛陈氏晓理明义
　　诛二皮　泄天机　颜潜修李代桃僵……………………………… 39

第 六 回
　　战连战　祸连年　樊存诚纵论天下
　　忆恩师　牵良缘　牛紫龙投身学潮……………………………… 46

第 七 回
　　寻真理　终未果　樊家军沙场浮沉
　　争公义　谋暴动　众农友重陷杀机……………………………… 55

第 八 回
　　查内奸　布疑阵　张道成掀开罗网
　　旧有怨　新添仇　独行侠当机立断……………………………… 66

第 九 回
　　斩线索　化危机　刘继祖毙命闹市
　　杀狗儿　露破绽　吴志翔独担死刑……………………………… 75

第 十 回
  救同志 充狱侦 计诱出日军谍网
  赴国难 观战情 中国军威风四震 …………………… 85

第 十 一 回
  捉大鱼 战兰封 会战功亏一篑
  放毒贩 遇四黑 再埋接敌管线 ……………………… 96

第 十 二 回
  穿丐帮 入虎穴 摸清敌酋思路
  查潜伏 排险情 重修通联之途 ……………………… 104

第 十 三 回
  搅浑水 除伪首 剪日军左膀右臂
  埋暗线 巧周旋 除叛徒一箭双雕 …………………… 108

第 十 四 回
  探去路 不打草 卖人情风动惊蛇
  算先机 谋决断 五勇士毙杀吉川 …………………… 121

第 十 五 回
  追凶手 夜潜军 血溅陈家祠堂
  守要道 算其形 伏击宫本支队 ……………………… 132

第 十 六 回
  围县府 乱法纪 众乡民拦路请命
  下诱饵 借宝瓶 再出手炸死皆川 …………………… 137

第 十 七 回
  先大旱 继蝗虫 雪上霜民不聊生
  罔国难 勾强房 争权利刀光剑影 …………………… 147

第 十 八 回
  入虎穴 中圈套 张道成顶名牺牲
  躲明枪 避暗箭 牛紫龙押解西京 …………………… 152

第 十 九 回
  沦风尘 明大义 梁尚虎知险行侠
  戏河边 窃情报 八路军跳出铁壁 …………………… 169

第 二 十 回
  遇强敌 巧指挥 树大旗声震一方
  遭突袭 救乡邻 担国难视死如归 …………………… 179

第 二 十 一 回
  变卧底 为内情 破天荒逃出深牢

天不测　人自狂　演丑剧变身"会长"……………………………… 183

第二十二回
　　观大势　分己见　山彪镇各奔东西
　　隐真姓　百变身　三眼鹰了无踪影……………………………… 195

第二十三回
　　投香饵　拉出来　军统密潜杀手
　　设迷局　打进去　张剩毙命河边…………………………………… 203

第二十四回
　　忆世事　念成败　品人生坎坷多艰
　　蒙冤屈　受磨难　望岁月天高云淡………………………………… 213

3

第一回

看潮生　抢果实　袁克成炮制"宛南方案"
附权势　演变脸　沈二皮设陷构害义军

　　1912年3月10日,傍晚。郏县县衙一角,监狱死囚牢房。
　　"胡球㞎①!"一个近乎干号的沙哑声音大声道,"没有监督和制衡,谁说得再好也没用。中国历史这场大戏,不论谁出场,唱得多在板,锣鼓响器演奏得再动听,旌旗彩衣舞动得再精彩,一番打斗嬉闹之后,最后还得轮回到'天不变,道亦不变'的老路上——要的就是换汤不换药的老把戏。一旦重排历史老戏,谁先共和革命准先杀谁的头。"
　　这番话混合着浓重的血腥汗臭,顺着下坡门道扑面而来,让刚刚走到门口的润儿不由自主地打起了寒战,"杀头"这样的字眼和眼前的场景,使略有些兴奋的他瞬间陷入到惊悚之中。

　　二十多天前,三叔牛惠友被县令"请"去议事,据说三叔代表的是辛亥革命的义军,谁知一去便没了音讯。父亲牛惠群虽在县衙守候多日,却老是跟衙门里的人搭不上话,所以一直没打听到三叔的确切下落。
　　前几天,县衙门前贴出告示,说中华民国新任临时大总统袁世凯将于新历三月十日就职,届时大赦天下,豁免钱粮,颁行新政云云。这天一早,父亲领着润儿到县衙门前守候,果真见大牢开门放人,平日横行乡里的地棍强梁、奸占拐骗的混混、放养土鸡流娼的鸨母以及正杂钱粮的欠债逃丁等几乎被释放一空。县衙门前的小广场上,释放的囚徒及亲属或燃放鞭炮,或跪拜拈香,或抬匾送旗,颂临时大总统大恩大德、赞共和得民心之声不绝于耳,很是热闹了一阵子。
　　只是独独不见被县令"请"去议事的三叔等人。润儿跟父亲在县衙门前一直等到暮晚,情急之下这才厚着老脸跪到一个刚刚出来的警官面前。
　　"这位大人,劳驾留步,俺弟弟牛惠友被陈县令'请'去议事已有二十多天,烦帮忙问问何时才能放人回家。"
　　那警官显然一怔,又反复打量着牛氏父子。片刻后,答非所问道:"这孩子是……几岁了?"
　　"过了年就算扒上八岁了。"
　　"去买些吃的吧,待会儿让这孩子到县衙西街口等俺。"那警官搁下这句话,匆匆进了县衙大门。
　　随着一阵"吱呀呀"的响声,那扇笨重又满是血腥污秽的红门被缓缓地摇了上去,一

---

① 豫西南一带的地方方言,可作万能动词,此处是"说"的意思。

股让人窒息的浊气顺着一条窄窄的通道涌了上来。通道是一段用砖砌的两米多长、一米宽的斜坡，两边悬挂着拴缚囚犯的铁链，尽头是半潜式的死囚牢房，牢房有门无窗，进门便是一片黑暗。

润儿刚想抽泣却被眼前的黑暗镇住了，他不知道走下去会碰到什么，刚才还在争论的牢房，瞬间变得异常寂静。他试探着向前迈了两步，想喊一声给自己壮壮胆，又感到口干舌燥发不出声。

他鼓足勇气又迈出了一步，一脚踏空，整个身子向黑暗里摔了过去，恰在这时，他耳边响起了一阵"哗啦啦"的铁链声，一双有力的大手在他将要倒地的一刹那把他托了起来。

"一定是三叔！"他从惊魂中转过身来，努力让眼睛适应周围的黑暗，看到眼前的人瘦得出奇，不知是刀伤还是枪伤，半边脸血紫肿胀，整张脸扭曲得不成比例，右眼只剩下乌青的一条缝，头发已被血污凝成血痂，垂掩在一边脸上，只有那直挺挺的鼻子依稀还能找到牛家人的模样。

"这是三叔？"润儿战栗着，眼前的人与记忆中的叔叔怎么也对不上号。

三叔在他心目中是一个超过任何人的完美形象，他做梦都盼望着成为像三叔一样的人。他胆战心惊地向四周望去，察觉昏暗中有一圈神色各异的目光在盯着自己，隔着人群他看到只有灶火间大小的牢房里硬是塞进十几个人，除了门口台阶几乎插脚的地方都难找，横七竖八的囚犯全都伤残在身，个个披枷带锁，人人血肉模糊。

润儿"哇"的一声哭了起来，三叔拖着"哗啦啦"的铁链一把把他揽在了怀里，什么也没说，只是紧紧地抱着他。

润儿渐渐地闻到了跟父亲身上一样熟悉的味道，慢慢地镇静了下来。

"带了几个饼？"

"门口……让……带进了十一个。"

"正好一人一个。"三叔转身把那兜饼递给后边的人，润儿这才看见三叔背上缝着一个大大的壹字狱号。

随着一阵"哗啦啦"的铁链响，一个蓬头垢面、满是血污的人扑倒在三叔面前喊道："大哥，大哥，最后的机会……咱们有机会活下去啊，只要恁让他们几个杆子交出武器，收编……集中收编，他们就不会杀咱们的……恁可是有文化的人，老天爷给咱们的生命就这一回……俺们弟兄的生命也就在恁一念之间。"

润儿看到一个留着披肩长发、鼻子特别宽扁的男子，他半掩着泪光，眼睛模糊，满脸惊恐失措，一手撑着地面，一手抹着鼻涕和泪水，痛心疾首地嚷嚷着。

"俺也不愿意走到今天，更不愿看着弟兄们跟俺走到今天。"三叔哽咽着说，"我自幼折节向学，熟读圣贤，正心修身，也曾立志忠君爱国，后来发现世人越是忠君爱国，这个国家就越是懦弱落后，越是无法像其他国家那样实现向现代民主国家的转型。苦闷犹豫后，我改信了天下为公，致力共和革命，数年奔波呼号，结拜四方义士豪杰，多次谋定举事都被清朝爪牙跟踪抓捕，幸得各路志士以身相护得以活至今日。去岁武昌起义，当局虚于应付，捕杀真心革命的志士豪杰，以后又推出'拥护共和不独立'，致使南北罢兵后清朝衙门原封未动，只是改了称谓。他们誓言共和反对的只是满人皇帝，夺得权位后行的还是皇上专制那一套，演的还是改朝换代的闹剧，赶走了皇帝却没能改变皇权制度，专制仍然是官府统治的灵魂。无奈我等只好呼号民治，倡兴民权，监督权贵，预防他们再走专制之路。

不料为当局所忌,设计把我等逮捕诬为杆匪,自诱至此惨被拷问,思前想后唯有赴死一途最能独承其事。累及诸位豪杰,我实于心难安……"

这时,一盏明晃晃的提灯在矮门外摇了摇,随着"吱呀呀"的开门声,一个人厉声喊道:"到时辰了!"

润儿突然想起临来时父亲的交代,急忙抱着三叔悄声问道:"俺还能不能再来看恁?"

牛惠友一怔,悄声道:"当然能再来……回去告诉恁爹,凡到家的亲戚一定先让回去……俺名下的财产都由他做主,账要算精细,亏本生意不能干……既要防着势力大的多占,也不能让势力小的空着走……族谱以后再修,俺的家产算不清就千万不要再来了。"

血缘关系真的很奇怪,三叔一边说一边不时捏润儿几下,润儿便从三叔那双颤抖的手上悟出了他的嘱托。

润儿一直在流泪,说不清是因为恐惧还是义愤,浑身战栗不止。他顾不上多想,扑倒在地,规规矩矩地向黑暗中的三叔磕了个头,转身出了虎牢。

当晚,在县衙前街西繁酒楼,郏县前清县令、现任县长陈世成,原县衙师爷沈洪顺与刚刚派驻县城的北洋陆军第六镇二十三标统吴云峰,及驻汝州陆军十三营统领余耀庭在经过半天的争吵后,勉强敲定了袁世凯临时大总统就职庆典活动的议程安排。根据汴省的电报通告,民国临时大总统就职庆典活动应在北京正式就职仪式三天后举行,至于从即日起全县张灯结彩、挂旗燃焰,慰问驻军的牛羊银饷数量,以及从郑州邀请当红名艺金牡丹戏班在演武厅连台九天等诸多事项都没有分歧。争议的事项只有两条:一是在庆典活动之前是不是要把牛惠友等杆匪砍头示众,二是新驻进县城的部队什么时候撤离县城。

县长陈世成,赐同进士出身,籍贯江西抚州,是庚子皇上、太后西狩回京,宣布实行新政后首批外放的地方官,此前候补多年,到任时已近四十岁了。他个子不高,身板单薄,皮肤白皙,无论穿官服还是便装,多少都显得有些晃荡,大头小脸,额顶稀疏灰黄的头发齐齐地落到耳根,几乎没有眉毛,一双大而略显外凸的眼睛始终阴冷阴冷的,再加上细挺尖鼻、薄唇小嘴,整个面容阴鸷木讷,像是丧失了喜怒哀乐的功能。

这天,他穿了一身黑色对襟立领新式制服,面对着一桌大餐和余耀庭等几个狼吞虎咽的军官,几乎没动一筷子。

他主张对牛惠友等人暂缓行刑,公开的理由是利用他们做诱饵,从长计议筹划一个斩草除根的办法,在找到万全之策前不宜鲁莽从事,以免激化矛盾。其实他心里还是不愿意在局势不明朗的情况下让自己的双手先沾上血。对新驻部队,他主张应在正式庆典活动之前撤回汝州,而此时将这项要求摆上桌面的理由他还真说不出口。

陈世成望着眼前正在狼吞虎咽的吴、余两位,忽然有种很绝望的心情,叹道:"天下百姓只要不是走投无路,谁也不会铤而走险。"他知道对他们说什么都没用,他可以唤醒一个沉睡的人,但绝唤醒不了一个假寐的人。可他毕竟曾是朝廷命官,对如何维持一方安宁还是心知肚明的。

"自南北议和罢兵共和以来,敝地小县虽对真共和与假共和有不少讥讽之言,但总的来说尚能相安无事,值此多事之秋,当以安收人心为上,宽人容非为准,'能攻心则反侧自消,不审势则宽严皆误',风潮中事似不易操之过急,用法之面亦不易网之过宽……"

"恁这是什么意思?俺们来恁县剿匪不欢迎?!"相貌黝黑、小眼宽鼻大嘴巴、一脸横肉的余统领一边自顾酌酒,一边朝同桌人笑起来。

"欢迎,欢迎,你们一来杆匪显得安静多了"。

"那不叫安静,那是吓尿了!畏俺们军威望风而遁,哈哈哈"。吴标统也是个粗人,根本听不出陈世成双关语的意思。不过他的容貌看上去比余耀庭要精细些,脸没恁①黑,只是尖头宽腮,脑后还拖着一根粗壮的大辫子。笑毕,他兴奋地脱下外罩军服,露出咖啡色的丝绸坎肩,用手将粗辫向背后猛地一甩,反问道,"你知道大清皇上为什么逊位吗?"

"看来用人用坏了",陈世成心想,"这局面难以收拾了"。他怔怔地望着两位喝得面红耳赤的军官,一种深沉的绝望涌上心头。没等其他人回答,吴标统自答道:"没让俺们弟兄当王爷!要是皇上赐给俺们黄马褂,乱党叛贼、杆匪流寇绝不会有这局面。"说罢豪放地大笑起来。

"虽说中国历朝历代皆行外儒内法,可杀人之事大面上总要有说得过去的理由"。陈世成如是想,现在不分青红皂白任由北洋陆军出兵胡来,引发的连锁反应实在难以预料。

陈世成良久才回过神来,面前吴、余两人上身已脱得只剩下了白丝绸衬衫,开始吆五喝六地猜起枚来。他斜视一下左右,示意坐在对面的师爷沈洪顺出来圆场。

沈洪顺早有准备,见县长示意,慌忙抹了把油乎乎的大嘴巴,起身端起酒壶,"哗哗"地倒满一碗,冲着吴、余两位举过头顶左右拜过,亮着嗓门大声道:"在下沈洪顺有礼,先喝为敬了!"言过,一饮而尽。

师爷沈洪顺和陈世成很是不同。这天,他以一身黑丝绸长衫打底,外面套一件暗红绸棉马甲,整个身子撑得满满的,圆圆的脑袋搁在异常圆润的身材上,像是嵌在两肩之间,头上还顶着一条又细又短的辫子。他皮肤黑粗,一脸赘肉,尽管貌不惊人,但表情却十分丰富。凡见到上司或女人,他的双眼就眯成一条缝,嘴巴弯成朝上的月牙形,鼻子硕大而直挺,一张嘴就是死人也能被说得心动;若见到下属或苦力老农、市井闲杂人等,眼睛自然便成了斗鸡眼,鼻子嘴巴也会做出咬牙切齿的样子歪到一边。由于他人前人后两个样,对上对下两张皮,于是就有了"沈二皮"的名号,久而久之,人们渐渐忘记了他的大名。

沈二皮是本地人,早年家境富裕,家里出巨资让他拜师学幕,但老师认为他才不如志,并不看好他的前程,勉强将其荐到衙门去。岂料清末地方一直不平静,做师爷的不再需要谋划文章之类的功夫,靠的全是贿赂收买、上下勾连、贪赃枉法、陷害良善的路数。沈二皮对此无师自通,以眼毒善断、能上下结交扬名业内,不几年就当上了大席刑名师爷。陈世成初来时其余钱谷、挂号、书启、征收等幕友都已换人,唯独刑名幕友仍由沈二皮留聘。

沈二皮完全清楚陈世成的心思:陈世成身为朝廷命官,改朝换代后无疑就是兔子的尾巴——日子长不了,混一天少两晌,不出事不惹事平安走人是他在位追求的最终目标,杀人、剿匪之类易惹是非、易背恶名的事,他是千方百计要推到下一任身上的。如此就与地头蛇沈二皮的打算大相径庭了。

沈二皮这些天精神特别好,大清朝灭亡那是爹死娘嫁人——自己管不住的事。自1911年武昌起义以后,沈二皮就一直在琢磨自己的前程利益在哪儿。今年1月,南方北伐奋勇队占领南阳,曾有人来秘密联络过他,当然他认不准形势绝不会轻易迈腿,只是一味虚与支应,未敢妄动。

---

① 那么、那样之意。

不久前，袁世凯的侄公子袁克成路过汝州，专门召见汝、鲁、宝、郏一府四县的知县和刑名师爷，当面宣布把知县改任为县长，师爷改任为县巡警局长。这让与会人员热泪盈眶，尚有几人扑地膜拜，高呼着八千八百岁。袁公子除了勉励众人忠于职守外，还密嘱几位师爷要认清形势，弹压住地方，待局势稍定后，一定会论功行赏云云。

从汝州回来后，沈二皮一直反复回味着袁侄公子的话，越想越觉得英明！

"把住滑，不能任由局势滑下去，合议已经达成，总统很快就职，革命已算成功，稳定就是光复，今后谁能站稳地盘、稳定局势，天下就是谁的。"

是呀！革命也罢，造反也罢，到头来天还是天，地还是地，不过是朝廷换成了民国，官场的本质并没有变。共和也罢，立宪也罢，究竟共和、立宪长啥样，不就是谁办谁说了算吗？他突然发现革命就像撞大运，地面上越不平静，他的权利边界就越大，好处就越多。所以不能让它平静了，真要平静下来，谁还把刑名师爷当回事?！陈世成胆小怕事，动不动就摆出一副朝廷命官的样子，这个信球①！不能让他这么太太平平地走人。

想到这儿，他对着两个醉眼迷离的长官悄声道："俺给恁亮几曲助助兴吧？"不等他人回应，他便吆喝开了，"一股股雄，一股股雄，一股股雄兵入京城呀，哼哈呀……"

"好！"吴云峰、余耀庭两人拍桌叫好。

陈世成忽地站起身，挥手制止了沈二皮，沉下脸道："还是把庆典议程安排完吧，那些人……"

沈二皮急忙接过话，说："对对对，俺们抓的那十几个杆首……唉，也怪俺们无能，查实有命案的不多，县长大人的意思是先暂缓处斩。"

"查证的结果是不能定罪为杆匪，"陈世成有意顿了顿，补充道，"更谈不上杆首。"

余耀庭摇摇晃晃站起身，笑眯眯地挤出一脸疙瘩肉，凑近陈世成抑扬顿挫道："不能定罪……为杆匪……杀掉后……还不能定罪为杆匪吗？谈不上……杆首不谈……杆匪就按杆匪处斩！"

他显然已经喝多舌头大了，说话有点不清楚，不过比划杀人的动作却十分有力。一番指手画脚后，他瞪着眼试图在陈世成脸上寻找出哪怕一丝表情的变化，审视良久后竟毫无发现，只好转身对着沈二皮大叫："你说你抓了罪犯……咋又无能……查实有命案……不多县长大人……先暂缓处斩？你啥意思？你不是说杀……掉这些人是时局的需……要吗？"

沈二皮眼看着余耀庭要把他们背后谋划的事都捅出来，慌忙抓了一把花生塞进他嘴里，扭头望了一眼一脸木然的陈世成，干笑两声，故意反问道："咦——他咋会知道咱们搜集恁多牛惠友的文案呢？怪呀！"

其实沈二皮很清楚，要把大清的衙门变成共和革命的官府，最重要的是把真正的共和革命者打成土匪，如同指鹿为马，只有清除了世间所有的马，鹿不用指自然就会变成马。抓捕的这批人中有大清末年就从事反清的志士，只要这些人还在，像沈二皮这班师爷想摇身变成革命者继续掌权，显然是不可能的。因此，清除掉这些人便是自己"革命"的前提条件。

十九年了，从安排眼线到每一份线报，都是他一手操办的，其中内情他无不熟记在心，

---

① 豫西南一带的地方方言，白痴、傻瓜的意思。

这事可以说已成了他前半辈子的最大目标,怎么能轻易松手呢?

是从哪年开始的呢? 对,光绪己亥年(西历1899年)。

这一年,郏县历史上出了第一个留洋的学生,这原本是件荣耀乡里的事,但是朝廷很敏锐地发现这个叫牛惠友的留洋学生似乎脑后生来就有反骨,故而一纸圣旨责令县衙刑名师爷暗中查访,一旦发现其有任何反清举动,迅即抓捕到案。从此,牛惠友这个留洋学生便成了立案追捕的目标。

密查立案后,沈二皮交给当地一个叫丁二的保长负责办理。线报最早所通报的牛惠友情况比较笼统,报指牛惠友是本县月桂镇牛氏惠字辈人,牛氏惠字辈兄弟四人,其行四。牛家现在在当地属中等偏下家境,以船工兼做耕种为营生。

牛家祖上是明朝初年从闽浙一带千里迢迢迁到河南戍屯的"垛集①军户",到郏县后,正赶上洪武皇上推行均田政策,均分屯垦田地,于是繁衍了下来。明万历年间牛家出了个赐同进士出身的牛道源,入翰林,后回乡扩建牛家祠堂,继编族谱,一口气排出了"师道耀祖庭,勤学振嗣成,孝廉恭谦义,运永惠紫宗"计二十辈的序字,指望着牛家后代光耀门楣。谁知牛家祠堂修好不久,清朝入主华夏,用一种被时人称之为"铁杆庄稼"的旗饷制度取代了明朝屯戍军户制。

大清旗饷制度规定,凡满族男丁世代为兵,集中屯驻,实行不准与汉人通婚、不准从事生产学艺活动等"五不准"制度,所有满人一生不仅吃穿不愁,生老病死、婚丧嫁娶皆由国家供养,即便杀人犯法也不受地方官府依法处置,皆由旗内按满族传统规矩办理,这实际上是把满族原始八旗制转化成了类似职业兵制度,形成了一个特权族群阶层,指望着通过这些制度安排保证满族千秋万代,大清江山永固。

牛家经此劫难,土地被充公,人丁折大半,挨至雍乾年间有两代还险些断了香火,只得再次拾起祖上传承的技艺,迁到月桂镇,从事以航运业为主的江湖生意,到运、永辈时总算有了起色,立下遗嘱,永、惠两辈不得分家,以《学记》"小成"为序起名。果真传至牛家惠字辈先后有叔伯兄弟四人,分别叫惠志、惠群、惠师、惠友。不幸传到惠字辈长子惠志时,其撇下一个尚未见面的孩子就英年早殇,惠群顺理成章地成了牛家惠字辈的长子。

牛惠友自幼聪颖好学,识解不凡,且求其论理,放言不羁,虽相貌不出众,却胸有大志。弱冠应童试,入邑庠,光绪己亥年考取公费生留日。

牛惠友留日一去四年,倒没听说有什么反常举止,他第一次返乡是在1903年春末夏初。

这一年,恰好陈世成补任知县来到郏县,初来乍到,立足未稳,迎面碰上的就是学生请愿、商绅上书之事,言比利时人在豫修铁路,个人工资比豫人高15倍,工程师和管理人员拿的饷银比道牧县令薪饷还多,此等便宜为何让比利时人独占? 乡人纷纷要求收回路权,参股民办。

就在陈世成一筹莫展之际,独独收到一份建言,申明此事万万不可行,理由是:根据西

---

① "垛集",原指军伍缺额时抑配民户补充军伍的一种办法,明初朝廷曾下《垛集令》,规定民三户为单位,其中一户出军丁称正户,其余为帖户,正军死,帖户补充。以后军民分籍,当军之家皆入军籍,随军屯戍,分驻指定卫所,父死子继,世代为兵,称军户,属都督府掌统,不受地方行政官吏管束,身份地位都与民户不同。

洋项目工程规划建设承办制度,项目采用定额定量定时定标准质量的管理办法,比利时人拿豫人 15 倍的工资,但个人劳动生产率是豫人的 25 倍。也就是说,在定额资本条件下,比利时人还有利润,而豫人则无法完成定时定量定质的工程,这已被平汉线多次转包给豫人的分理项目所证实。故而,即便是真心爱国的人,如不了解事实,也会用爱国热情办误国之事。当务之急是找到一个能够促进本地经济发展的有效途径,并呈上一封上书。

当即,陈世成、沈二皮匆匆返回衙门,进到退思堂细研上书条陈后,惊出一身冷汗,见上书如是写道:

"戊戌年间,康、梁等人以倡言变法之名,行乱法之实,变法以托古改制为基,用人以功名绅士为依,民生以官办之商为主,其主要理据仍未脱易经儒教格式,杂以大乘佛教和西政之法,这套路数从鸦片之战始,翻来覆去,新汤陈药,毫无取胜的把握。如以商制夷,以民制夷,师夷长技以制夷,再到以夷制夷,再三维新自强,终不免每战必败,丧权辱国!亡国之耻,灭种之难,势如羔羊入虎群,盲兔闯鹰窝,只想让羊兔练习跑,断乎没有生存图强之希望。思当今世界各列强之民族主义、达尔文主义,逼我中华各族势必要进化挤进虎鹰之林。值此绝地再生之时,吾朝上下必要痛下决心,革弊兴新,脱胎换骨,除此,实无他途良策能保国救种。有鉴于此,吾顿首剖心建言三策:

之一,变法当以参酌西学新思想、新精神为先,以实现君民共治为目的。新思想是为平等意识,所谓'合君民为一体,通上下为一心'是也;新精神即是朝气起于民,活力竞于众是也;当今之世,列强觊觎,强权即理,我族恃以存世者唯四万万民众耳,若四方民众再无生气,再无团结,再无共同意志,再无奋起精神,欲立于豺狼当道强权猖獗之世,真乃南柯一梦。

之二,用人当以其具新学识新气象为主。用人乃立国之本,用什么人自是国家形体之所系,民族兴衰之根本。学识本无东西之分,唯有新旧之别。思想学识,无论新学旧识,东西源流,当以开启民智、繁荣工商、进步社会、维新制度为其存废之根据。学识思想如唯为统治之工具,与国家与民族进步又有何用?用人更当如此,新思想新学识合于世界潮流,能推动社会进步自当优先。用人旨在所用之人不唯一族一姓之命是从,当以族群团结、公平正义、忠于国家为首务。以往蓄用人才只选忠于一族一姓或拔擢上司之人,罕见服务社会、融合族群之才。如今,再不启用学贯中西、锐意革新之士,更新官府积习面貌,保国保种断难为继。官员只知回报有恩于己之人,则必上不忠君,下不恤民,只图小集团之利,迟早会招致祸患。

之三,经济民生当以劝民兴业,藏富于民为本。官办自强运动自兴至今已历卅余载,虽办不少实业,然与富国强兵初衷渐行渐远,不唯不及列强后尘,国内亦是民贫财尽。倡导民族主义,重在实行民族经济,让民自兴业,轻赋薄徭让利于民,民有获利机会后生爱国之情,如此民富才能国强。"

……

陈世成把上书推给站在一旁的沈二皮,其实沈二皮早已看完,见陈县长把上书推到了自己面前,便暗自揣测着陈世成的神色,一连说了四五个"扯球蛋"。他盘算着此事的利害关系,道:"此书处置可严可宽,从严讲能上十恶,从宽看自可毁迹放人。牛惠友是全县有名的儒生,考取公费留学第一名,只是性情抗上不羁,急于公益且有反骨,恐怕迟早……眼下时局又……全县士商民心……与大人虔诚名誉……"

其实，陈世成对上书也是摸不清来头，没一个成熟的意见，反复掂量不出一个万全之策。上任前陈世成曾在京城江西会馆候过一段时间，从他在京城的所见所闻所学所识推测，大清这艘船今后怎么走实在是件让人吃不准的事，"新政"到底能新到什么程度？底线在哪儿？还真说不清楚。再说这上书有没有来头？上面有没有人支持？对自己的仕途有何影响？如何处理才能有利无弊？想来想去只有采取模糊处理的办法，推敲再三确定采用三策：

策一，派人连夜将上书送给汝州知州。上书是否转呈省城，县里不表态度，不提建议。如知州认为事体重大，当然应由知州派警抓捕；如知州认为无碍，尽可压下没有下文。无论什么情况与己没有太多责任。

策二，对上书人既不抓也不放，派人盯紧看牢保护好。都说跑了和尚跑不了庙，如果连和尚都不让跑岂不更好？！

策三，对内对外不表态度。自己更不能再与上书人见面，也不能留任何文案记录。

想到此，陈世成让沈二皮马上动身将上书建言封好送到汝州州府，并按此模糊三策抓紧安排。

谁知天算不如人算，当天夜里，衙门里马夫无意间走漏了风声，传到牛惠友耳里，促其连夜缒城出逃，遁往日本。

好在汝州知府对此上书建言根本没心思看，也没当回事，既不上报，也不询问，如同石沉大海，没了音讯。

沈二皮忐忑不安地望着自己的上司。

陈世成面对着杯盘狼藉的一桌饭菜和东倒西歪的吴、余二位军官，心烦意乱地扫了一眼沈二皮，意识到今天什么事情也谈不下去了，便挥手示意警卫们把吴、余二人扶了出去。

"走？"沈二皮一脸媚态跑到陈世成身边问。

陈世成一副不屑的神色，起身出了门。相比今天的饭局，对牛弹琴显然是一种幸福，也许牛叫会跑调，但绝不会跑得这么邪乎，他心想。

一阵风过后，脚下旋起黄色的鞭炮碎屑，空气中弥漫着淡淡的火药味和焚香味道。陈世成抬眼望去，街道两边挂满了五色国旗，只是家家户户大门紧闭，一片死寂。他回味着吴、余二人的话，只有半句话说出了经典——大清覆倾的主要原因是用人用坏了。由此类推，由用坏了的这帮人办民国能办好吗？想到此，他不由自主地打了一阵寒战。

登上县衙的石台阶后，陈世成转身对跟在身后的沈二皮说："你去叫丁二来，我在大堂等你们。"

丁二和牛惠友同是月桂镇人，不过丁家是镇里大户，大清朝年间，丁家一连几辈都在镇里当保长，传到丁二这一辈正赶上清末保甲制度改自治公所，丁二二十岁就从保长的岗位转任当上了自治公所主任。上面的人叫他丁主任，下面的百姓都喊他丁二爷。

丁二小个儿微胖，小鼻子小嘴，面色很是红润。平日慈眉善目逢人就笑，常常因为笑意太重，使人找不到他眼睛的位置，丁二当主任自然仪表乡里，穿着总和地保巡警相一致，只是头上戴的始终是顶黑绸红边瓜皮帽。丁二家境富裕，很小的时候就订了娃娃亲，不到二十岁就当上了爹，生有一个儿子，取名叫狗儿。说也怪，也许是狗儿生来肚里坏水太多，压住心就是不长个儿。他方头大脸，黑胖黑胖的，眼眸生来就有点上翻，一对眼眉隔得太远,以至于正眼看人都得扭头,短鼻大嘴还有两边的招风大耳,致使脸上所有部件都很醒目。尤其是狗儿的性情,也许丁二这辈子笑得太多了,传到狗儿一辈,人们从来没见他笑过,镇里都说狗儿只是丁二老婆一个人的"杰作",断无丁二一点"贡献",不然怎么寻不到丁二任何"痕迹"呢?二爷听到这话照例是笑笑了事,心疼狗儿的心劲非但没减,反而与日俱增,到哪儿都带着狗儿。不过父子俩有一点特别相像,就是善于揣摩别人的心思,十有八九都能猜出人家在想啥,至少能猜出他们的目的是啥。

自从接受了沈二皮交代监视牛惠友的任务后,有几年时间,丁二认为是小题大做,并不以为然。自1903年牛惠友回乡呈上言政建议书后,他才嗅出了牛家老四身上不一样的味道。

不久,牛惠友返日后,县刑名师爷沈二皮专门来月桂镇一趟,阴沉着脸再三交代丁二,对牛惠友出国要掌握动向,回乡要查实行踪,参加什么组织,结交什么人,说什么话,办什么事一律及时据实线报。临出门,他才换上一副笑眯眯的神态对丁二说,县里正在考虑筹备县自治会主任人选,你选上选不上都没啥,最好给狗儿铺条路。

从那以后,丁二便把这份额外的线人任务当作头等大事。

1911年夏,丁二报告牛惠友的行踪如下:"自回国便改名换姓,不事生产,认定天下必乱,遂留心军事学识,利用在汴城、卫辉等地讲学之机,广交师生,联络各方志士。旋又赴直隶、入燕赵、走秦陇,览中原形胜,查战史遗迹,访民间贤达,论江山沉浮。自去年秋天始,藏匿于八百里伏牛万山杂丛间,走村串户,教唆良善小民结帮聚会,与山里杆匪办有奇事一桩,即在匪寨内设立学堂,牛惠友携师范生借此授课明理,教匪众习文识字,介绍西学概论,致杆匪势力日增,精神倍涨,似为谋事预备力量云云。"

至此,丁二已经完全确认,若牛惠友等人真能谋事成功,他这个经由几代相传的自治公所的主任肯定是做不牢稳了。

辛亥十月武昌首义,同盟会河南分部部分人员南下参与,随着战局发展,亟须策动河南独立响应。经河南同盟分部反复商议,先是派人潜回汴城,动员新军起义,选定的工作目标是河南新军混成旅协统应龙翔,应龙翔与武昌起义首领黎元洪有戚谊关系,原以为很有把握,却忽略了河南新军混成旅是一支特殊队伍,因袁世凯革职回归故里后,北洋将士随从者甚众,大部分被充实到了混成旅。应龙翔犹豫再三未敢起事,不久,便被当时豫抚宝芬诱捕,致使同盟会动员新军起事的计划流产。

在这种情况下,汴垣同盟分部决定自己动手,共举张钟端为河南民军司令,计谋于辛亥年十一月三日起义光复省城,不料又被混入同盟分部内的密探告密,于起义当晚,被新任巡抚齐耀琳派重兵围捕,被污以土匪之名杀11人,起事便被压了下去。

同盟会一计不成再施一计,由武汉中州会馆出面,组织招募革命军中豫籍官兵,黎元洪派员钦点两千余人,成立国民革命军河南旅,任命马云卿为标统,季雨霖助之,与湖北奋勇军一起北伐,斩清军总兵谢宝胜,占南阳,并从南阳派人联络汝、郏、宝、鲁一带义军,策应地方独立。

此时,已握有大清实权的袁世凯深知河南地处冲衢,绾中原联六省,万不能让其轻易反帜,决定采用师爷王锡彤等人的建言,搞一个拥护共和不独立的方案,把河南作为稳定北方半壁江山的关键一环,摆出一副志在必得的架势,一方面任命表兄张镇芳督豫,另一方面函令侄公子袁克成领兵南下镇豫。

张镇芳、袁克成来豫的主要使命无非是稳定河南各级衙门官府,督促他们"附袁固位"弹压地方,同时抓紧搜刮税银,要求豫省每月比其他地方多"助饷"五十万两,以弥补在豫的北洋军饷。

张、袁二人到豫大致分工后,袁克成便匆匆赶到南阳,针对河南境内共和风潮和同盟会动员各路义军的情况,与当地衙门官绅密议了一个分门别类处置民团义军的方案,当时报称"宛南方案",其基本原则是:凡受激进党运动,或由激进党密遣党员操纵,或持有激进党类似激进主张的民军、义军等,一律按土匪定名论罪;凡不知共和为何物,占山占地为王,或专司抢劫、烧杀、绑票而无所归属的民间武装,或同意招安的杆匪流寇,一律由北洋军按民军收编。

不巧的是,方案出台,南北解兵,此事本已失去了再办的意义,然袁克成似乎认定与共和派终有一战,决计按已定方案行事。为此他还顺道到汝、鲁、郏、宝一带逐县定下了剿灭招安的对象,将汝牧辖区四县所有响应武昌起义的义军、民军统统划入了剿办范围。

计定后,袁克成即专电北京,要求在临时大总统就职颁行大赦令之际,专门预留不赦免的条款,同时下令,敦促各县不要顾及罢兵议和条款,抓紧排兵布阵做好剿杀准备。

袁克成走后,汝牧温令对外只讲收编大赦,剿杀原则秘而不宣,甚至助饷助枪让一些义军维持地方,表面上让各路义军点名造册准备收编,暗地里则遣将派兵把各路义军围了起来。

1912年春节刚过,北洋陆军第六镇二十九协进驻汝、鲁、宝、郏,分派吴云峰部与原驻汝州陆军十三营一起开进了郏县县城。按照原定计划,次日,便以郏县民国政府县长陈世成的名义,打着共商组建民团、制建巡防的幌子,邀请全县七大杆义军进城到县文庙议事。时间定于阴历正月十六,要求各杆至少来三人,杆首务必到场。

为了把这出戏演得更加逼真,沈二皮特意安排在元宵节请牛惠友进行一场演讲,以图对各杆义军一网打尽。

"咋样?这出戏咱就取名叫'变脸',套句时髦的词,就叫'变脸方案',办成办不成就看恁俩的变脸功夫了"。沈二皮很是兴奋,为自己的安排得意不已。

丁二眯起眼睛,堆出一副笑脸,附和道:"俺补充一点,变脸太快恐会引起牛家老三的怀疑,俺这个角色两个人演为宜,俺和狗儿一块演,上阵还需父子兵呀。"

"他行?"

"中,中,中"。丁二想起儿子干的那些事自是满脸溢彩,赞不绝口,"不瞒恁们说,俺家狗儿演这角色还真是有点大材小用"。

丁家狗儿的确是几辈人都少见的孬孩。

别看丁家狗儿才十一二岁的年龄,着实已经气跑过三个塾师。最后一个钱姓塾师是周围十里八乡出了名的好脾气,教了大半辈子书,没听说打过谁家的孩子,教书更是没说的,《百家姓》《三字经》《四书》《五经》张口就来,出口成章。就是年纪大,腿脚不方便,尤其是每次"出恭"必要扶着东西才能蹲下,于是钱塾师来后,先在厕所竖了根木桩。

不知是早几辈的造化,狗儿似乎天生就跟文化有仇,钱塾师来到丁家琢磨着如何因材施教,把这个眼白多、眼珠少的学生教好时,狗儿却早早发现了钱塾师"出恭"的秘密。就在钱塾师埋下木桩的第二天,狗儿悄悄地用锯齐根把那木桩锯成藕断丝连状,顺手用土抹得严丝合缝。

半天没过,钱老先生如厕,解衣,扶桩,一蹲,结结实实地坐了一屁股屎。屁股墩如此之重,使得钱老先生叫天不应,叫地不灵,四肢发麻,两眼冒金星,一个时辰才爬出来,提上裤子就回家,连"腊肉"都没要。从此再没人敢教狗儿了。

第二回

丁二爷　携狗儿　元宵节大耍阴谋
失亲人　承遗志　走他乡折节向学

1912年元宵节。郏县文庙。

头一天晚上,丁二父子请人从四郊拉来了五六大车的地痞土棍,这些人足足躺满了两间大屋,眼看着庙前街的人越聚越多,主持人已经宣布演讲了,可这帮只会吃饭的七孙①还在酣睡。丁二大步来到文庙西院的教室,扒窗户一看,顿时来了火气,找来一根粗棍,"噼里啪啦"一阵乱打,总算把地痞土棍们叫了起来。转身来到西院耳房,进门见狗儿睡得正酣。他刚把木棍举过头顶,却又轻轻地放了下来,出屋端了碗凉水,吞一口,含一会儿,猛地喷到狗儿脸上,趁他迷迷糊糊坐起身,急忙给他套上棉衣裤,提上了鞋。

"哎呀,祖宗呀,戏快收场了,恁们夜黑②排练的……"

"真个咯嗒蛋③。"

狗儿迷瞪片刻,嘟囔着提好裤子,大步出门,接过装有卤羊蹄的篮子,转圈给院里地痞土棍们每人发完两只后,把剩下的全都揣进自己怀里,一招手领着一干人进了文庙圣域门。

刚进门就听到一阵热烈的掌声。

"推翻清朝的意义是什么呢?"

狗儿抬头见大殿前,一个穿一身白色立领制服的人大声问道。

狗儿一愣,晃了晃脑袋,这还用说?推翻清朝不就是换了个皇上,剪了个辫子吗?!这些人太傻,真是愚不可及呀!他如是想。

"清朝入我中华二百多年,阉割四万万同胞之梦想,一味采用民族压迫、民族歧视的做法,厉行诛心政治,用权术行专制,用暴力护己短,招致民族愚钝、弱贫累年,轻启外衅且逢战必败,致使国家到了亡国亡种的境地!看当今世界,优胜劣汰,清朝政府不思国家民族大义,唯以一族一姓私利为谋,计算损益得失,此已为国外列强瓜分肢解我中华之总根所在,清朝不除,亡国亡种噩运终难幸免。推翻清朝旨在给予我中华民族一个解除危亡、

---

① 豫西南一带的地方方言,骂人的话。
② 豫西南一带的地方方言,昨天晚上的意思。
③ 地方方言,指说话啰唆的人。

自新变兴的机会。"

狗儿跳上后排一个学生的长凳上,看到台前坐了三四百名学堂学童,学童后面坐满了大人,殿前石台上除了一个穿白色制服演讲的男子外,还有六七个穿黑色警服的人站在一旁,为首的正是父亲说的那个穿制服的魁梧歪脖警长。

那歪脖警长刘继祖是沈二皮的跟班,自幼父母双亡,靠街坊邻居施舍活了下来。他十一二岁便当上了沈二皮的跟班,沈给他取名叫"记住"。跟班开始干的只是提鞋倒水之类的杂活,他别的没学会,察言观色、刁钻圆滑深得沈二皮的真传。

1902年大清国开始司法改革,分离行政、司法权,把程序法引入各类案件的侦办审理过程,以后又模仿着西方国家建立了近代警察制度。这项改革延伸到县一级时已到1905年,由于新制度增加了办案程序和难度,缺编少额的现象随之凸显,于是四乡地保、官府大户的亲兵、跟班、家丁纷纷被安排进了局子当警察。沈二皮便把刘记住正式改名为刘继祖,让他顺理成章地穿上了黑色警服,戴上了那顶神气大檐帽。

虽说刘继祖早年时运不济,要饭跟班混到了成人,长大后却出落得人高马大,一表人才,他额宽脸润,浓眉大眼,长鼻薄唇,面色还挺白皙,谁也想不到这是一个从小在街面上靠吃百家饭厮混的人。美中不足的地方是脖子有点歪,且双眼无论看到什么都是一副阴冷肃杀的样子。

他没念过书,从小要饭受气,失去了内心许多美好的东西,此段经历成了他最早的启蒙,让他从骨子里仇恨一切。跟沈二皮摸爬滚打十几年,他好像吃透了一个道理,就是把看到的人和事都往坏处想,人世就是人整人,要想不被别人整,就要整治别人,而要整治别人就要有权力。在很长一段时间,他害怕有权的人,并把对这些人的恐惧都乔装成对他们的谄媚,外表上表现得特别忠顺,尤其对主子沈二皮,警队的人都按教程行新式举手礼,而他一直按旧式主仆磕头方式行礼。

他跟班多年,知道沈二皮之所以有权,主要依仗一样比权力更管用的东西——术。他亲眼见过沈二皮在不动声色间把人给弄死。一个三堂会审无罪的壮汉在将要释放的前一天晚上,被同屋的囚犯用枷将手、脚锁住,一个晚上竟活活被跳蚤、臭虫之类的吸血虫咬死了。诸如此类的事情他见得太多了,也因此对沈二皮产生了一种莫名的恐惧,怕得不敢正视,甚至连闻到沈二皮身上的那种特殊味道,或听到他那特有的轻柔步声都能惊出一身冷汗。这种建立在恐怖之上的忠诚十分有效,迫使他拼命追求权力,希冀有朝一日成为沈二皮一样的人物。向上爬自然成了他生活的全部意义所在。

狗儿知道今天打的就是他,他就是这出苦肉计里的黄盖,既然愿意挨,那就不客气了。狗儿大口嚼着卤羊蹄,边啃边在上面撒些辣椒面,咬上几口便张嘴"哈哈"流一番口水。太傻太傻!这些穷鬼一天连顿面条都喝不上,竟然心里装着国家兴旺、民族复兴!愚不可及呀。

"推翻清朝的目的是什么?办共和!现在南北和议在清皇退位一事上已无分歧,所议的是共和怎么办?推翻清帝后,关键在于改造我们自己。此次,我同胞能万众一心,流血牺牲推翻清廷,不唯图一朝一世之功,欲毕此次革命之全功,必不使几千年封建专制再死灰复燃。而今南北罢兵,猝议共和,若筹一劳永逸、举国永安之策,实为我亿万同胞之万幸。我虽布衣，无意借革命图权位，只是坚信共和乃众人之事，所顾虑的是万一有人怀抱野心，弄兵权复帝制，效拿破仑故事者再现，使此次负载我中华民族子孙后代永脱封建专制的革命若昙花一现，不但辜负了千百流血牺牲的辛亥志士，更有愧于时代赐予吾辈的伟大机遇，有愧于子孙万代，故我辈当思患预防，蒿目忧心，夜不能寐，食不甘味。为此决心以开民智，选议会，行舆论，报刊行监督之责，护佑国家民族走向共和，若这些用之无效，当有以血止血之法，必期虎冠者有所慑，蛆存者凛然退，保障民国之前途一片光明。"

食不甘味？那是没吃上俺的羊蹄！狗儿又从怀里掏出一个羊蹄大嚼开来。

此时，狗儿身后的人开始寻衅骚动了，狗儿慌忙咽下嘴里的肉，抹了一把油乎乎的嘴，带头呼号起来。

"砍倒五色旗！"后面稀稀拉拉传来几声附和，"砍倒五色旗！"

"打倒老秃驴！"

"共和不独立！"后面嘈杂的声音更大了。

谁知坐在前排的学童也喊起了口号："拥护共和！""光复河山！""反对专制！"

狗儿见场面混乱，便从怀里掏出吃剩的羊骨头奋力向台上扔去，他这么一带头，后面众多流氓土棍也纷纷把手里的东西扔了过去，一时羊骨横飞，全场大乱。

但见殿前石台上那歪脖警长大声喊叫着弹压，片刻拔出腰间的短筒手枪，一拉三晃，朝天上"嗵"地就是一枪，人群像炸了锅一般四处逃散。

这边，狗儿们似乎并不害怕，纷纷抓起周围的砖头瓦片向石台上投掷，有两个装瘸腿的地痞还把手里的拐杖呼呼地扔过去，说来也巧，有一根木棍正好击中那歪脖警长的左额，"砰"的一声，鲜血飞溅，只见他顾不上自己的伤痛，以身护着那演讲人退进了大殿。

狗儿扬头大笑几声，把两个指头往嘴里一插，呼哨一声，众土棍地痞瞬间跑得无影无踪。

翌日。郏县文庙大殿。

元宵节刚过，全县各乡镇自治公所主任便被召到文庙大殿前，众人都听说要开会议事，可左等右等不见召集人。正在大伙东拉西扯，相互猜测局势之时，牛惠友带着一干人进了大门，头缠绷带的刘继祖和眯缝着眼、满脸堆笑的丁二，一左一右把他们引进了文奎楼院，顷刻间便听到一声清脆的枪响，接着便是一阵打骂叫喊的骚乱声。丁二一溜小碎步从文奎楼院跑到大殿前，欣喜地瞪大双眼，伸出两手食指轮番在嘴上"嘘嘘"地比划着，悄声对不知所措的众人道："散场，散场，且听下回分解吧！"

这天清晨，月光尚未褪尽，晨曦已经降临，荷枪实弹的巡警便骑马穿梭在县城的大街小巷中，一边奔驰一边大喊："排炮喽，排炮喽——"

伴着马蹄敲击青石板的脆响，县城里不少人穿红戴绿，呼朋唤友，一路喧嚣着向县城西门拥去。

无论杀谁，一些国人都是热情的看客，天长日久便生成了一种看热闹的文化。也难怪，中国那套传统的忠孝仁义文化只是一种很狭隘的学说，主要用来规范君臣、家族、血缘、乡谊及利害相连人的关系，超出了这些范围，人们就没了处理人与人关系的伦理依据。特别是传统社会中一些明哲保身的行为规范，使人们关心的范围只是与自己相关圈子里的人,缺少普世对人和生命的尊重和悲悯,更不会去分辨是非对错、青红皂白,毕竟他们看待事物的伦理原则本身就有缺陷,某些缺陷甚至大到足以颠倒黑白的地步,一向没人责怪设陷使绊子的无赖,而只会嘲讽落井绊倒的无辜。有了这一亲疏的道德伦理立场,多数人无论如何是要站在强势或权力一边的。看客守序冷酷的另一面就是对强权的热捧。当然,历朝历代的官府十分懂得这部分人的心理,从来不放过任何机会把这种杀人场景搞得既恐怖又热闹,民众看到的不光是对囚犯的处罚,还有暴力的万能威力,既有震慑作用,又能让人们学会顺从。

润儿一直记不清自己是否真的看到了杀人的场景,当他挤进喧闹的人群时,好像人头已经落地,然而他的意识里仍然有把明晃晃的大刀在空中划了一个半圆的弧线呼啸直下,又分明见到了一团血雾,随之便是一股浓重的血腥味扑鼻而来。他的意识一度出现了缓慢的幻影,感到三叔用他那大而有力的手托他走出虎头牢门,眼前一片晃动的光影,他分不清这光影是那杀人的一幕,还是突然袭来的耀眼的阳光,身边的叫好声、呐喊声也变得十分遥远,只有自己的心跳声充盈在耳边。一阵眩晕后,他渐渐又回到了真切的世界,待到看清眼前场景时却又被更加骇人的一幕惊呆了:在一排尸首分家的残躯尽头,竟有一具屹立不倒的身躯直直地跪在那里。

"三叔——"他情不自禁地大喊起来,他认出了三叔那身白衣制服背面遗留的大块大块的血污。这时,一只手紧紧地捂在了他的嘴上,他低头看到母亲牛陈氏的大脚,恍惚中感到母亲把他紧紧地揽在怀里。

润儿的泪滚滚而下,完全是没有意识的反应,他不再哭喊了。片刻,胆战心惊的恐怖慢慢变成了一种愤恨,像火一样瞬间充满了他的心胸,望着那刽子手不紧不慢地抱拳走过来,他突然冒出扑过去撕抓一番的念头,又思量着自己肯定不是那个提刀大汉的对手,顿时有些沮丧,转念一想趁他不防用头猛顶他的腹部,没准可以把他掀翻!于是润儿开始计算着刽子手与自己之间的距离,又仔细打量一番脚下的路况,想着用几步冲上去,距那人三步远的地方奋力跳起,像他见过的牛或羊,用头顶过去。

突然母亲把他拉到胸前,双手合十,闭目念道:"善恶随人作,祸福自己招。"

润儿直直地看着刽子手学着戏子的台步,每迈一步总要在空中略微停那么一下,还刻意晃悠着膀子,俨然真有些权威的样子。

刽子手努力在人群中寻找似曾相识的熟人,不管平时认不认识,打不打招呼,此时他照例会抱拳欠欠身子,仿佛拾起了丢失多年的威风。润儿抹了把泪,抬头看去,见刽子手那双吓人的大眼翻看着无际渺茫的虚空……

亲人去世,一家人惶惶不可终日,时光不知道该如何打发,直到春末夏初二叔牛惠师来信,说润儿休学已有两年时间,再休下去就会失去上学的机会,希望节后能送来汝州读书,由他照顾。

收信后,牛陈氏一口气给润儿做了三身棉、夹、单灰色长衫,纳定了几双鞋,刚过春节就催着牛惠群送润儿去考汝州高小。

从月桂镇到汝州正好是半天行船半天陆路,牛惠群父子直到天擦黑才赶到汝州城下。润儿看见二叔穿着黑马褂、黑长衫和一双圆头棉鞋,耳朵、鼻子、嘴都冻得通红,寒风拂起了一头长发,正焦虑地站在路边瞭望。惠师跟父亲是叔伯兄弟,但长得却很神似,都是小个儿、瘦脸、大眼、高鼻梁、薄嘴唇，只是惠师略显胖些。

相见后，惠群和惠师眼里都微微闪动着泪花，相视很久没说一句话。

升高小考试那天，几百名学生聚集在秀才书院高小门口，高小大门是座六阶高台雕梁黄瓦、出厦明柱的建筑，两边有八字影壁，对应着路南高大的照壁，大门与照壁之间是东西大街，自然形成了一个不小的广场。

考试开始，汝州县长亲自点册，由礼房人员逐个喊名，学生依次行弟子礼，老师则代表民国县政府送墨盒、毛笔等考试用具，并领学生进大门。

秀才书院是座四进大院，过影壁沿着甬道进院，东边是预科教室，西边是一年级教室，院内翠柏数株，绿满窗棂。院两边各有一个院门，进门两边各有一个小院，分别是校长、庶务、教师的宿舍和办公的房舍。二进院中间原是文昌阁，现改为二年级教室，阁前有两株高大的松柏，挺拔茂盛，阁两侧有数间砖瓦房为学生寝室。三进院宽敞空阔，东西两边配房都是学生寝室，中间为学生操场，正北九间瓦房为学校荣誉室，室前月台满池丛生着丁香花，而院四周则是绒线花树。四进院仍旧是部分教室和宿舍，其间还专门辟出几间房用以存放汝州的古迹。

润儿以预科前三名的成绩考上了高小，安顿住下后，牛惠师特意在府衙街聚味楼定了个台子，要了六样小菜，一来祝贺润儿取得好成绩，二来也为专程赶来的牛惠群饯行。三人坐下后，牛惠师取下布包拿出一条深蓝色的毛毯轻轻放在了桌上：

"这是三弟惠友在日本求学时的奖品，没舍得用，托人捎给俺，俺实在用它不起。"他哽咽着没再说下去。

润儿看到父亲脸上微微颤动几下，一滴大大的浊泪从眼角静静地滚了下来。

牛惠群收拾起毛毯，小心翼翼地把它交给润儿，轻声对惠师道："润儿拜托您了，学不求成，能写自己名字，看懂秤盘星就中。"

"人从识字忧患始，哥的心思俺懂"。牛惠师无奈应道。

三人一直坐到饭馆打烊，尽管饥肠辘辘，但看着桌上的饭菜，谁也没动一下筷子。

辛亥革命给中国教育独立、人的自由开启了一线希望。可惜，仓促的时局却未能给教育改革多少机遇。随着政局的变化，教育先是忽东忽西摇摆在中学与西学之间，接着又身不由己卷进了政治的漩涡。

1916 年 3 月，虽然袁世凯迫于形势撤销承认帝制案，废止"洪宪"年号，重新恢复到了四不像的国体，但教育"共和"的内容却没有恢复。不久，安徽督军张勋牵头在徐州召开包括河南督军代表在内的"十三省区联合会"，发出通电，目的是巩固与南方国民党势力抗衡的北洋集团。其中提出教育主张："提议于国会，照旧定孔教为国教，保存郡县学官及其学田、祭田，设奉祭生，行跪拜礼，编入宪法，永不得再议。"

当年，据北京教育部的报告，河南全省小学在校学生不到二十万，不足全省三千万人口的百分之一；当年全国小学生在校人数已达总人口数的百分之二。回溯清朝末年，无论是经费开支还是改制后实行现代教育的在校人数，河南一直排在全国第五位。民国初年"二次革命"失败后，镇压和复辟使河南的教育一落千丈，倒退到了全国垫底水平。

在高小期间，润儿最爱听的课是一位叫宋启程的老师上的科学课。当时，宋老师教初中,受邀每月到高小讲课两次,由于科学课属讲座性质,授课都安排在晚自习时间。润儿去听课是二叔专门接去的,来听课的不光有学生,还有不少初小、高小的教师,济济一堂坐满了二进院的文昌阁。宋老师讲课通俗易懂、深入浅出,一开口便提出了时人普遍关心的问题:

"知道中国为什么落后吗?"文昌阁里众人顿时安静了下来。

"当然,回答这个问题非常困难,目前也没有一个公认的答案,以鄙人视之,中国落后的原因主要是因为中国没有科学"。

他说,西洋人也好,东洋人也好,之所以能打败大清朝,表面上他们靠的是坚船利炮,实则比拼的是制度优劣,无论是器物还是制度,在背后起作用的还是科学,即自然科学和社会科学,所以科学是决定民族强盛的根本原因之一。

牛紫龙听到周围一片窃窃私语的嘈杂声。

什么是科学呢?他说,科学不但是一个现代的知识体系,它更多的是一种精神,一种理解、描述和改造世界的方法。

他说,为什么咱们中国没有科学呢?因为传统文化以儒家纲常名教为核心,以道家佛学为补充。这使人们的求知活动无法脱离传统伦理道德的框架,世世代代的读书人把求知作为修身的必要条件,其本意是对事物善恶的选择,其目的排列出来就是《大学》讲的八条目,格物致知,正心修身,齐家治国平天下。以后宋明理学把格物致知发展到了穷理,就是穷尽"天理"的意思,当然,增加了一些经世致用的含义,经世致用也不是科学,只是实用,无论是实用技术,还是实用制度,都不是科学。技术表现的是一种结果和操作程序,科学则对它的原因和原理感兴趣;技术强调遵守规则,科学却要探讨规则,或建立新的规则;技术可以避免与传统伦理道德和政治发生冲突,科学则有可能暴露这些传统伦理道德的来源和不合理地方。科学有自己不受外界影响的独立标准,这是中国传统纲常伦理无法忍受的,所以说中国古往今来有着无数的发明创造,却很少有科学理论。

他举例说,中国人早就懂了冶铁术,却一直用木头造船,就是因为我们弄不清力学、流体力学的物理原理;中国人很早就制造了霹雳炮,也一直没有弄明白弹道计算和火药的化学反应原理;最令人敬重的是,我们的祖先是世界上最早仰望星空的民族,一代代中国人皓首不倦,用一念执著,记载了几千年日月星辰的变化,中国历朝历代的皇帝还要任命钦天监之类的大臣,专门研究日食、月食等自然现象,毕竟天子知天是王朝合法性主要的依据。可是令人汗颜的是不光帝国的老黄历预测不准,时间一长,就连先后从阿拉伯人、印度人那里引进的多部历法也不管用。最后还是利玛窦、汤若望等西洋人,采用一种全新的日食、月食计算方法,准确地预测了日、月食出现的时间。以后,他们又相继传播了八大行星之说、地球构造学说、万有引力之说等一系列天文学、物理学知识,让一直深信天方地圆的中国人目瞪口呆。

那么西洋人何来科学呢?他接着道,西洋人有专门的科学家——为学而学的科学家,中国虽有众多的博士、进士、翰林,尽是为己或为皇上而学。西洋科学家求知皆以事实为基,以实验为稽,以推用为表,以验证为决,舍此,绝不轻信已成之教,不管它是当今皇上之语,还是前朝圣贤之言,可虚心不可有成见,如若他们的发现与真理不一致,也必有坚持真理的勇气,艰难其身、赴汤蹈火,也要整个明白,不是为了个人,而是为了人类,如此他们才会感到死而无悔。由此可见,科学技术的背后是道德力量的支撑。

他说,这就是科学精神,归纳起来就是自由、理性、实证、逻辑、勇气、批判、求索。人类几千年历史证明,还没有其他的思维方法比理性逻辑、经验批判更有利于人类知识的进步。国家的强弱与一国科学家多少是成正比的,科学家才是民族强盛弥足珍贵的财富。

最后,他就如何使科学在中国扎下根,使中华民族成为科学的民族谈了两条出路:出路一,从现在起,从实行现代教育的小学入手,使学生懂得科学,增进知识,建立中国的科学界;出路二,向社会各界宣传科学,提倡科学,传播知识,鼓吹实业,审定名词,改革观念,促进社会科学的进步。

润儿记得,当时整个课堂群情激昂,议论纷纷,自己足足有一星期都没有睡好觉,白天上课总是走神,一到晚上看见星星就激动不已。

可惜宋老师在"二次革命"失败后被学校辞退,记得宋老师返回老家开封那天,天刚麻麻亮,二叔便到高小把牛紫龙叫了起来,两人匆匆赶到城北十里铺给宋老师饯行。

二叔跟宋老师相见,沉默良久,那种沉默是如此惊心动魄。晨曦中,二叔取出一罐酒和两个杯子,敬了宋老师三杯,再相望时二人已是泪流满面了。

宋老师仔细打量了润儿一番,道:"记住,不要跟在别人身后走,那只能走到别人家。无论今后干啥,首先要认清自己去的方向。我也送你四句话——追求向上、坚韧自强、自由人格、成人成功。"

他解释说,学习如同攀登,要有勇气把自己带到高山之巅,也许你不会奋身一跃,越过山涧,获取功名,只要学会做人,提高品位同样也是成功。

他还问润儿的大名叫啥。

"牛润儿,只是小名。按族谱计,他应当是紫字辈"。二叔代答一句。

"好,那就改名紫龙,当今天下浊水连天,润雨之势恐于事无补,相传九龙中唯紫龙内敛立中,最擅击浪排沙,镇邪避难,何不借此威名修身励志,做得一番事业?!"

二叔点了点头,转身说:"快谢恩师赐名。"

牛紫龙上前深深鞠了一躬。

第三回

放飞鸽　斗计谋　颜潜修谋中有谋
结学友　竞心志　夺冠军义中有义

1912年入夏以后,天真且又有些浪漫的同盟会满腔热情地把工作重心转到议会选举和政党政治方面。8月,同盟会总部向全国各地的分支机构下发征询意见函,要求各地同盟会组织务必促成与当地统一共和党、国民公党、国民共进会、共和实进会等多个党团的合并组党事宜;9月22日同盟会河南分部改组,联合上述政党社团成立了国民党河南支部。

按照同盟会总部设想的共和路线图,下一步国民党的主要工作就是在临时约法的框架范围内,争取议会选举的多数,占据国会多数席位后,再制定宪法,实行内阁制,使民党能顺理成章地成为执政党,从而实现国民党治国理政的宿愿。然而,国民党的这些想法太过幼稚和天真,对于有几千年专制传统的大国而言,要走上民主宪政有着太多的难言之隐,多数国人还沉迷于打天下坐天下的棋局里,盼望着新的权威横空出世,在众人眼里,辛亥年的革命只是暴风雨来前的毛毛细雨,恐怕只是惨烈大剧的序幕。

其实北洋政府早就看出了国民党的如意算盘,无论是内阁制还是总统制,都会限制政府手中的权力,北洋政府针锋相对,打算从根本入手解决权力不足的问题。

经反复酝酿后,1912年12月,直隶总督冯国璋、豫督张镇芳联名密电各省都督反对实行内阁制,但对实行什么样的总统制也语焉不详,同时提出新修宪法应由冯国璋等人委托北京法制局、法学会和指定的各省代表来完成,这些代表需由各省都督委派,否则制宪无效。这就是说代表与国会没一点关系了,言外之意,连国会都可以不要了。

1913年1月,国民党河南支部所办《自由报》发表《反对反宪法之冯国璋、张镇芳》的评论,声讨张镇芳"破坏约法"、"藐视国会",妄图"复辟帝制"的倒行逆施。而此时,豫督张镇芳早已认定双方迟早会南辕北辙撕破脸皮,与其虚情假意不如先下手为强。于是当即派军警抓了《自由报》主编、国民党河南支部总务主任贾英。此举立即引起了国民党及众多团体的抗议,认为如此荒唐的做法违反了《临时约法》,要求放人。豫督张镇芳根本没把约法放眼里,他要推翻的正是《临时约法》,面对抗议民众的激行丝毫不为所动,没过两天就封了报社。

1月26日,《自由报》在刊登《张镇芳罪大恶极》的文章后,被迫停刊。

这还不算,小肚鸡肠的张镇芳开始动用军警宪特各种力量大范围地摸排国民党组织和人员情况,即使同情南方主张的人也统统被列入黑名单。

1913年3月20日,国民党议会党团召集人宋教仁在沪遭暗杀,即便到了这个时候,国民党仍有一派主张妥协退让,包括被害的宋教仁在内,还对袁世凯抱有幻想,指望着能在法制范围内解决。

5月初,袁世凯召开秘密会议为内战进行军事部署,部队开始包围湖北,大批北洋陆军再次集结到河南中部。6月,袁下令免去江西、广东、安徽三省国民党人的都督职务,"二次革命"就此爆发。

7月,国民党原江西都督李烈钧刚刚宣布"独立",张镇芳马上宣布国民党在河南的分支机构为"半反逆机关部",发布取缔公告,实行全省戒严,开始大肆捕杀国民党及革命党人,在短短两个多月里就残杀革命党和青年志士三千多人,其中绝大多数是留洋和受过近代教育的学校教员、新闻出版界记者和商界的技术骨干等,由于杀人过多,不少工厂、学校、报刊社被迫停工、停课、关门。

"二次革命"中国民党在河南被残杀的数量为全国之最,从清末以后,河南积累的现代知识、思想和人才在此次劫难中基本上被戮杀殆尽,以至于几十年后仍未恢复元气。

"二次革命"爆发后,早已起事的河南白朗义军内部便在战略取向上发生了争论:多数人主张应利用北洋陆军南下对付南方革命党之际,掉头向北,奔袭设防不严的省会汴京,采取围魏救赵的策略,响应"二次革命";义军中少数人,包括孙中山派来的代表沈参谋等人,则力主南下信阳,入湖湘,从正面配合"二次革命"。这样,容易造大声势,削弱北洋军队实力,缓解南方诸省压力。不利之处是京汉铁路两侧北洋军队已经云集,豫鄂皖遍布了北洋陆军的主力,如正面打则是硬碰硬,这对实力不足,只能以流动、击虚为主要作战方式的义军而言,无疑是扬短避长,凶多吉少。

此时,白朗已对沈参谋等人言听计从,全然把义军作为全国棋盘上的一枚过河小卒,明知胜算不大,还是定下了南下攻略的计划。

1913年7月初,白朗率部打下紫荆关,攻占淅川县城,9月兵分两路进入湖北,采用收买的办法,里应外合拿下枣阳,并在枣阳对各路义军进行整编,正式打出"中华民国抚汉讨袁军司令部大都督"的旗号,大旗棚①改称司令部,内设参谋处,主要由孙中山派来的沈参谋、徐昂等人主持,负责制订义军战略发展方向及作战方案;增设侦探处,主要负责招收和输送裁汰的新军官兵,采购枪弹、药品、服装等,重点还是放在对整个形势的评估和对北洋各部的动向侦查上,分别在北京、上海、广州、南京、武汉、郑州、南昌、开封、洛阳、九江、江阴、驻马店、信阳等地设置了侦探站,每站配备一至四人,共派出76人,以诊所、律师事务所、茶馆为掩护来开展工作。同时将原来杂乱的各杆组编成十七路,再加上司令部卫队、炮队、骑兵队,共有人员3400多人。

不久,陕西陆军二师二旅旅长马玉贵率部加入了白朗义军,使白朗义军的装备得以改善,人员得到补充。白朗义军经过在枣阳的短期休整后,分路攻取南阳、信阳,入安徽、战湖北,接连打了几场硬仗。

然而,国民党的"二次革命"仅仅持续了两个多月,到是年9月已呈土崩之势。革命党人有的被屠杀,有的偃旗息鼓,孙中山、黄兴等中坚力量先后流亡日本,与国民党有些关系的国会议员被收缴议员证书、徽章;国民党籍议员公开被拘捕杀害;在各地为官的国民党大员纷纷被解职,只有少数投奔袁世凯的麾下得以幸免;国民党组织也被解散,机构被查封,党员作鸟兽散。自此,议会已无法开会,共和政治彻底瓦解,袁世凯趁机卸下拥戴民主共和的假面具,露出专制独裁的真面目。

"二次革命"的失败使白朗义军与苏赣义军汇合的计划彻底落空,局势急转直下,这支不大的部队也成了全国唯一在抵抗的力量。

有鉴于此,袁世凯狠了狠心,以贻误军机的罪名撤换了豫督张镇芳,下令陆军总长段祺瑞兼署河南都督,调集豫、皖、鄂、苏、赣五省军队,约六万人,进行会剿,一时间段祺瑞、王占元、张勋、冯国璋等六路北洋精锐开始向信阳合围。

北洋陆军原本没把这支小小的义军放在眼里,会剿前制订方案时把剿灭白朗部的作战地域规划在豫、皖、鄂边境地区,并针对义军流动性大的特点,采用曾国藩围歼捻军以线止流、四面合围、步步为营的战法,先定点,以点连线,以线包围,配合精锐重兵跟进兜剿的布局。如此泰山压顶之势,对一支名不见经传的义军来说根本不会有还手之力。

然而让人大跌眼镜的是,双方交手几仗下来,北洋军反被打得魂飞魄散,连丢数城。白朗义军利用皖豫、豫鄂边起伏的丘陵山峦地形,声东击西,神出鬼没。整整三个月时间,北洋精锐疲惫不堪,输多胜少,几次围歼都没奏效。

在此期间,北洋陆军动用所有的新式武器和战法,北洋三师从鄂省省会武汉南湖调来刚刚组建的飞艇队,该队两艘山田式飞艇在对南方诸省作战中都没舍得用,此次用以剿灭白朗义军,这是中国战争史上首次使用空中作战武器。这些飞艇是1910年从日本购进

---

① 大旗棚为义军内部机构设置,是义军的最高指挥机构。

的,为此还专门在南湖建了宏大的系留基地。据日方介绍,该类飞艇由日本飞行泰斗田猪三郎发明,气囊形似鸡蛋,充气两千立方,两边各置发动机一台,分别是120马力和150马力。艇上可坐多人,飞行甚速,主要用以空中对地侦察和作战。北洋三师见围剿白朗久不见效,特向段祺瑞总长打报告要求拨款,购办瓦斯原料和各种投掷炸弹、电石炸弹等,并以中央政府名义向德国聘请飞行专家康斯旦台英氏,特别配备两百名精壮士兵为之护卫。飞艇队从武汉出征时还专门拨出火车专列,携带一支西洋乐队,一路轰轰烈烈来到信阳。

康氏到信阳后,特意安排了一场空中投掷炸弹的演习,让各路围剿白朗的北洋将领大开了眼界,众俱欢喜,驾之升空为先导,分路向白朗义军杀将过去。

义军对突如其来又如此轰鸣作响的玩意儿很是诧异,自天而降的毒气弹也着实厉害,不见伤不流血人就没气了,并且死前捶胸顿足、莫名痛苦。战役打到关键时刻时,飞艇便晃晃悠悠地乱炸一气,不但解了北洋军的燃眉之急,还一直追着义军屁股扔炸弹,使义军受了不少的损失。

不料好景不长,义军很快发现这玩意跟纸糊的差不多,它之所以能上天皆因里面充了一种比空气还轻的气体,并不像城墙一样厚实。于是,飞艇再来时,义军便和上面的人对打了起来,尽管上面扔的炸弹厉害,架不住下面的人多,"乒乒乓乓"一阵乱枪,飞艇参战不足一个月便被义军击毁。官军见状大骇,不仅失去了空中侦探的优势,也让士气大受挫折,义军则乘势突围回到了河南。

1914年3月初。老河口,河边小茶馆。

颜潜修瘦瘦的脸上滚下了几颗豆大的汗珠,豁鼻涨得通红。小茶馆门窗紧闭,屋里除了两张茶桌、几把椅子外,什么都没有。

他斜眼看了一眼站在门旁的两个大汉,十分后悔答应来见面。

颜潜修早年也是义军,因沈二皮有不杀之恩,才答应到义军内部卧底。颜家祖上要说也算安分,辈辈除了务农外还兼做些小生意。偏偏到颜潜修兄弟这一辈不知出了啥邪,兄弟三人尽干些吃人家馍,还屙到人家磨眼里的事。颜家兄弟三人,老大潜诚胆大妄为,老二潜修阴毒刻薄,老三潜齐稍微好点,好逸恶劳,三人全都不干正经营生,赌的赌,嫖的嫖,都老大不小了,还没一个人成家。

颜家老大潜诚争强好胜,巧取豪夺,跟邻里打架,吃点小亏就把人家的房点了,那火烧着连片的草房顶,把大半个村子都烧了,正好烧到颜家老宅前风向转了,顺着风势火又吹了回去,把乡邻的院子烧成了灰烬,为这事颜潜诚吃官司被抓进了大牢。

清朝关进大牢实际等于判了死刑,清朝后期,平均每年经过正式审判程序判决的死刑犯人也就三千多人,而不明不白死在大牢里的犯人多达一万三千人,所以没等到秋后,颜潜修便听到哥哥惨死在牢里的消息。于是,他二话没说把家里能变卖的都变卖了,领着弟弟到处击鼓叫冤打官司,从县衙到汝州,再到汴梁,两年下来毫无成效。弟弟颜潜齐见告状告不出个名堂,抑郁成疾,竟在一天晚上独自夜游出去,流落他乡了。

正路无处申冤,颜潜修便转上了歪道,一咬牙,干脆跟一个叫程瞎子的人起杆①当了

---

① 义军行话,造反、起义的意思。

趟将①,干起了专跟官府做对的事。颜潜修生就心细如发,沉毅刻狠,机敏多谋,很快就把程瞎子给顶了,自己成了杆首,不过他仍旧隐姓埋名,打着程瞎子的旗号,吃里爬外,无恶不作。

一次月黑杀人,颜潜修仗着人多势众,冲锋在前,被对手一刀削去半个鼻子,要不是他机警跑得快,恐怕早就丢了小命,从此,留下了豁鼻的形象。虽说险象环生,终也保住了性命。

辛亥革命后,他听说革命十分吃香,便打起了革命的旗号,不过他明知自己干的事跟革命一点关系都没有,也要千方百计往革命堆儿里钻,恰巧听说县府要找各路义军议事,便不请自到顶着革命的招牌来到了文庙,却被官府当成了真正的义军抓了个正着。颜潜修自知小命难保,一口咬定自己绝不是革命党,误入文庙纯属好奇,谁能放他一马,定能官升三级云云。在办理此案过程中,沈二皮发现此囚了得,便引为卧底,伏于死牢,策反牛惠友身边的人,未果,以后又将其放鸽到白朗义军内部。

自从打入义军卧底以后,他已经给沈二皮提供过白朗义军内部组织、管理方面的多份情报,包括黄兴与白朗的联络渠道,义军在汴、洛、新及临汝、扶沟、滑县、信阳等地联络站的情况及运动军队,联络绿林,组织反袁力量的人员名单和重点策反对象情报,甚至在开封《民主报》馆查获黄兴致白朗密函一案都有他的功劳。每次提供情报后他都要求不再干了,每次沈二皮也都答应了,按理说应该放过他了,可沈二皮还是像牛虻一样叮着他不放。

南阳位于豫、陕、鄂交界处,西连川陕,北接伏牛,作战的回旋余地大增。义军下一步如何行动自然成了北洋军排兵布阵首先要弄明白的前提,也正是在这节骨眼上颜潜修迟迟没有信息,沈二皮只得冒险找上了门。

站在门后的一个大汉抱着膀子走了过来,那汉子一身樵夫装扮,黑色短衣裤,扎着高高的绑腿,面色黑黄,一脸横肉,斜着眼问道:"你说白朗还没拿定主意?"

"这是俺的猜测,白朗在豫、鄂边界绕了几圈,能出来已是慌不择路,真不知道下步棋咋走呢。"颜潜修又望了望那人。

沈二皮急忙点头哈腰地站起身,小心凑近那汉子悄声道:"这些动向兴许过一个时辰就会一文不值,他知道的话不会不说。"

另一略瘦的人递给颜潜修一支洋烟,还掏出盒洋火儿给他点上。

颜潜修哆嗦着试吸了一口,双手抱拳问道:"两位长官是……"

"两位是开封警备戒严司令处的高警长、郑警官"。

颜潜修马上感觉到了自身的价值,再次抱拳举过头顶,自我介绍道:"兄弟颜潜修,是白朗前队侦探副官。"

"中啦,中啦,别鬼摆②啦,恁那些家底人家都知道"。沈二皮一边呵斥着颜潜修,一边弯腰对高、郑两人赔着笑脸。

略瘦的高警长双手抱拳还过礼,说了句黑话:"兄弟俺也趟过将③,和尚不亲帽亲,说

---

① 义军行话,指土匪。
② 豫西南一带的地方方言,炫耀、出风头的意思。
③ 土匪行话,干过这一行的意思。

吧,开个价也行。"

颜潜修斜勾了一眼在一旁的沈二皮道:"借光找个方便的地方,谈价不能伤和气。"

高警长心领神会,睨视一眼大门示意沈二皮出去。

"先压一千两舍命钱,然后一个月三百两"。颜潜修见高警长转身取出纸笔,马上改口又说:"慢、慢,提供特别重大情报一次再加五千两。"

高警长略一迟疑,马上挤出一些笑容,说:"一家人何必分这么清呢?事成兄弟一块儿荣华富贵,差事办砸咱兄弟也是挖一个坑埋俩人。狮子大张口就难为兄弟我了,不如改成重赏,如何?"不等颜潜修表态,又接着道:"有个条件,不知你能否答应?这次回去你得带着俺这个兄弟。"

他指了指门口站的郑警官。

"这事俺早就思谋好了,要说义军里私跑几天往家捎东西的人也不少见,往回带人的也有,只是恁这兄弟不是俺那一片儿的人,一开口人家就会起疑,要去只能装哑巴,还得保证不能说梦话。"颜潜修胸有成竹地说:"不如这样,让门口沈警长、刘警长跟俺回去,他俩是俺们那片儿的人,遇事也好有人商量,可中?"

高警长回头望了望,见郑警官点点头。"好吧,把沈二皮叫进来"。

沈二皮进屋听说让他跟颜潜修一块儿返回义军军营,吓得差点坐地上,知道顶着不去无法交差,只有在尽快脱身上想些办法。想到此,他便急不可耐地打断高警官的话,说:"咱们还是先把情报传递渠道定下来吧,过去的老办法不能再用了,改用人力吧。"

过去北洋陆军的报警系统和侦查渠道多依靠各地的电信部门,以后发现义军打下一个地方后,首先占领的就是电信局,开始是编排许多似是而非、捕风捉影的假情报到处乱发,几个游勇就报数千之众,搞得草木皆兵、人心惶惶;以后还编制各种暗号、指示,发往各地指挥义军作战,使电信部门防不胜防,一筹莫展。北洋陆军只得重新启用人力情资和人力传递情报的传统方式。

沈二皮建议改用这一方法,既可以随时从义军脱身,又能为自己立功留下机会。

高警长思来想去,也确实没有更好的办法,只得点头应允,说:"好吧,俺们二人扮作货郎就跟在你们后面,不会超过三十里。"

傍晚。紫荆关城外。

乍暖还寒,远山上残留着雪线,山下则已有了新绿。

关城大道边竖着一排排拴马桩,沈二皮穿着义军对襟蓝洋布马甲号衣,圆胖的身躯把那显然有些小的号服撑得处处裂口,露出白白的棉絮。他提着饮马的皮袋,望了望城门大道,故意大声喊了声:"哑巴,领完草料记着烧锅呀。"说罢便慢悠悠地向井边走去。

沈二皮盘算着,至迟两三天自己就能离开这支让他吃不下饭、睡不着觉的队伍,堂堂巡警局长、前清名震一方的师爷来这儿扮马夫,吃的用的跟牲口差不多,实在太委屈自己了。好在这苦日子就要熬到头了,白朗杆匪显然到了"一着不慎满盘皆输"的关口。

紫荆关历来就是"一江贯南北,鸡鸣闻三省"的兵家要地,扼丹江源头,西接秦川,南通鄂渚。史料记载,丹江自战国时期就已通航,入汉江,汇长江可达荆襄杭,是我国最早的南北通道。唐宋时期在此建关,明清年间渐进黄金时代,船舸弥津,商贾云集,成为周围七省的物流基地。

白朗义军放弃淅川，猛攻紫荆关，激战终日，才破城进关，为的是在这里定下战略行动方向，过去白朗义军搭建情报网络，多是面向东南各省和河南省内，这也预示着部队的进取方向，这一点沈二皮看得也很清楚。从军中一些将士的意愿看，多数人也希望能打回河南老家，分散隐蔽，毕竟路熟驾轻，加上白朗自从湖北回到南阳后，执意要整顿部队，清除军中"害群之马"，更使队中一些人怨声载道。所以从军心和部队条件看，义军大概只能向东。

城外大道边，连排着四五家大车店，家家住满了义军的队伍。沈二皮逐个看了一遍，未见什么动静，走到尽头正好撞见前队几个兵丁在备马收拾行装。

"恁晚还出去打野食？"沈二皮心中暗喜，一边向井旁走，一边故意用调侃的口气问。

"回家。"一兵丁脱口而出。

"回哪家？出去先探探路，咋走还不知道呢。"一位像是小头目的人故意岔开话，接了一句。

沈二皮也不多问，匆匆从井里打了袋水，屁颠屁颠地回到自己的马房，先给自己槽里的马加满料，转身回屋便收拾起行装。

"咯吱"一声，门开了一条缝，颜潜修裹挟一阵冷气进了屋问："人呢？"

"大队往哪儿走？什么时候开拔？"沈二皮头都不抬地问。

"回家。"颜潜修脱下帽子"啪啪"地摔了几下，"还是先让刘继祖回去捎个信吧，咱俩再等等。"

"军中无戏言呐！"沈二皮突然转身盯着颜潜修，兴奋得两眼放光，"弄错方向咱俩可要掉脑袋的！"

"俺也是怕不保险，觉得让刘继祖先去通报一声为好。"颜潜修知道让沈二皮相信自己的确不容易，只能欲擒故纵提出让刘继祖先走，其实他早就料到沈二皮是一天也不想待在这儿了。

"不中，事关排兵布阵的大局，俺必须亲自跑一趟，今晚就赶回淅川县城，见省城那两位警长。"

"恁也不必这么着急，再等等不迟。"颜潜修有意漫不经心地说，接着站起身，道，"其他地方人生地不熟，到哪都是瞎子摸象，只有回家进到八百里伏牛山，别说后面有五省六万追兵，就是再加六万恐怕都吃不定这帮杆子。"说罢，他把帽子扣头上出了门，心想："对付这号无赖只能用无赖手段。"

颜潜修料定，沈二皮会亲自回去送这个情报，只要他今夜把这个假信带给等在淅川的郑、高两人，明天北洋主力就会向东北转移，后天再让刘继祖把白朗义军西走陕甘的准确消息带回去，他沈二皮就是有一百张嘴也难说清楚。到时让他吃不了兜着走，保住保不住小命不敢说，至少是衙门里再也别想混了。

想到此，他信步登上城楼，躲在暗处目送沈二皮骑马向南阳方向驰去。

入夜。县城，丁二家新宅。

丁二眯缝着眼笑盈盈地搀扶着郏县新上任的县长袁时熙拐进了二门里的小院。小院里除了一间耳房，只有三间正房，房里摆放着桌椅烟榻，桌上早已备下烟、茶、坚果等。对门的墙上挂着一幅写意山水，画上，一条崎岖的山道通向崖边草庵，庵旁有一零落的老松在凛冽的寒风中苦苦挣扎,上空悬着横云半月,画两边是副对联:寒月雪山风似刀,断崖孤怀一峰挺。

丁二一家原本在县里并没有多少影响,只是在牛惠友一案的办理过程中声名鹊起,前任县长陈世成离任时专门给接任的袁时熙交代"此人诚实可信,堪担大任"。袁上任后,有几件棘手难缠的案子,受丁二指点迷津拖了下来,受益匪浅,便与丁二如胶似漆地粘在了一起。正好,半月前上面有意推行保甲制,袁县长便亲自出面疏通关系,让丁二如愿以偿地当上了县保甲分局的局长。这天召开分局成立大会,忙乎了一天,晚上丁二专门在家设宴答谢县长袁时熙,备下重礼还这个人情。

丁二扶着袁县长到上座坐下,递烟、点火、倒茶、拳背,这么一套做完才凑近袁县长耳边道:"恁这么抬举俺,真乃再生父母,滴水之恩,俺必定会涌泉相报,这点意思聊表心意,不知——"

他故意话说半截,顺手撩起盖着托盘的红绸布,只见上面放着黄白分明、亮灿灿的四根金条,四锭官银元宝。

酒足饭饱,止不住打嗝的袁县长溜了一眼,心里不禁"咯噔"一下,没想到丁二出手还真够意思,只是脸上一点表情都没有。

"成立县保甲分局,咱们也是蹚着往前走,自治公所这些玩意儿对西洋人管用,到咱们民国它就不好使了,眼下局势动荡,民不聊生,俺想来想去还是咱们老祖宗传下来的保甲制管用。"袁县长顾左右而言他。

"那是,那是"。

"现在袁大总统已经明确停止自治,汴省还没正式行文,改革事体重大,咱们不能等,先按大清朝条例把保甲制办起来再说,可以边办边改嘛!"

丁二见袁县长张着大嘴打了个哈欠,知其已生去意,又见他对桌上金银并没有拒纳的意思,知道此事已经八九不离十了,接着挥手示意让狗儿出来拜见,那狗儿穿一身黑色宽大的巡警制服,进门先行举手礼,接着将帽子一甩,跪地又连磕了三个响头。

丁二便急忙道:"此乃犬子,跟俺一样识字不多,心眼里就知道'忠孝'二字。"说着示意狗儿起身向前站了站,"来来来,让袁大人看看能不能给大人跟班呀?"

袁时熙眨眨眼,见狗儿板着脸,没什么表情,问道:"他穿这身衣服不是巡警局的吗?"

丁二又眯起眼,嬉笑道:"恁也知道咱县巡警局属于官商合营,几个董事手把得很紧,愣是不让俺入股,这孩子在里头也没个奔头。俗话说,人往高处走,水往低处流,总是让孩子端上衙门的饭碗才放心呀。"

袁时熙刚想开口,却一连打了几个饱嗝。

丁二见状,忙转身让家人端碗醋让袁县长呷了一口,丢个眼色给狗儿,狗儿自然是慌忙跑到袁的背后拨拉①开了。

袁时熙伸了伸脖子,顿感舒服多了,回头看看狗儿,道:"过几天到县署上班就是了。"

正说着,大门便被县署秘书撞开了,那秘书也顾不上什么礼节,径直跑到袁时熙耳边嘀咕了几句。袁时熙没等秘书说完猛然站起身。

"走,去看看"。

---

① 豫西南一带的地方方言,轻轻拍打的意思。

"出了什么大事?"丁二追上两步问袁时熙。

袁时熙跨出大门,边走边答道:"省城来了一队巡警,非要带走师爷沈洪顺,说他谎报军情贻误战机。"说着几人大步流星赶到了县署。一进门便听见"噼里啪啦"皮带抽人的声音,还夹杂着高一声低一声哀求的喊叫,有人厉声骂道:

"日你奶奶!坑①人也不是这个坑法。你这是想把俺们弟兄往火坑里推呀!"

顺着声音望去,见两个膀大腰圆的警长正挥舞着皮带抽打在地上来回打滚的沈二皮。

再看沈二皮已满脸是血,杀猪般地哀号着。不远处还跪着穿一身义军服装的跟班刘继祖。

袁时熙、丁二等人慌忙抢前几步好歹拉开了那两位警长。

"息怒,息怒,大人息怒。"

"究竟为何?"

偏瘦点的高警长又对着沈二皮狠狠地踹了几脚,见有人来劝,猜是县长,收住手后自我介绍一番,接着说明原因。

"明明是白朗杆匪要出走陕甘,他回来报信非说杆匪会回师河南,还说这些是他打探确实的消息,结果北洋陆军在这边刚刚布阵完毕,那边白朗杆匪已经连克商南、商县和山阳县,使得一路追剿的大军措手不及,害得俺们弟兄不但丢了饭碗,还要戴罪立功……"

"差矣,差矣。"丁二跨前一步,抢过话道,"到杆匪队伍里刺探动向是恁们找上门的,沈师爷,不不,沈局长放飞鸽在前,你们接手经营在后,说他早被杆匪策反恐怕仅是恁的猜测。再说查清匪情动向,本来就是件难题,即便有失误也不能一概推到沈局长头上,兵不厌诈,匪行无方,白朗杆匪更是神出鬼没没个定数,即便沈局长带来的是准确情报谁也不能保证它就不会生变。再说了,沈局长带回来的动向情报全仗二位研判定夺,没有二位的定夺他也报不上去不是?带他回省城对二位大人又有什么好处呢?"

丁二说完,用脚碰碰沈二皮,示意他赶快找机会脱身,先保住小命要紧。

高警长看了一眼郑警官,狠声道:"那也不能便宜了他。"

说罢从跪在一旁的刘继祖身上拔出手枪,"哗啦"一声顶上了火,千钧一发之际,狗儿突然上前抬高了高警长的手,听得"砰"的一声,子弹打在了县衙大门上,溅出一簇火花。

沈二皮见状一个骨碌爬起身,黑影一闪便出了县衙大门。

1918年,牛紫龙以高小前五名的成绩考上汝州中学。

汝州中学是清末教育新政办起的名校,设在州府书院街一座饱经沧桑的三进门深宅大院。一进院迎面正堂为学生集中上大课的教室,两边厢房为学校办公和教师教案室,二进院分别为学生教室和宿舍,三进院为教工宿舍和学堂操场。

民国中学教学大体仍依清末中学课堂设置,开有算学、国文(包括策论、经义两门)、英文、历史、地理、物理(包括力学、水学、光学、电学、声学)、化学、博物、体操、修身等。

牛紫龙上中学最喜欢的课程就是策论,策论大体等于现在的议论文,即让学生就一件事或一个人,或某个观点,起承转合后发表自己的意见,如物竟天择等;当时策论以《东莱博议》为范本,兼以介绍一些西方的逻辑学等知识。当然,策论的许多选题往往偏重读经

---

① 欺骗、蒙人的意思。

传统课目,如从诗、书、礼、易、春秋中选取文句,加以解释和论述。

中学课程十分丰富,但生活特别艰苦。一日三餐,早饭熟黄豆,午饭杂面条,晚饭红薯馍。特别是学生宿舍,往往是一个大屋安排许多学生,屋内靠墙是一排通铺,铺前一排小桌,每人一盏陶台油灯,一晚自习下来人人都是两鼻孔黑烟,满脸油泥,且坐着被蚊子叮,躺下有臭虫。牛紫龙形容是上有飞艇,下有伏兵,上下夹攻,内外交困。不过,如此艰苦的条件倒也有一定的好处,许多富家子弟和本城内学生纷纷改为走读,或干脆退学。但艰苦的条件反而激发了牛紫龙的倔劲,使得他学习的兴致越来越浓。

牛紫龙发现,中学老师为提高教学质量,不光布置作业,还常用课堂提问的方法检验学生学习应用的效果,几乎各门功课的课堂提问都是从易到难,让学生回答也是从前到后点名起立回答。看清楚这一点,他下决心坐到了最后一排,强迫自己回答老师提出的最难的问题,果然收到了成效,入学第一学期,在新开设的七门功课中他有六门考了全班第一。

牛紫龙觉得用功名利禄激励学习的方法显然有些缺陷,一旦功名不就,动力便会丧失。他时常想起宋启程老师的话,人生就是要把自己领到悬崖边上,努力的目的只为看到大多数人看不到的风光。

牛紫龙自入校第一天起,便看到了照壁上的公告,两位同学王永祥和樊存诚,分别是学校二三年级童子军全能比赛的年级冠军,全校只有他俩有资格穿童子军旗手那身白色的制服,或许从那天起,牛紫龙便暗下决心,一定要穿上旗手的白色制服。

当然,个人较劲是一回事,真要上场比试,就不容易了。

牛紫龙第一次参加童子军年级比赛,在十五名选手中综合评分仅位于第十名,连参加全校选拔的资格都没有,离他心目中挑战的目标相去甚远,这让他很是沮丧。他咬咬牙,自罚自己断食三天,下决心务必在半年内夺得第一名。

1919年春节,牛紫龙没有回家,为学校春季开学后的各项比赛做准备,而此时一场翻天覆地的思想启蒙运动悄然拉开了帷幕。

暑假前,牛紫龙最终以第一名的成绩从年级胜出,成为全校秋季比赛的候选选手之一。这段时间他每天跟在王永祥、樊存诚身后训练。在童子军比赛增试的项目上,三人的实力不相上下,越野是樊存诚的强项,搏击是王永祥的专长,游泳两人都比不上牛紫龙。也就是说他只有把越野和搏击两项都拿到第二,才有把握排在两人之前,因此每天训练时他都要分析一番他们两人强项中的弱点。

王永祥个子不高,身体强壮,圆脸,头发留得很短,在当时是很摩登的发型,眉毛粗长,一双大眼神采飞扬,圆鼻厚唇,皮肤白皙,性情沉毅开朗,好打抱不平、急人之难,有古侠之气,据说,他祖上是练武世家,传到他这一代,走上亦文亦武的新路。他一年四季穿着灰色短衣衫、宽胖长裤,即便大雪纷飞他照样也是这身打扮出门。

樊存诚高个儿,手腿都很长,似乎有些驼背,长发、中分头,瘦脸,皮肤黑黄,两只大眼无论望到什么似乎都流露出忧深思远的神情,最醒目的就是他尖尖的钩鼻,夏天红红的,冬天常常在鼻尖上挂着一滴冰,小嘴薄唇咬着两边倔强的曲线。他生性寡言少语,慎思沉毅,不过生活比较马虎,好像自打获奖穿上了那套白色立领制服后,他从来没有再脱下来过,一年四季都如此,衣服已经微微泛黄了。

越野训练中往往是王永祥小步快跑一马当先,樊存诚大步流星跟在后边,沿着护城河堤绕着城墙跑上一圈,正好九里一百一十八步,回回都是跑到城南门时,樊存诚会快跑几步超过王永祥。而这时牛紫龙耳边只剩下呼呼的喘气声和咚咚的心跳声,两腿像注了铅一样,每迈一步都要付出巨大的气力。他暗自评估了一下三个人的实力,不得不承认就越野而言自己可能是最差的,看来仅靠毅力是无法取得第二名的。

搏击虽说王永祥稳拔头筹,但牛紫龙发现樊存诚练的功夫比童子军规定的课目要多得多,除了拳脚轻功外,他还偷偷地练些袖箭、弹弓、白蜡杆之类的器械,再加上他个儿大手长,攻防兼备,要想打倒他更不容易。

这天,牛紫龙从起跑就紧紧跟在王永祥身后,刚跑一半路程牛紫龙便紧赶两步超过了王永祥。他咬紧牙关、拼尽全力领跑了一段路。渐渐地,后面两人开始乱了步伐,争先恐后地从他身边超了过去,但跑出不远,便不得不放慢步伐。他知道他俩的体力也已达到了极限。临到终点时,牛紫龙再次拼尽最后气力奋起加速,虽然没有超过樊存诚,却超过了王永祥。

樊存诚双手从背后撑住腰,大口大口喘着气,还不时地咳上几声,走到正蹲在地上的牛紫龙面前,猛地拉了一把,气喘吁吁道:"不能姑堆①那儿……再累也得站着慢慢走,保持血液畅通,不然会出毛病。"

牛紫龙站起身只觉得眼前一阵天旋地转,鼻孔里充满了淡淡的血腥味,他解开两腿绑的沙袋,用力揉着肿胀的双腿。

"恁不是跑赢了,恁是斗智斗赢了,差点打乱俺的体力分配计划。"樊存诚走过来拍了拍牛紫龙:"哪儿人?"

"月桂镇。"牛紫龙直起腰,试着慢慢走了两步,"没办法,力不如人,只能耍点小聪明。"

"噢,出名人的地方,牛惠友听说过吧?"

牛紫龙边走边问:"恁也认识?"

"他跟俺叔认识。"樊存诚甩着手答道。

"恁叔是——"

"樊钟秀。"

牛紫龙很认真地审视了一番樊存诚。

他当然知道,樊钟秀是豫、陕两省响当当的人物,之所以名气大,皆因他和他新拉起的队伍都是传奇。

樊钟秀出身寒门,其父是半耕半读的穷秀才,樊钟秀本人也是读书力农,起自草莽。清朝末年,樊家逃荒到陕西洛川开荒种地,遭当地土匪黄大爷敲诈,被迫起杆,起杆后剿匪保民,不淫不抢,守护一方。从那时樊钟秀就有了名声。1914年,白朗义军进入陕西后,官府认定樊钟秀部与白朗义军有联系,派一团正规军前来围剿无果而终。不久,袁世凯称帝全国声讨,樊钟秀重整旗鼓,联络南方国民党人,打出了靖国军的旗号护国讨袁,一连打了几场恶仗,名震三秦。樊部虽说是逼上梁山的起杆队伍,但在江湖上干的是行侠仗义之事,恩怨分明,从不行恶欺良,赢得了"公道大王"的好名声,被许多县的官员百姓倚为保障。樊钟秀本人思想开明、正义勇敢、不攀附权势,所以结交了不少国民党朋友,受这些朋友影响,曾多次与南方国民党联系,直接写信给孙中山要求派人到所部指导。不久,孙中

---

① 地方方言,表示蹲的意思。

山派于右任、张钫到陕西组织靖国军反袁,樊钟秀被任命为第二路军总司令,是靖国军中最重要的一支力量。他为人坦率清白、重诺守信、恩怨分明,以侠义宽厚维系着他那支拖不垮、打不烂的队伍。

樊钟秀率部回河南时正赶上督军赵倜扩建"宏威军",便把樊部编为一团,开赴豫北剿匪,不几天就消灭巨匪张槐一千多人,名声大振,被称为豫军中最能打仗的队伍。

一日,汝州城外。

牛紫龙和王永祥一直在东门外等,却始终没见樊存诚,两人只得各自跑了一圈,悻悻地赶回学校,不约而同地来到初三学生宿舍,进门见樊存诚一反常态地穿了一身灰色短衣裤,冲着两人微微翘起嘴角笑笑:"就等恁俩来呢。"

他出门探探头,又转身指指床上一本击剑教材和那身穿得发黄的白立领制服,说:"这本书送给永祥,这身衣服给紫龙,现在恁就是全校的旗手了!"

"恁这是去哪儿?"王永祥擦着脖子上的汗,满脸通红,问,"眼瞅着都拿毕业证了,哪怕恁参加完比赛再走也行,临上场打退堂鼓不觉得可惜吗?恁为此准备了这么多年!"

黑暗中樊存诚两眼炯炯有神,笑笑没吭。

"可惜,好不容易等来一次比试机会却未能如愿。"牛紫龙有些怅然道。

"以后有机会。"樊存诚系好行李包,双手把长长的分头向后一抹,憨厚一笑,拱手说,"天下一家,四海兄弟,愚兄俺虚长两岁,先去江湖给弟兄趟趟路,找一个能有所作为的去处,咱们虽没换过帖子,可也算有金兰之谊,走过一段相同的路,喝过一口井的水,搅过一个锅里的粥,愚兄离校,出息了绝不忘两位贤弟。"

"当今天下大乱,群雄纷争,虎豹当道,民无宁日,咱们兄弟合力正好干一番事业,恁这一去,"王永祥很是不舍,"不知何时……"

这时,门外落下两颗小石子砸门的响声,樊存诚未及答话,背起包裹,郑重地又向王永祥、牛紫龙拱了拱手:"来日方长,后会有期。"

说完转身大步出屋,向学校的围墙跑出。夜幕下,但见先是包裹甩出院墙,接着一个瘦瘦的黑影瞬间翻了过去,周围寂静如初,仿佛什么也没有发生,一轮皎月在风中显得更加明亮。

王永祥像是自言自语地问了句:"恁不知道他去哪儿了?"

第四回

攻营垒　掠良田　颜氏豪门拔地起
察内应　灭匪焰　舍身保民举寨哀

1914年7月23日,白朗及部下六十多人被突袭的官军包围于三山寨。山寨北有悬崖,东南又有河水环绕,只有西南一路可通,此路蜿蜒险峻,有一两面都是悬崖,易守难攻。

三山寨虽名为寨,其实只是一个二进门的院落,内有大小殿房三十六间,水井一口。

白朗率部下在山上守了两天,打得官军遍地横尸,到第三天夜里,义军布下疑阵,设计下山,刚刚绕过第一道包围圈,迎头碰上了蜂拥而至的各路官军,白朗不得不再次分兵,分头突围。

眼看大势已去,颜潜修便趁机回了老家。

回到家后,颜潜修要干的第一件事就是想找到失散多年的弟弟。他多方打听,费了九牛二虎之力,才在邻县乞丐群里找到失散五、六年的弟弟颜潜齐。此时的颜潜齐连自己的大名都忘了,只知道人们叫他"三儿"。原本就消瘦的身子看上去越发骨立形销,蓬乱的长发遮住了半个脸,满脸都是黑黢黢的油泥,只有在脖子下面才显露出两道白白的肤色。颜潜修找到他时,他裹着一床进出不少棉花的肮脏的被褥,上身赤裸着膀子,下身穿条由三尺白布二尺黑布拼成的宽大且四处漏风的"直筒裤",像一块打着褶挂在腰间的碎布,独独那双在长发后躲闪的双眼让兄弟俩相互认出了对方。相见之后,二人抱头痛哭,颜潜修一把扯下弟弟肩上的破被褥向上一甩,说:"走,跟哥回家,哥发大财了!"

颜潜修发财了!村里人开始并没多想,只是抱着好奇的心态看着颜家雇几十辆大车每天拉砖盖房子,车来车往,人吃马喂,好不热闹。一年以后,当颜家宅院的围墙渐渐显现出让人瞠目结舌的规模时,村里百姓有些担忧了,眼瞅着围墙打到街面,大伙都以为不会再往前打了,毕竟沿街尚有四五户人家,其中一家还是颜潜修本家叔——一位年纪六旬的孤寡老人,颜潜修兄弟落难时,人家没少帮衬他们。谁知颜潜修十分热情地请这几家人喝了回酒,说啥事没有,就是离家长时间,没机会孝敬乡亲,不得叙叙旧不是?酒桌上他还一声一个叔地喊个不停,乘众人喝多之时,颜潜齐领着一班子打手仅用了一个时辰就把这几户人家的房拆了,第二天,颜府的围墙就打到了街面。

那些被请去喝酒的邻居街坊面对着一片瓦砾和一群如狼似虎的家丁,呼天抢地,捶胸顿足,只是不见了颜家兄弟的踪影,只得推举颜潜修叔叔为代表,好歹见见侄儿为大伙讨个活路。

闹腾了几天,颜家终于开门让他叔进去了。

"叔,恁咋有空来了?"颜潜修跑下台阶,堆出一副见到亲爹的表情,眸子里流露出不少喜庆,大喊道,"快,快,给俺叔搬座,就坐当院说话,这多敞亮呀,恁来是……"

老人头也不抬,说:"俺来找恁婶呢。"

"俺婶?俺婶不是过世七八年了?您咋到俺这儿找她呢?"颜潜修一怔,两眼仍旧喜滋滋地瞅着叔叔。

"是呀,恁婶从小看恁兄弟三个长大,俺家一有啥好吃的自己不舍得吃,都要先给恁兄弟送来,天天串门到恁家,这不——死过这么多年连老房都搬到恁家串门了!还捎带着连街坊邻居都搬到恁家了!"

颜潜修听出来叔叔是变着法骂他们兄弟呢,突然变脸吐了老人一口说:"怪不得早上俺听到老鸹叫了,原来恁来这儿找死呢!"说着直起腰,摸了摸他那被削剩下的豁鼻,又道,"好吧,颜家一个门,俺晚辈不跟恁一般见识,您不仁俺不能不义,总得给恁找个吃饭的地方。"

说着他挥了挥手:"三儿,找根光滑的树可叉儿①,再掂个篮子,放咱叔自谋生路吧。"说罢转身回了屋。

就这样颜潜修把自己的本家叔赶出了门,其他街坊见状虽说恨得牙根痛,但见颜家财大气粗,也只能自认倒霉。

三四年光景,颜家已围占建起了近八十亩的大院,陆陆续续雇佣家丁打手百余人,其中多是土匪、恶棍、二流子,专司护院保镖之职。颜府大院围墙高耸,在正门两侧和四角还修了几个圆圆的炮楼,炮楼是用双层砖砌成的,中间垛上糯米汤和好的石灰泥,坚固异常。院正面朱门铜铛,饰以神禽奇兽,富丽堂皇,比衙门还威武。院内还有一圈暗河,两丈宽,内布有各种暗器。过了暗河才是正院,院内奇花异木,回廊画柱,将大院又分成了几个小院。各个小院都采用不同的建筑风格,有哥特式的、有罗马式的,反正比葫芦画瓢,见有奇形怪状的建筑就比划着在院内盖上一座。

当然,小院尚未盖好,颜家兄弟便开始招亲活动。颜家相亲根本不用媒婆,很简单,无论是在镇街面上,还是汴南大道旁,也不论女子是否已经出嫁,看中了就抢。不分白天晚上,只要叫颜氏兄弟撞见,或立行云雨之事,或抢进大院小住几日,然后放人。当然,颜氏兄弟也不含糊,凡是抢来睡过的女人只要有孕,一律可以娶进为妾,没有身孕的一概不认。自从颜家盖院开始,每年总有几个怀有身孕的女人找上门来,三四年下来,兄弟两人竟各娶五六房夫人,更多的女孩慑于颜家恶势,只能忍气吞声,甚至还有些被强暴过怀有身孕的烈女子,宁愿掐死生下的孩子,也不进颜家的门。

颜家这种古往今来从未见过的娶亲方式,致使周围只要没有残疾,且九岁以上的女孩纷纷外逃他乡,就连汴南大道也是客少人稀,连女人的影都没了。

颜氏兄弟的另一个特点就是在敛财经营上颇有长处,初始颜家开店,无论做啥生意一律大斗进小斗出,大秤进小秤出,闹得人们谁也不敢再进颜家的店门。以后颜氏兄弟见开店不利,便支摊聚赌,通知下去不准不来,来了只准输不准赢,谁输的快谁少受点皮肉之苦,赢钱的人不输光断难出门。如此几番下来,不光本村本镇,就是周围十里八乡家境稍好点的人都跑光了。接着颜家又推出了个更大胆的敛财举措,干脆雇人用犁耕地,耕到哪儿,哪儿就算颜家的地,半个月下来颜府周围大片大片的土地都改姓了颜。颜家还专门请官员、律师及一帮打手划界丈量并打桩公证。周围的百姓愕然了,即便是跟颜家沾亲带故的人也害怕了,不少人敲锣打鼓吆喝着找地,一夜之间这地跑到哪儿啦?听说过大清入关有跑马圈地一说,谁见过用犁圈地的招数呢?颜家厉害呀!没人再叫他潜修了,背后皆呼"颜直犁(隶)"了。

不过颜家兄弟还是发愁。

不中!这么来钱太慢!好不容易撞上有钱有势的机遇,再不抓紧,眼看就快过去了啊!颜潜修一连几天都没个好脸,一直嘟嘟哝哝来钱慢。

正说间,门外报有客要见。颜氏兄弟对视一眼,颜潜齐急忙跑上敌楼查看了一番。片刻工夫就跑了回来,边跑还边从腰里掏出手枪,进门就说:"哥,球货还用草帽遮住半边脸,扒了他的皮俺也认识他的骨头——大清师爷沈二皮来了。"

---

① 豫西南一带的地方方言,指干树枝。

颜潜修摸了摸他那被削成扁平状的鼻子,半天没吭。一会儿那些隐藏的想法渐渐清晰,他阴沉的脸忽然眉开眼笑了,自言自语道:"俺说这几天左眼咋使劲跳呢,像是有财要来,原来真有财神到了哎!去!开门有请!"

"沈师爷沈警长沈老兄,今儿咋有空光顾兄弟俺的寒舍?快快,先弄几个菜热壶酒来。"

沈二皮隔过颜潜修直接打量了一番站在后面的颜潜齐,想不起来在哪儿见过此人,略微有些安心,过去得罪人多,使得他不得不处处提防着人。

相视之下颜潜齐也装作头次相见,平静的外表下遮掩不住内心的愤恨,涨红着脖子,皮笑肉不笑地赔着笑脸,不住地喃喃道:"稀客稀客,久仰久仰!"

沈二皮原本个子不高,眼下好像又比前两年矮了点,头似乎也大了些,师爷那种志得意满、把持招摇、满脸放光的神采,变成了黑黄、沮丧、飘萍无处的一脸鼠相。他摘下草帽,落飘出散乱的灰白长发,那双曾经熠熠传神的大眼此刻则流露出老鼠见猫样的贼光。他一边抬脚进门,一边脱着衣服,那身旧衣满是窟窿,是灰是黑已经看不出来了。进到当门①,上半身已是赤条条的一丝不挂了,身上黑一块红一块,更显得污浊难看。

沈二皮用脚把衣帽踢成一堆,说:"烧了吧,虱子太多,实在没法穿了,俺还专门在裤裆底下剪个口,蛋都掉出去了,虱子一个没走。"

颜潜修捂着鼻子,让下人把沈二皮的脏衣服抱到门外,一把火点着烧了起来,只听得"噼噼啪啪"一阵乱响。"快快,把俺前天做的对襟黑丝绸新衣服拿来给俺哥换上。那身衣服俺穿上直觉得搁不住呢,咋也想不到天差仁兄光临寒舍,德佩其服呀。"

沈二皮双手在屁股上搓着灰球,漫不经心地说:"扯球蛋!还德佩其服!恁做的衣服俺能穿?"说着抬头看了看颜潜修,"给俺找身佣人的衣服得啦。"说着用手指了指站在一旁的佣人。

颜潜修趁机退后两步,故意用专业裁缝的眼光,上下审视了一番沈二皮上身长、下身短的光身子,还用手指放到眼前比划了几下,很认真地说:"合适!合适!上衣不用动,裤子打不老盖②下一剪,再握个边就行。"

沈二皮又轮番用双手在胸前搓着灰球,沉思片刻点点头,"中,中",抬腿跟佣人进了房间。

一会儿工夫,沈二皮挽着新衣长袖出来了,慨然道:"裁下来的裤腿再接块白布,还可以给俺做条裤子。"他看了一眼刚摆上桌的酒菜,不请自便坐了下来。

"人靠衣装马靠鞍呀,恁穿这一身衣服多精神!还是当年的师爷呀!"说着颜潜修示意弟弟在沈二皮另一侧坐了下来,做出一脸无辜的神色,"唉,白朗杆匪真是心机莫测,说变就变,这……听说高、郑两位警长还去找过您……不过像您这样的师爷,什么风浪没见过……"

"扯球蛋!啥师爷?就连这名都随大清朝进历史的垃圾堆了!长话短说吧,上次只因愚兄一竿子没撑住,落得今天的地步,江湖险恶,恁也清楚呀,俺是要饭的路都快走不下去了,求两位老弟给找个安身的去处,一日三餐粗茶淡饭就行,愚兄不会白吃恁们的饭。"

---

① 地方方言,指客厅。
② 地方方言,指膝盖。

说罢起身抱拳拱手过额顶,深深地鞠了一躬。

"老哥可不敢呀！恁这是笑俺弟兄呀！再说啦,老哥恁还正当年啊,恁退出江湖,天下豪杰谁不惋惜呀,中原风雨谁人能收呀,恁得发挥余热呀！"颜潜修摸了摸豁鼻道。

"这人是一辈比一辈坏呀,"沈二皮琢磨着颜潜修的话,"劈柴棍还想榨出几斤油吗？"他只顾着想心事并没搭腔。

"俺早都替恁想好了,恁只要稍微抬抬手,四马高车,绫罗绸缎,恁想要啥有啥。"颜潜修恭敬地起身给沈二皮倒上酒,十分亲切地斜视着沈二皮。

沈二皮转眼向门外望去,见院里回廊内有四五个少妇各领着自己的儿女在戏耍,孩童天真的面庞和笑语很容易让人忘记世上还有卑鄙下流的一面,他真想不明白,为啥这世上越坏、越狠的人,越能有钱有势人丁兴旺呢？

"咦？难道像沈二皮这号人还能学好吗？"颜潜修起身双手恭恭敬敬端起酒杯捧给沈二皮,说,"恁当师爷时管过恶棍土豪、筮婆邪教、蛊毒害人、僧道廛化、义鸡剪绺、寓赌寓娼、越城犯夜、偷伐茔树、硫磺和硝、讹诈滋闹、叛逆灾伦、阴医僧道,诸如此类,一共八十多项刑律职责,俺只借恁举手之劳,保恁享不尽荣华富贵。"

"嗯？"

"报捐查契,过去全县的地契都是经恁手办的,那上面有恁的手迹呀,恁只管给俺造地契就行啦！"

"可是地契都在地主手里,再造一份有用么？"

"哪家的地契不在地主手里呢？可谁也保不住家里不失火、不死人哪,保不住不典当、不抵押呀,天灾人祸,四难八灾,人的一生不定碰上啥事呀！再说了,就是出现两张一模一样的地契,上面都是恁一个人的字,恁老不说谁知道哪个真哪个假呀,以后的事恁就不要操心了。"

沈二皮一阵惊恐,用一种诧异的眼光望着颜潜修,心想:不管中国人的老天爷,还是西方人的上帝,看来都有粗心大意的时候呀,咋造出这么一个禽兽呢？眼前站着的究竟是不是人？如果是人的话,咋能想出这么个吃人不吐骨头的点子呢？如果不是人的话,那么他究竟是啥东西呢？

沈二皮哈哈一笑,接过酒杯,抬手将酒倒进嘴里,指了指院里玩耍的儿童,东拉西扯地问:"几年不见恁真是艳福不浅,妻妾成群,儿女满堂呀。"

"恁是不知道呀,妻妾是讨了不少,可她奶奶的都不会生男孩！恁看见跑的是一群,可儿子就两个,还他娘的记不清俺是在哪儿整的！就那个,那个,对,一个叫学礼,一个叫学林。"颜潜修瞪大双眼将手中的酒杯与沈二皮的空杯碰了一下,不管他啥反应,自顾仰脖灌进了肚里。"造地契的事咱们就这么定吧？"

不几天,颜潜修便差遣颜潜齐架杆为匪,沿着大路向北,先是打家劫舍,拦路绑票,以后改为集中兵力攻城掠寨。当然,颜府只当窝主,暗地干些贩运销赃的勾当,并不直接出面。这股来历不明的杆匪一连打下程寨、固岗和下马坡等几个大庄,其中凡是被烧、被杀的富户以及外逃的地主不约而同都在颜府当铺压有地契,或打有借约,且中证、账簿、契证样样俱全。于是颜家良田连片地扩大开了,到1918年冬天已从山边连到了县城。

1921年春节过后,牛惠师等人辞去汝州中学教师职务,带领一批学生回到郏县开展

"新村运动",已经毕业的王永祥也回到郏县城关镇。

同年,牛紫龙考上了洛阳河洛道师范,征得校方同意后,他决定休学一年,留在家乡协助二叔搞"新村运动"。

牛惠师等人来到月桂镇后,自作主张把牛家祠堂腾空打扫办起了自治讲习所,镇上男女老幼自愿参加。他们三人每天晚上轮流讲课,从识字、农业知识、农村经济到乡村建设、精神陶冶,再到历史传统、医药卫生,凡是三人知道并能现学现卖的都被安排进了课堂。白天,三人则开展调查,激烈地争论修订镇规镇约的条款,以及如何除弊兴利之类的议题,反正类似的问题在生活中俯拾皆是,三人尽可没完没了地争论下去。不仅如此,三人还以身作则带头修厕所、扫镇街、组织互助。他们三人就住在牛家祠堂,实行一种有钱大家花、没钱花大家式的集体生活,倒也衣食无忧。此外他们还成立了"青年读书会"、镇自治公所,建立了民团自卫组织。只是三人都是读书教书出身,谁也没有真正比划过打枪,牛惠师便出面与镇里的军属商量,极力动员军人回乡创业,当然牛紫龙也算一个,毕竟受过童子军教育,牛紫龙休学一年其实也是二叔的主意。

牛紫龙回到镇上,每天只需花半天时间协助训练自卫民团,大部分时间还是跟二叔跑腿。在他的提议下,全镇按地亩摊派凑钱买了11支快枪,打造了一部分大刀长矛,把明朝的红衣大炮从河边搬到了镇城楼上唯一的出入口,全镇所有男丁都被安排值更巡逻,并按照普通战士的教程对镇里青年进行战术技术的训练,很快月桂镇自卫团就有了不小的名声。

入冬某日。县城丁二家新宅。

"爹,恁还是不是县保甲自治筹备处主任?"狗儿进门便冲着丁二嚷嚷道,"牛惠师带着一帮人在咱老家月桂镇搞啥球自治,又搞啥球新村镇运动,咋连个招呼都不打?"

丁二端着水烟袋踱出当门,仰头面朝阳光,眯缝着眼,片刻,重重地打了个喷嚏,抬手揉了揉鼻子,漫不经心道:"这帮教书匠真是吃饱撑的,别理他们,谅他们也搞不出啥球名堂。"

"那可说不定。"狗儿穿一身巡警制服,矮墩墩的身材把那身制服撑得满满的,他拎着皮带,从丁二手里夺过水烟袋,放嘴里呼噜呼噜抽了几口,没好气道,"听说他们还去省里训练过几天,回来不是查编户口,举办啥自治讲习,就是发表调查,让各家各户提议改革之事,还讨论村规乡约、自治条例,搞啥球选举、监督,说要防止豪劣之人垄断选举之行,清除利诱恐吓之弊之类的事,选举要重知识阶级,为事择人,这些轰隆得百姓都不知道咱们是正宗的了,这帮人啥意思?"

"不用理他们。"丁二稳稳地坐到太师椅上,"这些玩意儿爹在清朝末年都玩过,王八瞪绿豆———一球样,没多少油水。"

"可他们全不把恁这个主任放眼里,俺是生这气!"

丁二略一沉思,问:"他们的经费从哪儿来?去省城训练走的谁的门路?恁抽空把这两条问清楚就行了。"

狗儿挠挠头,答道:"听说牛惠师说通了牛家老大,从牛家拿出十几亩地作为自治开办费,还把牛家祠堂腾出来做办公所用,他们几个就住在祠堂里,至于去省城训练走谁的门路俺还没问清。"

他把水烟袋递给丁二,接着道:"这帮人恁可不要掉以轻心,他们还训练了个啥球自卫团,几十号人天天操练,说不定哪天把恁这个主任给自卫掉,恁再哭也没球用了。"

狗儿说完转身就要出门,丁二一下跳下太师椅,拉住狗儿道:

"等等,爹琢磨好几天了,大凡官府提倡要办的事,大多办不成,自治这活不光是谁治、治谁,关键是治啥、咋治,别看那帮教书的说得头头是道,啥编户齐民,啥兴利除弊,啥为事择人都不顶球用,道理都是正的,可人心全是邪的,没有些手段他们是玩不住人心的,不过,这回真得用用恁那捕役班。"说着,丁二用那小而犀利的眼向门外瞟了一下。

这年的冬天来得格外早,刚入腊月,老天就这一连下了几天雪。俗话说亮一亮水一丈,那天临近中午才出了会儿太阳,只一个时辰,天又重新转暗,阴沉沉地滚来不少黑云,一会儿工夫,大片大片的雪花又纷纷扬扬舞动在山峦河流之间,染白了一个清亮亮的世界。

下午,一个十几人的杂耍班子跌跌撞撞来到月桂镇寨门外,大呼借宿,只求收容到天晴,啥时间雪停啥时间走,晚上走不了就在镇里免费演场杂耍。守门自卫团丁见来人都没带像样的兵器,正好又是天下大雪,天寒地冻,路滑难行,便动了恻隐之心,跑去跟新村运动的教师汇报,牛惠师等人大大咧咧拍板同意,把人放了进来。

傍晚,雪仍是细细密密地飘着。杂耍班见天不转晴,便在镇中会馆搭台鸣金,通告全镇,晚上免费给百姓演出精彩杂耍,这自然得到大伙儿的响应。晚饭时分刚过,男女老少便兴高采烈地涌向会馆。正当大伙儿准备看戏之际,牛陈氏多了个心眼,让巫婆到杂耍班驻地去转了一圈,抓回来一把黑灰,进到牛惠群家就说:"没啥,没啥,除了几只猴子就是几个孩子,正在洗脸扎头呢,俺看了除了割脚刀大小的家伙,啥都没有,只有在猴笼底下压一袋黑灰,不知道是啥东西。"说着伸手把黑灰倒在了桌上。

牛惠群上前用手搓了搓,又分出一撮放地上,用火绳一点,"轰"的一声把他的眉毛都烧了。

"瞧瞧恁。"牛陈氏上前抚了下牛惠群的眉毛,扭头对巫婆说,"恁看就几根眉毛还全烧煳了。几天前值更的团丁就报信说有几个缠头巾、穿灯笼裤的马贼在周围转悠,说给恁,恁不当回事,说给他二叔也不当回事,还说可能是'飘叶子'和'亮兵'的,都这把年纪了还没一点记性!"说着她用手指点了点牛惠群的头,接着道,"牛家的男子咋都不支事,恁大事还得俺们女人替恁们操心。"

牛惠群低着头,用手轻轻抚摸着烧焦的头发、眉毛,没吭。

"润儿!"牛陈氏一边穿衣一边朝门外喊道。

"哎呀,看这一帮孩子让人心疼,谁知来者不善呀。"

牛陈氏见牛紫龙进门,吩咐道:"恁去让民团先把那几个孩子看起来。"说罢,从桌上抓起那黑灰,拉着巫婆,"走,找他二叔去。"

牛紫龙带人来到台后,三下五除二就把杂耍班子都给收拾了,全都五花大绑麻绳勒嘴、黑布罩眼,耳朵眼里灌满面糊,分别塞进靠山边的三眼红薯窖里,还在窖口压上巨石,只留下碗口大的透气口。

此时,会馆里人头攒动,戏台上挂着四盏雪亮的煤油灯,随着一阵"哐哐哐"的敲锣声,众人盼望的杂耍不见了踪影,走上台的是新村建设筹建处的三位教师和牛陈氏。

"对不住了,乡亲们,今儿黑的杂耍看来要成全武行了,这个草班是土匪血洗咱们镇的内应,已被咱们民团给收拾了。"

牛陈氏刚一开口,台下便轰然议论开了,她伸出双手示意大伙安静,接着道:"筹备处已决定派人走水路到外面请局子部队了,大伙不要紧张。听那几位杂耍的探子说这股土匪不熟水路,十有八九从陆路来攻寨门,这样咱们镇的老人小孩可以先安排上船守在码头。男丁都到寨门防守。现在可以回家收拾一下,平时准备的武器都带上,不准生火,不准吃喝,不准吸烟,不准乱跑,见后山升起联庄联保的灯笼,大伙就按分工就位,到码头待命的老人小孩由咱新村筹备处的三位先生招呼,大路寨门由俺跟孩儿他爹领队。啥话也不用说了,按俺说的办吧。"

牛陈氏也回家收拾了一下,锁上家门,转身对牛紫龙说:"还是恁去吧,恁爹太老实,话也说不成,支不住场面上的事。"

"毕竟俺参加过训练,团丁们啥水平俺心里最清楚,这时候让俺出去请兵……还是让俺爹去吧!"

牛陈氏望了一眼站在一旁的牛惠群,一把抓过他手里的头巾,大步朝寨门走去。

"恁不是在外面上过学吗?见多识广,恁不是还有个同学在城关当联保主任吗?万一到县里请不来兵,恁就让他从土匪背面鼓捣点动静,救兵如救火,兵贵神速。"

牛陈氏转身把牛惠群给她准备的头巾蒙在了牛紫龙头上,说:"啥也别说了,快去吧,一百里路,最迟明天天亮恁就得给俺回来。"

牛紫龙目送着父母亲,只见母亲大步在前,父亲佝偻着身子跟在后边,两人慢慢消失在一片雪雾之中。

入夜。月桂镇寨门。

雪悄无声息地下着,大地白茫茫一片,月桂镇笼罩在一片不祥的寂静里,除了那高挂在后山最高建筑上的灯笼外,周围万籁俱寂。

几个伪装成岩石、树木、草堆状的物体在雪花漫舞中一寸一寸地向寨门移动着,这种移动几乎难以察觉,大雪及时掩埋掉了一切行迹。杆匪们人人白纱蒙头,一身白布衣裤,就连鞋袜和攻城的云梯都罩上了白布,悄悄匍匐着跟在这些掩护物体的后面,慢慢接近着目标。

时间一点点过去,眼看要到三更天了,寨子里仍然动静全无,突然远处"砰砰砰"地传来三声响亮的枪声。

"不要动!杆匪这是投石探路。看清楚了吧,他们至少抬了四架云梯,让他们靠上来,爬到中间咱们再打。"牛陈氏一身披雪,纹丝不动盯着寨外的茫茫雪原,"现在可以给炮装药啦。"

牛惠群转身向寨下做了个装填的手势,乡亲们一阵忙乱。

土匪们终于沉不住气了,"轰"的一声放出一个大大的红色火球,从寨门上飞了过去。

刹那间,喊声平地而起,雪原上突然跳出几百个白衣白帽的土匪,朝着寨门拥了过来,临近寨墙就是"砰砰啪啪"一片枪响。杀气腾腾的土匪冲到寨下,搭云梯,奇怪的是寨子里还是没有任何反应。几个身手敏捷的杆匪手持短枪开始爬梯子,眼看就要爬到寨墙顶了,猛然间,寨门洞开,一团火光映红了旷野,"嗵嗵嗵"一连几声土炮的闷响,在寨墙外炸出了一片污血,杀声、骂声、喊声淹没了枪炮声。正爬梯子的杆匪迎面碰上了一排快枪,寨上投出的火药罐纷纷落地,梯子也被炸成了几截。惊魂未定的土匪一时间竟分不清东南西北,不少人开始原地打起转来,稍一喘息的当口,寨墙上又是接二连三的一排土炮轰了过来,救命声、哭声、惨叫声又响了起来。这时,土匪们好像认清了逃命的方向,呼啦啦地向白色的原野逃去,寨墙外污雪地里留下了横七竖八的尸体和伤员。乘着土匪们争相逃命之机,那扇包铁寨门开出一扇小门,十几个胆大的团丁摸黑冲了出去,两袋烟工夫就收回来四十多支快枪。

是晚。县城丁二家新宅。

狗儿对着镜子伸伸脖子踮踮脚,自觉比大麦秆高不多,狠狠地从鼻孔里出了口粗气。这两年他往横处长了不少,两臂短短的,隔着圆圆的身子从背后竟然拉不住手。留着寸发,窄窄的额头下自然两眼向上瞪着,鼻子嘴巴都圆圆的,仿佛按上去似的,大大的腮帮嵌在两肩之上。他穿一件宽宽胖胖的黑棉丝绸睡袍,外面还罩着一件红色绸缎羊皮马甲,一双大大的圆头棉拖鞋黑黝黝的,踢踢踏踏地迈着碎步进了门。当他抬头看见王永祥、牛紫龙和巡警局长刘继祖时不由得"噢"了一声,有些兴奋了。自打进城后,在他意识里,凡是到家来的人没有不送礼的。他快步向前扫视一下,门里门外没见礼品!扭头看了看来人,好像有些面熟,低头想了一番,却又想不起来在哪儿见过,便凑近刘继祖嘻嘻笑笑,说:"带啥好玩好吃的了?今儿怎咋有空来呀?"

刘继祖用眼瞟了瞟身边的牛紫龙、王永祥,说:"今儿天黑前月桂镇被土匪包围了,现在恐怕……"

"这帮七孙,早说动手还拖!——哎哟!怎咋踩俺哪?"狗儿噘着嘴冲着刘继祖嚷了一句。

刘继祖两眼一瞪,轻声道:"这位是月桂镇来的牛紫龙,这位是城关编绳庄联保主任王永祥,他俩是专门请兵的,俺已经让下人请恁家老爷子了,恁还不快催催!"话没说完就一连使了几个眼色。

狗儿有些气,抬头看看牛紫龙,似乎认出些儿时的模样,几年不见咋都长高了,他在心里暗自骂了一句,很不情愿地喊了一声"来人,给客人端茶",一甩手出了门。

刘继祖回头给王永祥、牛紫龙赔个笑脸,摇摇头说:"不识数,没文化,缺心眼,没办法。"

王永祥、牛紫龙相互对视一眼没吭声。

一会儿,随着一连声的客套声,丁二从偏门走了出来,"恁们咋来了,恁看看俺那儿子就是聪明、实在,要给你们准备酒肉呢。"丁二穿一身紫色丝绸棉长衫,罩着同样紫色的马甲,脑后挽了个髻,头发偏灰白,红光满面,眼睛眯成一条缝,双手白白胖胖的,赔着笑脸逐个给客人拱手作揖。不等众人开口,他便故作急切地问:"土匪真的去拾掇月桂镇了?咱县真有杆匪?这杆匪在中华民国光天化日之下想打谁就打谁呀?"说罢,还故作吃惊地撇撇嘴。

刘继祖仰头望着房顶答道:"月桂镇报信说情况紧急,要恁下令附近联保会连夜支援,这位王主任还要……"

"连夜出发,这大雪天?"丁二红着脸两眼一瞪,扑棱棱地直摇头,"土匪恐怕是声东击西！明围月桂,暗攻县城,咱们还是先弄清情况再说吧。"

王永祥猛地站起身,说:"那俺们联庄一家去,走!"

"慢,慢,恁大的事不给县长打招呼,擅自起兵。"刘继祖斜勾了一眼旁边的丁二,起身拦在了门口。

丁二用手暗示一下门外,冲着王永祥喝道:"刘局长说得对,凡是联保自卫团体只有守土之责,不得离乡用兵,否则当以土匪论处。"

牛紫龙知道来这儿请兵纯属浪费时间,却没想到进城还有被扣的危险,起身重重地拍了一下桌子,大声道:

"省府刚发密电通告,对各地杆匪要重剿轻抚,视匪情如火情,不得贻误战机,不得酿成大患,如若敷衍支应,坐失战机当以通匪罪论处。"

刘继祖看看丁二,丁二瞅瞅刘继祖:"真有这事?"

牛紫龙拉起王永祥:"有没有恁们现在可以去问县长。"说罢,两人匆匆出了门。

雪停了,四周升腾出淡淡的雾帐,昏暗中似乎有团薄雾在悄悄地搅动,寨子内外静得吓人,偶尔能听见树上落雪的"沙沙"声。通往寨门的大路上渐渐地传来一阵阵压低声音的号子声,由远及近一声高过一声,乡亲们影影绰绰地看见土匪们拉来了几门土炮,还推着新式攻城车之类的玩意儿,进入到进攻出发的阵地。

"月桂镇的,知道俺是谁吗?"土匪开始喊话了。

"知道,恁不就是一杆土匪吗!"寨子里有人应声答道。

"听说过俺们攻城掠寨、无坚不摧的业绩吗?"那土匪语气里透着自信喊道。

"听说过恁们杀人放火、无恶不作的事,正因为这俺们才决心陪恁玩一把,俺月桂镇就是这脾气。"寨墙上团丁有一句没一句地答道。

"恁真是羊群里蹦出个驴,咋恁二蛋呀!恁不怕俺们进了寨血债血还,杀个鸡犬不留吗?"

"怕呀,俺们想双方现在就罢兵,恁们要啥条件呀?"

"这就对了。"土匪提高嗓门道,"俺们都替恁算过了,月桂镇能拿两万块现洋、五百两烟土、三十杆快枪。"

"就这点?"

"还有,还有,俺们还要四十个女票。"

"哎呀,就要这点?恁们到底是图财图枪,还是图婆娘呀?"

"俺们兄弟几百号人,天寒地冻,大老远跑来这些条件不为过吧?看恁们也算知书达理之人,吃俺们这碗饭也不容易,说说恁们的条件吧。"

那喊话的团丁急忙跑到牛陈氏跟前,牛陈氏如是这般交代几句,那团丁跑回垛子下,拿起喇叭筒,喊道:"俺们条件简单,只要恁们把枪炮子弹原地放那儿转身回家就行,这大冷天要是横地上爹妈媳妇子女能不心疼吗?"

"羊旦!羊旦!打下寨子俺先横了恁,开炮,开炮!"土匪吆喝着直跳脚。

一时间山摇地动,像猛地飘过一阵大雨一样铁石俱下。

凄厉的惨叫声随之而起,寨墙被炸出几个缺口,远处几辆改装后的四轮太平车顶着门板,门板上挂满了沙袋,杆匪在一阵阵号子声中向寨子冲了过来。

"哎呀,他叔恁咋来了?……快到下面把煤油提上来两桶,再找几个人抱几捆秫秆。"牛陈氏站在寨墙梯口,对刚刚跑过来的牛惠师说。牛惠师慌忙转身从储藏室里提来两桶煤油,大声道:"刚才去大营请兵的人回来了,说附近几个局子都接到通知,不准出兵借枪支援月桂镇,还说是县署的决定,俺想自己再跑一趟,俺有几个学生在附近联庄,现在看这帮土匪来头不小……"他话没说完,抹了一把湿漉漉的长发转身要走。

"慢,"牛陈氏把两桶煤油传到寨墙上说,"让孩他爹送恁。"她猫身跑到牛惠群身边推了推,用不容置疑的口吻说,"恁陪他叔去吧!"

牛惠群犹豫着,回头从垛口向外望去,干脆又蹲了下来。

牛惠师见状摆摆手,独自向码头跑去。

"唉!"牛陈氏用指头点点丈夫的头,"恁大人咋还像小孩一样老跟着俺?去不去说一声呀!"

杆匪的机枪在寨墙上打出一串火星,一阵惨叫过后,寨上四五个团丁应声倒下。

此时,寨墙上喊声哭声一片,黑烟滚滚。杆匪的太平车已被寨上的土炮炸毁了三台,守寨的团丁非死即伤,已经很难看到活动的人影了,然而寨外杀声仍然不绝于耳,双方都有点红了眼。剩下的两台太平车仍旧被群匪簇拥着,奋力向寨墙推了过来,很快就进入了土炮的射击死角。远处杆匪呐喊着用机枪步枪拼命向寨墙上扫射。

"快,把秫秆浇上煤油,把石块准备好。听口令,一齐行动,对准方向!再靠南点……"

在杆匪的太平车即将靠近寨墙的当口,寨墙上快枪开始成排地向远处掩护太平车的枪手射击,接着燃起大火的成捆秫秆和石块则纷纷落到了太平车上,随着"轰"的一声巨响,大地晃动了一下,寨门左边那辆太平车所带的炸寨墙的火药被点燃爆炸,太平车和几个杆匪的残肢,随着一团浓重的黑烟,在空中划出几条弧线散落在了污雪上。枪炮声、喊叫声在短暂停息后又猛烈地响了起来。

这时,杆匪最后那辆太平车已经靠在了寨墙边,升起顶着沙袋的门板后,几个杆匪手忙脚乱地用镐凿墙,热火朝天地干起了攻城作业。寨上将点燃的秫秆、石块雨点般地投了下去,仍然无济于事,土匪们把所有的枪弹都集中到了寨门右边那一点,转眼之间仅有的几个团丁被打倒在地,再上去几个,还没赶到地方就被打得血肉横飞。

牛陈氏急红了眼,一旦让土匪炸开寨墙,这帮杀红眼的土匪什么事都能干出来。她掂起个西瓜大的火药罐,刚站起身,却被牛惠群一把推倒在地,他夺过冒着火星的药罐跑了过去,跨过几个团丁的尸体,高高举起砸了下去,听得两声巨响,高高的寨墙在滚滚的浓烟中晃悠了几下,人们都以为它要倒了,所有的枪声都停了。但黑烟滚过,那寨墙依然屹立在原地,只在墙脚处炸出了一个圆圆的大坑,炸药掀起的石块泥土把杆匪和太平车都给掩埋了,周围恢复了平静。

牛惠群伏在寨垛上,大口大口地喘着粗气,他左臂和胸口各中一枪,从伤情看,他向右跑时就已经中了一枪,身后留下一条长长的血痕,投下火药罐时又中一枪,只见他全身抖个不停。

"我的天哪!恁千万不要……"牛陈氏跑过去时,望着丈夫胸口汩汩地出血,惊悸地瞪大眼睛,一边脱下衣服裹在战栗不止的牛惠群身上,一边撕心裂肺地对团丁们喊道,

"快,拿止血粉来!"

她坐下来扶起牛惠群凑近问:"恁说,恁还中不中呀?恁说几句话吧!"

这时,牛惠群已经没有了疼痛和冷的感觉,他茫然地望着天空,初晴的霞光透出淡淡的金红色,映红了悠远的天际。他呼呼地喘着粗气,断断续续道:"回家……想回家,昨晚面都和好了……打算烙饼吃……自己家吃玉米糁,小米都让恁喂鸟了……"

他猛地吐出一个大大的血泡,仰头断了气。

"天哪!"牛陈氏撕心裂肺地大叫一声,惨痛久久回荡在朦胧的晨曦里。

牛陈氏抱着丈夫渐渐冷却的尸体,一动不动地坐在寨墙边。藏了几天的阳光终于跳出了地面,大地银装素裹,天穹淡蓝深远。刚刚结束的生死搏斗好像没给清晨造成太多影响,双方都在清点着人数弹药,计算着损益得失,远处甚至还不时地传来一两声鸡叫。

但牛陈氏知道这个世界已经与昨天完全不一样了,或许永远失去了情趣和幸福。中国传统文化里的三纲之一就是夫为妻纲,纲的表述其实远不足以表达男人在妻子心中的位置。男人去世女人第一句话一定是:"我的天!"男人永远都是天,可能她们无法确切地表述这个天的概念,如同两根老蔓,虽然苦涩,但相互牵挂着,再艰苦也有些美好和温存。现在一切都变了,一切永远地失去了,只剩了一根无处安放又无依无靠的老藤。牛陈氏只觉得心灵坠入了黑暗的深渊,她四处寻找着能解除痛苦的东西,只是怎么也抓不住。她自言自语道:"赶快喊润儿回来。"热泪夺眶而出,她再也抑制不住悲痛,号啕了起来。

天明后,元气大伤的杆匪再也无力进攻了,恼羞成怒的杆匪把运来的枪弹、炮弹一股脑地向寨子乱放了一通,如退潮的海水一般沿着来路撒腿就跑。恰在这时,遇上了牛惠师请来的大营民团和王永祥联庄民团,两路人马又截击掩杀一阵,杆匪被打散,漫山遍野地夺路而逃,被歼被俘的几乎占了半数。

第五回

释囚犯　泯恩仇　牛陈氏晓理明义
诛二皮　泄天机　颜潜修李代桃僵

月桂镇损失严重,战死三十九人,伤者近百人,全是镇里的壮劳力。

牛惠群的尸体运到家后,牛陈氏谢绝一切佛道之类的超度仪式,只想一家人独自多厮守会儿。牛紫龙陪着母亲守了一夜,母亲没有一句话,也没再落泪,只是捧着那玉石嘴烟锅发呆,一种凝固的悲哀笼罩着这个家。

牛紫龙和母亲一起守护在父亲身边,那些往事又浮现在了眼前,快乐总是模模糊糊的,痛苦却那么清晰,悔恨一直挥之不去。他想起自己最后见到父亲的情景,尽管父子两人没有说话,现在想起,父亲那般沉静,似乎已经有了超越生死的准备。世间真有宿命吗?印象里自己长这么大父亲好像没有说过几句话,他只是把这个家深藏在他那静寂的世界里,爱的尽头就是他用罕见的担当和勇气,拯救了月桂镇,也包括这个家,他外表沉静,骨子里却透出果敢的侠士气。想到此,一阵排山倒海的悲愤袭来让他难以自持。

牛惠友出国那年,牛惠群在邻县承揽下一陈姓药商大户绘图盖房的大活,一干就是半年多,吃住都在陈家院内。

陈家有一位二十五六岁的老姑娘尚未婚嫁,这成了陈家的一块心病,要说那姑娘长得也俊,高挑个儿,瓜子脸,一头乌发衬得脸庞格外白嫩,细眉大眼,小嘴厚唇,鼻子虽然小点儿却很板正。

姑娘不光人长得好看,是十里八乡出了名的靓姐;而且出落大方,见谁都嫣然一笑,脸上漾出两个浅浅的酒窝。尤其让人佩服的是她爽朗的性情和乐观的心态,她不仅爱看书识字,而且心地善良,总把世界看得很美好,把人往好处想。可偏偏落得个嫁不出去的命。

为啥?那时候相亲根本不看人啥样,先是隔着门帘瞅瞅闺中人那双脚,脚小,挑帘子进门,脚大一切免谈。尽管陈家人这些年三番五次托人说媒,但凡媒婆到家一望姑娘那双大脚就立马走人。这陈家姑娘小时候活泼淘气,耐不住缠脚的痛苦,终日哭闹,家人不忍,当家的又常年在外采购药材,一年难得回来几趟,姑娘裹脚之事便放了下来,一月推一月,一年推一年,到了出阁的年龄,姑娘长了一双大脚,穿男人的鞋都嫌小。

俗话说,"女大不能留,留了就成愁",谁家有姑娘嫁不出去也是件很失面子的事。这年陈家盖房,陈掌柜推掉外面的生意,下决心在年内好歹要给姑娘说个婆家。先是请了一位叫"月月有鱼"的知名媒婆,亲自操作此事,那媒婆也真敬业,磨破嘴,跑细腿,总算说下一家富户,同意收姑娘做偏房。那户人家也不要陪嫁,下的聘礼却是一把利斧和一双鞋。媒婆说了,姑娘嫁过去哪怕一辈子坐床上由婆家负责养着,只要能穿上鞋就行。媒婆撂下双三寸红色锦绒皮底鞋,抬腿出了门。

陈家人拿着鞋照姑娘的脚一比,顿时哭声一片,若要穿上那鞋,三个脚指头是无论如何要砍掉的。哭是哭,人还是要嫁的,谁敢说过了这个村还有下个店呢。陈掌柜狠了狠心,让女眷统统到后院回避,叫来两个伙计,用一根粗布勒住那姑娘的嘴,五花大绑捆在椅子上,把脚牢牢固定在一块红树根砧板上,陈掌柜在姑娘脚背二分之一处颤颤地画了一道红线,标明这是砍下去的地方。

一切准备就绪,众人都屏住了呼吸,空气似乎都在颤抖,只有那姑娘在拼命挣扎,声嘶力竭却只能发出呜呜的怪叫。

陈掌柜脱下长衫,抹一把老泪,拎起利斧,走了过去,用斧子在姑娘脚背上比划一番,狠狠心举起利斧……

"东家且慢,"牛惠群疾步上前,拱手作揖对陈掌柜道:"俺和你家姑娘是佳偶天成,月老牵线,私下已定终身,该走啥礼俺一样不少,只要她不嫌俺,俺就娶她做正房。"

陈掌柜瞪大眼,半张着嘴对着牛惠群审视一番,"咣当"一声丢下斧子,转身去了后院。

顿时,满院人松了一口气,众人欢声笑语三下五除二给姑娘松了绑。

姑娘站起身吐出一口带血的口水,眼睛直勾勾地冲牛惠群一笑,说:"有个条件,去——逮只癞蛤蟆放到鞋盒里给媒婆退回去,就说本姑娘现在已是牛陈氏了。"

"中!"牛惠群挺挺胸,富有使命感地点点头,掂起鞋盒出了门。

没几天全镇人都知道牛惠群娶回家个媳妇！"真是'老不吭'呀,啥时间定的亲,请没请媒婆,也没见他送啥彩礼,事先一点口风都没有,莫非学会了时髦的自由恋爱？这种便宜事咋就专挑上他了呢？"于是"老不吭"的名号就传开了。

没议论几天,一个骇人的信息传开了——"老不吭"娶的是个大脚女妖,跟男人一般大的脚,走起路来呼呼地摇风,一脚能把"老不吭"从床上踹到当院。谣言不到一天就传遍了全镇,大部分人连面都没见就一口咬定牛家媳妇准是个"不祥之物",不然哪来这么大的女人脚呢？牛惠群新婚蜜月没过就引来了一街的诧异和猜测。

牛惠群是众人公认的好脾性,不光外人叫他"老不吭",就是牛家人对他能不能撑住牛家的门面也多持怀疑态度。牛陈氏的到来对奠定牛惠群的"掌门"地位无疑有着非同寻常的意义。不久,牛陈氏就做了两件骇俗的事,让牛家人上上下下都服了气。

一件事是牛陈氏女扮男装与丈夫牛惠群一起搭船到江南苏州买回来一架洋人的机器——日本产的脚踏织布机,新式织布机可以同时使用进口机纱和本地纱,混合织出的布纹理均匀、布面平实、经穿耐用、保暖性强,在价格上虽高于土布,但大大低于进口的布,很适合本地市场需求。特别是新织机出布率高,一台新机器比六台旧式织机的效率还高,机纱为经,土纱为纬,同等数量的棉花在这台机器上能多织近三分之一的布。更让镇里人生气的是,那台机器配的是一块硕大的脚踏板,俨然是专为牛陈氏这样的大脚特制的,换上别家女人的小脚不仅踩不住,还动不动就掉链子。

有了这台机器,牛陈氏在家里开起了作坊,利用棉花出口到日本价高,而从南方进口印度机纱价低的机遇,坐家收棉换布,还动员了牛氏家族惠师、惠达等一帮同门兄弟从事收棉进纱、抛光、染色、贩运销售的营生。如此一来二往,一年多时间便盖起了一座三进的新院子,修起了牛氏祠堂,还为其他宗族亲戚找了一条挣钱的门路。很快,不光牛家,全镇人都知道了牛家大脚媳妇的厉害。

另一件事是大清颁行"新政"后,牛陈氏托人到汴梁省城把1902年朝廷颁布的《劝诫缠足令》用大号油光纸给抄了回来,贴在镇正街井边的告示碑上,还专门在碑后撑了把油布大伞,怕是雨淋风吹那告示掉了字。

有了大清朝廷的劝诫令,牛陈氏自然觉得她那双大脚有了理论根据,走起路来踏实多了。平时她有空没空都要抽时间到井边坐一会儿,跷着大脚宣讲当朝太后懿旨,那上面讲的道理她都深有体会,不用多说,讲得既生动又透彻。

镇上人原有到井边纳凉的习惯,自打张贴告示后,无论大人小孩再也没人去井边了,男人、女人都有些羞愧,都说"老不吭"有福气,咋会找个恁有眼光的女人呢！

俗话说,瓜无滚圆,家无十全。千好万好,牛家有一件事很是纠结,就是牛陈氏嫁到牛家三四年一直没见"有喜",甚至连点迹象都没有。尽管亲友上下没人敢说到当面,可背后免不了有些唠叨。

"不孝有三,无后为大"。掌门老大没有男孩这还了得！媳妇再好,不能造人,岂不是职责出了差错！

这一发现很让镇里一些小脚女人开心,人们不再嘲讽牛陈氏的大脚了,而是认真地讨论起大脚与"有喜"之间的关系了。据说有人在南阳方城,亲眼见教会里大脚洋女人热衷收养弃婴,由此推测大脚女人准是在"有喜"问题上碰到了困难,不然为啥要收养没人要的孩子呢？这又和镇里大脚女人不见喜有了某种必然联系,于是乎,人们的兴趣更浓了,带着这个问题,不少人进城专门请教了几位能识文断字的人,隐隐约约地发现洋人也在忙着研究这个问题,有个叫赫胥黎的洋人,为此写了本叫《进化论与伦理学》,后由严复翻译成《天演论》的书,专门研究人是从哪儿来的,人走路与生育进化有什么关系。说明洋人在生儿育女方面有不少难度,不仅碰到了难题,显然这难题还挺严峻,不然研究人人都能无师自通的事干啥?!

这么一想许多人的心理便平衡了,老天公平呀!脚再大,再能干,积攒的钱财传给谁呀?!

每次听到这般议论,牛惠群便惶惶不可终日地往家跑,进门见媳妇正在织布机前操劳,再见媳妇抬头展颜一笑,他的烦恼立马会一扫而光。

惠志的去世,让惠群更加清楚地认识到后继有人的重要性。这天,惠群又心神不宁地进了门,凄凄惶惶地站到媳妇跟前。

"当家的,"牛陈氏用眼斜勾着丈夫。"恁说这世上啥事最难办?"

"当然是撒了种子不出苗了。"牛惠群这么想,但没敢吭,一缕虔诚而又期待的眼光从媳妇眼里落到了她的腹部。

"这有啥难!"牛陈氏从丈夫的眼神里捕捉到了他的心思,转身进屋拎出一袋铜钱,"嗵"的一声扔在了丈夫的脚下。

"想快就把恁哥惠志的孩儿先抱过来,办个过继宴席;想慢就再找个二房,二房不中就再说三房,总会有人比俺强。"

牛惠群又把眼光移到了媳妇的眼里,顾自羞赧地先红了脸,喃喃道:"这个世界上没人能比你强……"

"男人——最难办的事是没有办成事的信心。"牛陈氏"扑哧"一笑,扭身干活去了。

就这样,牛紫龙过继到了叔叔家,一晃就是几十年,如今,长未敬,亲人已经西去,怎不让人柔肠万断!这世间太不公平,命运总似闷棍,让人有种发疯般的悔恨。

父亲深信因果报应,一切恩怨皆是因果所致,一夜之间便开始了轮回,不相信这些又能相信什么呢?

他看见母亲一直捧着父亲的玉石嘴烟锅,心绪早已飘向了另一个世界。

半个月以后。旧县衙大堂。

袁县长将一份《民报》摔在刘继祖面前,说道:"认字吗?自己念吧!"

刘继祖用求助的眼光看了一眼丁二,丁二走上前见报上通栏标题印着:土匪勾结官员烧杀抢掠如入无人之境,百姓报信官府请兵进剿险遭权诈入狱。

"胡球扯!胡球扯!"丁二丢个眼神给刘继祖,慌忙解释道,"那天是有两人来报信说土匪来了月桂镇,俺和刘局长便商议把情况弄清楚,再报请恁袁大人发兵。谁知那俩报信的人非要立逼生死,即刻发兵,根本不让俺们给您禀报,最终致一言不合,二人擅自带兵走了。"

"确实如此,确实如此。"刘继祖在一旁帮腔道。

"视此等目无法度、无官无纪擅自兴兵之事,俺们本想整治过再给恁禀报,谁知他们倒恶人先告状。"

袁县长可没心情听他们辩解,不耐烦地挥挥手打断丁二的话,说:"我问的是如何善后。以前就有人状告颜府扮匪四掠,还出过人命,毕竟没搞出这么大动静,这次究竟死了多少人?"

"月桂镇死了三四十人,伤者近百人"。

"杆匪死伤的更多,光送到县里来的俘虏就有46人,听说释放的伤者和被俘的人也有40多人,死亡数量估计不会少。"丁二补充道。

"谁死人多谁死人少都不重要,重要的是在省城易督之际,咱们可别一不小心当上出头鸟。你们两个商量一下,搞个双方都能接受的办法,以后不能再闹腾了。"袁县长不耐烦地挥手示意二人可以走了,临出门又叮嘱道:"无论如何不能再见报了。"

走出县衙门,刘继祖抬头看天,慢条斯理地说:"县长大人让咱们息事宁人这事不好办啊,至少得把案子办得说过去才行啊。"

丁二忧心忡忡自顾走着,这件事说到底是丁家挑起的,不管现在是否有人知道,闹下去就可能失控。现在县长要息事宁人当然正中丁二下怀,找一个万全之策把方方面面按下去自然成了他的心病,他一边走,一边自言自语道:"杀谁?杀谁好呢?"

刘继祖不以为然地接了句:"这还用愁,月桂镇送来四五十个俘虏,咱们再从大牢里拎出几个一并杀了,人头挂城墙门口,他们知道咱杀的是谁。"

"那几个毛贼咋能服了众人的眼呀!颜家兄弟挑起恁大的事,除非颜家兄弟出一个人头,不然月桂镇真敢把外地的兵搬来,这么一来不定会引出多大乱子呢!"

刘继祖阴着脸掂量了良久,低声道:"这也不难,俺知道有一个人的头比他颜家兄弟还值钱,挂出来一定会轰动。"

丁二望着刘继祖,似有不解。

二人说着便来到了丁二家,见狗儿正坐在门口台阶上挑逗路过的女人,丁二正欲发火,刘继祖凑近丁二耳朵,嘀咕了几句,说得丁二一身冷战,嘴一直嘟囔道:"这事……说不定……"他没想到刘继祖这么多年毕恭毕敬的表象下面埋藏着如此沉重的深仇大恨,都知道狗摇尾巴,这回可真是尾巴摇狗啊!

刘继祖挺了挺腰,大声道:"让俺和狗儿跑一趟,把那玩意儿拎回来如何?"

丁二吃惊地瞪大眼睛,忽而一眯说:"还是恁自个儿领几个人去为好,这是恁职责所在,恁是巡警局长呀!"

"丁主任,这事若认真查,您的风险可比俺的大呀,俺好心好意替你们父子着想,您可不要把俺当枪使。"刘继祖说着便有些激动了。

"俗话说'同欲相仇,同恐相结',俺咋能把您当枪使呢?咱们是一根绳上的蚂蚱,罢!罢!罢!恁俩多带几个人跑一趟,趁热打铁,争取三两天把事办完,这边俺安排处理俘虏的事。"

丁二眼瞅着狗儿欢天喜地地跟着刘继祖走了,急得直跳脚,仰天叹道:"真要有报应呀!"

自从攻打月桂镇失败投奔到颜府后,沈二皮一直心神不宁,总觉得有些事躲不过去。颜氏兄弟也是一天到晚阴沉着脸,见面一句话都没有。

俗话说,福无双至,祸不单行。这一个多月来,时局突变,颜氏兄弟的靠山——省政府秘书长突然也被派去了东北,颜氏兄弟原想着再打下几个寨子就金盆洗手,买个什么官当当,未曾想,谋划多日的月桂镇一仗不但没打下来,反而折去百十号人,枪支大炮丢失大半,几个合作的小杆见势不妙抽枪偃旗溜之大吉了。颜氏兄弟一边筹谋着今后的发展思路,一边派人四处打听月桂镇人的动向,料到他们不会善罢甘休,却也猜不出他们用什么招数。从月桂镇放出的俘虏大部分都散伙回了老家,也有人回来报信说,月桂镇派人去请兵了,看来是非要查个水落石出,一时半会儿是不想了结。

这天上午,沈二皮见颜氏兄弟得到点啥信出了颜府,一直到傍晚才回来,回来时还带了个娘们儿,心绪稍有所安。当晚,颜氏兄弟备了桌酒席请沈二皮,心情似乎比前几日大有好转,沈二皮推脱不过,只得犹豫着上了台面。

席间,那娘们儿嘻嘻哈哈地调着情,轮番坐在三人的大腿上劝着酒。但见她穿一身大绿绸棉袄裤,袖口和裤腿镶着大红色的绣花边,脚穿白帮黑面红花鞋,胸前披块镶边大红洋布手绢。那女人高挑个儿,长发在额前留有三条刘海,后面还挽着发髻,黑瘦长脸抹着一层白粉,坑坑洼洼跟老花猫一般。白得瘆人的粉脸上几乎看不见眉毛,单眼皮细长小眼,喜滋滋地见男人就像看到了元宝,眸子里闪耀着无比亲热的神色,嘴巴、鼻子都连带着喜不自禁的样子,无论对谁一律称呼"可不是他叔",可男人见了她没一个不想哭的。

沈二皮望着颜氏兄弟跟那娘们儿推杯换盏、嬉笑怒骂的样子,如同分别多日的老情人,渐渐地有些释然了。今天一天,他都在琢磨颜家兄弟会去见谁,见到这女人他的心放肚里一半。入座后他又暗自给自己立个规矩,与颜氏兄弟喝一壶酒,吃一样饭,饭菜只要是颜氏兄弟不动筷子,他绝不动,少吃多劝,少说多听。按平时掌握的颜氏兄弟的酒量计算,他俩喝下去的酒应该够量了,他开始相信这只不过是一场花酒晚饭,不像是鸿门宴,警惕慢慢放松下来。

接着,下人又搬来一坛烧酒,当众打碎封坛的泥胎,那女人拿起提子加满了酒,一掉屁股坐在了沈二皮的大腿上,两只小眼直直地勾着沈二皮,透出一种如获至宝的神色,一语双关道:"可不是他叔,咱俩咋弄啊?"

沈二皮这几天一直在做走的准备,出路已经想好,就是先进山躲几天风头,然后投奔豫东一家穷亲戚,这门穷亲戚多年不相往来,知道的人几乎没有,躲到他那儿想必不会有啥漏子。眼下难题是如何走出颜府大门,走之前还能不能结清他应得的银子。

他望了一眼颜氏兄弟,见大的已经趴在了桌上,小的涨红着脸正色迷迷地望着那娘们儿。沈二皮推开那娘们儿,对颜潜齐说:"愚兄到府上一晃可就大半年了,承蒙恁兄弟照应,俺先喝一碗,江湖上有句老话,天下没有不散的筵席,咱们就是亲兄弟也有分家的时候,这场酒只当咱们分家了。来,俺跟您兄弟碰一碗。"说着端起自己的酒碗斟了一碗,与颜潜齐碰了碰,一饮而尽。

那娘们儿转身扭着腰肢回到自己位上,同样倒满了一碗,双手一端说:"可不是他叔,跟他们颜氏兄弟碰了,隔山隔水不隔人,咱俩干一碗,俺先喝为敬啦!"说着便"咕咚咕咚"倒进了肚里。

沈二皮被那娘们儿激将不过,又倒了一碗喝下了肚。

颜潜齐站起身,嘻嘻笑着很仔细看了一番沈二皮,端起碗让那娘们儿满满倒上酒,说:"恁这话说对了,这场酒就是分家酒,至于说怎么分,分谁,咱们得先说清楚。来,咱俩再整一碗!"

沈二皮隐隐约约感到这番话里有点不对劲,又驳不下主人的面子,只得又跟他碰了一碗。

　　三碗下肚,沈二皮有点晕了,他努力想刚才颜潜齐的话有哪些不对劲的地方,眼前一男一女两个嬉皮笑脸的人冲着自己直笑,看不出危险所在啊!往常他一直信奉人不如禽兽,人生来就会整人,所以防人之心不可无,此时昏头昏脑地有点相信人之初性本善了,尤其是那娘们儿还真有点养眼呢。沈二皮站起身摇摇晃晃端着碗,让那娘们儿斟满,说:"分家分手关键是分账分财。俺这几天反复算了几遍,俺至少应当分……"沈二皮没说完就被那娘们儿托着脖子把酒给灌了下去。

　　"好说,好说,上饭,上饭!"颜潜齐盯着沈二皮挥了挥手,不一会儿下人给每人端上来一碗饺子煮面条,他站起身恭恭敬敬地把碗端到沈二皮面前,凑近他的耳朵说:"恁知道这饭叫啥吗?"

　　沈二皮摇摇头。

　　"叫钱串元宝。恁算算够不够恁该得的银数,恁把它吃下去,这账没准就结清了"。

　　沈二皮眼前一阵发黑,他听出了这句话背后的意思,从心里打了个寒战。难道这就是最后的晚宴?他浑身哆嗦了起来,开始痛悔自己太大意,败在颜氏兄弟手下真有些辱没自己一世英名。他盯着面前的那碗面,开始思谋脱身之策,努力打起精神望着碗里的饺子,只觉得忽而变俩,忽而变仨,不停地在眼前飘来飘去。他知道一切都来不及了,刚想到此,肚子便一阵绞痛,周身像着了火般难受,一阵紧似一阵,坐立不安。他下意识地伸出手,却把面前的碗碟哗啦啦地扒到了地上,七八条大汉瞬间从门外和偏房里闯进来。

　　一直趴在桌上的颜潜修也倏地站了起来,笑吟吟地绕过桌子走到沈二皮身边,问:"咦,恁老哥这是咋啦?摔碟打盘,马上脑袋就要搬家了,还惦着恁的银子,就是给恁银子咋花呀,临死也不知道做件善事。来人,先捆起来。"

　　沈二皮想站起来,可剧痛一次次让他晕眩,浑身像瘫了一样任人摆布,片刻工夫,双手便被牢牢地捆在了椅子背上。他模模糊糊地看到眼前的人群中有一两个有些面熟,这场酒宴一定是他们精心策划的,目的就是要他的小命呀!他惊出了一身大汗,酒也醒了不少,疼痛仿佛也减轻了。他认出混在人堆里的有刘继祖和丁家公子狗儿,仇恨和毒药像百爪挠心搅动着他的五脏,他每喘一口气都要忍受巨大的痛苦,他提醒自己,只要闭上眼睛,这个世界就永远离他而去了,不能就此罢休,一定要……

　　他突然哈哈哈地一阵狂笑,惊得满屋人都瞪大了眼睛,那娘们儿更是连叫着"爹啊"、"娘啊"发疯般冲出了房间。

　　沈二皮忍着剧痛,放低嗓门问:"俺英雄一辈子,栽到恁们几个爬虫手里,可惜了俺师爷的英名,俺就想问问这主意是谁出的,恁们用啥法蒙的俺?"

　　颜潜修拉了一把刘继祖和狗儿,问:"认识他俩吧?现在这二位爷干的是恁在大清朝时的角色,恁那点伎俩早就落伍了。"说着,伸手把桌上的锡壶拿在手上,从桌上又端起一碗浓茶倒进酒壶,上前两步走到沈二皮面前,做了个倒酒的动作,酒"哗啦啦"倒在了地上,接着按动壶把上的机关,壶嘴自动关闭,滴酒未下。片刻,他又转动了壶的机关,把那黄黄的茶水重新倒进茶碗里。

　　"看到了吧?俺让恁喝酒,俺喝水,就是怕恁到阎王爷那儿说俺不仗义,这法可不是俺想出来的,那娘们儿连带这锡壶都是县局子送来的"。

　　听到这儿,沈二皮点头一言不发,嘴里不停冒着血泡,一副不久于人世的样子,众人面面相觑都未敢动。狗儿有些不耐烦了，迈着八字步晃着两只短胳膊走了过去，边走边说："不中了，拿刀动手吧。"

说着，他伸手去翻沈二皮的眼皮，就在他刚刚摸到沈二皮时，沈二皮拼尽最后的气力，对准狗儿的两个脚脖猛然踢了下去，大喊一声："跪下！"

只听得"扑通"一声，狗儿直挺挺地趴在了沈二皮面前，鼻嘴流血，大牙整整齐齐地磕掉四颗，一声杀猪般的疯号让满屋人一阵战栗。再看沈二皮已是七窍出血，稳稳地靠在了椅背上。

第二天天不亮，县城西门杀人场"乒乒乓乓"传来了一阵阵枪响，只是这时候已经没人再去看杀人了。中午，县衙门外和县城四门都贴出剿匪大捷的告示，轰动一时的以前清师爷沈二皮为首的杆匪案宣布告破，经查沈二皮率队攻打月桂镇，虽说没有攻下，但贼心不死密谋再起，幸得官兵连夜追剿，抓个正着。现与一众杆匪同时处决，分别在西门、南门挂出人头箱笼。

沈二皮的头颅安放在最显眼的地方，满头灰白长发，神态安详，县城中人虽然有几年没有见过沈二皮，但大致模样人们还是记得的。

一时间人们纷纷涌向西门，去见识这位曾经在全县说一不二人物的头颅，褒贬不一的议论很快充溢在大街小巷。

不几天，一个更神奇的传说诞生了，全城开始传颂丁家狗儿英勇剿匪的故事。据说这位七班首捕的传奇大致分四个回合，分别是深入虎穴、智擒匪首、迂回诱敌、回马聚歼。传说讲得有鼻子有眼，几乎是一夜之间，狗儿就成了名人，县城就这么大，每天都有人见他打酒买些心肝杂碎或卤肉之类的东西，他的英勇事迹传开后，引来了不少围观者，有人曾试图核实他为什么有恁大的胆气，但他始终翻眼不吭，问急了，狗儿会仰头望星空，一副英雄无悔的样子。

人们很快忘了杆匪攻打月桂镇的事，只有剿匪大捷的事迹还在津津有味地流传着。

第六回

战连战　祸连年　樊存诚纵论天下
忆恩师　牵良缘　牛紫龙投身学潮

1922年春，郏县开通了从县城到省城开封的汽运班车，每两日一班，由省城运输公司购买美国道奇汽车公司的新式汽车负责往来运输。同年，牛紫龙到河洛道师范读书，第一次坐上了汽车。

牛紫龙在洛阳上学的三年，正是中原一带兵祸连年的时期。三年时间河南换了五任督军。先是第一次直隶战争冯玉祥赶走了赵倜，接任了主豫一职。不久，北京北洋政府又任命靳云鹗取代了冯玉祥，靳云鹗还没干几天又爆发了第二次直奉战争，北京北洋政府命胡景翼负责河南军务，孙岳任河南省长。不巧的是，胡、孙二人尚未走马上任，陕督刘镇华部下三十五师师长憨玉琨抢先占领了开封,有枪就是草头王,不认不中,伸手向北京要督军的帽子。北京政府不得已出面谈判,开出换防任命等条件,均被双方拒绝,只得睁只眼闭只眼,任由军阀开仗去争,谁打赢,这督军的帽子就戴到谁的头上。憨玉琨的部队号称十万大军,其实大多是临时招来的土匪、流寇、杂牌军,只想跟着憨玉琨混个一官半职,并不打算拼命,真要打起来,这些乌合之众立马便作鸟兽散,逃跑的速度甚至比抢占开封时的速度还快。

牛紫龙毕业考试刚刚结束,憨玉琨的部队就如潮水般地退到了洛阳。憨部一路向西溃逃,沿街鸣枪抢劫。黄昏时分,一支近千人的部队在河洛道师范学校周围修防御工事,究竟是哪一部分谁也说不清楚,从服装上看有黄色、黑色,还有不少蓝色。

憨玉琨的部队仅仅用了十天时间就从豫东溃败到了洛阳。憨玉琨本打算好好在洛阳打一仗,谁知黑石关一战,部队丧失了斗志,跑到哪儿都是乱放枪,遇到村镇还会放把火,看上去火光冲天、枪声大作,其实只是望风而逃的信号。这回守洛阳更是如此,善于摆样子的憨玉琨部队经过一番誓师动员后,开始在洛阳城东扒了不少民房,没来得及扒掉的就放把火,一时间鸡飞狗跳、狼烟滚滚,火光映红了半个洛阳,哭声、喊声、枪炮声热闹了好一阵。只是第二天一早,所有部署在城东的憨部官兵跑了个精光,留下来的只有几道坑坑洼洼的战壕和拆扒大半的村庄民房,而此时胡景翼的联军离洛阳至少还有四十里。

牛紫龙记得很清楚,憨玉琨部队退出洛阳那天,传来了孙中山先生在北京逝世的消息。

学校把大多数学生都打发回了家,只留下少数同学在校留守。这天傍晚,牛紫龙突然听同学说前门有人找,出门一看,见是樊存诚。樊存诚比过去更瘦更高了,皮肤晒得黑黝黝的,脸上闪动着一双炯炯有神的大眼睛,未开口便见两排坚固整齐的白牙,长发不见了,改成了光头,穿着一身藏蓝色军棉衣裤,胸前戴着一块很醒目的白色徽章,上面印有"天地良心,人民养兵,当兵保民,如不保民,必遭天灭"的字样。

两人相见,樊存诚给了牛紫龙当胸一拳,哈哈大笑道:"俺说来碰碰运气,果真恁还没回家,来前俺专门去郏县找过永祥,他说按日子算恁该毕业了,没准因为战事成了留守,还真让他说准了。"说完又仰头大笑一番。

牛紫龙穿着一身灰色棉长衫,围着一条咖啡色粗羊绒围巾,几年折节向学的生活使他出落得又瘦又矮,还一脸苍白。他兴奋地上下打量着樊存诚:"这真是恁吗?恁真的到广州打了几仗又走回来了?"

"看看!这枪就是孙中山先生奖给俺的。"说着,樊存诚得意地把屁股后的盒子枪提起来给牛紫龙看,枪匣盖上印着"自来德"三个字。

"凡是樊钟秀旅的军官每人一只,怎么样?烤蓝还全在呢!"

"走,俺知道这旁边有家酒店经济实惠,咱坐会儿去。"

牛紫龙拉着樊存诚走出校门拐进旁边一条细长的小巷,小巷两旁是矮矮的旧式小瓦平房,房顶沿着房脊很有秩序地站着几排瓦松,脚下是高低不平、青石条铺成的街道。落日给这一切涂抹上了一片淡淡的金黄。

两人没走几步就来到一家酒店,门上横额刻着"胖老头风干兔肉"的字样,两间房宽的门面只留有刚好能进一个人的门缝,进门左边是柜台,右边放着五、六张桌子,虽然天刚擦黑,柜台上已点燃了两盏油灯。二人刚进门,从柜台后迎出来一个中年妇女,怯怯地看了看樊存诚，弄不清楚是哪一方胜利了，更不知樊存诚是哪一部分的，连话都不敢说，只是赔着笑脸。

牛紫龙冲着老板娘笑着说："别怕，俺是隔壁的学生。"说着便找了张桌子坐了下来，要了两盘小菜，打了一壶散酒。

"给俺说说恁这趟到广州遛弯到底是咋回事？让俺也长长见识。"牛紫龙一落座就急不可耐地问道。

"中！"樊存诚脱掉军帽拍到自己的大腿上，摆出一副见多识广的架势说，"这事说来话长，俺们前年随吴佩孚部进驻江西吉安，当时吴佩孚联合陈炯明提出联省自治，要推翻大元帅孙中山，于是想了一招，指使北洋政府搞了个任命，让桂系沈鸿英督理广州军务，孙中山当然不同意。沈鸿英仗着陈炯明撑腰，硬要进广州，于是双方就打起来了。结果，头一仗沈鸿英吃了亏，这正好给了吴佩孚、陈炯明一个借口。这边陈炯明派主力进攻广州，那边吴佩孚让俺们和赣军南下接济陈炯明，打算分进合击把孙中山赶出广州。可俺叔樊钟秀早在陕西时就听于右任讲国家大势，久仰孙中山三民主义，佩服孙中山的人品，那时孙中山还是民国首任临时大总统。他们要把孙中山赶出广州，这岂不让孙中山失去容身之地吗？俺叔一想，不中！遂决定利用这次出兵机会反戈一击投靠孙中山。"

他举碗喝了口酒。"俺们出发前，就派人去广州谒见了孙中山，把俺们去广州效力的打算给孙中山说了。所以车一到广州郊区，俺们马上就和陈炯明的部队接上了火，俺叔作战前动员就几句话：此次参加广州保卫战是俺樊钟秀奉大元帅孙中山的命令来的，生死都极光荣，只准进，不准退，只准胜，不准败，谁当孬孙毙了谁。当时俺们还穿着北洋军的黄军服，陈炯明的部队根本弄不清俺们是哪儿来的，如神兵天降，势不可挡。俺们一路冲锋，连开枪射击的工夫都没有，打下白云山瘦狗岭，一鼓作气撵到石龙，解了广州之围。那一仗后，俺们部队都换了新式枪械、服装，被正式编入国民革命军。去年1月国民党召开'一大'，俺叔樊钟秀被选为国民党中央监察委员会候补委员。"

说罢他接过牛紫龙端上的酒，"吱"一声又喝了下去。

"在广州待了一段时间才发现，那边看似热闹，其实派系林立，滇、桂、粤、湘明争暗斗，一般百姓不明就里，天天游行，打着'打倒军阀、统一中国'的旗号，但都是吆喝的人多，做的人少。孙中山又是个急性子，手里一有几个兵就忙着北伐。去年10月，孙中山决定联合奉皖两派，讨伐曹吴直系，因为曹吴也主张武力统一中国。于是，凑起一些部队分兵两路进行北伐，一路入湖南，一路进江西。俺们原来在江西驻扎过，路熟，便被定为去江西的一路。谁知部队刚打完赣州，又奉命回师广东去打陈炯明，这时候人家孙中山已经北上商讨重开国民会议了，所以俺叔樊钟秀决心向北返回河南，便取道赣湘边界，历经三月，转战五省，日夜兼程，避实击虚，专拣林密道险的小径，一路夺关斩将，五千人俺们带回来了三千，年底就到达河南光山。到光山俺叔给孙中山发电报请示下一步行动，孙中山回电让俺们找河南督军胡景翼商量先驻下来。胡景翼在陕西时就跟俺叔是朋友，俺叔去开封见他，胡景翼亲自到车站迎接。俺叔说，这趟去广州来回几千里没敢停事，不怕恁笑话，现在部队不少人还打着赤脚呢，恁就先拨五千大洋给部队买些鞋袜咋样？胡督军说，励生兄义烈过人，再穷也不能亏了有功的部队，不仅给了五万大洋让部队穿上新衣新鞋，还划出南阳、临汝一带让俺们驻扎，收税筹饷。"

牛紫龙听得意犹未尽，樊存诚却两眼一瞪，完了。

"俺还想问问,三民主义究竟讲了哪些道理?"牛紫龙给樊存诚倒满酒问。

"三民主义好呀!"樊存诚又是两眼一瞪,说,"俺叔说三民主义就是民族、民权、民生三个主义,民族主义就是恢复中华,民权主义就是建立民国,民生主义就是平均地权,俺叔还……"

"别张口闭口俺叔这俺叔那的,咱们只谈自己的观点,别用俺叔的话来压俺。"牛紫龙一本正经地说,心想,在中国所有的主张根本不需要分对错,关键看谁说的话。

"三民主义固然很好,俺也赞成,可咋才能实现三民主义?"

樊存诚挠挠头,一脸茫然道:"孙中山也一直在研究,可惜没成文,也有人说三民主义说得好,做起来难。例如,陈炯明就说三民主义尽是孙中山东抄西抄来的东西,没多少独立的见识,含糊其辞,做起来也是无从下手。"

牛紫龙反驳道:"能把西方的理论用到咱们中国就是个进步,再有点发明创造就更了不得了,当今天下还只有孙中山提出了'三民主义'。好了,说说俺们是咋打仗的吧!"

"要说打仗俺叔是这个。"樊存诚马上来了精神,翘起右手大拇指道,"知道憨玉琨十万大兵为啥一触即溃吗?"

牛紫龙摇摇头,很兴奋地盯着樊存诚,面前的酒菜他是一筷子也没动。

"战前俺叔参加战役规划会,他提出,除了由东向西正面进攻的一路外,还要出偏师走登封入偃师夹击黑石关,先拿下洛阳,这在兵法上叫出其不意、釜底抽薪。会上大伙都说,樊钟秀部最会钻山洞抄近路,这法就交给你们。就这样,俺们从侧面抄了后路,号称十万大军的憨玉琨部队被俺们满打满算才一千多人的部队打垮了。"

牛紫龙知道他正说到兴头上,把酒菜往他跟前推了推。

"俺正想问呢,当前天下纷争,群雄并起,依俺看哪支部队能定天下?"牛紫龙问。

樊存诚摇摇头说:"原来赵倜的部队一靠抢二靠利三靠封,俺听说那年奉命追击白朗的义军回来,白朗他们一天能走170里山路,赵倜部一天累死十几口牲口才走一百多点,马拉人驮,一人一大包,当地百姓说比义军差多了。以后他当了督军,下面人都到各县封了官,各县都建巡缉营,归口宏威军节制,也是号称十万大军,结果让冯玉祥几千人打得稀里哗啦,跑的跑,变的变,大部分都当了土匪。冯玉祥的部队纪律倒还好,也很会摆样,初次驻军河南信阳时,搬家征用老百姓的骡马,搬完家如数归还,取信于民。冯玉祥还有个特点,北京政府几个月不关饷,人家宁肯抢北京财政部的税款,也不纵兵掠民,这又是一件得人心的事。这支队伍的特点是很会掌握军队骨干,他从当旅长就办学兵连,培养自己的干部,他队伍里大部分中下级军官都是从连队里选拔的,虽然待遇上不去,可进步晋级的渠道很畅通。他教育部队也有特点,自己编了《精神书》,有咱们国家古代的义勇故事,有清朝曾国藩的言论,有西洋人的基督教义,内容包罗万象,所以冯玉祥的人说起来头头是道,做起来也是有模有样,好唱歌,早上唱,晚上唱,吃饭唱,睡觉唱,进门有服从歌,出门有爱民歌,犯了错有悔改歌,打仗有战斗歌,学习有爱惜光阴歌,过节有国耻歌,反正是走到哪儿热闹到哪儿。"

"俺叔樊钟秀带兵靠三条"。说着,他用手捏了几个蚕豆丢进嘴里,"一是将帅以身作则,以军为家,不置私产、私蓄,与官兵同甘共苦。俺叔说,起杆拉队伍的目的就是要争个公平公道。"他伸出两根手指,"二是爱护百姓,争取百姓支持。"最后他又伸出一根手指,"三是情义为重,守信然诺,不光打仗要身先士卒,平时还得宁让人负我,我绝不负人,这样部下才能怀德而畏威,散得开聚得住,拖不垮打不烂。不过,俺叔还是没有致远之象,缺少个信仰什么的,这是俺叔千辛万苦把部队拉到广州的初衷。他起杆出身,总想把部队带上正路,带出一支不一样的队伍。不过,从现在看,走正道太难。"樊存诚又自顾喝了几杯酒。

"广州那边怎么样,能有大的作为吗?"

樊存诚沉思良久,轻声道:"现在还吃不准,就桂湘赣粤几个派系来看,大致也跟这边国民二军差不多,孙中山虽说认识到了培养自己武装力量的重要性,还请了苏联的顾问,进口了不少武器,但北伐喊了好几年,就是出不来,内部争权太复杂。倒是人家共产党,一头扎到基层把工农运动搞起来了,组织发展得很快,俺还听说王永祥在家乡也靠上共产党了。"

牛紫龙端起杯与樊存诚碰了一下,他也听说了王永祥参加共产党地下组织一事,随口问道:"恁没参加什么组织吗?"

"俺是个军人,知道替老百姓打仗就行,啥组织俺都不参加。怎么样?明天跟俺走吧,俺可以先推荐恁到团部当副官。"樊存诚把酒壶放在耳边摇了摇,把最后的酒倒入两人的杯里。

牛紫龙举杯一饮而尽,说:"俺回去看看,还是那句话,咱们后会有期。"

县城十字街。

牛紫龙和王永祥从邮电局出来,边看着手里的电报字条,边向城南门跑去。

王永祥把电报字条递给牛紫龙:"恁讲吧,恁一直比俺口才好。"

牛紫龙前一天晚上才从洛阳回到县里,今天一早便被王永祥硬拉了起来,他停下脚步,看了看手里的字条,脑子里一片空白,讲什么?他还没理出个头绪就被推上了由几张桌子临时搭起的集会讲台,望着台下攒动的人头和无数双眼睛,他定了定神,把平时想到的道理简单进行了梳理,扬了扬手里的电报,大声道:

"同学们!同胞们!5月30日,上海学生为抗议日本人杀害工人代表顾正红,在英租界演讲,被英国人当场开枪打死十三人、重伤数十人,蓄意制造了"五卅惨案"。他们为啥能在咱们国家随便开枪杀人呢?就是因为不平等条约给了日本人、英国人在中国投资设厂、招工、虐待童工的权力,给了他们随便杀人的权力,因为他们做的这些不会受到法律的制裁,所以他们可以放心杀人。那么有人会问,随便杀人难道没点良心吗?他们跟咱们的想法不一样,他们认为他们有种族的优越,是洋人,是帝国主义,他们认为这样做是理所当然的,这次被他们杀害的中国学生都是从背后击中,他们追杀满街跑的学生。他们荷枪实弹,学生手无寸铁,却污蔑学生是暴徒、激进分子,还说学生危害了他们的安全。他们就是这样一身白毛,还说中国学生是妖怪,说中国人是劣等人,中国文化是劣质文化,中国没有自我变革的能力,只能祖祖辈辈做奴隶。有这样的结论,他们才敢有恃无恐地开枪杀害中国人!"

他远远看见二叔也在人群中站着,顿时感到增添了不少勇气,用力挥了下手,接着道:"日本人虽然不是白种人,但他们把国家的战略目标定为'东亚的英国',自称是东洋人。日本人不光学会了西洋人殖民掠夺其他国家的伎俩,还独创了更野蛮的办法压迫、奴役亚洲其他国家人民。他们推崇的是弱肉强食的理念,他们认为良心纯粹是子虚乌有的事,只要能实现自己的目的、自己的欲望,什么事都能干,灵魂没有丝毫的不安。这就是我们面对的世界,面对的敌人!如果中国人不能团结起来战胜它,咱们就没有机会活在这个世上,子孙都要受到奴役和压榨!"

牛紫龙想到不能总讲这些,重要的是现在怎么办。

"所以咱们要努力使自己的学业精进,发愤图强,生产出比他们更好的东西;要尽力捐助上海各界的罢工罢市罢课运动,让他们看到中国人不是好欺负的!要抵制日货英货;要组织起来统一行动,没有组织就没有力量……"

牛紫龙还没有讲完,台下口号已经是此起彼伏,王永祥和几位学校校长走上台,开始指挥学生入城游行。牛紫龙感到自己有些想法还没讲透,整个演讲也没有观念上的冲击力,他跟王永祥商量,打算去石印馆把自己的一些观点写成传单散发,又远远地看见二叔在广场边缘被游行的人流裹挟着向县城拥去,便跳下讲台追了过去。

牛紫龙追上二叔时,二叔正在县衙前街辛记海货店门前维持秩序。辛记海货店是全县最大的一家百货洋货商店。此时,老板早已关上店铺的门板,不知去向了。游行的人群中不时有人投些石块砖瓦,还有人提出要查抄烧毁英、日百货,二叔和模范小学的几位教师便自觉留了下来守护,给路人和学生反复做解释工作,抵制英货、日货不能变成查抄烧抢的行为。

见牛紫龙来,牛惠师高兴地叫了声,指着身边的宋启程老师说:"还记得吧,这是宋老师呀!"

牛紫龙见宋老师穿件藏蓝色平布长衫,留着长发,脸上滚动着汗水,大而有神的双眼闪动着兴奋的神色。他甚至没等牛紫龙反应过来便把他拉到跟前抱了抱,用略显沙哑的声音说:"我早就说过青出于蓝胜于蓝,今天听君一席话,便知你这些年是大有长进。"

牛紫龙正欲开口,忽觉眼前一亮,见宋老师身后闪出一位身材娇小、风姿绰约的姑娘。

"讲得入情入理,但没有讲透,还缺少点技巧。"

牛紫龙正在兴头上,那姑娘几句话如同当面泼了盆凉水,一时竟不知说什么好,再者,那姑娘中等个儿,穿一身灰色洋布旗袍,外罩白色绒毛衫,齐肩短发又黑又亮,玉瓷般光洁的圆脸沉静秀美,两只大眼热情妩媚,眸子里透着沉稳淡然的神色,一双大脚十分显眼。

牛紫龙心里咯噔一下,开口竟结巴起来:"对,对,俺也觉得没讲透,没准备……上去,他们……讲得不好……"他感到脸上有些烫。

宋老师哈哈一笑,仿佛猜到牛紫龙的心理,介绍说:"这是开封女子中学学联的董秀凤,跟俺一起专门来做联络工作,筹备全省后援会的。"

春光明媚,一切显得是那么精彩、靓丽。牛紫龙望着游行队伍,心里一阵骚动,脱口就说了句谎话:"俺昨天晚上才赶回来,就是参加后援会的。"

话没说完就知道脸上一定出现了两片红晕,他突然感到眼前的姑娘自有一种男人拒绝不了的东西,是什么他又说不清,是教养、魅力,还是内在的斯文和秀美?街道、店铺、青砖小瓦房,还有满街的尘土,甚至不远处一只流浪的狗都和以往不一样了,变得让人想入非非。

"正好今天几个老友都来了,俺今晚做东,请恁们到繁楼聚聚。"牛惠师说着用力在几个人中间划拉了一圈。

"二叔真太伟大了!"牛紫龙用力点点头,忙不迭地说,"好,好,好,俺先去石印馆,一会儿见。"说罢便汇入了游行队伍。

6月19日,牛紫龙被推荐为豫省援沪案联合会赴沪慰问团代表,和匆匆赶到开封的全省各县代表一起参加河南援沪案各界联合大会,大会选举河南督军岳维峻为会长,并议定了到南京请愿的方案。

这些天,牛紫龙感到空气里似乎都充满了热情,无论干什么都特别有劲。每每想到一个魂牵梦萦的人就在这个城市,他时刻准备着能偶然遇上她。离开郏县的前一天晚上,二叔牛惠师请宋老师等人吃饭,整个晚上他只跟董秀凤说了两次话。一次是董秀凤主动问他毕业后打算干什么,其实他早有从军的想法,还答应樊存诚两个月后面谈。可转念一想,说出这些,不知道人家看上看不上军人,话到嘴边又改口说还没想好,眼下还在寻找,说着还故意带些斯文忧伤的神色。另一次是牛紫龙主动向董秀凤透底:俺妈就是大脚,俺找对象非大脚不找。谁知话说一半董秀凤就嗔怪地瞪了他一眼说:"我的脚与你妈的脚有联系吗?荒唐!"一抿嘴再也没理他。

这让他忐忑不安,一夜没睡好。

翌日,牛紫龙跟宋老师、董秀凤一道坐车回开封,不巧的是,二人一前一后相隔太远,只能看着那人的满头黑发,在心里漫无边际地想着可能的场景。幸亏宋老师下车后塞给他个纸条,上面不光有宋老师的家庭住址、街道门牌,还有董秀凤家所在的街道门牌,这让牛紫龙兴奋莫名,深深地给宋老师鞠了个躬,一语双关地说:"俺一定会去看恁。"

开会、发言、写标语、游行,一连几天,白天他常常忙得饭都吃不上,一到晚上仍旧精神抖擞,期待着发生点什么事。沉重的现实似乎不太可能让他有浪漫的想法,然而却无法阻挡他憧憬着到那条铭记在心的小巷里跑几圈的遐想,每次跑到董秀凤家时,他便会笑容满面地规划一番偶然巧遇的对话场景。那条温馨又细长的街道,高墙深宅,只在进口和出口挂着两盏昏黄的油灯,并且天一黑那条小路连个人影都难见。他大致计算了一下巧遇的可能性,伤心地发现几乎等于零。

他决心利用白天吃饭的时间去叫门,并且构思了两个不同情况的预案,如见到董秀凤就把写好的纸条当面给她;如见不到她本人就说是宋老师请她过去一趟,然后扭头就走,在街口等她,总之,无论如何要见到她。

好不容易等来了一个闲暇的中午,牛紫龙壮着胆子去叩门,正巧开门的是董秀凤。他屏住呼吸,涨红着脸,努力让自己显得自然一些,把写好的信塞进她手里,语无伦次地把准备好的两种台词都嘟囔了一遍:"这是俺给恁写的那个……宋老师说让恁过去一趟,不,不,宋老师没说……恁看完那个,无论如何得给俺表个态,暗号都写在上面。"

"谁跟恁约定暗号了?"

"俺跟恁约定的……暗号……俺的代号……"

"谁呀?"

牛紫龙听到屋内有人问,扭头就跑,一口气跑出街口才停了下来,心几乎跳了出来。

阳光温柔地照着,和风吹着花香,整个开封城也变得无比的顺眼,街道行人、店铺吆喝声、匆匆跑过的人力车,都在阳光的沐浴下变得那么壮观美妙。他很严肃地回忆着刚才董秀凤的表情变化，由吃惊到嗔怪，再到最后点了点头，好像还抿嘴笑了笑，对，一定偷着笑了！想到此，他突然一个转身扑地倒了下去，肩背刚一着地又来了一个反弹，腾空前滚翻，落地站稳后发疯似的沿着大街飞奔而去。

当天晚上，牛紫龙按自己约定的暗号朝董秀凤家后院丢了一颗小石子，一会儿，"哗啦"一声响，董家后门上打开了一个巴掌大的四方小孔。

"文笔不错。"

"是吗？"牛紫龙凑近看，见有一个手掌遮住了门望几乎十分之九的面积，"人生如同星火满天，生命的意义就在闪光……"他一高兴就想作诗，可发现门里毫无动静，只好喃喃道，"批判地看更好。"

"大众情书，把人夸得天花乱坠，送给天底下任何一个姑娘都通用，俺退给你。"话音未落，那门望里就扔出了一团纸，"批判的话俺都写在上面了。"

牛紫龙像是重重挨了一记耳光，正欲解释几句，只听得那扇门望又"哗啦"一声关上了，他急忙扑下身子耳朵贴地，听见一阵"沙沙"的脚步声很快消失了。

牛紫龙站起身，望着半天残月，凄清如许，失落、自卑、苦涩，一股五味杂陈的痛苦感涌上了心头，想起这些天来那种飘飘欲仙的感受，显然是自己的幻想，现在可以落地了，兴奋原来是一厢情愿，这些天的快乐都成了傻笑！小巷幽深人静，惨雾弥漫。他回头望望那扇心生向往的门，刹那间为自己那封热情洋溢的情书感到一阵脸红。他揉着那封信寻找地缝般地回到了宿舍。

他进屋急匆匆地展开退回来的情书，见上面只有两行娟秀的小字：

男人是女人的一切，女人仅仅是男人的一部分；

情感如同手中的沙子，捧着比攥着得到的多。

雨夜。开封三圣庙中州大学学生宿舍。

细雨一连下了两天，小院里坑坑洼洼积满了水，学生提前放假回家了，宿舍临时腾出来接待全省各县来汴参加五卅援沪案的代表。这些天小院已经走了两批人，分别是中共党团组织动员一批学生和教师赴苏联学习，国民党组织一批人到广东报考黄埔军校，剩下的人已经不多了。

沿着平房有两排砖铺的甬道，中间有口压井，井边散乱地长着一些不知名的花草。牛紫龙焦急地在院里转来转去，因事前曾接到樊存诚的信，说好这一两天到，牛紫龙只得等下去，总算把他等来了。

樊存诚穿一身深灰色平布长衫，戴顶礼帽，样子还是大大咧咧的，略一拱手，就把身后一位高个儿介绍给了牛紫龙："这是庆祥兄，俺在建国豫军的老朋友，留过学还学过军事，俺叔请他办沪案后援建建国军军官学校，任教育长，这是……"

刘庆祥摆手示意樊存诚不用介绍了，笑着说："听说过，听说过，汝州中学童子军全能冠军，没想到长得还这么文质彬彬。"说着伸手和牛紫龙握了握。

刘庆祥中等个儿，短发瘦脸，肤色黑红，一双很专注的眼睛仿佛能看到人的灵魂，无论是说话还是听别人讲话总是充满了诚恳和微笑。他和樊存诚一样穿件深灰色长衫，有着宽宽的肩膀和一双十分有力的大手，下面着黑裤、黑鞋。

刘庆祥一开口就把议题抬得很高，说："当前国共合作，就没有必要分清国民党和共产党,也不是要划清列宁主义与中山主义,而是要找出列宁主义与中山主义的联系,说清中国革命中国民党人和共产党人各自应担负的责任和共同的任务。眼下四周列强环伺,国内军阀当道,无论是信奉哪个主义,身为哪个党派,都应唯此为大,先解决国民革命中反帝反封建打倒军阀这一最大的问题。"

牛紫龙对这番话很是惊喜,连连称是,倒是樊存诚很不以为然,反诘道:"人各有志,不能勉强,信啥,不信啥,不是问题的症结所在,症结是为个人、集团谋利益,还是为国为民做事,俺们建国豫军兼容并包,信啥的都有,信佛、信基督、信关公、信老天爷、信中山主义,信社会主义,但最大的目标就是开展国民革命南北统一,刘兄相信共产主义,是共产党,照样在咱们建国豫军干得好好的。"

"好了,咱们讨论一下你草拟的军校课程内容吧。对了,俺还没问你愿不愿意到豫军军官学校去?"刘庆祥用眼睛征询着牛紫龙的意愿,见牛紫龙点了点头,又凑近补充道:"俺是听樊存诚说恁是决心从军的,不瞒恁说,就目前河南的驻军而言,还真是樊钟秀的部队有些出息。"

三人围坐桌边,发表各自的意见,最后敲定建国豫军军官学校建校招生及教授的主要课目以及分头招生的任务名额。牛紫龙的任务是配合建国豫军副官处长鲁定铭去南阳及汝、鲁、宝、郑一带招生,时间定在第二天午后。

牛紫龙匆匆送走两人后,简单收拾一番随身物品,顾不上天色已晚,便向董秀凤家跑去。

来到董秀凤家后院,一连向院内丢了三四个石子,良久,那扇门望才拉开。

"明天要走吗?"门里人问。

牛紫龙尽量凑近门望,点了点头。"俺考虑再三还是先上军校,在临颍,明天就去。"

沉默,两人隔着那扇门望相互望着。

牛紫龙犹豫着问道:"俺可以给恁写信吗?"

他好像看到里面的人点了点头,心满意足地转身正要离开。

"等一等,"随着这句轻轻的喊声,他听见门里一阵忙乱,一会儿从那门望里递出一束卷纸,"回去再看。"

牛紫龙急不可耐地跑回住地,展开一看是两张素描:一副是董秀凤本人的坐像;一副是牛紫龙的站姿,像是正在滔滔不绝地演讲,又像是在与人辩论,光感质感、结构明暗无不渗出一种独特的心灵感受。

牛紫龙对着那两张素描一直坐到了天亮。

当年8月,建国豫军军官学校在临颍正式开学,共招中等专科以上学历学员580名。牛紫龙在进行了三个月新兵训练课程后,开始既当教员,又当学员,转入了军官教育课程的学习。

第七回

寻真理　终未果　樊家军沙场浮沉
争公义　谋暴动　众农友重陷杀机

国民二军军长岳维峻主豫后,尽管一开始在处理北洋军阀的战和关系上举棋不定,但总体上还是允许国、共两党在豫省公开活动。"五卅惨案"后,更是开放了社会各界的抗议活动,国共两党利用这一机遇,促使河南大革命出现了第一次真正的高潮。中共方面先后派遣王若飞、萧楚女等人在很短的时间内在全省各大城市和部分县建立了党团组织;国民党也利用熟悉上层的优势,组织成立了各种社会团体,派人参加了省政府组织工作,占据民政厅长等职位,也在主要大城市和十几个市县建立了国民党的基层组织。

岳维峻在"五卅惨案"后正式聘请了由四十三人组成的苏联顾问团,接收了苏联的军事援助。李大钊也在于右任的陪同下,到开封和岳维峻一起讨论对付直系吴佩孚的事宜。

岳维峻的这些活动引起了英、日等国的不满,他们开始暗中支持北洋直系军阀并谋划倒岳活动。

与此同时,豫督岳维峻迷惑于当时国民革命军暂时得势的形势,采取"花打四门"的策略,派人东攻山东,北上直隶,西入山西,南防湖北,再加上英、日帝国主义的暗中鼓动,招致吴佩孚、阎锡山、刘镇华、张宗昌等多路军阀的合围,同时,对省内各类杂牌军进行策反分化,封官许愿,致使岳部众叛亲离,开战仅一个多月,直系便打垮了国民二军,国民二军大部分在豫西缴械投降,只有少部分军队退出了河南。

牛紫龙在军官学校学习刚一年,就遇上了直系军阀的进攻,校长王会九作为与直系的谈判代表到汴参加改编谈判,经讨论,学校在自愿的基础上给出了几条出路:参加改编,并入直系部队;不参加改编,发一定川资遣散;最后是回樊钟秀部。

牛紫龙选择了回樊部。

樊钟秀部在汝、郏、宝连打两仗,造成进击许昌的声势后,出奇兵经南阳,先攻下南召,又马不停蹄地打下南阳县城。不久,樊军先后占领了宛属镇平、邓县、新野、内乡等十余县,又连续在新野、南阳大败鄂军,这使得各路围剿部队不敢近前,战事陷入僵持状态。

1926年7月4日,国民党中央在广州通过《国民革命军北伐宣言》,组建八个军约十万人,开始北伐。同年9月占领武汉,当月,在西北的冯玉祥也在绥远五原誓师宣布加入国民革命军。10月,樊钟秀接广东国民政府北伐司令部电告,令其出兵京汉道,断吴佩孚归路。樊钟秀即出轻兵绕敌背后,配合友军夺取武胜关、鸡公山,使由武胜关到漯河的交通陷入瘫痪。

与此同时,省内国共两党也先后赶到武汉各自召开会议,部署配合北伐工作,中共豫陕区执行委员会分别改为豫区执行委员会和陕甘区执行委员会,确立今后一个时期的工作重点:除继续支持军队中左派,破坏直系的军事运输配合北伐等工作外,还着重要求做好农运和抗税抗捐运动。不久,又组织召开了全省农民代表大会,成立了省农民自卫团总部,中共中央从全国各地抽调一批干部陆续来到河南农村开展工作。

国民党河南省党部召开了河南省第二届代表大会,决定今后一段时间应重点做好军阀军队上层人士的工作,促使其响应北伐。不久,他们便成功做通了直系吴佩孚主要部将靳云鹗、魏益三等人的工作,暗中向国民革命军输诚。任应岐等一批豫军将领也分别宣布就任国民政府委任的军职。而豫督寇英杰、军务帮办米振标等人眼看吴佩孚大势已去,转而接受了奉军委任的军职。此时,河南的吴佩孚部队实际上已经土崩瓦解。

1927年4月12日,正值国民革命军即将打到河南之时,蒋介石在上海发动了政变,杀害了请愿的工人和共产党人,宣布"清党",成立了与武汉国民政府对立的南京国民政府。

五天之后,国民革命军在武汉举行了第二次北伐誓师大会,唐生智率第四方面军陆续进入河南,与奉军在临颍交战后,占据许昌。逃亡豫西的吴佩孚受到了巩县、汜水、荥阳、偃师等县的民团、红枪会的连续攻击,被包围激战两昼夜,好不容易冲出重围,在南阳,又被樊钟秀部截杀,最后仅带两人逃出河南,一路潜入四川投靠了军阀杨森。

1927年5月,冯玉祥所率国民军联军改名为国民革命军第二集团军,沿陇海线由西向东进攻,当月占领洛阳,与一路北上的国民革命军会师郑州。随即成立了河南省政府。

省政府成立第七天,冯玉祥到徐州会见蒋介石,回来宣布与中共决裂,下令"清党"。先是解聘了苏联顾问,甄别第二集团军内的所有政治工作人员;对同情中共的军事将领一律解除武装,逮捕关押了数百名政工人员。接着对中共领导的工会、农协等群众组织予以取缔,使全省中共党员由大革命后期的三千多人猛减至七百人,中共河南省委被迫转入地下。

夏日入夜。安徽蒙城一民居小院。

樊存诚领着刘庆祥、牛紫龙去见樊钟秀。

樊钟秀一家住在城南大街一个很小的四合院里,正房和两边的厢房围着一个圆形花坛,绕过花坛有条直通正房的甬道。二人进门便见樊钟秀穿身灰布长衫,苍白的脸上眉头紧蹙,一手端着碗粥,一手翻着新的报刊。听到脚步声,他连头也没抬,就说:"咋说呢,俺的队伍里国民党也有,共产党也有,胡景翼的官也有,吴佩孚的兵也有,谁都不是马王爷能前看三十年,后看三十年,世间的成败不是当世当今人能说清道明的。"

原来北伐军打下河南后,樊钟秀部划归冯玉祥的第二集团军节制,刚一接手,冯玉祥便要改编樊部,引起樊、冯两军火拼。樊部从1928年初开始一路退却,到当年冬天退到了皖属涡阳、蒙城一带。樊钟秀一面部署部队分散潜回河南;一面派人向蒋介石求救,谁知蒋介石提出的条件仍然是让樊钟秀下野,部队交给冯玉祥或中央军改编。无奈,樊钟秀只得着手做下野的准备。

樊钟秀站起身踱出两步,道:"俺少年失学,稍长即入军旅,十余年奔走南北,求教于同志人民生存进化之理,闻中山先生的三民主义,深信其说可以救国救民,往年又到广东拜中山先生当面赐教,于是有立志为三民主义牺牲的精神,只希望俺这一片诚心可以吸引感召恁们。不过这真理就像只大象,每个人最多能抱一条腿,不可能窥探全貌,要想知道真理啥样就得一起探讨,相互启发,只是现在条件不允许。常言道,人各有志,不能勉强。

俺知道恁俩信着共党主义,蒋、冯一直让俺'清共',俺不会像冯玉祥那样将自己请来的座上宾,隔日就扫地出门,俺始终下不了决心,现在看是恁们离开的时候了。"

牛紫龙见樊钟秀低头走到面前,急忙起立,樊钟秀轻轻地拉着他的手,牛紫龙感到那手凉凉的却很有力。

他转身又拉住刘庆祥说:"无论这支部队今后出路在哪儿,恁们离开都是好事,俺不管恁入什么党什么派,只要跟着良心走就行。"他顿了顿,"俺让存诚安排了几个钱,不成意思,以后走到哪儿出息不出息没啥,别做亏心事就中。"说罢他松开两人的手,挥手作别。

牛紫龙离开樊钟秀部没几天,樊钟秀便宣布下野去了上海,樊钟秀部也被蒋介石指令刘峙、顾祝同、夏斗寅等部合围于蒙城,经过五天激战,樊部被歼被俘数千人,其余化整为零逃回了河南。

牛紫龙在脱离樊钟秀部后,于1930年在临颖经刘庆祥介绍加入中共党组织,而刘庆祥本人则是通过特殊渠道被发展的党员,这时已经与中共组织失去了联系,不得不千方百计从各种渠道捕捉党的方针政策,按照他们推测的意图行事。恰好这期间,省教育厅放榜招考各地师范学校校长或教导主任,改变过去以师带徒的旧模式。牛紫龙应试考中,临行前到董秀凤家辞行,董秀凤请出父母,拉着牛紫龙跪地磕了几个响头,算是拜过天地和高堂,第二天就跟牛紫龙回到了月桂镇。

牛紫龙带着新婚妻子董秀凤回到月桂镇老家。进门就听见"叽叽喳喳"满院子鸟叫,牛陈氏正在往一个特制的鸟食槽里放杂粮。

"娘——"

牛陈氏猛然回头,怔怔地看着儿子,半天说不出话来。牛陈氏还是瘦高瘦高的个儿,双眸依旧透着果敢刚毅,举止干脆利落,只是脸上爬上不少岁月的痕迹,最明显的就是那一头白发,尤其是前额簇拥着一片雪白。她穿一身深蓝色粗布衣裤和一双男人的大鞋。

"娘,恁看俺把谁领来了?"

牛陈氏合眼静气稳定一下情绪,走到董秀凤面前上下打量一番,又摘下搭在肩上的一块粗布毛巾围着她"噼噼啪啪"地打了一番土,两眼满含泪花笑着喃喃道:"梦里见过,梦里见过……"

董秀凤红着脸喊了声娘,拉着牛紫龙一起跪下,给牛陈氏磕了个头。

牛陈氏呵呵笑着,脸庞挂着晶莹的泪花,"恁看这孩子,俺还没准备衣被就把新人领到家来,也不怕亏待人家姑娘。"

晚上,牛紫龙早早送走了串门的亲友,提灯领着董秀凤到东屋跟牛陈氏说话去了。进屋见母亲正在两块拉板上打"辫子",双手很熟练地绕着五颜六色的丝线。

牛紫龙提灯照在夹板上,问:"娘,恁细的线恁还能编?"说着又从旁边拾起一串编好的"辫子"打量了一番,递给了董秀凤。

"唉——"母亲透着追念年轻时的豪气,说,"娘早些年是出了名的编辫子巧手,恁姥姥家那么多人,穿戴做衣服的费用,吃油点灯的花销,都是娘一双手编出来的。嫁到恁牛家,买织机的本钱也是俺在闺房攒下来的,只是这些年兵荒马乱,人们只知道织带子给队伍当绑腿,没啥人再编辫子、做衣服了。俺编的这些'辫子'都是销往西北、西南少数民族地区的,那儿的人做衣服还能使上这。"

牛紫龙不吭声,很有兴趣地看着母亲把丝线编粗,又绕来绕去,编出一条色彩缤纷的"辫子"。他知道母亲一个人生活不易,连个说话的人都没有,此时,他只想让母亲多说说话,倾诉一下多年来的孤寂,这或许是对母亲最好的安慰。

牛陈氏一把拉着董秀凤坐在自己身边。"俺嫁到牛家,就是因为牛家人老思想少,恁看这全镇,还有全县,哪有不扎腿的人,不管男女,也不论四季都扎腿,还得穿上布鞋布袜,除非像他叔那样留洋回来穿洋制服。可他爹就不这么看,任俺扑散着裤腿,还放着天足穿男人的鞋,他爹从没说过俺一句。这天底下就他爹对上了俺的心思,连恁姥姥、姥爷都容不下俺,屈就世人的白眼,差一点……唉!这世上最难说清的就是男女之间的事,洋人说两人结婚是上帝的安排,听说他们结婚离婚都到教堂。咱中国人叫缘分,十年修得回头看,百年修得同船渡,千年才修得共枕眠,这缘分就是命呀!俺总觉得还是咱中国老祖宗说的在理,像恁这样从城市嫁到俺们农村,不是缘分是啥?"

董秀凤红着脸点点头。

牛陈氏把编好的"辫子"一条条放在一起比较了一番,又重起头拉了拉夹板,说:"上一任三省总督冯玉祥主豫,派来的县长先是剪辫,凡留辫的人到县城办事,或是过县衙门口被人瞅见,一律让卫队把辫剪了。再就是放足,县里成立了天足会,专门管让女孩子们放足。古往今来,缠足恶习不惜让女人骨断筋折,非把女人的脚绑成装饰品,即使是亲生父母平时百般宠爱,千般娇养,独独缠足一事不肯有半点宽容,可天下做事全赖身躯肢体,把脚缠得站立都难,更别说走路干活了,真是愚顽害人!原来清末就说放足放足,可并不强求。那任县长出了告示,申明谁再强迫女孩缠足必抓父母吃官司。还有禁种大烟,禁吸大烟,前些年县自治公所专门提倡种大烟,现在是不准种了,县里还成立禁毒委员会,编演《烟鬼末路》的话剧,把抽烟败家的人集中起来到各村镇现身演讲,谁戒不了就抓谁进大牢。还有禁娼妓,把北门里外的妓女赶的赶、抓的抓,听说谁要是第二次被抓住就剃光头,恁们说这女人剃光头该有多难看呀!最后就是把原来县公署十房统统撤销了,只留了一小部分年轻人成立了啥书记处,把衙门所有公务都揽到一堆办了。过去那七班衙役也撤成了一个政务警察队,专门办理民政、财政和司法问案之类的事。县长去哪儿也不用这些衙役前呼后拥了,县长也不过问官司的事了,说是司法独立了。"

过了很长时间,牛陈氏又说:"山高皇帝远,皇帝好孬老百姓谁也没见过,能看到的只是父母官好孬,所以,百姓们都是从下派的官员身上推测当朝当政的人是好是坏的,这么多年盼来一个清官实在是难哪——"

牛陈氏拿起两条辫子展开比划一番,接着道:"冯玉祥吃败仗下了野,那县长也跟着溜了,打那时起到现在又换了两任县长,都是上任不足半年就走,后来的县长把县衙的十房七班统统恢复了原样,还把监狱里除政治犯以外的囚徒全部明码标价,交保释金后开释出了狱。"

牛陈氏直起腰,叹口气道:"前几天,又换了一任县长,听说是个年轻人,这回也不知道是祸是福。"

牛紫龙脱下上衣给母亲披上,被她又推了回来,说:"不编了,明天起早些,咱们还是先去祖坟烧烧香吧。"

牛紫龙点点头,说:"中,今晚上俺睡恁脚头,给恁暖暖脚。"

牛陈氏站起身,拍着身上的碎线头,开心地笑了,"净说傻话,恁俊的媳妇刚到家,咋能还给娘暖脚呀!"

清晨,通往县城的大路上,颜氏兄弟一个骑马,一个坐轿,前呼后拥,在数十个家丁的护卫下,正急匆匆地向县城赶去。

几天前,新上任的县长王易知派人通知颜氏兄弟希望能"见面一叙"。颜氏兄弟本不想去,只因年前颜府中一帮人参加共党组织的高庄暴动,要不是官府及时出手相救,这帮人差点把颜府给端了,欠下如此大的人情,实在抹不开面子,只得备下厚礼,趁着新年没过几日,给新任县长拜个晚年。

春节刚过,路上除了偶尔有几个串亲戚的路人外,就是不时传来几下鞭炮声。天晴冷晴冷的,太阳有点惨白,晃晃悠悠地挂在深远亮洁的天空上,无垠的田野斑斑块块地点缀着残雪,裸露着苍黄的大地。路边的村庄多是泥巴墙、茅草顶,轻轻安放在大地上,与土地一样干巴巴的。大约每一个村庄附近都有一片清新的绿松林,守护着村镇祖先的坟茔。每当看到这样的景色,颜潜修便油然而生一股莫名的愤恨。自从他盖庄园后,周围同姓不同姓的邻居都把自家的祖坟从原来镇上的公用坟地迁走了,只留下他家那座高高大大的陵园,孤孤单单地面对着一片乱石坑。这种决绝让他寝食难安,让他不禁想起不久前破获的那场暴动案,他实在弄不明白,这帮穷鬼竟在自己眼皮底下发展了近百人的赤卫队,加上邻近村镇总数达七八百人,光按下手印有真名实姓的也有六百多人,真是疯了!他知道人们恨他,可没想到恨得如此惊心动魄!他回想白朗义军的情景,又听说不少地方都在闹红军,隐隐感到天下是越来越难太平了。

这次镇上破获的暴动案,竟然在他护院家丁中发现有十四个人加入了赤卫队,并且这十四个人还都咬破指头按了血印。要不是外出购枪的人被捕后招供,暴露了这次暴动的惊人内幕,说不定自己已经是这帮穷鬼的刀下之鬼了。自从县里巡警局破了这宗共党赤色分子暴动案后,他是天天胆战心惊,还真没思量过出现这种情况的原因,对今后如何防范更是了无头绪。一向都是他算计别人,这回差点让别人算计,看来凡事都要先下手为强才行!

他决定收买几个人,不动声色地混在他们中间,专门从事打小报告的事,当然,要根据他们报告的质量给以不等的奖赏,以此来消弭可能出现的隐患。这件事他想了好几天,连物色的人选都想好了,即将实施时又有点拿不定主意了。他过去之所以敢于胡作非为,除了软硬兼施、心狠手辣外,还有一种让下人神龙见首不见尾的神秘权威,如果使出这种略带流气的下三滥手法,不但给人以心虚胆怯的印象,也容易让人看到自己黔驴技穷的一面。这些下人一旦失去怕的感觉,就会像传染病一样,几天之内都能犯上作乱、上房揭瓦,不定这些人中间会出个啥人物呢!这次他去县里还有件心事,就是要弄清这件事的来龙去脉,为消除隐患求个长治久安摆棋布阵。

轿子停了下来,颜潜齐撩起轿帘探头进来说:"哥,县商会会长、警察局局长还有啥民团的头儿们在县署大门外候着恁呢。"

颜潜齐仍旧穿着一身北洋军的呢子服,只不过把领章、帽徽和勋带弄得不伦不类,让谁都猜不透他是哪部分的。这两年家境不错,他也像吹起来一样,壮实了不少,脖子也短了,肚腩也有了,生出一脸横肉,比颜潜修还胖一圈。

颜潜修打个冷战,回过神来,见一干人等排列一排站在路边,他慌忙下轿,脱下双手的皮手护筒,整了整衣装,疾步上前拱手作揖,说:"哎呀呀!抬举抬举,岂敢岂敢!怎能劳恁们大驾远迎呢?"

颜潜修这些年相貌上变化不大,脸色变化不小,两眼罩着大大的黑眼圈,衬得整个脸盘铁青铁青,只有那扁平的鼻子还是通红通红的。他穿一身黑缎暗花棉长衫,外罩一件暗红绸面的羔羊皮马甲,脚穿黑绒棉鞋。说着,他就要去拉丁二的手,谁知丁二慌忙闪身让出一位身穿黑色中山装的年轻人,介绍道:"这是咱县父母官王易知王先生,他可是专门欢迎您来的呦。"

"乡野草民就更不敢当了,"颜潜修故意掏出块手绢,使劲擦了擦手,双手拱拳道,"在下颜潜修,乃本分老实乡绅草民,承蒙县长及众人抬举,实在难当,难当。"说罢深鞠一躬。抬头见那王县长中等个儿,面色清癯,长发偏分头,大眼睛,薄嘴唇,模样不过二十来岁,却透着一股干练沉稳的气质。他穿一身黑制服,反衬出一脸的苍白,胸前戴着醒目的青天白日徽章。

王县长趋前两步,伸手递了个新式礼节,慌得颜潜修又把双手在羊皮马甲上蹭了一番,抱着县长大人的手摇了几下。

王易知不紧不慢地说:"老前辈大名远播,今日方见,有幸有幸,恁这是隔着窗户吹喇叭,俺在省城听不少人说过你,没想到还这么知书达理,幸会幸会,想必这几位你早就认识了吧?"

"俺认识诸位,只怕诸位不识草民,哈哈哈——"

众人相互寒暄干笑了几声,又谦让一番,进城上了西繁楼。

半夜。县署寅宾馆。

"咚咚"一阵敲门声,颜潜修被约定好的敲门声唤醒了,他忍着口干舌燥和头痛起身划火点灯,又摸索着找到半杯剩茶润了下喉咙,觉得心跳似乎放缓了不少,这才开门让刘继祖进来。

"嗯?"颜潜修仔细打量着刘继祖。

刘继组早已失去了年轻时的模样,歪着脖,长了疙里疙瘩的一脸肉,明显地发福不少,头发稀稀疏疏地散在头顶,那双一大一小的眼睛依稀还是过去的样子。他穿着宽宽胖胖的黑色警服,皱巴巴的,两个膝盖处凸起两个泡泡,一副皮带勉强挂在屁股上面,手里掂着木套盒手枪。

进门,他迟疑片刻,轻轻关上门,望着颜潜修叹口气说:"党部书记、民团团长这两个职务,新县长是一定要安排自己人的,县议会议长、县商会会长看来也不行。不过,县长答应成立个新机构——县联保会,这主任一职可以考虑让恁担任,职权范围可以再议。条件嘛,头一件是府上现有的联保武装改编一事,他说可以独立编一个营,暂时还在原地驻扎,但须归县民团管制,还让恁兄弟当营长,县民团要派几个人去当连长……"

颜潜修酒劲全消,轻轻地在客房里踱着步,这几条都在他预料之中,表面上硬抗是抗不过去的,当然也不能完全答应县里的要求,最关键的是自治武装不能缩编和失去指挥权,否则,到手的东西转眼就会消失得无影无踪。

他走近桌边把桌上的油灯芯挑了挑,抬头望着屋顶那道摇摇晃晃的黑柱,若有所思地说:"俺现在足有一个团武装,怎么只给编一个营呢?眼下外患益紧,内祸日急,党国正是用兵之际,怎么能自拔藩篱、刀枪入库呢!再说啦,编一个营也好,一个团也罢,县里是不会给饷银和枪械的,何必计较是营是团呢?县里既然叫民团总团,俺们叫民团分团也未尝不可吧!"

颜潜修见刘继祖点了点头,又说:"还有,县联保是个什么机构?与县民团是什么关系?如果是地方治安管理机构就应有设庭问案的权限,有会同警局办案的职责,如果这两条新来的县长能同意,他说的那几条都是可以商量的嘛,嗯?"

刘继祖琢磨这些条件并不过分,答道:"俺去说说看。今天下午新来的县长对恁这样德高望重、热心桑梓各项公益的富绅很是器重,称恁是推行地方自治、实行三民主义不可或缺的人才,新县长还特别让俺转告恁希望能精诚合作,共度时艰……"

"好啦好啦!别的县长都是捞完就走,他还真想在这儿拉开架势长期干呀?"颜潜修不耐烦地打断刘继祖的话,用一种略显诧异的眼神盯着刘继祖,心想:千里来做官,都是为了吃喝穿,难道真有不吃腥的猫?这些虚情假意的客套话,说一筐也不值一文钱。

"难说,"刘继祖好像也吃不准,一脸忧容地说,"这人,自来就多少有点不一样,做法上都有长远打算,不似以往做一天和尚撞一天钟的模样。"

"嗯,"颜潜修又开始踱起了方步,忍着阵阵酒劲带来的头痛,阴沉着脸,问,"这次在俺们那儿抓的赤色暴动分子恁们打算怎么处理?"

"恁的意思是?"刘继祖一时吃不准颜潜修的心思,问道。

"斩草除根,消除隐患。"他踱到刘继祖对面,狠狠地盯着他道,"不过,得让俺们知道这些穷鬼是怎么想的。"

"这和县长的想法一样。"刘继祖干笑道,"抓的这些人中真正赤色共党分子没几个,王县长打算放掉其中大部分人,在其中物色几个人,让他们办完具结手续后,混到大堆里放了。"刘继祖有些显摆地说。

"嗯?"颜潜修又想起王县长一副自信的神色,暗自吃惊,年纪轻轻倒真有不少鬼点子!他自忖道:这小子倒想到俺前头去了,十几年来俺在刀锋上行走尚游刃有余,这两年是咋啦?不但时局波诡云谲,就连应付一帮下人的招数也是捉襟见肘。如果让这小子把眼线安排好了,究竟防谁还说不清呢,没准连自己都是他的监控目标,不行!不能让他在自己身边安上眼线。

"刘局长——"颜潜修皮笑肉不笑地冲着刘继祖挤了挤眼,"恁帮俺安排一下,俺要见见这些穷鬼们,不管咋说,也是乡里乡亲,有啥过不去的坎,让他们给俺说嘛,到时候,恁把王县长物色的眼线也给俺透个底,嗯?"

刘继祖装聋作哑地瞅了瞅颜潜修,没吭。

颜潜修知道刘继祖是个不赶集不起早的主,转身从客房小柜里掂出一包烟土往他面前一放,见他二话没说点点头把那包烟土揣进了怀里。

县衙一角,县监狱。

颜潜修迈过县大牢的门槛,转身对颜潜齐说:"记住,俺拍谁的肩膀恁就写到名单上交给刘继祖,俺拍谁的头恁就想办法收买他,让他给俺当眼线。"

颜潜齐有些不解,但还是点头应了声:"中。"

颜潜修兄弟轻手轻脚走进关押一般囚犯的四合院,听得一声口令:向后转!院里站着的两排三四十号犯人踢踢踏踏转过身来,正好跟颜氏兄弟打了个照面。囚犯中大多数人是颜家的佃户、长工、车夫、家丁,猛然看见自己的东家,有人不由自主地跪了下来,还有人脱口连叫几声老爷。

"哎呀呀呀——遭罪呀,遭罪呀!"颜潜修做出一副兔死狐悲的表情,快步走下台阶自顾说道,"都是赤党惹的祸,都是赤党惹的祸,乡里乡亲咋就想起暴动呢,那可是杀人放火十恶不赦的罪呀!这不是崔大板牙家的老大吗?小小年纪咋就不想学学恁爹呢,雇恁爹拉石块给俺修府院已经八九年了,俺哪点亏待恁爹啦?哎呀,俺咋也想不到这里面有恁。"

他逐个打量着囚犯,嘴里不住啰唆着:"俺这人只记恩不记仇,俺拿出真凭实据的地契恁们还不信,就那几亩地也没必要暴动嘛!"说着,他拍了拍一名囚犯的肩膀,很仔细地打量着那人的表情,接着道:"恁要早说俺就把那十几亩地让给恁,唉——"

他走到每一个下跪犯人前总要瞪起眼端视一会儿,要么拍拍肩膀,要么拍拍头,花了整整一个小时才把这些囚犯审查完。

他转身走上台阶,大声说:"俺颜潜修是有情有义的人,恁们可以暴动,可以算计俺,俺不能无情无义,俺这次进城就是专程接恁们回家的。"

他真有些犯迷,眼前这些人平时即便是打到脸上,他们连个屁都不敢放,背后竟积极地参加了暴动队,可见他们的仇恨隐藏得有多深,可自己也没觉得有哪些地方对不住他们呀?难道这就是路不平众人踩吗?想到这儿,他还是尽力在脸上堆满了可掬的笑容,说道:"恁们要么是俺的故里乡亲,要么是亲门近族,这件事不全是恁们的错,俺也有管教不严、照顾不周的地方,穷日子嘛俺也过过,过不下去时俺闯荡过江湖。人活在世上,总会有些恩恩怨怨,有恩有怨就有江湖,有江湖就不能论是非,这世界上根本没有讲理的地方,恁要是改变不了社会恁就得调整自己。俗话说,民不跟官斗,穷不跟富斗,胳膊拧不过大腿,鸡蛋撞不破石头,自不量力到头来吃亏的还是恁们自己。"

他最后又丢下一句话:"谁还想不通就下辈子再见吧!"说罢在一群家丁、狱警的簇拥下出了县监狱的大门。

当晚,县署寅宾馆。

颜潜修再三思量决定归顺县署,取消自立联保,接受委任为县联保主任,并议定县联保会职权范围大致相当于民团的权限,没有设庭问案的司法权限;原颜府武装改编为县民团联保分团;颜家所占周围土地由县里派人丈量核实赋额,交契税局依法征收,县里按七三比例返还,用以联保武装和教育经费。

晚上,县长王易知召集全县有头有脸的人物三四十人在衙前街西繁楼聚餐,款待颜氏兄弟,觥筹交错谈笑甚欢,看上去风风光光、热热闹闹,饭后又包了专场,看了一出《风雪亭》,一直到半夜,颜氏兄弟才回到寅宾馆。

"哥呀,恁这做派俺是看不明白,上午恁在号里拍肩膀的犯人,俺算了一共十一人,都是能干的年轻人,有的还上过初中,有的还能跟咱们攀祖认亲,恁非要处理掉他们;可恁拍头下跪的人尽是歪瓜裂枣,没一个正形……"一进门,颜潜齐一面帮兄长脱衣服,一面借着酒劲唠叨了几句。

颜潜修阴沉着脸，走到门外看了看，转身问道："知道狗为啥听招呼吗？"颜潜齐摇摇头。

"它怕人！狗的忠诚就是它的恐惧！再凶的狗只要离开主人准夹尾巴，主人在，狗眼看人低；主人不在，狗见谁都怕。今天咱俩突然出现在那些人面前，凡是不由自主下跪的，说明他们从骨头里还怕咱，只是一时犯了迷糊，这些人今后还可能听咱们使唤；那些不下跪的人，说明他们都把自己当人了，不愿再像狗那样被使唤了，留下何用？中国几千年用人都是用奴才不用人才，奴才最好还是狗奴才。"

"恁留下那几个实在让人恶心，尽是……"颜潜齐仍有些弄不明白。

颜潜修挥手打断弟弟的话，道："不但要留下他们，还要满足他们，叫他们啃上骨头，这样才会给咱们效命，"他简单整理一番自己的仪容，问，"那俩人来了吗？"

颜潜齐略显迟疑，转身出门把刘继祖和狗儿让进屋。

颜潜修立即换上了一脸容光焕发、谦恭有礼又有些久违的表情，拱着手说："来来来，刘局、丁团总，请坐，政府查破恁大的暴动案，抓几十个人，按过去惯例那是一律要处斩的，可新任县长偏偏要放了他们，外来做官只想给自己留个好名声，放了这帮人恐怕再难找到收拾他们的机会了，掉脑袋的就是咱们呀！请恁们来是商量一下这事咋整，俺这也是为一方平安着想呀！"

说罢，他丢了个眼色给颜潜齐，颜潜齐转身从里屋掂出两袋银元摆在茶桌上。狗儿和刘继祖对视一眼，分别拎起一袋缠在了腰里。

颜潜修从上衣口袋里掏出一张院落结构图摊在桌上，示意弟弟拿出一个名单，左右扫视一眼刘继祖和狗儿，说："这是旺乡镇唯一的车马店，刘局只要把这张名单上的人安排到这间大屋就行，其他人住后院。记住，晚上歇下后，就是天下炸雷也不能出门。"他用手指着图上一排房子转向狗儿，说，"到时候这间大屋外会有煤油、干柴，剩下的事就交给恁啦。"狗儿"嗯"了一声，点点头。

刘继祖两眼紧紧盯着桌上那张名单，神情有些紧张，良久才说："十一个人，这么做，他们根本进不了恁们的地面就……"

颜潜修有些不悦地说："记住，中午出发晚上正好到旺乡，这件事只有咱们三家知道，谁要露出去，其余两家共诛之！"

入夜，县城十字街一书店。

王永祥走下"咯吱咯吱"直响的楼梯，举起油灯审视一番面前的牛紫龙，猛地一把把他揽在怀里，轻声道："几次都差点见不上贤弟呀！"

王永祥转身领着牛紫龙走上阁楼，边走边说："高庄那回要不是俺晚到，现在恐怕已是一把骨头了。"

上得阁楼，牛紫龙见房间十分狭小，四壁全都黑黝黝的，中间并排放着两张床，一盏油灯忽闪跳动着。

王永祥介绍说，他自从北伐军来就参加了中共党组织，"四一二"以后根据北方局的指示，着手准备暴动以反击国民党的镇压。由于汝州一带党团组织遭受严重破坏，不久前上级临时决定把剩余的党团员与许昌特委合并一起组织武装暴动。当时受左倾思想的影响，会上成立了行动委员联席会，虽然有些同志提出暴动时机、条件和地点等诸多因素尚不具备,建议暂缓行动,但均未引起联席会的重视。会议一连开了两天,提出了反对"上山主义"、"逃跑主义"等口号,研究了暴动各项准备工作,还大致确定了组织动员的时间。

会后,他与四位同志被分配到郏、鲁、宝、襄一带做动员发动工作。刚到没几天,省报便登出了共党可能正在汝、鲁、宝、郏地区组织武装暴动的预警报道,这再次引起行委内的意见分歧,多数党团员通过各种渠道反映了顾虑和意见,然而还是被行委否决了。暴动原计划在春节庙会期间进行,却在春节前被外地调来的正规军包围了暴动指挥部所在地高庄,当场打死十七人,逮捕四十多人,购进的大批武器弹药也被收缴,还接连发生了抓捕分散在各地的一些党团员的事件。

"玄哪!参加围捕的正规部队都换上了老百姓的旧棉袄,标志是头上戴个黑毡帽,里三层外三层把高庄围了起来。恰好那天俺回高庄,看到庄子周围尽是些不三不四的人在转悠,俺多了个心眼,上前借口找人借火,一听那人口音带南方腔,就知道坏了,转身没走多远身后就打响了。"王永祥瞪着双眼,咬牙切齿骂了句。

"国共两党昨天还在一个锅里搅饭吃,还没几天就翻脸杀人?!"

王永祥双手一摊,气呼呼地大口喘着气,片刻后,又道:

"长话短说,今天来是想让恁见个人,听他说说前天旺乡的农友是咋死的。"

说罢,他到隔壁房间领进来一个浑身瑟瑟直抖的少年,牛紫龙一眼便认出了他是县师范刚刚入校的学生,叫吴志翔。

学校一共二百个学生,几乎每个学生牛紫龙都能叫出名字、对上号。牛紫龙任班主任时只要对着花名册点次名,第二节课便能叫出大部分学生的名字,当天放学之前全班三十多名学生都可以对上号。

牛紫龙记得吴志翔对化学特别感兴趣,家境还不错,他还是学校短跑和跨栏冠军。

吴志翔穿一身黑蓝色校服,清瘦的脸上眼神惊恐,他个子不高,身材瘦小,肤色黑红,浓眉大眼,一副怯怯不知所措的样子。

牛紫龙走到他身边坐下,从他惊悸的神色看,说什么安慰话都没用,听他倾诉或许是最好的安慰途径。

"……大火把房烧塌了,整个房顶塌了下来,盖着那些人,人都烧得面目全非,黑乎乎的……俺看到一个人,就这么一拉……"吴志翔把双手举到牛紫龙面前,"就剩下一个胳膊……"

牛紫龙握住他的双手轻声道:"恁亲眼见有十一具尸体吗?那尸体都在一个屋里吗?"

"那些尸体最后都是用草席裹着抬出来的,就在俺面前摆了十一具,有的还带着镣铐呢!后半夜起火一直烧到太阳一杆高,房子周围有十一二尺都是柴灰。……俺哥从来不惹事,人家打他他还往家跑,因为他是俺家老大,啥事都忍着……他真的没有太多想法,就想种好地。夜里要么睡地里,要么睡在牛棚里,谁知道他暗地里参加了暴动。"

"像颜府那种土豪劣绅恶霸地棍,俺要是恁哥俺也参加暴动!"王永祥狠狠地吐了口气,转脸对牛紫龙道,"俺到他家去过,他哥是俺动员出来的,出事后志翔来找俺,眼都哭肿了,这事一定得想法查个水落石出。"

"恁敢不敢把恁哥的事在全校讲一讲?"

吴志翔抬头望着牛紫龙。

"讲恁哥是个什么样的人,他为啥被杀?还有就是恁在现场见到的情景。"

吴志翔抹了把泪,点点头。

"怎么?恁准备把这事闹大?闹大后会不会……"

牛紫龙沉思片刻道:"闹得越大,风险或许越小,只能这么办了。"

吴志翔的控诉在县师范引起了学生的义愤,牛紫龙通过关系,还领着吴志翔到高村小学和县小学做报告会,全县沸沸扬扬,大街小巷都在议论这件事。

接着,牛紫龙又把受害人亲属领到全县周一总理纪念日会上。

那天,县师范的师生在县衙门外分别挂上了"拥护国民政府《惩治土豪劣绅条例》给百姓活路,恳请县长依法严查残害农友幕后黑手让死者瞑目"黑底白字的条幅,各学校师生统一佩戴白纸花,纪律严明,表情肃穆,缓步入场后,摆出一片默哀的阵势。

出现这一场面让王易知及各机关人员走也不成,留也不是,只得草草办完升旗仪式,率领各机关人员匆匆退场了。

王易知走上县署大门的台阶,回头见牛紫龙跳上为升旗搭建的一个木桌台,伸出两手示意安静,迎风大声道:"老师们,同学们,不久前,几个不明身份的暴徒趁着夜色,在旺乡镇放火烧死了十一位农友,这十一位农友刚刚被释放,还没到家就被人预谋杀害了,今天有三位他们的亲属来到了会场,利用今天这个有意义的纪念日,介绍一下他们被杀亲属的情况以及他们所看到的情景……"

进屋,王易知端着茶杯,不小心把开水倒在了手上,他一怒之下把瓷壶和茶杯全摔在了地上。

昨天夜里,省政府秘书长的专使赶到了县里,向王易知表述的意思很明确,旺乡火灾死了十来个人本不是什么大事,闹到满城风雨这份上,背后一定有共党分子搅浑水,追查杀害释放囚犯的事要从查共党分子入手。那专使还一再暗示此事不是一般刑事案件,而是政治事件,要有政治意识,用政治手段处理此事。

今天一早,汴省又有密电,告知今天军界有一个要员要来,来的目的跟省府秘书长一样,都是为查办旺乡惨案泼凉水的。

王易知感到了各方面的压力,处理起来更是左右为难。不查,县里发生光天化日之下放火杀人的事,不光上上下下没法交代,法制秩序也荡然无存,县长的位子肯定坐不下去;查,把地方豪强得罪了不说,隐藏在这些势力背后盘根错节的关系肯定不会放过自己,位子显然也坐不稳当。

王易知正欲喊人,抬头见巡警局长刘继祖灰头灰脸,胳膊下夹着警帽跨进了门。

王易知阴沉着脸,问:"有事?"

刘继祖慌忙点点头,心想,越走险棋越有将军的机会。他习惯性回头看看关闭的门窗,凑近县长悄声道:"省里的意思,要么不查,要查就要从共党入手。"

王易知望着刘继祖,暗自在心里演绎着自己的推理,心想,就让刘继祖去查共党线索,借此机会正好把他支开。至于死者亲属哭天抢地要求查找凶手,也可以先把出事那天押送犯人的警员暂扣起来,缓和一下民众的情绪,这只是摆到桌面上的两步棋,私下里还有两步棋,得想法敲打真凶,抓紧摆平问题,至少得让提问题的人闭上嘴,如此真凶一旦出现,还可以把他透给共党,再由共党解决真凶,又为政府钓到共党提供个诱饵,共党不动手可能失人心,一旦动手就暴露自己,贯穿起来就是既可以借刀杀人,又能引蛇出洞。

想到此,王易知吐出嘴里的血水,神情略有些放松。

春节过后,县署门前终于贴出了旺乡惨案调查处理的告示,调查的结论是:当天晚上,大车店里投宿人员用火不慎,导致火灾,负责押送释放人员的警员疏忽大意,未及时发现和采取措施,以致酿成灾难。鉴于警局四名警员的失职行为,四人均已到案,不日将押送省城听候处罚云云。

就在这时,牛紫龙也接到王永祥托人带来的组织建议,认为当前的斗争仍以公开或半公开为宜,应注意保存实力,做到有利、有节、有理,以待时局变化。

牛紫龙知道了旺乡惨案的幕后一定还有真凶,尽管不愿意就此了结此事,考虑到组织意见,也只能暂时放一放,吃一堑长一智,要避免类似事情再次发生,最安全的防卫不外乎妙算为上,知己知彼,发展一两个内线,架设预警网络。于是,他从学生亲属中筛选了几个对象,包括民团、警局的人,打算逐个接触一下,尽快搭起情报网络。

第八回

查内奸　布疑阵　张道成掀开罗网
旧有怨　新添仇　独行侠当机立断

1935年9月,省政府下令各县推行保甲制度,联保连坐、严查户口异动,同时要求各地加紧训练壮丁,为即将到来的战争做准备。根据国民政府的规划,河南各县建立了为抗日培植兵源的壮丁队,实行就枪编人、就地选官的原则,壮丁队成立后,还要分批分期对全省18岁以上、35岁以下工农商学各行业人员进行基本军事训练。35岁以上的择优进行通信防匪纠察等内容的训练,把防共体制转变成了动员体制。

郏县成立的壮丁总队基本上是换汤不换药,将原来的民团改为一中队,颜氏兄弟的联保武装改为二中队,刘继祖的警局加上丁二的商会武装改成了三中队,几所学校的教师、学生改为四中队。一、二、三中队的队长都是老人,只有四中队队长是由各学校推荐产生的,结果大家一致推举牛紫龙担任。

总队组建后,立即进行了各项军事技能的训练。训练方法是县建立教导连,首先训练各中队的班、排骨干,然后再由班、排骨干回队训练选入的壮丁。

根据省府要求,各县教导连的训练分政治、军事两方面内容,时间不少于三个月。

郏县教导连安排的政治训练由壮丁总队队长、郏县县长王易知负责,重新恢复了因旺乡惨案中断的政策宣讲活动,主要内容还是总理遗训教导、一个主义、一个政党、一个领袖以及军人精神忠孝智仁勇等一些陈词老调。

牛紫龙负责教导连的军事训练,内容基本上是学科术科一锅烩,除一般立正、齐步、正步、敬礼、持枪及班排纵横队列操练外,着重根据当时县壮丁队的实际装备情况,如来复枪、水连珠、老套筒、汉阳造以及折腰一响、捷克机枪等,进行了枪械原理培训和射击训练。牛紫龙还把在建国豫军军官学校总结的实战中经常碰到的课题,如土木工事、擒拿格斗、攀爬、游泳等列入了教导连培训内容。

教导连第一期开班后,牛紫龙把吴志翔、张道成等人塞进了受训人员名册,参加受训。张道成是牛紫龙在学生亲戚里发展的第一个特情。从观察情况看,此人有正义感,悟性也好,本分勤快,办事认真。通过疏通关系安插进警察局后,不到一年就被抽调到了警卫班,专职担任局长刘继祖的内勤。

一日,县城城外。

"射击咋才能打得准?"牛紫龙扫了一圈一百多位学员,只有张道成左顾右盼、心不在焉。"它受持枪人心理素质、习惯动作、掌握射击要领的熟练程度、气候条件、弹头弹药质量,乃至武器的新旧程度等多方面条件限制,这些对射击准确性的影响很大。所以要想练就百步穿杨,没有捷径可走,只有苦练,掌握手里武器的习性。现在咱们手里的武器,无论是长枪还是短枪,无论是苏联的、日本的、德国的,还是捷克的、中国的,枪械的原理大同小异,构造也差不多,但精密程度不同,使用老化程度也不一样;就是同一个人、同样条件、同样距离,不用同一支枪,他照样打不准,这就是枪性,每杆枪都有它独特的枪性。"

他走近张道成和另一位警员,从他们手里接过一支长枪单打一和一支驳壳枪,两手侧向做着瞄准姿势,接着道:"这两支枪一个机头重,一个机头轻,一个扳机利,一个扳机沉,所以除了前几天学过的'三点一线'等要领外,还要注意熟悉自己所持枪械的特性,练好自己的眼力,特别是掌握变化移动目标的要害部位和提前量,这两点任何教官都很难说清必须掌握的细节动作,全靠恁们自己练,心到、眼到、手到,熟能生巧,巧到枪支能成恁们手臂的一部分。所以认定目标心自明,心明枪口自然会找人,到时候恁就能达到一个指哪打哪的境界了。"

张道成接过牛紫龙递还的长枪时急促地使了个眼色。

"到时候恁们就会发现,只要恁让枪口对准人,子弹就像长了眼睛一样会自动击中目标的要害。下面有枪的和没枪的,带长枪和带短枪的相互交换着练习,散开!"

近百号人在护城河边一字排开,或站或卧进行射击训练。

牛紫龙有意从头一个个训导几句,再次走到张道成身边时贴着他的右臂大声道:"端直!扣动扳机,不要用力过猛!"

"共党里面出了两个叛徒,吴伟和杨成,正在找恁们,他们说共党重要人物在县城住了很长时间,这两天约他俩谈话。"

牛紫龙一怔:"用力过重枪口就会变低。"他急切地小声问,"他们什么时候动手?"

"今晚开始关闭四门。"张道成小声道。

"好!再来几下,注意瞄准时不要闭气时间过长,长了容易手抖。"

牛紫龙想起那是他第一次见王永祥领受任务,那天他刚走出校门,远远地看见吴志翔冲着他做了一个旁人不易察觉的动作,便跟他拐进了县城西大街一家小书店。

书店临街的一面只有一门一窗的地方。进门,两面墙边装有简易的书架,上面密密匝匝地摆满了各色书籍，中间的过道勉强能站两个人。

吴志翔见牛紫龙进门，便喊了声："老板，有客人喽。"喊完，冲牛紫龙一笑，急匆匆地出了门。

一片昏暗中，从书店尽头走来一个长者，长发披肩，山羊胡须，架了副宽边眼镜，穿一身青色薄棉长衫，足蹬一双圆口棉鞋。那长者很认真地打量一番牛紫龙，用豫东口音问道："先生来啦，买书不？"

牛紫龙觉得这人有点面熟，无论是声调还是模样都似曾相识，试着问了一句："俺买的书恐怕恁这儿没有。"

"恁说说书名俺听听。"那长者无意露出了一丝笑意，牛紫龙马上看出破绽，这不是王永祥吗？急忙退后一步，上下打量一番，笑道："差点把俺给蒙住！"说着，出手就是一拳，打在那"长者"的肩膀上。

王永祥爽朗地笑开了。探头看看门外，用力拍了拍牛紫龙，说："俺来这儿几个月了，见过不少买书的熟人，能认出俺的还没有。"

他拉着牛紫龙上了阁楼二层，阁楼呈三角形，冲着东西大街开了两扇窗，十字街景尽收眼底。阁楼房间里只有一桌、一床、一椅而已，不论是床上还是床头都摆满了各类书籍。王永祥笑着摘去假发和胡须，把长衫也脱了，长出一口气，往床上一躺说："快说说，恁过得咋样？"

牛紫龙到两个窗口观察了一番，反问了一句："真有情况恁啥打算？"

王永祥站起身，拉开门，指着对面楼拐弯处一根横柱说："看到了吗？俺抓住它跃过去，再沿着那条楼道跑到头正好有根灯柱，抱住灯柱滑下去是条四通八达的小巷，俺算过，三十五秒就到对面了，一分钟之内就可以下到那条小巷，俺试过好几次，没一次超时。"

牛紫龙点点头说："俺想到恁不会离开家乡，没想到恁会住在俺眼皮底下，更没想到恁还搞了一个赤色报刊分发网络，怪不得志翔回回都能变戏法似的变出不少报刊来，原来背后有恁撑着呢。说，缺啥？"他拉过椅子坐在王永祥对面，俩人对视片刻，不约而同地大笑了起来。

"长话短说，"王永祥收住笑意说，"组织上需要了解这两个人的底细，恁想办法摸摸情况，他们都是通过老关系转来的。"

牛紫龙把王永祥写有二人简单情况的纸条看了两遍，又还给了王永祥。

牛紫龙接受了王永祥交代的调查任务后，曾让县小学的马老师、郑老师分别找吴伟、杨成谈过话，看来至少马老师、郑老师已经暴露，他们要见的共党重要人物很可能就是王永祥。

"能找几身警服吗？"牛紫龙见张道成点了点头，接着道，"好，要三套，天黑后送到北门车马店，恁要想办法把他们送出城。"说罢，轻轻拍了拍张道成，又转到下一个学员。

"吴伟和杨成看来不能留，不管他们通过哪个渠道找到了组织，这条路必须尽快堵死。"牛紫龙心想。

他回头看了一眼远远跟在身后的王易知，怪不得这小子突然脱下中山装换上警服了，还挎着一把从没见过的驳壳枪，原来是盯梢来了。

他一边不时地纠正着学员射击训练的毛病，一边盘算着今天晚上行动的每个细节以及可能出现的情况。事情太仓促，可供选择的方案不多，吴、杨两人知道多少情况？给谁透漏过？必须快刀斩乱麻，把人员撤离和锄奸两项任务一并进行。

他走到吴志翔身后大声道："步骑枪后坐力大，怎么能顶着锁骨呢？如果姿势不对后坐力能把锁骨坐断！放在这儿。"他把吴志翔的手拉着放在自己肩上，小声道，"组织内部钻进来两个卧底，收队后马上通知永祥和县小学的马老师、郑老师准备离开，天黑到北门大车店换警服出城，俺已安排好人准备了警服。另外，让他们连夜赶回许昌消除隐患，这边锄奸的事咱俩完成。"

吴志翔接过步骑枪顶在肩上点点头，又把枪递给牛紫龙。

"步骑枪托枪和射击整个动作可以由右手一只手完成，看到了吧？"牛紫龙用右手托起步枪放在肩上，随着枪口放低右手慢慢后移，待枪与视线平行时食指扣动空膛扳机，之后又托起枪口。"永祥有啥指示，晚自习后老地方见。"

吴志翔又笑着点了点头。

牛紫龙沿着一字排开的队伍走到了头，转身恰好跟王易知打了个照面。

王易知取下大檐帽撩了把长发，笑笑说："牛队长名不虚传，啥枪都会玩，枪法一定了得。"

牛紫龙哈哈一笑，说："比划几下谁不会？枪法不敢吹，刚才俺讲因人因枪因时而异，到现在俺还没混上杆枪，哪来的枪法呀！"

"我这把给你。"说着，王易知从枪套里抽出驳壳枪，撂给了牛紫龙。牛紫龙接到手里反复掂量一番，发现这把枪和吴志翔从黑枪手处偷来的一模一样，钢印编码也可以连在一起。他故意做出不熟练的样子，颠过来倒过去摆弄一番，爱不释手地说："恁好的家伙俺可不敢收，恁这是进口货，枪子恐怕还不好找吧？"

"这种枪咱们全县都没几把，枪子得托人到上海进。"

"那恁还是留着自己使吧。"

牛紫龙又把枪扔给了王易知。

翌日晨，天蒙蒙亮。县城东西大街十字路口。

淡淡的薄雾弥漫着街道，王易知穿着厚厚的棉衣裤，腰束一根脏兮兮的布带，双手交互插在袖筒里，尽力遮住胸前那鼓囊囊的"家伙"。他头上戴着马虎帽，只留着两眼不住地溜着街面两边的动静，身后跟着三四个愣愣的"工友"。一行人大步来到十字街一家早点门市，见里面已经坐了四五位早到的客人。王易知脱下马虎帽，捡了个面朝街的位置坐了下来，招呼"工友"围了上来。

"都看清楚了吗？就是对面书店，书店有后门吗？"

"没有后门，后面是条朝西开的死胡同。"一个"工友"答道。

"里面有人吗？"王易知盯着书店的小门问。

"有，蹲守的警员说，昨天半夜和今天早晨都听见里面有动静，早晨二楼还开了窗子。"

"每人来碗胡辣汤，再来两斤油馍头。"王易知琢磨着没有什么遗漏了，这出戏十有八九胜券在握。如果这次真能把中共地下组织连根拔掉，想必今后……

王易知打消掉想入非非的念头，简单交代了各个外勤的位置，突然又想到一件事，急忙叫住一个正要出门的"工友"，小声交代道："你去县师范，找到牛紫龙牛队长，就说我身体不舒服,上午的政训改在下午。记住要一步不离地盯着他。"

王易知刚吃两口饭,便看见书店的门开了,从店里慢悠悠走出来一个瘦矮个儿、长发美髯、穿着灰色棉长衫的"长者",那长者慢悠悠地把书店的牌子挂了出来,转身回屋关上了门。

昨天他才得到消息,吴伟、杨成被告知今天早上与共党重要人物见面,时间、地点告诉了他们,很可能是吸收他俩入党前的最后一次面试。王易知得信后,立即部署,对诸事一一做了安排,目前看还没发现太大的破绽。先期跟吴伟、杨成谈话的两位教师至少是昨天天黑之前还在学校,而那时县城四门已经关闭了。如果书店这个共党据点被确认下来,大概整个县城的组织网络应当可以弄清楚了。

唯一让人不放心的是他刚刚接手这两个线人,便发现了几年来他苦苦搜寻的共党组织,难道以往多年的努力都是徒劳的?是自己太笨还是命不好呢?

他一直有个预感,就是师范学校总务主任牛紫龙应当是共党分子,可苦于找不到证据。是自己的判断出了问题吗?

一连串的疑问使他心烦意乱,他端起碗猛喝了两口汤,抬头远远地看见吴伟、杨成二人一前一后向书店走了过来。

朝霞十分艳丽,给刚刚苏醒的城市带来了勃勃生机。走到前面的吴伟漫不经心地向四周望着,很仔细地向这家早点门市看了看后,大步走到了书店门口。他摘下眼镜放在袖口上擦拭着,待杨成走近后,才敲响了书店的门。

时间像是凝固了一般,过了许久,那书店的门才慢慢地开了条缝,王易知看着两人对开门人说了几句,侧身进了书店的门。接着一个书童模样的人探出大半个身子向左右望了一眼,随即关上了门。

看到这儿,王易知才想起夹着的油馍头已经定格在嘴边好一会儿了,便急忙送进嘴里。

他风扫残云般地喝完了胡辣汤,放下碗刚想站起身,突然听见对面书店里传来六七声枪响。王易知慌忙从怀里抽出手枪,歇斯底里大喊一声:"快!死的也要!"

他带来的人呼呼啦啦地冲了出去,只是他的两腿似乎有些不听使唤,一直发软,他的胃也没经受住简单的运动,没跑几步胃里就如翻江倒海般难受,把早晨吃的东西全吐了出来,只剩下一阵阵的恶心。

他一进到书店便闻到一股血腥气,屋里一切都很整洁紧凑,楼下门面房两边靠墙书架上整整齐齐地摆满了书,上楼的楼梯一尘不染,在二楼阁楼门口一横一竖叠加着两具尸体。他俩几分钟前还小心翼翼地四下张望,一转眼工夫已经气息全无了,而且全是心脏部位中弹。血在俩人的身下汇流一处,顺着狭窄的楼梯缓缓地流着,仿佛还冒着淡淡的热气。

看到这一切,王易知又弯下腰干咳了起来。几个警员从房门后拿出卷成一团的长棉衫、假发、胡须等物品放在了王易知跟前,这时他才想起来,早晨开门的老人与最后关门的书童无论从身材、肤色,还是眼神、肢体动作上看,几乎没什么区别,只不过穿戴了另一套道具而已。自己怎么会笨到如此地步!他越是心烦意乱,越是感到血腥味浓重,一阵恶心不由自主地又涌了上来。他用手指了指两具尸体,勉强交代一句:"先抬到床上。"

王易知走出书店,见街道上已经站满了看热闹的群众,叽叽喳喳猜测着小楼里的情况。他抬头看一眼阳光明媚的街景，忍住又一阵恶心，一边挤出人群，一边想："谁干的？能是谁呢？"

翌日，县师范学校后院操场。

晚自习后，县师范学校操场上仍有三三两两的学生在锻炼。

牛紫龙跑了几圈正准备下场，忽见一个熟悉的身影跑进了操场，便远远地跟了上去。一会儿，在确认周围没有可疑的人后，牛紫龙大步超了上去。

"俺现在不想走，听说县商会会长的儿子狗儿和颜家兄弟都与旺乡惨案有关，那几个小子手太黑，俺想去除掉他们。"吴志翔边跑边说。

"现在不是时候，恁现在的任务是造舆论，把十字街书店凶杀案疑点引向颜氏兄弟，被杀的人长期受颜府接济，杀人的武器也是颜府提供的，说这出戏是狗咬狗造成的，人们一定会深信不疑。"

"还有吗？"

牛紫龙继续边跑边交代道："王易知好像看出来点啥了，他一直在找恁。今晚上恁就出城先躲几天，暂时去城南二十里张桥村张道成家，等风头过去再回来，如让他们盯上，恁就去找永祥他们。"

"颜家和狗儿这帮鳖孙作恶多端，俺实在咽不下这口气，俺不能一走了之。"

"这几个人一定要惩处，只是不能伤了自己，只能过一段时间再说。"

说着牛紫龙他们跑到几个学生之间，几个人裹挟着吴志翔沿着操场向二进门跑了出去。

牛紫龙逐步放慢脚步。冷清的星空悠远宁静，一轮皓月半掩在一带云中。他走到操场边上单杠边，摘下挂在上面的棉衣向宿舍走去。

截至目前，牛紫龙仍然没有感觉到危险。

牛紫龙之所以让吴志翔先出城躲几天，是他直觉感到王易知对吴志翔在教导连训练班有些模模糊糊的印象，不然他不会在案发后慌慌张张到壮丁队转悠，显然王易知在教导连闻到了什么。

其实，牛紫龙最担心的还是警察局，整个计划都是在警察局提供信息的基础上安排的，这一点王易知不可能不查。再加上当晚，王永祥他们出城还穿了警服，这使得警局成了最大的疑点。为缜密起见，牛紫龙决定连夜把张道成约出城了解警局侦查案件的进展情况。

"啥进展？俺看刘继祖只想应付。几天前听说在县署挨了一顿骂，回来突然把全局人员集合在一起，把每个人的警服数了一遍，也没查出个啥名堂。"张道成很得意地笑笑。

张道成中等个子，肤色黑红，剑眉凤眼，嘴巴两边微微上翘，看上去十分喜庆。他性格纯朴忠厚，办起事来心机独到。

张道成家在城外开有豆腐坊，每天后半夜都要从城外运货到城里批发，牛紫龙便利用这个机会找到了他。

他赶着一辆毛驴车，与牛紫龙背靠背坐着，边走边聊。

"没查出来？恁那三套警服从哪儿弄的？"

"俺早就防他这一招，有人穿警服出城他肯定会查，但他绝不会查他自己，所以俺想，偷刘继祖的最安全。再说，每年发警服他都偷着多弄几套，衣柜里少两三套他也不一定知道。"

张道成的确是个卧底的材料，胆大心细，博闻强记，尤擅长于从不起眼处发现有价值的线索，拉关系套近乎更是强项，到哪儿半天工夫就能混个脸熟。平时手勤腿勤脑勤很讨人喜欢，最适合"打进去"的角色，只是遇事不够冷静，又容易轻信别人，多少让人有些不放心。

"掌管刘继祖警服之类物品的有几个人？"

"就一个姓李的内卫，他从来局里就是局长的勤务，谁也不会想到俺跟他关系铁，借来钥匙就办了。"

"他一旦被抓，恁有把握不暴露吗？"

"那难说。"张道成不知咋的打了个冷战，"刘继祖虽是粗人，但对打人很有研究，他养了一帮人专门学打人，哪儿痛打哪儿，动手打掉大牙，脸上还看不出来。烧烟头光朝腋窝和大腿里侧皮嫩的地方烧，痛得钻心还不伤筋骨。局里的人背后都叫他'哑巴蚊子'，抽人血不吭声。刘局最拿手的就是翻脸不认人了，其实，他心里恨每一个人，只是他不说罢了，时机一到，他会立马跟任何人翻脸，而且还非要置人于死地。"

牛紫龙从语调上感到张道成的心理变化，交代道："记住，只要刘继祖查到那个姓李的内卫，恁马上给俺报警，方法还是去学校旁边的中药铺，并且尽快脱身。"

俩人赶着驴车沉默了好一会儿。

1936年夏秋，河南全省连旱，各县粮价飞涨。省政府民、财、建三厅和省赈会拟出救济办法，主要有办平粜、贷粮款、办工赈灾、设粥厂、放急赈等，并发布公告让各地依例执行。

这天一早，颜府门外来了一位长发披肩、美髯垂胸、面目清癯、穿藏青绸衣，袖口裤腿都扎着黑色绑带的年轻人。他推一辆独轮车，一边放着行李箱，一边扎着铺盖卷。当时正逢早集，街面上人来人往。那青年专门挑个人多的拐角街口扎下了摊。

他从独轮车上抓把白石灰，在地上划出一片空地，先练一趟拳脚，接着舞刀弄棍耍了一阵。然而这些并没有吸引多少群众，兵荒马乱的岁月，舞刀弄棍是家常便饭，但凡中原一带的百姓谁都会比划几下子。一阵武打过后，那人又从行李箱中拿出了一把三弦琴自娱自乐地唱了起来：

  从南京哪到北京，穷人没有富人精；
  富人鱼肉天天有，穷人常喝西北风；
  富人绸缎不离身，穷人冻得屁股疼；
  富人广厦连阡陌，穷人屋破无地容；
  富人出门骑骏马，穷人挑担地上蹦；
  富人妻妾使不完，穷人一个娶不成；
  富人代代出高官，穷人辈辈当老农；
  莫怨老天不公道，生就啥命逗①啥命。

---

① 就是的意思。

"好!""再来一段!"

唱得尽管不好,又都是些市井顺口溜,可人却越聚越多,有鼓掌的,有叫好的,一会儿工夫,半条街的人都围了过来。

那青年在喊叫声中抱拳道:"老少爷们儿,大婶大姐,在下汝州府人,人称'疯子陈'。自信天下是咱百姓的天下,不论男女,不论老少,生来无有贵贱,死后入土为尘,老天爷安排各人有各人的活法。今年大旱,实属天公有错,降祸人间。眼下国民政府下令要人活,俺从汝州一路走来就是专挑富户高门不开仓济民、没有设粥棚赈粮之人,俺就要替百姓呐喊,替大伙讨碗粥喝。"那青年向身后挥了下手,接着道,"从这儿向西所有大户都已办了粥厂,多少都发了赈粮,俺听说眼前颜府是一州四县的首富,还是啥球联保主任,如此大旱之年还是铁公鸡一毛不拔,实在是不把国民政府放眼里。"

说罢那青年从胸前黑色背袋里拿出一张书帖,高高举起,道:"俺这儿有个帖子,上面写有国民政府的公告和赈粮要求,不劳乡亲们大驾,俺一个人下说帖去。"

那青年一手举着请愿说帖,一手挥手示意众人让开,大步向颜府大门走去。街面上密密匝匝的人群静静地望着那青年走到颜府大门前,只见他用力拍了几下门铛,传出几声很怪异的金属碰撞声。自从颜府建成后,那门铛还没人敢碰它,以致那声音竟引起了人群一阵骚乱,有人四下逃散,有人突然恸哭起来。

"谁在那儿晒白①呢?哪个信球?"正在大家专注着大门时,突然从大门上的府墙上探出一个人头喊叫着问道。

"在下汝州疯子陈,只为劝说富户赈粮之事特送上请愿一帖,为饥民讨碗饭吃。"那青年亮着嗓子答道。

"恁真是屎壳郎滚粪球——玩大啦。恁知道这里是哪儿呀?知道俺们这儿公鸡下啥蛋吗?专下恁这号圣人蛋的!"府墙上传来一阵浪荡的笑声。

那青年不在意府墙上的笑骂,举起那说帖喊道:"大道规矩:不抢瞎子的棍,不踹寡妇的门,不抓单传的丁,俺就是要替天行道。俺这帖子上面有民国河南政府赈灾通令,有俺请愿设粥棚、发赈粮的要求,奉劝恁们还是好好瞧瞧。"

门楼上的人影不见了,一阵长久的等待后,府墙上传来一声嗓门沙哑的喊叫,从门楼上放下一只篮子:"那信球把恁那帖子放篮里,滚吧!"

那青年把说帖放到篮里,双手抱拳行过礼,转身回到拐角街口又拿起三弦琴唱了起来:

说俺疯,俺就疯,疯言疯语劝恁听;

做事先替别人想,论人自己算其中;

以德养身福寿全,以仁待民天下平;

得意之时想失意,失意之日思功成;

恕己之心能恕人,责己责人理中情;

祸莫大过众人诽,恶莫大过纵欲生;

以情宽人糊涂难,以理律己是非清。

突然,"砰"的一声清脆的枪响,周围的群众像炸了窝的蜜蜂一哄而散。

---

① 豫西南一带的当地方言,意为故意挑衅、找事。

"颜家老二来了!"不知谁喊了一声。

那青年抬头见颜府大门洞开,一个光头大汉穿一身白色丝绸衣裤,扑散着裤腿,白袜黑鞋,斜挎着酱红色枪盒,故意扮出刚刚登台的武将模样,横着膀子甩着手,从大门里走将出来。

此人正是颜潜齐。这时的他与要饭时的模样已天壤之别,不光吃得白白胖胖,就连相貌也变得凶神恶煞一般,横眉竖眼,短鼻阔嘴。不知怎地,两年前他的头发开始大把大把地掉,嘴巴四周的胡须疯长,半年工夫头发全都转移到了腮帮上,头上只剩下了疙疙瘩瘩的头皮,脸颊上的胡须则异常茂盛,越发显得阴森狰狞。他大步在先,身后跟着两个家丁,各自端着古铜色的"汉阳造",学着主子的样子大摇大摆地朝街角路口走来。

那青年向四周望了一眼,又继续拨响了手里的琴弦唱道:

坑百姓,欺百姓,曾想自己是百姓;

天下钱财取有道,不义富贵浮云生;

……

那青年盯着大步走近的颜潜齐,辨认出来者应当是颜府老三。他那双毫无生气的黄眼珠,根本没把这个青年人放眼里。身后的家丁同样五大三粗,左边的家丁一只手举着枪,看样子刚才那声枪响就是他放的;右边的家丁开怀横枪,还斜挎着亮闪闪的子弹袋。颜潜齐挎的手枪甚至连枪盒都没打开。

那青年有些遗憾,心里曾在刹那间出现了一丝不忍,心想,还是让他们早托生吧,这辈子欠债太多,该是还账的时候了。

仨人走到那青年面前,颜老三大张着嘴打了个哈欠,轻声慢语地说:"唱呀,再唱几个让大爷听听!"

"好。"那青年把三弦琴高高举过头顶,用力拨弄了几下,原地转了一圈,像是召集四散的群众。回身时很认真地看了一下面前的三人,鞠躬下身,摇出一阵急促的三弦琴声,突然从挂在胸前的黑色背袋里拔出手枪,在起身的一瞬间"砰"的一声,左边的家丁胸口中弹愣在了那儿;眨眼工夫颜潜齐见枪口已经到了眼前,又是"砰"的一枪,他那光头后面炸出了一个圆洞;右边的家丁横下步枪还没拉开枪栓,那青年又是一枪,正中当胸。霎时三枪之后,面前的三人竟还没有一人倒下,周围一片寂静,空气像凝固了一般。

再看那青年展颜一笑,一手提琴一手提枪,飞身转过街角向一片坑坑洼洼的山林跑去,这一段五六十米的街道恰好是颜府门楼的视线死角。

一阵尘埃过后,颜府墙上枪声大作,然而此时街面上已经没了人影。

没两天,颜府二掌柜被杀的消息就传遍了全城。

这天晚饭后,牛紫龙照例走出校门,却发现街上气氛有些异常,平时在大门外的坐探只有一人,现在则增加到了四五个人。他慢悠悠地拐进一条背街,在确认没有尾巴后,走进一家药店,果见柜台上放着已经打好包的四味中药。

"取药。"牛紫龙指了指柜台上的药,从口袋里掏出一个药方递了过去。"是这个方子吗?"

"您就是张先生的家人吧?"掌柜的接过方子看看,"是这张方子不假,可张先生并没按方子抓药,他划去了两味。"

掌柜的说罢连药带方子一并递给了牛紫龙。

"这张方子是内服去火的方子,去掉两味,也可以外敷。"

牛紫龙谢过掌柜,把四味中药验过,出了药铺。

他品味着四味药的含义,应当是刘继祖已经发现并抓捕了那个李姓内卫,张道成暂未暴露,他已在城门关闭前离开县城,暂时外出躲避风头,联络方式不变。牛紫龙暗自盘算着刘继祖能突破案情的时间,如果任由他们追查下去,损失无法估量,必须当机立断。

他回到学校,换上锻炼身体的衣裤鞋袜来到了操场。

刘继祖每天的活动毫无规律可言,只要有点腥或钱的味道,他便会有一股近似疯狂的状态,通常是夜以继日,非把能得到的东西弄到手才会罢休。根据他这个习性,他突破这个案情的时间不会迟于明天中午。

刘继祖虽然行踪不定,但他有胃寒的毛病,每天早晨必去南大街一家羊汤馆喝羊肚汤,那家羊汤馆为了攀附权贵,特意为刘继祖预留了一个靠窗的位置。针对刘继祖的这一特点,牛紫龙曾不止一次考虑过除掉他的方案,只因他在书店凶杀案等不少捞到油水的案子中敷衍了事的态度,才使得牛紫龙迟迟没有动手。根据张道成提供的消息,看来必须马上实施除刘的方案,那么派谁去好呢?

牛紫龙放缓步伐,到前院找一位老师要了体育器材库房的钥匙,说好明天用后放在门楣上面,接着便向宿舍走去。

牛紫龙住的教师宿舍是栋六间连排的平房,坐北朝南,西头两间房有两对夫妻居住,牛紫龙住中间,东边还住了两位单身汉教师,最东头一间是学校专放体育器材的库房。

牛紫龙的宿舍靠窗放了张桌子,中间是张床,床的一头顶着墙,一头放着存放衣物的箱子,边上是一个简易的书架。他进屋草草地盥洗一遍,借着倒水的机会环视了一下静静的校园,转身回了屋。

第九回

斩线索　化危机　刘继祖毙命闹市
杀狗儿　露破绽　吴志翔独担死刑

翌日晨,南大街菜市场。

人群接踵擦肩,叫卖声、吆喝声、讨价还价声充斥着街面。

牛紫龙顶着麻袋折成的披帽,脸上围着一条沾满面粉的围巾,左臂夹着一摞厚厚的麻袋,匆匆向正街后面胡同走去。他溜了一眼羊汤馆门外两名背枪的警员,大步拐进了一条窄窄的小巷,沿着一条坑坑洼洼的砖石小路进到了羊汤馆后面的厨房。

"三号桌、七号桌四碗,四碗起了!"他让过店小二端起的托盘,低头跟在小二背后进到汤馆大厅,透过店小二的肩膀,他看到刘继祖正漫不经心地望着窗外。在店小二从托盘里端下一碗汤,转身向另一张桌走去的一霎间,牛紫龙抖掉枪上盖着的麻袋,扳开机头,抬枪的同时扣动了扳机。他仿佛什么都没听见,只看见刘继祖双手端着碗愣怔在半空,低下头像是寻找胸前的弹孔。牛紫龙又瞄准刘的额头扣动了扳机。这声枪响他是千真万确地听到了,并且特别清亮,似乎还看到了刘继祖一脸惊愕表情后面的一团血雾。

他转身快步走进后厨,听见身后刘继祖重重地跌倒在地的声音,大堂里惊呼声随之而起,但后厨依然是一副按部就班的忙碌情景,砍柴声掩盖了一切。

牛紫龙一边把枪揣进怀里,一边用最快的速度跑出了那条小巷,来到街面回头望去,见门外的两个警员刚刚从肩上取下枪,正手忙脚乱地拉动着枪栓。他把手枪推到左腋下,大步拐进了学庙后街,恰在这时听到了学校预备上课的钟声。

县衙门前,王易知刚进县署便被报丧的警员喊住了。

那警员呼哧呼哧喘着粗气,断断续续地报告道:"刘继祖刘局长刚……刚在南……大街菜市被枪杀了。"

王易知顾不上听完那警员的啰唆,喊上几个团丁便向南大街跑去,刚跑几步又开始反胃。他只得放慢步子,拉着一个团丁说:"你们快去戒严、戒严,千万不能破坏现场。"转身又对另外几个团丁说,"快,去师范学校看看牛队长在干啥。如果不在,马上去抓他!"

王易知咬着下嘴唇稳定了一下情绪,前天才得到颜家老二被杀的消息,他和刘继祖专门到颜府走了一趟,名义是奔丧,实际目的是想查个究竟,颜家老大的一番话让王易知很是震动:

"出来混,欠多少总有一天要还的,恁们吃肚里就忘了,有人能记住。今儿是俺兄弟没了,明儿就可能轮到恁们。"

回县城的路上,刘继祖一直嘟囔着有些事没查到底,身边可能有漏洞,一再表示,回去把该查的彻底查清楚,没想到刚刚有个认真态度人就出事了。

王易知知道,想杀刘继祖的人太多了,如若摘掉刘继祖头上警局局长的乌纱帽,到大街上随便找十个人问,至少有五个会有杀他的冲动。刘继祖把持警局十几年,贪赃私枉法,奸占拐骗,全城的土妓流娼、赌场讼师、阴医僧道、鸦片烟馆,没有他不染指的。从民国初年开始,匪来兵去,混战连年,刘继祖引朋呼友、结盟拜会,黑白两道都拉关系,盘根错节成了一霸。谁也没想到这么快就命丧枪口。

想到此王易知不禁有些伤感,如刘继祖这般机警且心狠手辣,究竟找了几个老婆,在县城里安有几处房产,恐怕除了他自己外,没人能说清楚,被人盯上怎么就毫无察觉呢?他想到昨天傍晚在县衙门外见他还一副志得意满的神态,绘声绘色地说着最近抓了几个人,其中还有警局一个内勤,在大牢里被打得皮开肉绽,已经开口讲话了。当然就一般人的意志而言,先要经过胡说乱咬的过程,最后才能坐实口供,到时候请王易知亲自坐堂问案云云。会不会因为他抓的这些人,才招致杀身之祸呢?

南大街集市已空无一人,燃煤烧柴的青烟弥漫着大街小巷,满地都是散乱的瓜果蔬菜、鱼肉鸡鸭。

街道两边站立着几十个警员,王易知来到羊汤馆,首先碰到的是两个五花大绑跪在门口的警员。进门见歪七扭八一片散乱的桌椅,在靠窗的桌边,刘继祖扭曲着身躯仰躺在墙边,墙上布满了四溅的血迹。他的神态还算安详,面色蜡白蜡白,前额有一个圆圆的血洞,却没有多少血痕。他的右手很不自然地压在左腋下,左手还抓着羊汤碗。

王易知咬着嘴唇勉强听完了现场初步勘查的情况,从一个警员手里接过两枚弹壳,看样子和书店凶杀案现场提取的一样。

他脑袋里空空荡荡的,感到嗡嗡作响,木然地跟着警员穿过后厨,来到那条背街的小巷,小巷一边通向南下街,一边是纵横交错过道。

"能够确定的是枪手从这儿进出过,至于说……"勘察现场的警员很冷静地介绍着。

王易知斜了一眼那警员,看不出他有什么喜怒哀乐的表情,从语调上甚至还有些幸灾乐祸的味道,便挥手打断他的话,交代道:"你们把全城的大街小巷绘个图出来,再找找还有没有人看见过凶手,长什么样?有可能的话也绘个图。对了,给那两个警员松绑,关禁闭就行了。还有,把刘局长这两天办案的卷宗给我拿来。"

王易知沿着小巷向南大街走去,他急切地想了解师范学校那边的消息。不过他已经不耐烦了,无论学校情况如何,他也已经决心先抓牛紫龙再说。

一小时以后,县师范学校教室外一阵阵跑步声,很快前门、后门都站上了警察团丁。

牛紫龙用双手做出安静的手势,离下课的时间还早,警察和民团不可能这么快就找到什么,他决定集中精力把课讲完。

下课的钟声敲响后,班里全体同学都站了起来,却没一个离开座位。

牛紫龙收拾完讲义,抬头见全班同学还在静静地看着自己,便莞尔道:"记住,沉默可以是一种力量,如若沉默到底就只能是死亡,一个人可以两手空空,可以饥寒交迫,但有一样东西不能少,那就是勇气,少了勇气怎什么也不会拥有,勇气就是自由和道德!"

牛紫龙刚刚走出教室,腰间就重重地挨了一枪托。他清楚地听到自己肋骨骨折的声音,伏下身去时,头上又挨了一枪托,泉涌般的热血顺着前额和两鬓流了下来。他不由自主地跪在了地上,而直到这时他还没有疼痛的感觉,也许是担忧和惊恐让他忘记了疼痛。他跪地的刹那间腹腔中咳出一股温腥的血,剧痛随着咳出的血猛然占据了他整个思考空间,剧烈的抽搐使他轰然倒地。他忘记了喊叫,忘记了满脸四溅的血流,也听不见团丁的吼声,只是紧紧地用双手抱着腹部,在地上不停地打着滚,大致滚成一个很奇特的姿态才减轻了浪涌般的疼痛。他用左脸支撑着躬起的屁股,双手护着那断裂的肋骨,双膝一前一后跪在地上,头上火辣辣地疼痛,不断肿胀起来的肌肉撞击着两边的耳鼓。

他看见了纷至沓来的一长溜鞋子,突然一只脚背很厚的大脚使劲地踩在了他的右脸上。

"快,捆起来!"

他的双手被两个人猛地扭到了背后,腹部的剧痛引起一阵痉挛,让他出了一头大汗,汗水和热血在他眼前蒙上一层雾气。他努力保持着清醒,大口大口呼吸着。那只踩着他右脸的大脚刚刚抬起,他就被一只手揪着头发提了起来,这时他才看清面前的王易知,周围四五个团丁正横眉瞪眼地看着自己。

头上的血改变了流向,一道血柱迅速地糊住了他的右眼。他集中精力把这两天做过的事反思了一遍,并没有找到什么疏忽之处,以王易知等人的办事能力要找到证据是不太可能的。不过这些人根本不需要什么证据,他们凭着直觉和怀疑就可能杀人,非人性的时代,还有非人性的政府都不可怕,可怕的是不知什么时候会出现毫无理性的人。

"说吧,怎么策划的今儿的事?谁是枪手?"王易知寒着脸,声调由低到高,最后干脆大叫了起来。

原来他啥证据都没有,牛紫龙心想,十有八九张道成已经逃脱,因为天一黑,警局和团丁们根本不敢出城去盯梢。还有那支枪,他已经藏在了体育用品室,难道他们能把整个学校掘地三尺吗?

"牛队长,"王易知显然认识到自己刚才的失态,似乎有些心虚,转而套起了近乎。"国民政府待你不薄吧,不光让你担任师范学校总务长,还任命你当了壮丁总队的中队长。你应该知道我是国民政府任命的一级文官兼上校军法官,有权对全县公职及民间的各类犯罪活动立案调查并提作判决。这是盖有县署公章对你进行羁押和住地搜查的命令。"他弯下腰对着牛紫龙的耳朵道。

王易知举着一张搜查令在牛紫龙眼前晃了晃,牛紫龙用一只眼飞速地扫了落款日期,可惜没看清。

王易知收起那张纸补充了一句:"政府不会平白无故地抓人,提醒你注意的是态度很重要。"说着,他站起身大喊一声,"走!搜查他的住处!"

牛紫龙被推推搡搡地到了宿舍,刚一进门就被人从后面踹到了腿的关节处,"咚"的一下跪了下来,后面的团丁一拥而上,开始翻箱倒柜。

牛紫龙的疼痛似乎有点减轻,也许是习惯了疼痛,头上的污血粘着头发蓬乱地贴在脸和脖子上,鼻孔和嘴角也都是血凝的黏液,两臂被捆渐渐失去知觉,浑身僵麻,他试着活动了一下双膝,用力向墙边移了移,让一只肩膀靠在了墙上,缓缓地长出了一口气。

他看着团丁把宿舍里的家具、衣物、日用品等一件件审视了一番,铺的地砖也一块块撬起认真鼓捣了一遍,点上灯仔细检索一番,又爬到房梁上查看了一遍,看有无攀爬的痕迹,一直折腾到下午才彻底绝望。

王易知一脸沮丧,使劲咬着下嘴唇,望了一眼聚集在门外的教师学生,示意团丁们撤离。

牛紫龙试了几次都无法使自己站立,他本想保留些教师的尊严,把好的一面留给同事、学生,然而剧烈的疼痛让他抬不起头来。即使偶然能够仰起头,也无法让师生看到自己笑的样子,蓬头乱发再加上满脸的血汗,他自觉头脸肿胀得不小,根本无法做出让师生放心的面容,只得低头在两名警员的拖拉下离开了一片狼藉的宿舍。

按照当时国民政府县级司法管理的规定,县有关部门侦办各类案件,所抓人犯需在一月内提出判决意见。而牛紫龙被抓一个月只被提审两次,第一次是被捕的第二天,由狗儿负责审问。

一大早,几个狱警便把牛紫龙捆绑结实,押到了审讯室,可左等右等就是不见主审官狗儿来,一直到中午吃饭时间,狗儿才啃着一块骨头挤进了门。

"娘那×,俺早就看出恁是一肚子坏水,还狗吃青苗装羊的不轻,信不信俺这枪子儿能打死恁?"

"信。"牛紫龙点点头。

"是么,恁再有文化能吃住枪子儿吗?不中吧!恁那文化能当衣服穿还是能当饭吃呀?不中吧!恁要那球文化干啥?有啥用处呢?只能生活在别人给恁编的瞎话里,用别人教给恁的观念看这个世道,被别人当枪使,最终落到今日的地步,何苦呢?"

牛紫龙点点头,答道:"照恁这么说还是没文化好,可文化的作用只是教人向善,教人跟随自己的心灵走,寻找自己力所能及的人生目标,使恁的生命有些意义,恁说要不要文化呢?"

"球!咱们这儿,当官风流发财生男孩,就是终极的目标,恁看俺,买了个官就发财,发了财再买官,再发财再买官,恁不眼红吗?不想跟俺学几招吗?"

牛紫龙摇摇头,叹道:"想必俺生性愚笨,恐怕学不了。"

"恁就把咋参加那个共党的事说说就中了"。狗儿瞪着两只小眼,满脸不耐烦。"干脆把俺也领进门,让俺认识认识共党"。

"这不好办,人家恐怕不要恁"。

"这世界真是有眼无珠,有眼无珠呀!他们为啥不要俺?"

"太孬孙!这世界除了恁爹没人要恁!"

狗儿低头琢磨了半天,慢慢悟出这文化人还真说对了,可打人不打脸,揭人不揭短,他怎么敢骂人呢?于是,站起身三下五除二就把牛紫龙打晕过去了。

第二天牛紫龙便高烧不止,一连半个多月烧得迷迷糊糊,警方请县里医生去看都说快不行了,要么通知家人准备后事,要么赶快保外就医吧。警方不得已通知了学校,由学校出面从开封请来个教会的洋大夫开了几包西药,服了下去,没几天烧就退了。

第二次审问安排在他退烧后的第二天,主审官换成了王易知,地点换到了监狱的刑讯室。

"听说这几天你睡得挺香,是不是觉得没露出什么破绽?"王易知早早地等在了刑讯室,听到有人进来,头也没抬,顾自摊开桌上的纸和笔问了一句,算是开场白。

牛紫龙看了看这间专门对犯人的刑讯室,正中间摆着一张桌子和椅子,与之相对的是一张十分坚固粗壮的长条凳以及各种刑具和铁链,地面上铺着一层厚厚的炉渣,四周墙上贴着新黄纸。自从入狱以来,他几乎每天都能听到从这间屋里传出的惨叫声,每次审讯后打手们都会把现场打扫干净,并把新铺炉渣、新贴墙纸都列入他们的工作程序,完成得十分用心,还真是粗中有细。他盘算着今儿无论如何不能让他们再打腹部,眼前这位县长大人会用什么刑呢?

"但凡是人,就会有良知,只要没做亏心事都能睡安稳觉,俺也相信国民政府不至于没有证据就草菅人命"。牛紫龙四下看看,身边除一张专门用刑的凳子外,没有坐的地方。

"良知?良知是什么?"

"这个概念有些宽泛,现实的解释应当是对自由、平等、博爱、民主、科学等新思想的追求"。

"你觉得当下中国用得着这么多新思想吗?即便有了这么多新思想,总不能把它们搞成迷信吧?"

"天下百姓会用他们的智慧去分辨是非,信仰本身也是一个质疑分辨的过程。在科学证明这种思想确有不合理的地方之前,信仰总有它的合理性,没有追求就谈不上质疑分辨。"

"好了,信仰就谈到这儿吧!"王易知不耐烦地挥挥手,"你犯的是刑事重罪,还是交代你犯罪的事实吧!"

"这是俺要问恁的问题呀,恁们把俺抓起来还让俺自证有罪,这不是……"

"好吧,现在我们有足够的证据证明你与警局刘局长被杀案、颜府颜潜齐被杀案有直接牵连,至少是幕后指使。"王易知摊开一张写好的证据材料,乜了牛紫龙一眼,接着说,"证据都在这上面,你认罪说明你态度好,不认罪我们也有人证、物证,还用我一条条说吗?"

牛紫龙转身就走。

"站住!"王易知站起身重重地捶了一下桌子,大声道,"现在已经查明最近县里几起凶杀案系共党嫌疑犯吴志翔所为,吴志翔背后的主使就是你!"

牛紫龙从王易知前后矛盾的问话中听出来,王易知的所谓证据,基本上都是猜测推理,实质性的证据他还拿不出来。

他慢慢转回身,摇摇头说:"俺认识吴志翔不假,不光他,壮丁队教导连的人俺都认识。说县里这几起凶杀案是吴志翔所为,恁有啥证据?吴志翔是壮丁队的不假,恁是壮丁队的总队长,是专门负责俺这个中队工作的,吴志翔参加壮丁队填写的表格还有恁的签名呢!"

王易知认定牛紫龙是共党,他也知道,认定的依据就是他的直觉。本来想诈唬一番,没准能发现点破绽,没想到这家伙还真是茅坑里的石头——又臭又硬。

"你不要总把自己放在正义的一边,以为外面有几个人声援你,你就代表正义了?总有一天政府会拿出证据来证明你的嘴脸!"

牛紫龙哈哈一笑,说:"不用证明俺的嘴脸,政府只要稍微公正点,俺就得不到别人的同情了,没有证据先抓人,政府哪来的公信呢?"

"好!好!"王易知恼羞成怒,站起身收拾着桌上的东西,"你嘴硬那就吊起来吧,啥时候想通啥时候再放下来。"说完转身出了大牢刑讯室。

同日,王易知旧县衙后院办公室。

两个警员拍打着身上的雪,匆忙推门走进王易知的办公室,见丁二正一把鼻涕一把泪地喃喃不休地骂着。王易知阴沉着脸,坐在办公桌后,手里把玩着一把古铜镜,见有人进来,直了直腰,顺手把古镜放在了抽屉里,先叹了口气,问:"都招了吗?"

两位警员点了点头,大声禀报道:

"犯人吴志翔,17岁,本县上和镇人,县师范二年级辍学。据其自称,书店凶杀案、南大街凶杀案、颜府凶杀案及这次丁府丁公子被杀案,皆他一人所为,与任何人没有关系。其供述杀人动机是为旺乡农会死难的人报仇。该犯被捕时身上搜出德国造二十响驳壳枪1支,子弹26发。经验证,该枪弹与他供认凶杀案现场的弹壳属同一型号、同一批次的产品。"说完双手递上拟定的招解。

吴志翔自刺杀颜潜齐后,便在城南张桥隐藏了起来,躲避风声。不久,听到牛紫龙被捕的消息,便和张道成合计着如何救牛紫龙出狱,情急之下两人都没什么好主意,只得让张道成去省城、许昌找王永祥,吴志翔独自进县城摸情况。

吴志翔借来张道成家的驴车,又从地窖里出些红薯、萝卜之类的瓜菜,装做小贩戴个马虎帽,稍加打扮便进了城。可惜转悠几天,并没有打听到牛紫龙的确切情况,只听说已经关进了县里的大牢,什么罪名一直没有定议审转。

吴志翔进城后,牛紫龙的消息没打听到多少,却听到了不少丁家狗儿的事,越想越生气,便把眼睛盯在了丁府狗儿身上。

一连几天,他蹲守在丁府门外,发现丁二常常是上午出门办事,下午回府。狗儿是下午出去遛弯,要么晚饭时回来,要么夜不归宿。两人出门必带三四个家丁跟随,前呼后拥少有下手的机会。唯一可乘之机是狗儿回家前总要到街拐角的驴肉馆要些驴板肠和油火烧,当时并不拿走,定要店里重新做一份趁热送去。而这时,丁府上下,包括家丁都到偏房吃饭了,开门接饼的往往是狗儿本人。

瞅出这个机会后,吴志翔一夜无眠,反复掂量这事,最后决定啥也不说,先为民除害。

这天傍晚,吴志翔拎着几个萝卜、白菜在街口摆下地摊,远远地望见狗儿带着几个家丁走到了街角,冲着驴肉馆喊了一声:"还照往常的数给俺弄一份送来!"喊完,便一摇三晃地回府去了。

吴志翔听得真切,慌忙收拾完摊上的瓜菜,往驴车上一撂,把车赶到正街一家店前拴好,从车里翻出马虎帽、要饭袋和一根打狗棍,返身回到街角蹲了下来。

一会儿工夫,驴肉馆堂倌提着红漆饭盒走了出来,刚拐进街角便被趴在街边的叫花子吴志翔用打狗棍绊倒了,饭盒里的驴肉板肠和热腾腾的油火烧滚落一地。

堂倌起身正欲发作,一只手被那要饭花子拉住了,"叮当"一声两块银元落到了堂倌掌心。那要饭花子"嘿嘿"笑两声,眼睛一眯,道:"还不赶快重做一份,这些就算施舍给俺了。"

不等堂倌看清要饭的长啥样,那人早已抓起地上的驴肉和火烧放在了嘴里,不得已堂倌折回店里。

吴志翔狼吞虎咽地把火烧塞进嘴里,提起打狗棍大步蹬上丁府门前的台阶,"咚咚咚"拍打几下门铛,又翻身趴在台阶下,从门槛的缝隙中看到了一双四平八稳的黑缎绒面的圆头鞋慢悠悠地朝门口走来。于是又起身再次登上了青石台阶,刚刚站稳,听得"吱扭"一声大门拉开的同时,吴志翔把枪顶在了狗儿的胸前。

狗儿抬头见吴志翔正大嚼着油火烧,一怔,问:"恁敢吃俺的火烧?"

吴志翔忙不迭地点着头,"砰"的一枪击中了狗儿的左胸。

狗儿又是一怔,道:"恁真把俺的火烧吃……"

吴志翔压低嗓门轻声道:"俺掏钱买的!"接着又照胸前补了一枪。

一名警员把拟定的口供招解笔录和搜到的枪支放在桌上,小心翼翼道:"吴志翔狡诈多变,这份口供真真假假,他是要把这所有案子都扛下来,这么结案不再审审吗?"

"唉,聪明难,糊涂难,聪明不了糊涂了,人犯自己都招了你操什么心?他把所有凶杀案都认了我们正好销案,世间的事过去就过去,你非不让它过去,它也会让你过不去。"

"我怕收了秧忘了瓜,不利用这个机会一网打尽会给今后留下……"那警员再次提醒道。

"怎么?"王易知转身拉把椅子坐到火炉旁,长出一口气,道,"这类土豪强绅就是任何朝代、任何政府都无法容他,他们做的那些事连杆匪都不如,容了他们丧失民心,如此简单的道理还不懂?共党就是靠打土豪才得人心的,有了人心就能成气候,这样你对付的就不是几个杆匪的问题,而是一股思潮和势力。"

· 81 ·

"这么看,一个月前抓起来的牛紫龙就办不成土匪杀人犯,只能按共党嫌疑办。"

"啥共党嫌疑?共党嫌疑是报省重案,定下来共党嫌疑就必须查清上线、下线、组织成员、联络方式、暴动计划、武器纲领等,这些你们警局能办得了吗?现在县里各学校都在酝酿闹事,你不等于谁瞌睡给谁个枕头吗?"

王易知转身从办公桌抽屉里拿出一份报纸递给那警官,接着道:"上个月,蒋总统在洛阳住了一个多月,这不刚去西安没几天张学良、杨虎城就发生了兵变,政府已经跟共产党谈上了,你还在这儿捅马蜂窝,也不看看形势!听清楚了,最早提出抓他的是颜家老大,他一口咬定颜老二是牛紫龙杀的,现在真凶现身且供认不讳,抓了牛紫龙一个月,也没见有啥新发现,不如就此结案吧。"

"那恁的意思是……"那警官试着问了一句。

"再等几天,要真是找不到牛紫龙犯事的证据,安不下罪名,干脆放人。"王易知摆手示意警员们退下,起身踱到了窗前。

县大牢里有个年纪最小、坐牢时间最长的"小油条",从模样上看只是个半大孩子,小个儿瘦脸,略微凸出的大眼睛忧郁而又呆滞,自己剪的头发豁豁牙牙的,还专门在右鬓角留下了长长的一绺毛发。他常年穿一身成年人的衣裤,走起路来晃晃荡荡的。他因自小父亲跟白朗义军一去不回,母亲苦熬了几年也一病不起,早早撒手人寰了,只剩下他一人,便自命名叫张剩。张剩自幼过着串亲讨饭的生活,吃百家饭,穿百家衣。父母在他脑子里没多少印象,可父母亲身上那种好勇任侠的性情还是被不折不扣地遗传了下来。都说他命硬克人,七八岁时他曾给一个说书的瞎子当过一段童佣,用根竹竿拉着瞎子走村串户去过不少地方。自那瞎子收下张剩不久,就害了喉症,卧床三月余,话不能说,米亦难进,师傅睡床上,张剩睡床下,白天张剩到市井乞讨,夜里给瞎子喂饭擦身,如此尽心还是没留住师傅的性命。

瞎子死后张剩大哭一场,按照师傅的指点将尸骨埋进深山。

经此磨难,张剩性情大变,不再相信什么因果报应的宿命,而是相信了更古朴的"以血还血"、"以牙还牙"的江湖义气,认定的死理是,痛苦和死亡必须公平分摊。他开始到处帮人打架,其实更多的是替人挨打,很快成长为一个专职打架斗殴的混混。不过张剩行侠仗义的标准也很简单,就是谁吃亏,谁弱势,谁的人少,他就站在谁一边,许多时候是不请自到,只要听到或看到谁失败了,他就义无反顾,挺身而出。因此,他长年累月都是鼻青脸肿,三天两头还要头上冒冒血。

恃强凌弱于社会而言是再正常不过了,可一旦张剩把别人打了,自然便会引起一番骚动,犯上作乱是非他莫属了。

他十一岁那年,县城西街有一个混混叫二黑,比张剩大七八岁,是商户们养的打手,身高体胖,张剩踮着脚还没二黑的肩膀高。可偏偏二黑是个欺软怕硬、恃强凌弱的人,所以两人每次相遇张剩都逃不过一顿暴打。

这天,二黑带一帮混混打上门来,二话没说便一手揪着张剩的臂膀,一手掂着腿,抡起转了一圈,哈哈笑着,猛一松手将张剩扔出丈余远,张剩被结结实实地摔了个嘴啃泥,满鼻子满嘴都是血,半天爬不起来。再看那二黑双手抱膀,在张剩身旁又踢又笑,绕来转去,一群市井土棍也是欢呼雀跃。

一阵天旋地转之后,张剩故意装作抽搐状,试着活动了一下四肢,感觉还能活动,暗自扭头见二黑那双如同扇子状的大脚,踹了自己几下后,"呱嗒呱嗒"地向一个下坡走去,张剩运足气力,腾空而起,双手五指合拢从身后照着二黑双耳击去,只听得"砰"的一声闷响,打得二黑一个趔趄,摇头不止。

这一招江湖人称"双风贯耳",打架斗狠一般不用,只因用得不好怕伤到要害部位,自己也会暴露,可能伤及自己。

张剩击罢在空中一个转身,右腿狠狠踹了二黑一脚,落地后拔腿就跑。

只见二黑一个后仰坐在了地上,世界突然一片死寂,接着便是"吱吱"的天外之音,随着这般悦耳的声音,他的双耳涌出了鲜红的血流。他大张着嘴,摇着头,口水也不自禁地流了出来。他失忆了,弄不明白自己怎么会在这儿,他望着四周目瞪口呆的市井兄弟,本能地咧嘴笑开了,只是面部肌肉一动带来两耳一阵钻心的疼痛,他仰头向后倒去,刺眼的阳光飘然而过,瞬间变成了无数闪闪的金星,他很快便坠入到无尽的黑暗中,像婴儿熟睡般昏了过去。

打狗欺主,这还了得!西街商户们不干了,纠集百人追到护城河边将张剩捕将起来,五花大绑捆到官府,这么个屁孩打架斗殴竟把护街的打手打惨了,这不等于打了主人们的狗吗?也不看看狗的主人是谁?是可忍孰不可忍呀!

警局当然义不容辞,当即把张剩收监问罪,只是几次找来二黑抬验伤痕,二黑只会"哧哧"地傻笑,并无关于诉讼的只言半语,变得与谁都很友善,失去了打手的意义,如此奇特的伤残就连警方也闻所未闻。侦讯人员经多次讯问证人,勘验详案,依据衙门历来就是"有理没钱莫进来"的惯例,竟把二黑定为了忠义护主的侠士;而张剩不过是个流浪儿,别说打官司,连填饱肚子都难,最后定个讹诈滋闹、违悖殴尊的罪名,关进了大牢,刑期不定,直到改好为止。如此,张剩在县监狱里一晃就是四年。

张剩虽人入监狱,名声却留在外面,民间自然有一番不同于官方的说法。说他不畏强暴,行侠好义,其名同样被传得神乎其神。在监狱里,他年龄小,资格老,不满十五岁,已有蹲大牢四年的资历,渐渐地也争得一些行动自由。平时可以在监狱院内各牢房之间转悠,碰到牢头心情好时还可上街面上遛遛弯,街面上的混混还时不时捎些衣物、馒头、烟头之类的东西"孝敬"他,日子也算过得去。

1936年,河南夏秋连旱,入冬后,首先在县监狱里引发了食物短缺的恐慌,接二连三饿死了十几个人,犯人们每天都唆使张剩到外面找些吃的。

这天一大早,张剩又被狱友们喊了起来,无论如何让他给大伙找些衣物被褥之类的回来。张剩看着众人哆嗦着挤在一起,个个饥寒交迫的样子,就破例地撑着狱警叫大爷,总算被放出了门。

天黑透后,张剩才回到监狱,带回来几个兜着麸皮刨花之类东西的破麻袋,进门还给大家分了几个烟头、馒头,跳上土炕,枕着一对破鞋,问道:"恁们猜猜最近出了啥大事?"

"听说蒋总统让人抓了。"

"不对。"

"那就是王易知县长又被杀了。"

"不对,比这些事都大,大到全县当官当差的都可以安安稳稳睡几天大头觉,猜不着吧？咱县最厉害的枪手被抓了，恁们猜猜是哪一帮的？共党帮！那人叫吴志翔，可厉害……"

牛紫龙突然坐起，一把抓住张剩，凑近他的耳朵说："恁见人了？外面是怎么传的？"

张剩摇摇头说："俺没见，前天抓他回来时，在城里游过街，不少人都见啦，装在一个铁笼里，手脚还捆得结结实实，听说那枪手会飞檐走壁七十二变，手里有七八条人命。县警局局长厉害吧？碰到那人枪还没掏出来就一命呜呼了。还有颜府三掌柜三对一同时开枪，结果颜府老三跟枪丁死了一对半，那枪手毫发无损。"

张剩见众狱友围了上来，越发神侃开来。

"几天前，那人又变成了一个仙姑，一口仙气吹得丁家狗儿自个儿走到门口，恁猜咋？"张剩故意朝四周瞅瞅，瞪着眼道，"砰的一枪，正中心脏，老老实实到门口领死来了。"

张剩又故作神秘地问："恁们猜猜咋抓住他的？"未等众人回答，他得意洋洋地提高嗓门说，"不知道吧，从南门到东大街原来是俺吃的一块的，俺被收监后，俺的两个兄弟毛三、毛四帮俺先看着。两个月前，十字街来了一个相面的，看人总要眯着眼，自称'半瞎大师'。以后，人们多方打听才知道此人姓董，汝州人，学问了得，江湖爆名'董哲学'，此人坐街相面是姜太公钓鱼，钩子离水三尺，坐钓的不是鱼和虾，专收各路英雄，结交三教九流。反正人家有的是钱，如若再不拜服，人家后面有的是真家伙伺候。俺那俩兄弟也投到了半瞎麾下，归他节制，平时半瞎从不找事，一旦有事恁必把半瞎的话当圣旨，不弄个明明白白半瞎非得玩死他。"

张剩摆出一副说书人的样子，"啪"的一拍大腿，接着道："话说这半瞎成了全县最大的'地保'，恁就是丢根针他也能找回来；丢只鸡，恁只要在他相面桌上写个鸡字，什么颜色，多大个，鸡会自个儿回到家。即便哪家烧鸡铺把那鸡给宰了，他也能在锅里给恁指出来是哪一只。"

张剩见狱友听得入神，嗓门更大了。

"再说那吴姓大侠不知施了啥法术，让丁府公子领了两枪，丁家上下还当谁家孩子玩爆竹呢，并不在意，直到迟迟不见狗儿回屋，到门口一看，丁公子早就凉透了，急忙报警局封了四门，那大侠早就遁出城外。正当局子一筹莫展之际，谁能想到半瞎显了回神通，不等警局的人找，人家主动找到局子，从正街放开一辆驴车，驴车拉着团丁警员，一口气跑到城南张桥，驴车进村熟门熟路连狗都不咬，半夜里把那大侠给抓了。"

张剩望了望狱友，故作老成地叹道："真是山外有山，人外有人哪。再说这大侠落网后也真有种，送去过堂先是没头没脸地挨了一顿抽，人家笑着跟审讯官说：'俺这一身连骨头带肉都是恁的，恁们随便打，只要给俺留条命就行了。'这班打手也不客气，噼里啪啦一顿暴打，让大侠交代，恁猜人家说啥？'不用审了，凡是最近被枪杀的都是俺杀的，俺就是要给被冤杀的好人报仇。俗话说，路不平众人踩，俺气不过，也不用人指使，凭着良心杀人，这些话给恁们撂这儿，打死俺也就恁多。'说罢人家再也没说一句话。"

"大侠在警局被拷问了一夜，本打算要送到大牢里，谁知打手们用力过重，从大梁上放下来人已经……"

"死了？"一个狱友问。

"真死了？"众人围上来问。

张剩摇摇头。

"听说气若游丝,剩半口气了。"
"后来呢?"
"后来俺就回来了。"

第十回

救同志　充狱侦　计诱出日军谍网
赴国难　观战情　中国军威风四震

牛紫龙在被关押四十五天后,于1937年初获释出狱,第二天就到了开封。

入夜,开封第四巷。街道上,车水马龙,万家灯火。

牛紫龙坐在人力车上,张道成紧紧地跟在车旁慢跑着,拐进了一条深深的小巷,小巷勉强能过两辆人力车,路两边全是青砖青瓦红灯红门的小院。行不久便在一个挂有"赵家"灯笼的小院门前停了下来。

"哎呀,可把恁等来了。"樊存诚大步走下台阶,扶着牛紫龙下了人力车,关切地问道,"还咯血?"

牛紫龙摇摇头,笑答道:"不碍事,没完全长好。"

两人相视大笑,樊存诚扔掉手中的烟,挥手示意说:"请,恁这是大难不死必有后福呀!"

拾级进门,牛紫龙见一个穿一身大红绣花绸棉旗袍的女子迎了出来,那女子高挑身材,瓜子型脸,明眸皓齿,妖艳动人,抿嘴一笑,脸上还现出两个浅浅的酒窝。她行礼后,转身撩起正堂屋的棉帘,将牛紫龙让进客厅。

堂屋中间烧着一盆炭火,两边放着几把红木长椅,椅上有绛紫色棉垫,正面有四扇贝雕红木屏风,分别嵌刻着桃花、荷花、石榴和梅花。屏风后是一张双人合用的红木烟床,堂屋不大,装饰却也紧凑雅致。

牛紫龙扫了一眼房间里的陈设,用询问的眼光望了一眼樊存诚,问:"这位是……该怎么称呼?"

樊存诚仰头哈哈一笑,对那女子说:"看看,刘姥姥进大观园了吧,没见过这阵势吧?"他一把拉过那女子揽在腰间介绍道,"菊红,怎么样,俊吧?俺的红颜知己。"他指了指牛紫龙,对那女子说,"俺常说的牛紫龙,可是出了名的才子。"

牛紫龙慌忙施礼,被樊存诚笑着拦了下来,说:"恁别误会,她不是恁嫂子,但是比恁嫂子还重要,这是工作!"

菊红也笑道:"听说大哥坐了大牢,樊存诚茶饭不思,夜不安寐,他常念叨你是个才子,是个好人,只是政见不同。"

"说那些弄啥。"樊存诚挥挥手让菊红下去烧水泡茶,把张道成让到偏房歇息。

樊存诚拉着牛紫龙对面而坐,牛紫龙见他穿了一身紫红色绸面镶白边的棉睡袍,下面穿着白色棉绒睡裤,蹬一双深蓝色绒拖鞋。坐下后他把牛紫龙的手放在他两手之间揉着,很认真地端详着牛紫龙。樊存诚仍旧留着长发,微微有些发胖,长期吸烟使他嘴唇略显发乌,显得两眼更加沉毅。

牛紫龙穿件灰棉长衫,围着一条土黄色粗毛绒围巾,一双胖胖的黑布棉鞋,人比往常瘦弱,剃光的头上刚刚长出短发。苍白的脸,只有那一双大眼睛尚留有不少血色。

二人见面交谈了一阵樊钟秀部队里一些老人的归宿,对于涉及政治观点的敏感话题二人都有意避开了。

牛紫龙琢磨着如何把这件事说清楚,事先他也打听过樊存诚的情况和能量,还没开口就被樊存诚打住了:

"恁这几年的情况不用说了,俺想恁再坏也坏不到哪儿去,至于俺这些年的事,恁恐怕也有所耳闻。1934年军统豫站搬到开封,开始招兵买马,俺就入了伙,对外说在保安司令部就职,实际在东华门上班。"

牛紫龙见樊存诚还挺坦诚,打算以实相告,说:"这俺都知道,俺就是冲恁有这点能耐来的,这件事还非求恁不可。恁知道俺确实无处可求了才求到恁门下。俺有个学生杀了人,说句良心话,他杀的人死三五回都不亏。"牛紫龙顿了顿,稳定下自己的情绪,又道,"他现在被判了死刑,兄弟俺是横竖都要救他的,所以求恁帮忙,只要能放他一条生路,恁尽管开条件。"

樊存诚仰头哈哈一笑,之后突然神色肃穆地说:"咱们以前共事多年,彼此心照不宣,只是情谊归情谊,政治归政治,俺介绍恁参加组织,俺自然能把人救出来。"

牛紫龙一愣,万万没想到他会提这么个条件,一时难以答复,低头望着砖砌的地面,思考着用什么理由让樊存诚换个条件,可一时又想不起他当前最需要啥。

樊存诚站起身从旁边桌子上拿起一根烟,点燃后狠狠地吸了一口,叹了口气说:"关门挤屁——真巧!老天爷是非要把咱们这一代人扔到战乱年代,时危见节,国内战争还没结束,中日之战已在所难免了,恁跟俺以往理念不同,可携手抗战总一致吧。自去年西安张学良扣押总裁后,国共两党已经开始了谈判。俺拉恁参加军统组织只是为了抗战,除此之外的事恁可以不干。"

牛紫龙环视了一周,调侃道:"像恁这么工作吗?"

樊存诚略显羞赧地笑笑说:"那当然不会,恁不适合像俺这么工作,别看恁才高八斗、学富五车,恁在这方面还真不如俺。实话告诉恁,三教九流中放它几个闲棋冷子,这主意是俺想出来的,泡在烟花柳巷里俺还真见识了,别看这里都是沦落风尘之人,同样可以动员她们爱国,灌输救国信念为我所用。恁可别小瞧她们,大多数情况比站街警察还管用,就拿菊红说吧,她初中毕业,平时串串门打听点事,恁就是派十个八个人跑断腿也不一定能弄来。"

牛紫龙心中有事,无心了解樊存诚干的是啥,打断他兴致正浓的话题,问道:"咱们还是合计合计怎么营救吴志翔吧,此事迫在眉睫啊。"

"那就看恁了。"樊存诚变得异常严肃,补充道,"俺想来想去,最近这件事还非恁不可,这件事办成了,恁那学生自然会有将功折罪的机会。"

牛紫龙问:"什么事?"

"坐监狱呀!恁这骨折就是条件呀!"樊存诚又仰头哈哈一笑。

原来不久前郑州警局与军统站联系,破获了以"东亚文化研究所"为招牌的日本间谍组织山口组。由于事发突然,郑州警方采取抓捕行动时,日谍已经销毁了大量的罪证材料,再加上很快惊动了日本驻郑领事馆,第三天就将日本间谍志贺秀二、田中教夫、山口勇男等三个主要涉案人员保释回馆,在押的只有一个叫田间的日本浪人和十几个中方涉毒雇员。当前的任务是要争取到这些人的信任,千方百计套出山口组建立发展的情报网络,并且必须在外交外涉的许可时间内查个水落石出。

郑州警察局监狱特殊牢房是一间半潜式大房,房内隔成了十间牢房,其中两间房关着被捕的浪人,每人一间,一桌一凳一灯,其余几间关着十几个中国人。其中有三个是山口特务组同案犯。

牛紫龙被抬进了居中的一间。按照任务方案,牛紫龙被抬进牢房后,要绝食几天,几天里,他只是躺在床上昏昏欲睡。挨到第五天,同房的狱友利用放风的时间,请日本药房坐诊的浪人田间诊治了一番牛紫龙被打断的肋骨。

田间认真察看了一番,转身对同来的浪人说:"两根肋骨骨折,可能为钝器所伤,没有更好的医疗办法,只能静养加营养。"

一浪人道:"狱方不供应膳食应当也是一种惩罚?"

"显而易见,饥饿也是一种审讯方法。"又一浪人接答道。

"你认为可以提供帮助吗?"一浪人问。

"当然,他已经很虚弱了,再推迟帮助恐怕就……"田间一边走出牢房一边说。

果然,中午就有人端了份鸡汤放在牛紫龙床边。牛紫龙勉强坐起身,喝了几口便满头大汗,意识也从由饥饿引起的昏昏沉沉中逐渐清醒了过来。他环视了一番屋里的狱友,尽管混在其中的山口组的同案犯他还对不上号,但从穿戴上已能看出与其他人的区别。

给他端来鸡汤的是一个高个儿、黑瘦脸、有几根稀稀疏疏络腮胡子的人,此人见牛紫龙两眼有了点精神,便龇牙一笑,并排四颗哨牙上有一道明显的氟痕,看年纪四十出头。他上身套着号服,里面穿着一身黑缎棉长袍,黑绒棉鞋,一看就知道是山口组的同案犯。

他哈腰欠身算是施过了礼,问:"大兄弟想必是江湖豪杰,不知在……"

牛紫龙欠身坐了起来,右手屈大拇指和食指,左手屈大拇指,做了个"三老四少"的拱手礼。

"贵姓?"忽然从络腮胡子后闪过一个白白胖胖的中年人,小个儿、光头、疏眉、肉泡凸眼、圆鼻、厚嘴唇,下巴中间留一撮胡子,他嘻嘻笑着挤上前来问了一句。

"姓潘。"按事先了解的情况,牛紫龙得知山口组同案犯中可能有青帮的人,便借着青帮身份进了监狱。

"出门潘,在家潘?"

"出门潘。"牛紫龙知道类似这样的"盘道"①路数很多,稍不留意就会露出破绽。他表面上若无其事,内心却十分紧张。

"老大在哪儿进的家?贵前人为何?烧的哪炉香?"那光头瞪着眼很认真地提了一连串的问题。

---

① 青帮黑话,即互相审问对方身份的暗语。

"他老人家姓程,上长下河;引进师姓丁,上子下霖;转道师姓陈,上步下洲,念三辈。"答完牛紫龙欠身欲起,接道,"给恁过礼。"

"可不敢,俺也姓潘,是念四学字辈,老人家姓孙,上瀛下洲,杭三帮的,该俺给你见礼才是。"

"家礼不用见,香堂口再见吧。"牛紫龙到此打住"盘道",显出一副力不从心的疲惫样,担心他们再盘下去自己就很难应付了。

那人跪下磕了个头,起身后又招手把站在床边的两位狱友叫到床前,先从自己开始介绍,逐一把真实姓名身份报了出来:"俺姓赵,贱名本亮,河北沧州人。"说着指指大眼,"他姓梁,贱称子成,江湖有名的'大眼'就是他。"接着又拉来一个满脸横肉的小眼青年,说,"这表弟也姓赵,贱名书成,和大眼都是周口镇人,俺仨不在礼了。"

牛紫龙欠起身拱手,算是施了江湖见面礼,做出一副很江湖的做派,说:"在下姓郑,名成武,洛阳人,跑陇海铁路吃山货贩运,这次失手因夹带点白货,得罪了几个小人落难到此,还望地面上的老少爷们儿多帮衬。"

"你一来俺就看出你不是一般人物,没想到跟俺们是一个沟里翻的船。"大眼梁子成抽了几下嘴角,止不住眨巴着眼说,"这儿可是重刑犯监狱,能从这儿走出去的人不多,从你腰上的伤看,你犯的事轻不了……"

牛紫龙装作一副不屑的样子,挥挥手,很自信地说:"不劳各位兄弟费心,就是开封死囚大牢俺也是三进三出了,重情义,养人气,恁能看多远,恁就能办多大事,俺在这儿,外面自然有人替俺操心。"

这人也就是怪,你越说不用帮忙,别人就越想帮忙。

"要不俺托帮里人找找郑州警备司令部的人?"

"不用。"牛紫龙摇摇头,道,"俺犯的事没有省政府和保安司令部的人发话,郑州地面上找谁都没用。俺已经出了大血去蹚这条路了。"

众人相视无言,无不露出羡慕的神色。

"敢问各位仁兄贤弟,恁们进来可曾与外面通过音讯?需要俺尽力的地方只管吩咐就成。"牛紫龙有意礼尚往来、现还现报地问了一句。

"岂敢岂敢!一家人不说两家话,俺们弟兄的案子涉及中日邦交,外面钱队长他们正在打通关节,过不了几天俺们就能出去。"大眼梁子成炫耀道。

牛紫龙做出一副赞许的样子点点头。

农历三月十三。郏县县城十字街。

这天,郏县城南庙会,大半个县城的人都去赶集备春了。临近午饭时,县邮局来了两个警员,心急火燎地找到县邮局局长胡存林,递上了一封标有县政府字样的信笺。

胡局长展开见是县长王易知让他即刻押送县党部存在邮局的大洋五百元送至县政府,称有急事用。

胡局长未及多想,看了看站在面前的警员:一个似乎有点脸熟;另一个小个儿瘦脸,肤色较黑,大眼圆鼻,厚厚的嘴唇,穿着一身显得过大的警服,头戴的大檐帽也晃晃荡荡的。便顺口问了一句:"恁也是警局的?"

"是,长官。"那警员挺胸收腹,双腿一并,很响亮地答了一声,透出少许喜庆的神色。

胡局长让人找来一个厚布包,点清大洋,让两位警员抬着出了邮局的大门。

出大门,穿过一段胡同便是南北大街,县衙就坐落在南北大街的十字街口。

那天,阳光格外明媚,微风中飘荡着新春泥土的芳香,路边的槐树吐露新绿,一派万物更新的气象。

胡同里只有寥寥几个行人,个个匆匆忙忙的。胡局长回头看了一眼跟在身后的两个警员,用手摸了摸别在中山装左胸处的国民党徽章,把皮包夹在腋下,摘下眼镜用手绢擦了几下,边走边问:"恁们警察局的人怎么干起县党部的事啦?"

那个一脸娃娃相的警员又是双腿一并,回答道:"是,长官!"

"咋又'是,长官'啦,俺问恁为啥派恁们来拿县党部的存款。"

"是,长官!"那警员又是双腿一并,大声回答一声。

胡局长正欲发火,突然,从叉口胡同里跑出一群嬉戏要饭的小叫花子,其中一个个头稍大、披着长发的孩子,跑到几个人面前,乘胡局长不备,猛地把他的皮包抢在怀里,沿着胡同撒腿就跑。

胡局长迷瞪片刻,意识到自己的皮包被偷了,大喊一声:"快抓贼!"

这时,那娃娃脸的警员把布袋交给另一个警员,拉着胡局长就追了过去。

那帮小叫花子跑跑停停,这边娃娃脸警员显然十分卖力,三两步就跑到了胡局长前面,一面跑一面喊:"跑球啊!给俺站住!"

几个毛贼似乎也意识到了问题的严重性,步子逐渐慢了下来。眼看快撵上了,其中一个乞丐回头做个鬼脸,率领众人拐进了一条青石板铺就的背街。那娃娃脸警员回头看了看紧紧跟在身后的胡局长,猛地抱头往地上一蹲,胡局长还没反应过来咋回事,止步不及,狠狠地从那警员背上翻了过去,栽得满鼻子满嘴都是血,眼镜也不知道落到了何方。等他哎哟哟地坐起身时,模模糊糊见那警员在前方不远处滑稽地做了一个敬礼的动作,大喊一声:"是,长官!"顺手从身后要饭孩子手里接过皮包扔了过来,转身领着那群要饭孩子一哄而散。

"啊,他们是一伙的!"

胡局长望着越来越模糊的一团黑影,忽然想到县党部那笔五百多元的存款,慌忙起身抓起皮包,连眼镜都没顾上找就向南北大街跑去。他眼前越来越模糊,重影的景物一晃而过,留在眼里的只有那警员的娃娃脸。他又气又悔,还有些委屈,禁不住切齿骂了一句:"这帮七孙!"

他跌跌撞撞跑到被抢包的地方,四望早已没了警员的身影,只有三三两两围着他嬉戏的路人。他倒抽了一口冷气,揪发捶胸顿足,唾沫星四溅地咒骂了一通。转身一看四周依然是模模糊糊一片人影,仿佛正在看着一个落入陷阱的野兽。他长吼一声,感到一阵天旋地转。这时他才想起报案,情急之中他又想起那张取款条也让那俩警员收回去了。

三天后。郑州警局监狱审讯室。

"哈哈哈,"樊存诚仰头大笑了几声,掂了掂那袋银元,啧啧嘴道,"可惜恁多钱呀,还得给他们。"

牛紫龙仍然穿着囚服,半躺在审讯室的长条凳上,问站在一旁的张道成:"胡局长的皮包还给他啦?"

"张剩一手扔给他了。"张道成很认真地回答道。

樊存诚把烟叼在嘴上,从布袋里掏出一个银元用大拇指和食指捏在中间放在嘴前猛吹口气,急忙送到耳边听了听,重重地吐出口烟气,又把银元撂进了袋里,说:"吴志翔的事沉,这些钱俺怕不够,好吧,暂时搁这儿吧,说说恁这边的事吧。"

牛紫龙很吃力地坐起身,说:"自从日本大使出面'道歉',山口被放以后,剩下的日本浪人知道他们迟早能出去,正在谋划他们撤离后的工作。他们经营多年的毒品销售网络肯定不会放弃,从这些天观察的情况看,他们最关心的是他们走后这个网络可以委托给谁代管,同样他们对俺这个'毒贩'的进货和销售渠道也格外关心,截至昨天傍晚,他们一直在开黑会,俺想这几天就会有结果。"

他顿了顿,呷了口水,接着道:"不管他们选谁,只要盯着杭三帮和郑州侦缉队的钱队长,一准能咬住他们。"

樊存诚狠狠地呷了几口烟,说道:"这事站里已经安排好了,现在怕的是这帮人立功心切,打草惊蛇。"

"俺看这条线不宜过早收网,应有长期经营的准备,一旦失去了这个渠道,以后再要找到他们就难了。"

樊存诚把一根烟用力在桌面上磕了磕,拔下嘴上的烟头接在了那根烟上,说:"俺看恁也不用回去了,现有的情报就够了。"

"不行,"牛紫龙摇摇头。"这几个日本浪人在这儿开药店六年,卖多少药丸挣多少钱,对他们来说仅仅是盈利的很小一部分,真正的收益就是销售网络的这帮人,这个网络对他们太重要了,对咱们来说,不把其中情况摸清太可惜了,这个险还是值得冒的。"

"好!"樊存诚似乎来了精神,说,"把他们的来路变成咱们的去路,这盘棋就走活了。"

牛紫龙点点头,继续道:"俺同监那三个杭三帮的人都不是日本人托付管理这个网络的人,这仨人今后能不能跟日本人联系尚不清楚,但留下来比办了他们用处多,即便把日本人放走后,也要把俺和这些人再关一段时间,澄清水才能看清楚鱼藏在哪儿。"

牛紫龙站起身,说:"好了,送俺回大牢。"

樊存诚长出一口气,招手示意张道成来到面前说:"恁照他鼻子上给两巴掌。"

张道成一愣,笑笑说:"他是俺叔呢,俺打自己吧?"

樊存诚两眼一瞪说:"叫恁打就打,把鼻子打出血就行,千万别把鼻梁打骨折了!"

牛紫龙也朝张道成点点头,指了指自己的鼻子说:"照这儿打。"

张道成像磨刀似的把右手在衣襟上蹭了几下,还对着手掌哈了口气,"啪"的一掌打在了牛紫龙脸上,顿时血如泉涌流满了号衣。

牛紫龙仰起头大口大口地喘着粗气,用手摸了摸鼻梁,说:"好小子,恁真够狠哪,手比熊掌都重。"

1937年4月,经南京国民政府批准,郑州市警察局作出了将日本浪人志贺秀二、田中教夫、山口勇男等人驱逐出境的司法判决,就在他们到达天津等候回国之际,他们苦心经营的网络联系人先后在郑州和河北磁县被杀,失去了遥控操纵整个网络的中介,重创了日本华北特务机关。为此,志贺秀二等人受到了总部的斥责,一怒之下,志贺秀二在天津切腹自杀。

1937年5月,牛紫龙被任命为军统豫站行动队队长,授中校军衔。

6月,郏县吴志翔共匪杀人案被省政府发回重审,理由是年龄未满十八岁,转押至开封少年监狱,不久又转回郏县监狱。

7月7日,日本军队策划制造了"卢沟桥事变",悍然发动了蓄谋已久的对华侵略战争。

1937年8月,军统豫站在临汝、鲁山、宝丰、郏县一带考核招收行动队员55人,其中包括一批被国民政府通缉和正在服刑的囚犯,如张道成、姚三、张剩等人都先后参加行动队。

1937年11月,日军108师团打到了河南安阳。

抗战之初,国民党军单纯采用正面防御作战,"固守不退,对战坚拒,誓死不屈",为固守一城一池浴血奋战,在一定程度上消耗了日军的有生力量,为沿海工业西迁赢得了时间,到年底,短短五个月时间国军便伤亡三十万人,上海、太原相继失守。

牛紫龙从郑州渡过黄河到安阳、新乡,把收集到的前线官兵对日军作战的认识进行了汇总后,又对抗战爆发后各方面对抗战战略战术的研究论述,及交战以来国民革命军的检讨进行了整理,结合实地考察情况写出一份带有建议的前线勘察报告,主要观点有:一是在敌我装备、士兵体质、后勤供应、训练差别悬殊,且敌人又占据空中优势的情况,以阵地战正面防御作为御敌主要手段得不偿失,必须改变;二是根据各级军政人员守土有责原则,死守不退就必须学会就地游击战;三是应抓紧举办游击训练班。

冬日,夜。开封东华街七号。

军统豫站新任站长岳烛远取下眼镜,扫了一眼站在对面的副站长李慕林、军统派任郑州警察局刑警队长崔方坪,最后把目光落在了军统豫站行动队长牛紫龙脸上,抖了抖那份勘察报告,说:"我们的游击战与共党提出的游击战应当有所区别,不然的话贸然提出别人还以为咱们是抄袭共党的套路。"

牛紫龙在前线观察多日,对双方的作战能力和特点研究多时,他想不起来游击战还能再搞出个区别于共党的模式。

抗战初期,日军常常孤军深入,远距离穿插,长途奔袭,人吃马喂,缺少正常的后勤供应渠道,走到哪儿抢到哪儿,从战略上看很是狂放。

日本陆军最早是按照德国陆军模式组建的,自成军以来,从不放弃一个动武打仗的机会,在历次作战经验基础上发展起了一套日军独特的军事战术体系,并在实战中反复实验,十分有效。历史上日军曾打败过一向以剽悍作战扬名欧亚的俄罗斯陆海军,甚至还打败过他的老师德国军队。

日军作战最大的特点是单兵乃至师团一级作战能力十分突出,强调精神上"神勇"顽强,把尊神、爱国、忠君结合起来,有着种族主义近乎疯狂的狂热残酷,这种心理,往往能变成士兵的一种"死狂"。

日军无论进攻还是防守都非常注意实效,常常会用铁链把士兵拴在阵地上,直到打死再换上一个。再加上重型装备的优势和空中支援,每个人每个作战单位按规定的协同作战动作,能够迅速形成一台完整高效的杀人机器。

反观我军,除了士兵朴实勇敢、坚毅耐劳之外,战技训练水平较低,兵源素质、体质、文化程度都不高,整体装备陈旧,缺少必要的应对日军重型武器的装备,更谈不上空中支援和掩护,尤其是军队中、下级军官知识、能力、精神与职务很不相称,不改变战法,这仗就很难打下去。

"自去年七月中日开战以来,各方面对"战"、"和"有不同的对策,主和、主战,还有主张不和、不战,乃至以谈代战者均提出了多种思路,国共两党都主张战,共党主张以游击战为主,或许目的在游而不击,保存发展实力;国军则是'以游击战配合正规战,目的是积小胜为大胜,以空间换时间',旨在持久抗战,实现总裁提出的守土有责、寸土不让的原则。这一新战略是不久前国民政府军委会在太原失守检讨会上提出来的新方针。虽说国共两党都提出了游击作战,但对如何开展游击战目前双方还都没有成熟的经验,谁先总结整理出来就是谁的。"

岳烛远点点头,对其他人说:"今后情报工作除了一般单项内容的情报外,还要根据时局特点注意定期、不定期地搞些研究性综合情报上报,程序上也要改进,我看可以设情报编审,专门进行整理综合分析归纳工作,同时为了提高时效,避免丢失,外勤单位的重要情报在上报站部的同时,允许直接报送总部一份。"

岳烛远中等个儿,瘦脸猴腮,一双骨碌碌的凸眼仿佛不停地拨拉着算盘珠,瞅见谁都情不自禁算计一番,称得上是个心机深远、圆滑投机的军统官僚。无论对上对下都采取一种模糊亲近的姿态,到什么山唱什么歌,见什么人说什么话,以至于在许多基本问题上连他自己都不知道自己的主张是啥。他一向自称是黄埔六期毕业,暗示与军统戴老板有同窗之谊。然而,众多的黄埔嫡系却不认识这位学友,六期不假,但那只是武汉分校的六期生,与广州黄埔六期根本不是师出一门。还有他的原籍,一会儿山东,一会儿河南,他自己都说了几个版本。岳烛远之所以能做到少将站长一级,与他的模糊处事态度有着密切关系,对人对事从来是不清不楚,然而却在军统用人环境里如鱼得水。

据说,岳烛远在南京上高中时加入过中共党组织,以后鬼使神差地又加入了戴笠的特务处,所以凡是沾点共党边的提法他都特别敏感。他深知在军统混饭吃其实就是当好主子的狗,让咬谁咬谁,这嗅觉自然要灵敏才行。

"好吧,此事大家回去考虑,再说说今天的议题吧。"岳烛远见无人发言,转变话题问,"自去年豫站搬到郑州后,站部及各组基本配置到位,行动队招收的新人也训练几个月了,究竟达到什么程度?能不能马上派上用场?"

众人又把目光转向牛紫龙。

牛紫龙再次上前半步,回答道:"个人战技术训练已经全部完成,包括密码写信、单边联系、跟踪与反跟踪、秘密行动等。现在正在进行的是爆破、密取、格斗等科目的训练和协同训练。"

"那就赶快调往开封实地训练,边熟悉地理环境边训练,重点要放在开封市和周围。"

"是,俺今晚就办。"牛紫龙答道。

岳烛远仍然面无表情地对牛紫龙说:"行动队实地训练你就不用去了,你的任务是先到随军组,我看这件事还是你合适,具体任务由崔方坪队长给你介绍。"崔方坪点点头。他个子不高,披着斜分的长发,脑袋硕大,方脸鹰眼,钩鼻大嘴,面色蜡黄,整个嘴脸似乎与身体的比例不太适合,鼻子嘴巴都有点向左歪。他穿一身黑色警服,胸前还挂着亮闪闪的怀表。

他上前半步,乜了牛紫龙一眼,交代说:"根据总部命令,河南豫站增设随军组,主要了解日军动向及搜集各类情报,掌握我军和共党军队的各种情况,日军情报包括作战的战术特点、进攻防守事态分析,我军和友军情报包括各部队思想状况、作战实际效能等,所有第一手情报都要同时报送总部一份。"

岳烛远插话道:"人员嘛,你从行动队里挑,我看不用多,四五个人为宜,带一部电台,随指定部队一起行动,也可奉命单独行动。只是每到一个部队都要有份报告。"

牛紫龙知道这差事没人愿意干,不过对自己来说却是一个求之不得的机会。

一日,孟津县上井寨。

一连两天,九九二团各部都在紧张地做渡河作战准备,营团干部都在师部开会,直到渡河作战的前两天才回到所属部队。

国民革命军九十一军是国民政府行政院军政部于1938年2月新组建的乙种军编制,下辖第一六六和第四十五两个师,外加一个补充团。其中一六六师的师长、副师长突然在渡河作战前换了新人,新任师长马励武,黄埔一期生,此前任蒋介石的侍从副官。该师是军长郜子举的基本队伍,大部分中下级军官是他在建国豫军时带出来的,士兵也多是从鲁山县及周边地区招录的子弟兵。此次奉命渡河作战自然是新任师长带领,而新师长对所属营级单位指挥员还没有对上号,使得众多中下级军官怨声载道。

渡河作战前一天,九九二团召开连营长任务说明会,团长传达完整体作战任务规划后,会场一片寂静。

"都明白了吗?"团长环视一周问。

很显然这是个以卵击石的计划,且不说对方是日军精锐,号称"铁军"的第十四师团酒井支队,单兵技战术以及各兵种配合协调,武器装备等远远优于中国军队,从目前掌握的情报来看,人数也不少于渡河作战的中国军队。从战役指挥上讲一个攻一个守,最忌兵力分散、贪多求大,中国军队同时攻击济源、博爱、孟县等多个目标,根本没有考虑临近日军的增援合围,只要稍微有点兵学常识的人都能看出其中致命的疏漏,这究竟是摆样子还是找打呀?!

"任务俺们领了,能不能在攻击目标顺序上改动改动?"不知谁在会场后面嘀咕了一句,会场顿时议论开了。

九九二团参谋长秦长治从口袋里掏出块手绢,摘下眼镜擦拭一番,大声道:"这次渡河作战的时间、地域、任务目标、参战部队等上级都已经确定,不可更改。"

"那还说明个球呀!"突然,二营刘正操营长站了起来,大声道,"敌强我弱,又不得不战的情况下,能不能在打法上让俺们有点自主权?"

坐在前面的副旅长王翔宇问:"打法上如何改?怎么个自主法?"

刘正操营长环顾了一下四周,道:"常言道水无常形,兵无常势,眼下我军渡河作战,日寇以逸待劳,若要不吃亏不外乎避敌之长击敌所短,出其不意各个击破,特别是近战夜战。"

"还有应该把敌军情报搞清楚,布防重点、武器装备等,知己知彼,百战不殆,能不能缓攻几日?派几个弟兄混进城来个里应外合?"八连长宋鸿儒也站起来帮腔道。

"去年,日军之所以一路打到黄河,主要是逢战必有战车开路,战车上的火炮比咱所有轻重机枪都打得远,咱们渡河作战能不能把咱们师里的战防炮连运过河去?哪怕运过去一门炮也行。"九连长吕长渠也站了起来。

"好了好了,师里的战防炮咱能说了算?"参谋长秦长治摇了摇手,望了望坐在一边的团长、副旅长,叹了口气说,"不瞒弟兄们说,这些建议俺们在师部都提了,可新来的马师长说俺们是杆匪流寇的战法,根本上不了大台面。他坚持正规作战的路数,看来这回只能硬拼了。"

会场一片寂静,一阵阵浓浓的烟雾慢慢升腾着,很长时间以后,秦长治才说:"要是没啥,大家都回去准备吧。"

"信球蛋,信球蛋!这指挥真信球!"

牛紫龙陪同刘正操营长到八连检查战前准备,刚进八连驻村头一个小院就听见几个战士在发牢骚。

"立正!"一个眼尖的战士抬头看见几个军官进门,马上起立喊了一声。

小院里三十多个战士齐刷刷地在原地站了起来。

刘营长蹙眉黑脸问了一句:"排长呢?"

一个足有两米高的大个子班长敬礼后道:"报告营长,排长出去买窝窝了。"

那大个子说话有些呜呜啦啦含糊不清,牛紫龙抬头见那大个子光头瘦脸,浓眉凤眼,鼻子挺长,嘴唇很厚,美中不足的是唇角处塌了一块。他穿着一身显得有些紧身的军装,袖口和裤腿还有自缝接长的线痕。

"恁是——"牛紫龙仰头问。

"报告!五班长朱金山。"

"这可是老兵,过去也在咱们建国豫军干过,后来参加了冯玉祥的部队,去年还参加过淞沪会战。"刘正操代朱班长介绍一番。

朱金山站在一边木讷地笑着。

牛紫龙接着问:"发的干粮不够吃?"

朱金山双腿一并,大声答道:"是!只发三天馍干,满共才三斤六两,俺吃不饱。"

刘正操突然脸一黑,问道:"刚才恁们说信球蛋说的谁呀?"

满屋无语,一个瘦瘦小小的战士挤上前来怯怯地答道:"报告!信球蛋是俺说的,俺是说宋襄公泓水之战呢!"

"嗯?"刘正操瞪大眼睛望着那战士问,"恁叫啥?眼前这一仗与宋襄公泓水之战有可比性吗?"

"报告!俺叫张红旗,二营八连特等兵,这次渡河之战跟泓水之战在形势、条件、打法上没可比性,就是思路一样。"

"嗯?"刘正操点点头说,"有道理,不是泓水之战,但有宋襄公。恁上过学?"

"是,长官,师范毕业。"

"家庭条件不错呀,咱们营能读到师范的没几个。"刘正操打量着张红旗的背包行装。

"报告长官,家庭条件一般,俺也只是陪读,就连当兵也是顶着人家的名额。"张红旗回答后伸了伸舌头。

刘正操拍了一下张红旗的肩膀说:"这次渡河作战恁可以不去。"接着转身大声道,

"咱们营凡是上过师范、上过大学的,这次渡河作战就不用去了,大家同意吗?"

"同意!"众人齐声回答道。

"通知各连执行吧。"说完刘正操转身出了房间。

牛紫龙三步并作两步追了过去,问道:"俺们今晚提前过河,把情况摸摸怎么样?"

刘正操转身盯着牛紫龙说:"就是摸到新情况能改变计划吗?恁也别过河了,俺们真的回不来了,将帅不才坑死三军,恁没必要陪着俺们,恁只要能把俺们弟兄抗日的事写到报告里就行了,这么办也算对得住大伙儿了,恁留下来比过河意义更大。"

牛紫龙望着刘正操大步远去,渐渐消失在苍茫的暮色之中。

1938年4月10日清晨,国民革命军第九十一军一六六师约三千人从孟津北渡黄河,过河后兵分三路攻取济源、博爱、孟县。当天下午九九一团、九九二团各一部对济源城发动了攻击。

战斗打响后,南面九九二团一营强攻的部队组织了多次爆破,参加人员全部牺牲。

北城的偷袭分三路进行,经过一番激战后,二营八连成功登城,其余五、六、七三个连队所架云梯均被日军炮火打断,无法接续,退了下来。

守城的日军一面组织力量围攻进城的八连,一面打开东、西、南三门,在数十辆战车的掩护下,反攻合围北门的国军。同时,驻守沁阳的日军也登车向济源增援,天黑前,各路日军陆续进入攻击阵地,逼着二营在城外的部队不得不退到马店、留庄一带。

攻入城内的八连一路冲杀占领城里中宫庙,却被四面合围的日军团团围住,昼夜强攻,枪炮声、惨叫声、喊杀声时断时续、此起彼伏,一直持续了四天三夜。

4月14日黄昏,随着几声巨响,中宫庙南北高墙同时被炸塌,夕阳在残垣断壁之间铺下一片血红,中宫庙内从大门、大殿到两边厢房,后院阁楼横七竖八地躺满了八连战士的尸体,除个别重伤员还在呻吟外,天地间一点声响都没了。

尘埃落尽后,日军爬上了房顶,对着众多的尸体噼噼啪啪地放了一阵乱枪,还不时向厢房里扔进几颗手雷,火光闪后便传出闷响的爆炸声。

"咋弄?"朱金山扭头问背靠背的张红旗,此时他俩满脸烟灰,和四周砖墙地面一个颜色,衣服上到处是烧过的窟窿。张红旗伏下身从门槛下面的缝里向外张望一番,贴着朱金山的耳朵说:"放孬孙们进院,越多越好,咱们只能跟他们拼刀子啦。"

朱金山坦然一笑,说:"营长说不让恁来,恁非要来,这回好了,咱俩一块上路,到阴曹地府恁还能帮俺写几封家书。"

"中,咋捎回来呀?"

朱金山咧嘴笑笑,说:"哎呀,还捎啥?家里也没人识字。俺这辈子最大的遗憾就是辛辛苦苦做了一夜美梦,早上醒来全不记得了,俺要识字就好了,把梦里的美事都记下来。"

这时一个日本兵把枪伸进门来,张红旗一个箭步上前,夺过长枪,朱金山顺势一刀捅进那人的胸膛,只听得"咔嚓"一声骨折响,那日本兵连喊叫一声的机会都没有便毙命了。

朱金山推着日本兵的尸体冲出了大殿,刚刚占领院子的几十个日本兵见此情景全都傻了眼,愣了片刻后,"呜呜啦啦"地疯喊着一哄而上。朱金山在前抢着一把铡草的大刀,张红旗在后端着刚刚抢到手的大盖枪,两人刀劈枪挑一路向正门杀去,留下身后一路血光。

此时,朱金山和张红旗左冲右突,各自默默地数着数。涌上来的日本军人面对两个面目全非、破衣烂衫的中国士兵,开始还敢近前比划两下,一会儿见凡是冲上去的日本士兵非死即伤,不是掉脑袋就是少胳膊掉腿,纷纷号叫着败下阵来。

这边两人杀得兴起,突然听得"砰砰"两枪,朱金山猛然回头,见张红旗和一个日本兵同时中弹。说时迟,那时快,朱金山跨上一步接住了将要倒地的张红旗,大声问:"几个?"

张红旗张嘴吐出了一口鲜血,扬起右手把拇指食指和中指捏在一起。

"中,"朱金山把张红旗放到地上,抓过他的枪向日本兵群里投去,哈哈大笑,大声道,"兄弟走好,哥再给您添一个。"话声未落那枪刺就扎在了一个日本兵的肚子上。

见此情景,一个自恃剑道了得的日军大队长在两个日本兵的护卫下,大叫着冲了上来,朱金山连跳几步躲过三人的连环扑杀,双臂一抖,"呼呼"地舞动着铡刀,做出击杀姿势,那个日军大队长双手按刀做了个防御动作,这边朱金山突然向左一摇肩膀,右手拖刀从下向上斜抢了过去,刹那间,日军大队长的军刀连带两个小臂翻滚着飞上了半空。那队长和两个护卫顿时惊恐万状,刚欲转身逃跑,就被朱金山抢上两步一刀一命,连劈三人,个个声响全无。

"哈哈,有种来呀!"朱金山大叫一声,声音久久回荡在庙宇半空。

他听到了密集的枪声,身体几处传来火辣辣的刺痛。他怒目圆睁,眼前却是一片血光,四周慢慢变得十分安静,渐渐地他好像听到了部队的熄灯号响,悠扬缓慢,连长、营长和众弟兄都在对他笑,他也愧报地笑笑,喃喃道:"俺砍了十三个,要是十六个就凑一斤了。"

第二天,日军酒井支队、西可联队才敢打扫战场,在城内一共收敛到中国部队官兵尸体136具,日军按照中国传统给予了土葬,并在墓上立一长方形木碑,上书:"支那军无名勇士之墓——大日本皇军昭和十四年立。"

是役,一六六师一共阵亡八百余人,其中鲁山县籍官兵有712人。

第十一回

捉大鱼　战兰封　会战功亏一篑
放毒贩　遇四黑　再埋接敌管线

5月31日晨,兰封前线。

牛紫龙从七十八师四六三团团部出来时天已破晓,团部驻扎地是一座地主的大院,指挥所就设在这家地主的正房里。战前会上一屋子人吸烟,整个会场笼罩在一片淡青色的烟雾之中,使他一夜头昏脑涨,不得不出门透透气。

他知道这种攻击无论怎么推演都难奏效,从他这几天的观察看,日军十四师团是日军甲种师团,装备有一百多辆坦克、七八十门大炮,远远优于中国军队,而参加合围日军的中国军队大多数是从后方临时抽调来的,多数部队为了赶时间都把重武装丢在了车站或营房,整个部队都没有对付坦克的战防炮,对于排列在残垣寨边的日军坦克,几乎是束手无策。日军各兵种、各部之间配合协调默契,作战技术精湛,每个参战人员就像是这台杀人机器的一部分,运转灵活,虽然只占据了几个普通的寨子,但互为犄角,尤其是平原地带基本没有射击死角。对付这样的防御,除了包围消耗日军外,其他办法都是得不偿失的。

让人揪心的是,昨天得到消息,由徐州沿陇海线西进的日军此时已经攻下商丘,蒋介石放在东面阻击的嫡系——桂永清的第二十七军和黄杰的第八军,自作主张变更部署,实际是拔腿跑了。日军紧追其后,一路奔杀而来,反有将一战区部队合围在开封、兰封的危险,打乱了薛岳的整个部署。

牛紫龙把情报通过四六三团的电台发出后,忍着头痛推开了一间有通铺的厢房,喊醒张道成等人,推出自行车向开封骑去。

开封城自5月中旬开始撤退,各工厂、机关单位、学校、银行、文化文艺团体等几乎所有的单位已陆续撤出,秩序井然。政府为帮助撤退,专门出台了优惠办法,凡需要动迁机器、办公设备的可向政府预先申请,由政府安排车辆帮助后撤且概不收费;居民退后方者乘车也不收费。经过半个多月的搬迁,整个开封人口已迁走近半。根据撤退计划,最后撤退的是邮局和税警,预计5月31日下午六点前全部撤走。

5月下旬以来,日本飞机开始每天造访开封,少则一两次,多则八九次,每次来必先狂轰滥炸一番,但造成的损失很是轻微,不少炸弹落到了城东葡萄园和城西的沙岗,只有两次落到了相国寺、无梁庵及馆驿街等民房里,并没有影响城市居民的撤离。出人预料的是,5月29日日军飞机很准确地炸毁了开封车站全部四股道,车站方面去电省政府,省政府把调查被炸的任务交给了军统豫站。然而此时军统豫站手忙脚乱急着西迁,根本没人顾及此事,便原封不动地把政府的命令转给了牛紫龙的随军小组,要他们务必在5月31日前查清情况。

牛紫龙带队进城后,一面命令手下找地方架好电台,一面叫上张道成骑车向车站奔去。

"还不走呀?"空空荡荡的十字街上只有一个税警据着警棒在转悠。

牛紫龙把自行车停好,递上一支烟,问:"值班到几点?"说着又掏出证件让他看。

"眼瞅着就下岗了,俺是最后一班岗。"

那税警高高的个子,三十来岁,茶蛋色的黑脸,单眼皮小眼睛闪动着几分狡黠,鼻子和嘴都挺有棱角。他穿一身黑色税警服装,打着灰布绑腿,脚下穿双显然有些晃荡的皮鞋。也许是多日没休息的缘故,那人满脸胡子拉碴,两个眼圈也是乌黑乌黑的。

他凑近牛紫龙的证件看了看,慌忙并腿敬了个礼,说:"咦——这时候还能见上恁大的官,有幸有幸。"

没等牛紫龙还礼,他马上说道:"长官不瞒你说,俺这是最后一班岗,从昨天早上六点到今儿下午六点,中间俺只合了会儿眼,可恁看这街上连个人影都没了。这时候天长,俺估摸着再转上几圈就差不多了,明儿整个开封就没中国警察了。"

牛紫龙四处打量一番,问:"恁咋不撤?"

"家有老人卧床有病,要撤也得等家里事办利落再说。警署里的人大多都撤了,临走给俺丢下二十块钱,说实话,钱不钱不使啥劲,俺琢磨着有警察上岗就能证明咱们政府还在。这不,这十几天各衙门、各单位的人秩序井然都撤光个蛋了,没出一点差错,俺也接到通知说站到今儿下午为止。俺听这炮声也是越来越近了,这房顶上、路面上也噼里啪啦落了不少枪子儿,看来明天是真不用上岗了。"

牛紫龙掏出火柴帮那税警点上烟,问:"这几天没啥情况?"

"昨天在曹门抓了一个奸细,是群众送来的,说是日本飞机一来这家伙就上到房顶上,也不知道干些啥,群众从他兜里搜出个小镜子和一个蓝布包,别的也没啥东西。"

那税警边说边从口袋里掏出一个圆形的多棱镜和蓝布包,递给牛紫龙,接着说:"送署里吧,没人。大家说毙了算了,可俺不敢做主,再咋打那人只管干号,啥也不说,没法,只好绑结实关到曹门东头一间空屋里。"

牛紫龙接过镜子和布包审视一番,翻开布包后里面溢出了一股淡淡的大烟香味,他把这些东西递给站在一旁的张道成,推车临走时又问了一句:"恁是哪个署的?贵姓?"

"俺是南区分署的,大名陈静修,外号四黑,这一片的人都知道。日本人来了,俺肯定不干这一行了。你见过日本人没?原来这开封城里有日本人开的西药店,那经理逢人就笑,说日语怕人听不懂,还专门用汉语写了几十张纸,有对不起,有谢谢你,还有麻烦你啦,诸如此类。看样子不像坏蛋,谁知道这老日的军队恁孬孙。"

牛紫龙扬扬手,说:"俺们先去办事,咱们后会有期。"说罢跨上车向车站奔去。

牛紫龙赶到开封车站时,车站已空空荡荡的,所有机车全部西去,就连枕木和铁轨也都拆卸装车运走了。他们来到遭受日机轰炸的地方,围着现场绕了几圈仍旧一无所获,灵机一动爬上车站月台顶上向西边望去,发现不远处民房的围墙上似乎有什么东西反光,慌忙跑去一看,见是一面多棱镜,取下交给张道成收好,又急急忙忙骑车向曹门赶去。

牛紫龙、张道成赶到曹门,来到四黑说的那座空院,进门迎面便是座废弃的祠堂,两边各有数间厢房。他俩一连踹开了几个房间,屋里除了几张空桌椅外什么都没有,最后在一间耳房的角落里发现了一个萎缩的人影。

牛紫龙走近前,见那人浑身泥汗,看样子才二十岁出头,上身光着膀子,下面赤着脚,只剩下一条短裤,还被撕扯成了条状。他被五花大绑着,嘴里还塞着一根木橛。见有人来,那人一脸惊恐,瞪着满是血丝的大眼,一头乱发上沾着蛛网草根,嘴里还呜哩哇啦说着什么。

"兔孙大胆,敢吃俺们这一路,拉出曹门崩了。"牛紫龙提着枪,狠狠地踹了那青年两脚。

"老大,费那事干球,俺在这儿把他掐死算了。"张道成说罢,把枪往腰里一别,伸手抓住那人的脖子,用力一掐,掐得那人直翻白眼,被捆在一起的双腿剧烈地踢腾着。

牛紫龙弯腰从那人嘴里用力拉出木橛,挥手示意张道成松开手。

那人大口大口地喘着气,忽地号啕大哭起来,鼻涕一把泪一把地诉道:"老大开恩呀,俺草民一个咋敢断恁的财路,抢恁的饭碗?俺可是上有老下有小,捏死俺对恁如同踩死个蚂蚁,拍死个臭虫,可对草民一家就是掀掉房上的大梁呀!"

"你个龟孙!卖大烟不拣地方,跑到俺的地盘上找死啊?"牛紫龙说着掏出手枪,"啪"的一声扳开机头,晃悠着指在那人的左胸上。

"老大,恁也是卖大烟的?误会了,误会了,俺可不卖大烟。"那人顿时收敛了哭相,一本正经地说,"俺销的是红丸!咱们干的一样活,吃的不一路!"

牛紫龙扬手就是一巴掌,刹那间,那人脸上出现了清晰红肿的五个指头印。牛紫龙怒道:"放屁!这兵荒马乱的哪来的红丸?还不是顶着日本人红丸的牌子卖俺的大烟?"

那人的嘴角流出了一股殷红的鲜血,他晃了晃脑袋,把眼睛一瞪,说:"老大,实话告诉恁,卖红丸、大烟只是十倍的利,俺现在干的可是百倍千倍的利。如果恁鼠目寸光现在就杀了俺,如果恁想继续卖大烟的生意立马放了俺,俗话说,山不转水转,多个朋友多条路,也许恁走麦城的时候能记得俺。"

"放恁妈的屁!"张道成在一旁骂了一句,伸手又掐在了那青年的脖子上。

牛紫龙吐那人脸上一口唾沫,狠声道:"俺走麦城?恁走啥?警察厅想抓俺恁多年,为抓俺还专门成立了一个侦缉队,怎么样?俺连根汗毛都没掉,这地盘还是俺的,他们搬不走吧,俺还在这儿!"

那人用力站起身,猛一仰头,不屑地说:"恁也不想想,这块地盘马上就是日本人的天下了,不跟日本人合作,这地盘可搬不走,恁还是乖乖地走吧!"

牛紫龙心想,这家伙果真是日本奸细,他是为迎接日军来搞策反呢,还是专门来搞破坏的?放长线钓大鱼,得先让他咬住鱼钩再说。

"俺一见恁们就知道跟俺吃的是一路饭,老大在'礼'俺也在,老大姓潘,俺也姓潘。"

牛紫龙故作诧异,问道:"贵前人是……"

那人起身扫了一眼张道成,凑近牛紫龙的耳边嘀咕了几句。

听完,牛紫龙收起了枪,示意张道成给他松绑,大声道:"大水冲了龙王庙,恁说的不就是郑州西关王都堂日本富源商店的掌柜吗?他跟俺一起坐过牢。"略加思索后,问道,"山口、志贺他们不是都回国了吗?"

那人低声道:"实话告诉恁,半个月前有两个日本人找到俺师父,俺师父对俺说,今后不用再做红丸生意了,说那生意只是十倍的利,今后俺们做的事,就是百倍的利,具体啥事老人家没有说。"

那人望了望还在犹豫不决的牛紫龙,又急忙道:"俺老家就在陈留,本姓程,名千,在家行六,人称俺程小六,祖上经营过药材。跟日本人打过交道,懂几句日本话,粗通交往的礼数,所以师父让俺来这儿办件大事,就是把那几个玻璃镜放在铁路两边,没想到被人逮了个正着。恁要能放俺一马,今后有用到大侄的地方,俺一定效犬马之劳。"

"恁师父还在原来的地方?"牛紫龙漫不经心地问了一句,从张道成手里接过一个白布小褂帮程小六穿在身上。

程小六乜了张道成一眼,凑近牛紫龙耳边说:"还住在原来日本人富源店院里。"接着稍一迟疑,又道,"还来了两个日本人,是专为……"

牛紫龙点点头说:"好!往后俺真要是趟到恁这条路上,就用帮里暗语联系,恁可要君子一言,驷马难追。"

程小六慌忙跪下施礼,牛紫龙将他拉起身后,强忍下开枪杀人的冲动,摆出一副江湖老大的做派,挥手示意张道成把他送出了曹门。

当天晚上牛紫龙给站部发报:汴城一片黑暗,店全关门,学校停课,机关撤尽,工厂十不余三,留城无法规避者多已避居红十字会、佛教会、天主堂、福音堂等处,稍能活动者相继出城躲避,隐匿郊外,露宿不归。现望城内,街无行人,户无灯火,曹门、宋门火光连天,流弹行空,爆炸声、炮声不绝于耳。傍晚截获的情报显示,攻击开封的日军系新增的远山和酒井两个师团,规模不少于八万人。开封城内外所有部队都已接到撤出命令,守开封,不战于开封。目前只在城东尚留有少数骑兵部队。请示我组明日行动安排。

1938年6月6日清晨,天空飘着细细密密的小雨,晨曦朦胧中,最后一名撤出开封的中国军人是一位骑着白马的连长,马蹄有节奏地敲击着石铺砖砌的地面,从曹门径直出了西门。

寂静持续不到半个小时,大队的日军蜂拥而入,精于计算的日本军队显然在占领开封前就经过了策划分工,从曹、宋两门涌入的日本兵分为两部分:一部分为追击部队,沿着东西大街直出西门;一部分为占领部队,人手一份开封市明细地图,上面标明了日军各单位占据的街道名称和驻守区域,详细注明了区域内的机关、学校、兵营、商店名称,甚至连商店出售何种物品也记载下来。日军就像分工井然的蚁群,迅速蔓延到了全市的大街小巷。

初秋某日,郑州一马路华阳春饭店。

一阵阵鞭炮声夹杂着弥漫的白烟,伴随着数十辆人力车队,一路飞奔,向一马路华阳春饭店驰来。

饭店大门外整齐地排列着身着淡青色绸褂、黑绸布灯笼裤,一色白色裤腿绑带,穿黑色圆口布鞋的大汉。华阳春饭店是当时郑州市唯一一家有电梯的四层楼高档旅馆,集吃、住、玩为一体,是黑白两道汇集的场所。由于华阳春的客人多,带动了周边澡堂、烟馆、赌场等服务设施的建设,一马路很快便成为郑州二三十年代最繁华的地段。

这天,非年非节却热闹异常,为的是郑州青帮杭三帮大佬生日聚会,整条大街挤满了前来祝寿的人群。

随着鞭炮声一阵紧似一阵,远远可见一辆镶黄镀白的豪华人力车,缓缓迈上了华阳春饭店的红绒地毯,车上坐着郑州青帮杭三帮二十二通字辈的帮主陈敬礼。

陈敬礼早年闯荡江湖,在上海拜理门公所青帮二十一大字辈帮主邱现仁为师,进门入帮。不久郑州开埠,陈敬礼便把生意做到了郑州,并奉师傅之托在郑州开山收徒。陈敬礼生性耿直,为人公道,轻财仗义,江湖上素有"义老大"的美称。他五十多岁,身材魁梧,高个儿大头,圆眼、圆鼻、厚唇,面色较黑,戴顶礼帽,穿一身白绸宽身衣裤,脚蹬圆口黑色布鞋。

那豪华人力车停下后,陈敬礼下车,抱拳举过头顶,四下施礼毕,被众多徒子徒孙前呼后拥迎到饭店楼后的宴会大厅。他登台坐定后,黑着脸在人群中环视了几圈,回头悄声问一直跟在身后的牛紫龙:"那些人来了吗?"

牛紫龙急忙凑近说:"恁只当他们没来就行了,面上可不敢有啥流露,把这场戏演砸了。"

黄河决口后,日军被迫放弃先占平汉线,再一路南下进攻武汉的计划,转而由徐州南下,经蚌埠、合肥过淮河,沿长江西上进取武汉,这才使得大半个河南有了喘息的机会。

随着战事减少,军统豫站撤回了派出的随军小组,开始把搜集整理日军战略性情报和反渗透派遣、摧毁日伪政权作为主要任务。牛紫龙利用日军新进开封、日伪组织急于招募人员之机,先后派出三拨人员打入敌后,不知为何效果奇差,多人被捕被杀,只有少数几人得以逃回,甚至还有几人音讯全无。为了一探究竟,牛紫龙策划利用杭三帮大佬生日的机会,摸清日军派遣的渠道,如有可能则变敌来路为去路,趁机打进去。今天是整个方案的第一步。

众人一番热闹后,开始了生日祝寿大礼,按照帮规序辈先由二十三辈开始,所有进门入帮者率领自己所收的徒子徒孙,逐个向陈敬礼行跪拜礼。大厅里三四百号人秩序井然,一批批地来到陈敬礼座前磕头。只听得司仪喊"一叩首",众人磕下第一个头时,陈敬礼大声还礼道"祖师爷灵光";"二叩首",陈敬礼又道"家礼义气";"三叩首",陈敬礼举起双手道"贵前人慈悲,弟兄们请起"。

行礼毕,帮会同辈便按照事先安排好的宴会座次入座。

接着又是二十四学字辈行礼,牛紫龙果然见赵本亮身后站着十几个人排在队列之中。唤到赵本亮等人行跪拜礼时,行列里有两人明显对这套三跪九拜的大礼施拜动作有些手忙脚乱,勉强跟在众人后施完了这套礼数。

祝寿大礼整整进行了一个多小时方才完毕。

众人在餐桌边坐定后,陈敬礼站起身黑着脸道:"今儿是俺的生日,原本是件喜事,只是国难当头,山河破碎,前不久日军又炸开黄河大堤,浊流所过之处皆是房倒屋塌,苟活下来的民众颠沛流离,死亡枕藉,让人望之惊心,郑州虽能偷生一隅,然郑州之外战火连天,每日殉国将士又不知几多!"

他从袖口里掏出手绢擦了擦眼角,突然提高声调:"有人说我辈百姓,不论何人当政,只要完粮纳税,可保安然度日;还有人说这次日军入关如同清朝初年满人南下,降服华夏是早晚的事,若非要争出个国人的国家至少也得等二百年以后!这些屁话都是无国家、无祖宗、无父母的胡说八道。本帮成立之初即立志反清复明,至今已历二十余辈,翁、钱、潘三位祖师之所以建帮立规,皆出于国家之思想,民族之兴昌。顾炎武曾说:天下兴亡,匹夫有责。天下百姓旦有此一国,必不可以不爱国!国家无论强弱,有国家终比无国家强。可惜我炎黄子孙,受异族压迫二百多年,未能跟世界潮流同步进上,举步维艰,世道不幸。新近又遭日寇侵华变乱迭生,当此乱世,民不聊生,虽说人各有志,屈优奔走,不少人事虽出无心,诚非得已,但本帮弟兄必看清脚下之道,不可做出为人所不齿的事,好自为之。"

他环顾一遍同帮众人,短短二十多年时间竟发展出这么多人,远远超出了他开山时的本意,其中许多人连面都没见过。他本想再说几句,但一想到帮里已是鱼龙混杂,众人只是假帮谋利,顿时心绪一沉,再也没了行侠的豪气。只是摆摆手,补充道:"今儿祝寿所收礼金一律捐给黄河决口受灾乡亲,今日所备薄酒都是饭店公会所置,俺已代众人谢过,大家尽可开怀畅饮,敬酒答谢之事就由他们代替了。"他用手指了指牛紫龙站的方向,转身走下礼台。

牛紫龙端着杯子在吆五喝六、熙熙攘攘的喧闹声中来到赵本亮及其弟子用餐的桌子。

"有缘有缘!"赵本亮起身拱手,白胖脸上已是从额头红到了脖子根,笑眯眯地说,"咱们可是早就通过盘道啦!来认识一下徒儿。"

牛紫龙借着三分醉意,故意瞪大眼愣怔了片刻,慌忙道:"哎哟,恁看俺这记性,真是天转地转人不转呀!"他突然压低声调,"在牢里俺就知道咱们迟早要见面。"又扫了一眼众人,示意张道成倒酒,凑近赵本亮道,"还干老本行?"

赵本亮低头笑笑道:"听说恁也干那一行?"

牛紫龙举起杯子轻轻一碰,会意地笑道:"三教九流十八行,俺是随波逐流,漂到哪儿算哪儿。"

赵本亮也会意地笑了几声,招手让同桌的一个年轻人走近前来,牛紫龙假意辨认一番,意味深长地点点头说:"原来……上次……恁就是那个虎落草泽……未能照顾好,抱歉抱歉。"

程小六放下酒杯扑地就拜,牛紫龙急忙扶起,赵本亮在一旁圆场道:"大恩不言谢,恁要想找回以往的生意就得靠这后生啦!"说着拉着三人碰了杯子。

牛紫龙仰脖喝下酒,问道:"可是那边……"

赵本亮故作正经地说:"那边照样可以安社稷、卫国家,凡利于同胞的事皆可维持。"说着他拉起牛紫龙逐一给桌上人碰酒,待走到日本人川岛、岗田面前时,赵本亮吊诡地笑笑,介绍道:"这两位是南方朋友,川岛、岗田。"

川岛、岗田并不答语,只是很认真地碰了杯子,挺身喝了下去。川岛、岗田一高一低,年龄都是三十岁左右,高个儿川岛脸上有一道长长的伤痕,矮个儿岗田则是一脸络腮胡。

牛紫龙心中暗喜,仰脖一口喝完酒,一语双关道:"代师父谢过,来这边做生意有用得着俺的地方,俺一定照顾好。"

川岛、岗田都穿一身灰白中式对襟平布衣裤,扎着绑腿,故意显得胡子拉碴,参加场面活动从不开口,很少沾酒,以笑代言,见牛紫龙喝完酒放下杯子拱了拱手。

转了一圈,赵本亮凑近牛紫龙小声说:"想好到那边,可跟这俩人联系,联络办法都在这里。"说罢,往牛紫龙手里塞了个纸条,神秘地笑笑。

转完整个宴会厅,牛紫龙勉强坚持到了楼上,两腿发软,意识还算清醒。他跌跌撞撞地冲进厕所,用手指向喉咙眼里抠了抠,"哗"的一声,一肚子苦酒全吐了出来,一时间两眼直冒金星,胸腔里涌出翻江倒海般的恶心。

他咬了咬牙,直起腰对跟在一边的张道成说:"快,让张剩带个人盯着上次咱们在开封救的那小子,如果那小子不出郑州不要动他,务必弄清楚他在郑州的落脚地!"

张道成转身离开后,牛紫龙强忍着一阵阵恶心,从内衣口袋里掏出赵本亮塞给他的纸条,见上面写着开封徐府街、菜市街和南关几个地址和人名,忽然又有些迟疑,这是他们的来路呢,还是挖好的陷阱?不论是什么,下一步就是如何过去的问题了。

驻汴日军的特务情报机关不论什么系统,最终都归华北派遣军"华北五省特务机关总部"节制,该总部对外挂牌"仁义社",是专门为华北日军作战略谋划的单位。当然,该机构不同于一般情报机关,它的主要任务是拉拢并利用华人军政上层、文化艺术名流、山林英雄、草莽豪杰等,主要是根据一定时期华北派遣军的主要任务,针对工作对象设立工作小组,不择手段开展工作。该机构还根据中国的特点独创了一套情报工作的方法,工作目标就是力争掌握对手的用人权,派人打入中国政军机构内部,策反顶层人士。如不能策反"当用反间",或从中挑拨,使"上下相扰",以利动之,多方罗致,把不能为日军所用的人千方百计排挤去位,然后换上日军选定的人选。华北五省特务机关总部搜集的情报包括整个华北地区的名人及其后裔的名单,他们抗战的意识,各部队的兵员、战力,以及这些上层人士对形势的分析看法等都一一列入了该总部的研究课目;然后再通过不同课目的研究来掌握时局的变化,提出有利于日军的政策或战略方针。

华北五省特务机关总部驻于徐府街山陕甘会馆,机关长官阶为整个开封驻军最高阶——少将,而此时主持整个机关的是位叫吉川贞佐的人,此人平时深居简出,无论是日本人还是中国人,很少有人能准确地说出他的模样,然而,了解内情的人只要听到他的名字就会不寒而栗。

整整一个夏天,牛紫龙都在研究这个挂着"仁义社"招牌的特务机关,令人不安的是,无论是开封沦陷前军统安排的潜伏人员,还是以后陆续派去打入的人员,都没有多少有价值的反馈信息。

一个月后,牛紫龙走到开封西城门前,果然见川岛和岗田并排站在一旁,两人穿着新的深黄色军装,在众多日伪军中显得格外突出。牛紫龙知道日本人绝不会利用他们的权力让他免受检查,他把接受检查的要领又回忆了一遍,便大步走近城门。

他鞠过躬后,伸直双手让两个伪军搜完身,主岗的日本兵则直勾勾地盯着牛紫龙,丝毫没有放行的意思。

那日本兵大概没有看到牛紫龙的笑容,提枪冲了过来,正要发作,被身后的川岛喝止了,两人走近牛紫龙,冷冷地敬礼后,把他带进了城门。

战争以及与战争相关的事情被日本人很精确地设计成了一连串的规范动作。牛紫龙进城后被安置在河南大旅社住下,仅给了四十分钟时间让他写小传,并在一天之内办完了所有的身份证件。剩下的时间似乎把他忘了一般。

牛紫龙天天失眠,虽然他对那个"仁义社"了解不多,但他相信,从相互可以印证的情报看,他的小传恐怕已经摆在了那个叫吉川的人办公桌上了。

进城一周后,他尝试着建立新的通联渠道,想到了开封沦陷前碰到的警察四黑,便在当天下午甩掉"尾巴",提前回到了旅店,进门时利用擦鞋的机会,丢给门旁乞丐一块银元,让他给四黑捎话,说有人要见他。

那乞丐木讷讷地盯着手里的大洋,慢慢抬起头打量了一番牛紫龙,嘟囔着问:"啥友人哪?四黑是谁呀?"

"就说是他父亲去世前的同事,他父亲去世俺没能表达哀悼之情,心里一直惦着这事。告诉他,如果方便的话就见见面。"

那乞丐并没有再说什么,把银元往怀里一揣,徜徉着走了。

第二天早晨,牛紫龙出门时发现那个乞丐双手捧个脏分分的碗,碗里放了一张空无一字的白纸。牛紫龙便在那乞丐的碗里丢了张写有几个开封地址的纸币,他知道即使"尾巴"看到了也发现不了什么。

那么这段时间川岛和岗田会干什么呢?当然会再次核实自己的身份,自己这套身份可以追溯到抗战前日本派遣郑州山口情报组提供的情报。如果日本人再往前追查会不会有什么纰漏呢?

他正思考间,突然听到有人敲门,起身开门见川岛冷冷地站在门外,用例行公事般的口气通知牛紫龙:有人有兴趣要见见你。说完,不等牛紫龙表态便把他带上了早已停在门外的汽车。

第十二回

穿丐帮　入虎穴　摸清敌酋思路
查潜伏　排险情　重修通联之途

汽车缓缓地拐进了徐府街。

牛紫龙意识到将要去的地方是他无数次谋划过的地点,最终的考验似乎马上就要开始了,他反复思量过这个日本人可能考虑的问题,自己的对答也必须真真假假,避免落得两相极端的印象。

他表面上还要做出一脸疑惑的样子,望了一眼川岛,而川岛下意识地挺直了腰板,帽檐下几颗豆大的汗珠缓缓地滚落了下来。

川岛向门岗出示了一本深蓝色特别通行证,另一名哨兵则将牛紫龙身上搜了一遍,确认没带武器后,才示意川岛带着牛紫龙进了会馆。二人穿过戏楼、牌楼,绕过大殿来到了后院东侧的厢房。川岛边走边下意识地整了整军服,来到一间贯通的大房门外时用日语喊了声:"报告!"

房间里迟迟没有任何声响,一会儿,西厢房警卫室的警卫跑步来到房门前,再次验证了川岛的证件后,推开了吉川的办公室。

吉川的办公室是三间相通的大屋,进门迎面是一排挂着军服、武器的衣帽架,左边有一张面向门的宽大的办公桌,桌后面的墙上挂着一张大大的东亚地图,办公桌左右两边有两排高高的靠背椅,靠北一侧还有一个偏门,而坐在办公桌后面的是一位穿着蓝底白线条和服的秃顶男人。

牛紫龙和川岛进屋后,那人连头也没抬,仍旧全神贯注地审阅着一桌的文稿。川岛鞠躬走近,在那人的耳边嘀咕了几句后,吉川从抽屉里拿出本蓝色的文件夹,打开审视片刻后才抬起了头。

吉川留有少量稀疏灰白的短发,约五十岁年纪,圆脸大眼,肤色白皙,鼻子挺直,嘴唇棱角分明,眼神冰冷,开口说话用的汉语还带有不少东北口音,问:"你当过教师?"

牛紫龙从吉川和服敞开的胸襟处看到一片红黑肌肤,那宽宽大大的肩膀显得他体格格外健壮。吉川来到这里其实就是要干两件事,即很精心地选择杀掉有思想的中国人,烧光能使这个民族站起来的图书。牛紫龙想到了门口悬挂着的两把武士刀,回答说:"是。师范毕业,毕业以后就当老师。"

"教师是个受人尊敬的职业,中国最有影响的人物就是教师。"吉川略微发黄的眸子专注地盯着牛紫龙,像是寻找什么,透露出的尽是疑问。

"您说的是孔夫子吧?孔子在中国被尊为大成至圣先师,他受到尊重是因他创立了儒学,确立了'天地君亲师'的秩序,这远远超出了在中国作为老师的意义。"

"嗯,包括我们大日本,整个东亚,孔夫子的观点都受到了尊拜,孔夫子是东亚文化的奠基先哲之一,建立大东亚共荣圈应当有一个类似孔夫子的思想。"

牛紫龙故作不解地反问一句:"贵国自明治以后已经脱亚入欧了,难道还会尊崇东亚的思想家?"

吉川很坚定地摇摇头,生硬地说:"不!我们大日本最受尊重的不是教师,而是武士,受社会尊敬的人应当是能带领社会选择发展方向的力量。在中国就找不到这种力量,所以中国才有了如此多的弱点,懦弱、自以为是,诸如此类。从清朝开始,贵国便一次又一次地革命,换了一批又一批的首脑,但没有一个能说服这个国家选择正确的方向,整个世界都怀疑中国有没有自变能力,能否把目前乱糟糟的状况变得稍微好一些。不幸的是,人们看到中国越变越糟,这才有了我们大日本皇军帮助贵国进行改造的计划。"吉川一边滔滔不绝地发表这番论述,一边两眼冷冷地盯着牛紫龙。窥探他人内心是吉川长期从事对华特务工作的拿手戏,他对了解中国人的人性非常自信。

瞎球扯!牛紫龙想,侵占了别国,还美其名曰帮助改造,千方百计地从中寻找被侵占国家的内部原因,这老贼咋不说说自明治以来日本"大陆方针"对中国内乱的影响呢?!中国一次次革命,背后也一次次地闪现日本的鬼影。日本在中国内乱中开始选择支持弱者,以后索性选择支持双方,目的就是要延长中国的内战。这次日军侵华,目的还是要阻击中国的现代化进程。

"先生,您可以反对一个国家,但最好不要误解这个国家的人民。在中国,教师传道授业解惑,人民尊师重教,如果没有外来的干扰,人民自然会用文明的方式选择社会发展方向。可惜,中国自秦汉以来树立了'以吏为师'的榜样,把教化民众的职责交给了官府。以后,'以吏为师'又发展成了官本位,还巧妙地借助了孔夫子'三纲五常'的学说,使官本位成了一种制度文化。如此体制若遇新朝伊始,明君能臣,风清气正,局面尚能维持,但时间不会长久,因为权力扩张自然有它内在的逻辑,继续扩张下去达到了一定程度,不免会引起民众的不满和礼会的动荡,如此恶性循环应当是积贫积弱的主要根源。"

吉川意味深长地"嗯"了一声,慢慢地挤出少许笑容,只是他那冷峻的眼神显示出他内心一直在做着另一番考量。

吉川双手用力地相互搓揉着,关节断断续续地发出响声,沉思几分钟后,他像是回过神来,急忙道:"说下去,说下去,还有什么原因让中国这么疲乱不堪?"

"缺少科学和民主,也是中国衰落的原因之一。科学需要'为学而学',而中国的科考制度只能让人'为己而学',如此就很难达到科学的境界;还有民主,民主需要提倡个人主义,这与中国孝文化的家族观念相悖。"

牛紫龙知道吉川研究过不少国内外论述中国的文章,这些原因他不可能不清楚。他发现吉川的眼睛尽管还盯着自己,却失去了专注,只留下一片茫然,他在想什么呢?

"不不不!中国正是过早地走上了民主科学的道路,才造成了目前的局面,中国与我们大日本当然有许多不同,但我们大日本维新改革之前要先树权威,开展尊王复古运动,人们有了崇拜,明白了神道,才会有内心的服从,有了服从才有统一,国家才能团结发展。而贵国每次革命都要打倒权威,推翻朝廷,这不能不令人诧异。没有权威,贵国怎么能团结民众进行维新革命?!这是贵国一连串失败的终极原因!"

"这肯定是场灾难!"牛紫龙想。按照吉川的逻辑,中国会再次被带到专制的境地。他知道对吉川这番话不能表示明确的反对,便作出有所领悟状地点点头,道:"权威在西方人眼里可以是人,也可以是一个主义、思想、学说,也可以是一种宗教、信念、理想;在东方人看来……"

吉川哈哈大笑,然后很认真地说:"这是西方白人的胡编乱造,他们认为只有他们才是人类,只有他们才有文化信念,只有他们才配有宗教,才配有上帝的保佑,满脑子都是白种人的优越感。我们大日本臣民才真正是太阳神的传人,他们崇拜的只有金钱,不顾一切谋取私利,这就是他们衰败的标志,所以在白人那里你只能相信实力,不能相信他们讲的道理。"

"这个世界有没有公理?"吉川忽然站了起来。这时牛紫龙才看清,与硕大的脑袋相比,吉川的个子并不高,矮墩墩的,很健壮。他叉开双腿踱着步子,自言自语地向牛紫龙走了过来,道:"公理应当反映一种自然社会的发展规律,给强者更多的发展文明的机会和空间,白人曾经有过许多机会和空间,现在已经走下坡路了,应当轮到我们大日本的机会了,难道这不是公理吗?"

吉川的这些观点早已不流行了,在他们眼里没有是非对错,有的只是强弱诡愚。牛紫龙心想,吉川是要用这些观点试探他。牛紫龙点点头,一语双关地附和道:"当然,这是公理,不过还有一种解释认为公理应当包括一些有价值的共识。"

吉川抬起头紧紧地盯着牛紫龙,微微凸出的眸子里充满了疑惑的神色,周围分布着细细的血丝,他还没有真正弄明白牛紫龙的意思。

"你很聪明,如你这样的才干在我们大日本军队可以当参谋,换算到中国军队就是在参谋后面加个'长'字。"吉川顾自笑笑,又说,"中国部队里有句话,'参谋不带长,放屁都不响',这很能印证你刚才说的'官本位'。"

吉川说完这番话略一迟疑,最后盯着牛紫龙鞠了个躬。

牛紫龙知道,这种礼节是确认对手或是送客的一种表示,故意露出些笨拙迟疑,慌忙还过鞠躬礼,转身跟着川岛出了吉川的办公室。

第二天,川岛、岗田一早赶到河南大旅社,郑重其事地交给他一张任命书,牛紫龙展开,见日本人委任他为豫州自卫军第三路军参谋长。

所谓豫州自卫军实际上是个空架子。日军侵华初期,组建伪军一般先物色有一定社会地位、名声的绅士豪族,或名流军阀,给予其一定经费和番号,由这些人出面去收编散兵游勇、民团枪会等民间武装,凑成一定规模后再由日军清点造册,核定枪支经费,伪军组织就算正式成立了。

有了掩护身份,牛紫龙首先考虑的是把新的通联渠道建立起来。

几天前,牛紫龙发现自进城后一直盯梢的"尾巴"不见了,这似乎意味着对他的"考察"也告一段落了。于是,他找到了那个乞丐,给了几个馍,乞丐摇了摇头,往怀里一揣,又伸出了那双脏兮兮的手。牛紫龙只得又给了那乞丐一块银元,那乞丐才说了句:"跟俺来吧。"

牛紫龙远远地跟在那个乞丐背后,来到了一个胡同口的茶馆,三间敞开门面房里竟没有一个人,正对门的墙上挂着一根竹竿,拴了一个葫芦。牛紫龙挑了一张冲门的桌子坐了下来。

细雨飘过,天阴冷阴冷的,街面上几乎看不到人影,偶见有一两个人路过也是行色匆匆。

他正欲喊上茶,便见四黑瞪着大眼,坐在了牛紫龙的对面。

"弄啥?这时候来不怕掉脑袋?"四黑屁股还没落座就急忙问道。

"这儿说话安全吗?"牛紫龙答非所问,边回答边向后院望了望。

四黑咧嘴笑道:"这一片除了乞丐连个正经人家都没了,就是有也被乞丐们要跑了。伪警察更不会来,地面榨不出二两油,来这儿弄啥?"

牛紫龙端详着四黑端上的两个豁豁牙牙的茶杯,问道:"老人的事办完了?"

"算是送走了,眼下兵荒马乱,活着还不够操心呢。俺家老人一辈子没离开过烟酒。下葬头晚上,俺买了几斤上好烟叶,卷了一捆烟,还备下了一坛子好酒,烟放他左手,酒撂他右手,这年头也算是厚葬了。对了,你写到纸币上的地址早就换人了,那几家的老人让开封警备司令部给抓走了!"

果然不出所料,牛紫龙虽在进城之前就有所准备,可还是暗暗吃了一惊。

"知道啥时间的事吗?"

"包府坑那两家,日本人进城没几天就被抓了,不过人抓走了店还开着呢!"四黑抓了一把乞丐们捡来的烟头,一个个撕开,抖出黑乎乎的烟丝排在一张报纸上,很熟练地卷成了一头粗一头细的纸烟,放嘴边抹了口唾沫叼在了嘴里。

牛紫龙想到,那两家是自己一手安排潜伏下来的,一家临时盘下来一爿小店卖百货烟酒,一家扮作逃难的教师,之所以将两家安置相距不远,就是考虑到他们可以相互有个照应,也便于相互监视。安排这两家除了租房,置办家具、服装外,每家还留足了两年的薪水和潜伏专款,离开封沦陷还有大半年时间就安置好了,不可能有什么破绽啊!安排潜伏下来后自己只给他们办了简单的手续,所有文字材料都隐去了他们的真实姓名和具体潜伏住地,包括军统站里也没人知道,是哪个环节出漏洞了呢?如果这两家出事,另外两家显然也无法独善其身,其中一家还架设了电台,这可是联络的唯一出口,怎么会出这种情况呢?特别是出事后这些潜伏站点仍然是店开大门,显然是诱鱼咬钩的,看来这个对手还真有耐性,行事风格比日本宪兵队还要奸诈阴险。

"顺城街那两家发现什么了吗?"牛紫龙还是有些想不通。

四黑划着火柴狠狠吸了一口,浓浓的烟雾一丝不留地从嘴巴进去,片刻后又倒进鼻孔里,最后从嘴里冒出来的只有几丝淡淡的白烟。他伸脖眨巴眨巴眼,回答道:"恁交代俺办这事后,俺就让要饭的徒弟们昼夜看住这两家,倒没发现啥动静,就是隔不两天就会有一个人到那个济众药房去一趟,回回都到后院转一圈,没见他买啥药。为这俺疑心了,让人盯他两次,最后才弄清楚,这是鳖孙警备司令部的人,去药房的时候穿便衣,回去就换上黄皮了。"

这一户必须列入除奸的任务范围,牛紫龙心想,行动不仅要快,而且还要打准打狠,不论用什么手段务必除去这个隐患。

日军占领开封后,日伪特务机关几乎天天抓人杀人,据伪警务厅内部透露的不完全统计,半年时间,仅开封一地就抓捕中共嫌疑人员466人,国民党派遣人员105人,其中军统豫站三次派遣就损失干员十多名,这还不算已经抓捕又放出当诱饵的人。牛紫龙想起吉川那张写字台上撂着的高高的文案和他那双冷峻的猫眼,怎么也没想到吉川竟在一天之内就批准坑杀了220多个中国人。

牛紫龙搓了搓双手上的汗,问:"恁手下的乞丐能出城吗?能过河吗?"牛紫龙用眼神向西瞟了瞟,河就是指1938年以后形成的介于开封、郑州之间的黄泛区。

四黑把烟抽得一丝不剩,吐出贴在嘴上的剩报纸,答道:"咋不中呀?去年夏天日本人说是要传播啥鳖孙'虎疫'①,城里城外人不能出不能进,有人冒险爬城墙还让打死不少,后来俺们丐帮摸清几处日本兵查寻不到又不高的城墙,领人进出方便得很。"

牛紫龙掏出两张写好的纸条,递给四黑后正色道:"找个有点文化的人,按这上面的地址先到郑州,再去许昌,记住不用回来了,在第三个地址那儿等俺。"

"咋弄?现在就走?"四黑见牛紫龙站起身,追问一句。

"明儿天黑前俺再来。"牛紫龙说完起身匆匆离去。

四黑又点了根烟,片刻后,扬扬手叫来个跑堂小二,说:"去,把北街那个文丐蔺成章给俺找来。"

第十三回

搅浑水　除伪首　剪日军左膀右臂
埋暗线　巧周旋　除叛徒一箭双雕

一日,开封伪豫州自卫军总部。

牛紫龙起身向窗口走去,其间,他不停地向陆续走进会议室的伪军官们点着头。

去过包府坑吗?……应当是去过!但自己的确没见过这些潜伏下来的人,自己亲手安置的隐蔽人员怎么这么快就暴露了?……记忆应当有规律可循,那么自己是为什么去的呢?是不是与开封……对了,是去找刘兴舟,他是原开封军警界老人,长期兼任缉私大队队长。应当是为了潜伏的事,对,包府坑这两家刚刚安顿下来便受到缉私队的敲诈,愣说他们挟带毒品,自己为摆平此事专门请当时郑州警局缉私队队长崔方坪出面捞人,崔方坪也在开封警局缉私队干过,难道他们之间……当时,自己看见崔方坪拉着一个小个子、身穿黑色警服的人走了过来,对,那人小头、小脸,白白的,单眼皮、肉眼泡、厚嘴,满脸都是细细密密的皱纹,约摸有四十多岁,大模大样地叼着烟卷。没等牛紫龙说完,就写了个放人的条子,整个过程只有几分钟。对,他一直在跟崔方坪嘻嘻哈哈,临走时才投过匆忙的一瞥,应该不会记住自己的模样。事后崔方坪还告诉自己:"刘兴舟的大哥刘艺舟,就是刚刚调走的军统站长,人家是省城横着走的人物,没有办不成的事。"

想起这些,牛紫龙长出一口气,盘算着这里面错综复杂的关系,如果刘兴舟真心投敌,无论如何也要把他作为首选目标,不仅因为他是伪开封警备司令部司令,更重要的是他对开封一带的情况太熟悉,有很大的祸害性。

除掉刘兴舟,所有的技术条件都好准备,唯有刘兴舟的活动无法掌握,平时刘在用人上十分谨慎,身边人几乎全是知根知底的同乡本家,没有一个外人、新人,临时找内线肯定

---

① 英文cholera的简称,汉语称霍乱。

是来不及了；还要考虑到他在开封乃至全省军警、特界厮混多年，死党旧部已渗入到各个层面，织出无形的大网，稍有不慎，碰到哪根线就会引起刘兴舟的警惕，那就不单单是失手的损失了。军统的几个联络点被刘兴舟破获后，抓起来的人员连宪兵队都没送，人就不见了踪影，而且还张网以待，足见他心机深沉，非一般对手。

牛紫龙透过窗子看到外面阴冷灰暗的天际，整个院子本来就是青砖灰瓦，在黑沉沉的乌云笼罩下更显得阴森瘆人。牛紫龙被任命为豫州自卫军三路军参谋长后就搬到了这里。

这儿原来是所小学，前面临街的一栋两层小楼现已改做自卫军的司令部。楼后是操场，操场边对面并排有六座平房小院，原来是学校教室，现已改做自卫军军官宿舍，整个院落四周被砖泥混建的围墙围了起来，围墙边上还稀稀拉拉种着一圈柏树。

牛紫龙一直听着大门外流动哨来回踱步的节奏，计算着前、后门哨兵相遇的时间。

突然，牛紫龙听到背后有人大喊一声："徐司令到！"

牛紫龙转过身，见伪豫州自卫军司令徐立中、参谋长朱云以及两名副官大步走进会议室，众人踢踢踏踏地走到预定的座位上。

徐立中五十岁出头，中等个儿，脸如银盘，柳眉大眼，悬鼻薄唇，肤色白里透红，毛发微黄，相貌温文，体态适中，举止尔雅，谁见了都说他有子房①之相，没想到他一肚子坏水，满脑子男盗女娼，真是可惜了老天爷给他一副人样。

徐立中一进门又献媚似的笑着点了一圈头，一一跟在座的打过招呼后，挥手示意参谋长朱云先讲话。

朱云也有五十岁了，中等个儿，微微发胖，黄脸小眼，屠夫眼神，短鼻大嘴。他生性刁钻，沉默寡言，一天到晚阴沉着脸，只有见日本人才云开雾散，喜笑颜开，众人背后皆称他是"阴阳脸"。朱云早年曾留学东洋，回国后在一所学校教授日语。日本攻陷开封后，他主动跑去给日军当翻译。

朱云踮脚伸脖站了起来，朝着会议室墙上挂的日本旗和华北自治会的五色旗深深地鞠了个躬，仰头痛心道："大日本皇军华北五省特务机关长吉川贞佐少将对我豫州自卫军十分不满，昨天对徐司令近期工作进行了训斥。吉川少将认为自卫军久不成军，管理混乱，贪腐成风，还打着皇军旗号招惹是非，更不能容忍的是安阳、新乡、商丘等地接连发生多起反水事件，杀害日军顾问，携带枪弹投靠华军。吉川贞佐少将提请各位注意，不要再走前省长萧瑞臣被处决的老路，限我们尽快拿出改观对策，务必在三个月内见到成效。"说完，斜着眼望了望坐在会议室尽头的徐立中，坐了下来。

会场上，众人你看看我，我看看你，一时都不知从何谈起。

牛紫龙发现除了六七位所谓的几路军司令和参谋长外，平常与徐、朱二人形影不离的日军顾问岗上青树和自卫军高参宋文修并没有参加今天的会议。

牛紫龙一直在想，顾问和高参实际上是自卫军的幕后核心人物，作用明摆着比徐立中、朱云还大，他俩同时缺席会议肯定有重要行动，这一行动怎么连一点风声都没有，他们会去哪儿呢？

---

① 子房，汉代开国功臣张良的字。

徐立中一个一个盯着在座的人。自卫军名义上分了四路，其实都是空架子，除了一个手枪连、一个步兵连外，各路只有司令和参谋长等很少几个人，这些人还是日本人推荐给徐立中的，主要是一些从各地搜罗来的军阀流寇或豪强地痞。无论阅历还是能力，都不是徐立中这样的文官所能驾驭的。在徐立中眼里，这些人要么是来监控自己的，要么是准备接替自己的，虽说是下属，可他一个也管不住、动不了。

"大日本皇军说得对，咱们瞎球鼓捣了一年，估摸着总也捞有几十万了吧，这些钱不能串到某人的肋巴骨上，更不能让个别人呼啦了。这年头舍不得孩子套不住狼，没钱啥事也干不成。自卫军久不成军俺看还是钱没用到正地方，账本应当公开！"一个曾在东北军当过团长、现任二路军副司令的胖子，起身半是吵架半是唠叨地嚷了几句，一开场就把火烧到了内部。

朱云怕他们又把话引到无用的争论上，站起来和稀泥道："吉川贞佐将军的训话有两点值得注意。其一，管理混乱、贪腐成风，这些事不光在咱们豫州自卫军中有，其他部门包括大日本陆军中也照样存在，可吉川单独批评了咱们一家，这说明不是咱们没做好，而是背后有人在鼓捣，咱们要按照吉川将军的训斥尽快改观，重要的是要摆平鼓捣咱们的人。吉川将军提醒咱们不要走萧瑞臣的路，萧怎么死的大家都清楚，主要原因还是内斗，咱们不能不重视这一警告。其二，吉川将军提出给三个月的期限让咱们进行改造，也就是说咱们必须做出能拿到桌面上的成绩让皇军满意，最近岗上顾问和宋高参已经先行一步了，下一步咱们务必精诚团结，干一番惊天动地的事业出来，让警备司令部那帮小子……"

牛紫龙看到徐立中扬手止住朱云，朱云欠了欠身子欲言又止，重新坐了下来。

"好了好了，明天一大早吉川将军要召开联席会，专门解决咱们自卫军和警备司令部之间的摩擦，你们有委屈就跟参谋长倒倒，好让俺们在会上也有话说。"

牛紫龙望着心不在焉的徐立中，断定日军顾问和徐立中已经谋划了一场大的行动，这项行动会是什么呢？不管怎样都要赶在他们之前行动，开会的机会必须抓住，把它做成最先推倒的一张多米诺骨牌……

剩下的争吵牛紫龙基本上没听清。

会议一完，牛紫龙出门坐上一辆人力包车赶到了四黑的茶馆，落实完行动需要协助的细节安排后，匆匆赶回到住的地方，本想吃完饭再去看一下地形，刚下车就碰上在门口等待的川岛和岗田。

"难道暴露了？"牛紫龙一惊，见他们一身戎装，一边走来，一边很认真地打量一番拉人力车的人，岗田向身后挥手招来一辆汽车，对牛紫龙说："吉川先生在仁义社等候您多时了。"

当晚，开封徐府街山陕甘会馆。

牛紫龙数着步子走进了吉川办公室，室内光线很暗，只有吉川办公桌上那盏台灯照出一圈黄黄的光。吉川半边脸隐没在一片昏暗之中，听到报告和开门声，吉川还和上次一样一直没抬头，专注于他桌上摊开的材料。川岛伏下身站立良久，吉川才拉开抽屉拿出那本蓝色文件夹，抬头看了一眼牛紫龙。

"我大日本帝国近卫文麿首相已经发出告示，调整对华关系，确立'三不'原则，解决中日纠纷以不割地、不赔款、不驻军为建立共荣体的条件，使中国具有长远眼光的汪精卫先生看到我大日本帝国真诚希望和平之良好愿望,决心与我大日本帝国携手建立全国性政权,这将给世界和平带来希望,牛先生以为如何?"

吉川贞佐凭借着他对人心和人性的了解,隐约感到牛紫龙似乎不是一般的教师或青帮之流,用收买的办法并不足以让他为皇军卖命。吉川猜测牛紫龙感兴趣的除了局势外还应该有些更有价值的东西,这些东西是什么?吉川想了解牛紫龙对局势究竟持什么想法。

牛紫龙不假思索地答了一句:"这件事肯定意义深远。"他内心十分清楚,依照近代日本民族的心态和性格,此时日本人绝不会在中国罢兵休战。好在历史有着自己的逻辑,中华一族的生存之道,当知自维而守其难,意愿超出能力势必透支国力,导致衰败。存亡兴衰,形格势禁,往往在一念之间,日本尚不具有把握历史的能力。

牛紫龙感到双手汗津津的,微微有些发颤,他目测着吉川屋里的武器离自己的距离,努力克制住滔滔的愤恨。心里想,无论如何也要尽快把吉川除掉,吉川多活一天,开封市乃至华北五省又将有多少人死于非命。

吉川贞佐站起身踱着方步,把整个身影都隐在了昏黑的阴影里,这天吉川穿了一身深黄色的呢子军服,脚下的皮靴有节奏地敲击着地面。

他踱出几步,突然转身道:"我们大日本帝国本意不希望战争,我们主张在世界范围内,根据不同地区内各个国家进步程度的不同,由本地区先进国家帮助落后国家来划分几个共荣圈,这是一个很公平、公道又能达到利益均衡、共荣共赢的战略。例如,美洲共荣圈,美国可以发挥领导作用;欧洲共荣圈,英、德可以共管;东亚共荣圈就是日、中两国提携,由我大日本帝国为领袖,实现共同繁荣。这样我大日本帝国可以放弃部分太平洋周围的利益,以求和平,难道这样不好吗?现在大多数国家已经同意了这样的划分,只有个别国家还没想通。"吉川踱着方步走到牛紫龙面前突然问了一句,"你说公平吗?"

牛紫龙双腿一并,答道:"是!可划定这些地理上的圈圈目的是什么?"

吉川双手用力搓着手指关节,"磕磕啪啪"地一阵乱响,片刻后,他不自然地笑笑,拍拍牛紫龙的肩膀说:"当然是文明进步共同发展喽,你认为如何?"

"发展成了灾难,这日本人真会瞎球扯!"牛紫龙心想,嘴上却含糊其辞道,"当然应当让人民选定发展方向。"

吉川挥了下手,话题一转道:"请坐。你在洛阳上学,又在郏县教书,很好,很好,你还去过哪些地方?"

牛紫龙心想,原来吉川老贼找我来还真是要大干一番了,便装作不解答道:"那一片不少地方都跑过。"

"南阳去过吗?"

"去过,从许昌到南阳,从洛阳到南阳都走过。"

吉川睁大猫眼望着牛紫龙,问道:"那么从南阳到湖北,或是从南阳入陕西呢?"

牛紫龙摇摇头说:"这地儿没跑过。"

吉川点点头,转身踱出几步,自言自语道:"中国历史上的战争大部分是从北向南打,这与我们大日本帝国幕府之间的战争有很大不同,在中国改朝换代中,战争的时间短,统一的时间长,我们大日本帝国则是藩侯分立的时间长,真正统一的时间短。中国至少两次亡于外族人之手,外族人在中国当上了中国人的皇上,而我们大日本帝国万年一统,外族人从来没有在我大日本帝国的土地上建立过政权,我们是真正的太阳神的国家!不知牛先生对这方面有没有研究过?"

这个老狐狸把真正要问的题目夹在一堆看似没有关系的历史疑问中,原来他要了解的是外族人怎样使中国王朝灭亡的,走的是哪条路。牛紫龙做出略显愧疚的样子答道:"很抱歉,对于贵国的历史我知之甚少,谈不上什么看法,至于中国历史上的战争为什么多是从北向南打,我想主要是因为历史上黄河流域较为发达,统一中国的战争一般都是从较为发达的地区向相对滞后的地区发展的,应当说经济政治原因占主要作用。"

"路径选择对于战争胜负有没有作用呢?"

"当然有,但作用不大。"

吉川贞佐那双微微发绿的眸子紧紧盯着牛紫龙的双眼,他在猜测牛紫龙说的究竟是不是真话。

"中国历史上的战争在战争形式上与现代化条件作战模式有很大不同,就贵军目前的装备和作战特征看,你们很难选择其他路径和方式。"牛紫龙大致推测出吉川正在构思由南阳入川陕的路径,肯定是在研究元朝和清朝南下作战的特点路径后得出的结论,那么这与自卫军日本顾问岗上青树和高参宋文修突然失踪有没有关系呢?

吉川点点头。的确,到目前为止,日军之所以在作战中节节胜利,多是在适应机械化部队作战的地域取得的,无论华北、华南,凡是地形复杂的地方,还都被中国军队占领着。

"很好,很好!"吉川拉起脸上的肌肉,挤出一副笑样,重重地拍了拍牛紫龙的肩膀,说,"你做好准备,希望能比别人做得更好。"说完,再次鞠躬算是送客。

牛紫龙双腿并直,同样还了个鞠躬礼,转身跟着川岛、岗田离开了山陕甘会馆。

深夜。伪开封警备司令部刘兴舟家大院门外。

这条窄窄的小巷牛紫龙只走过一次,一共四百六十八步,像一张弓,恰好在最突出的地方挺立着一座红漆大门,显得格外突出。整条巷黑乎乎的,只有那座大门两旁的灯笼照着八字形的巷道。

牛紫龙披着一个厚厚的空麻袋,拖着一根打狗棍,顺墙根溜着,身影一会儿长一会儿短。他在这条小巷来回走了几趟,反复掂量过对方可能出手的情况,也编排过自己的每一个动作,唯一担心的是深秋时节自己的手脚不太听使唤,计划中这一步难度不大,但很关键。

他推开了离那座豪宅不远处的一座空院,从墙洞里拉出一个包裹,把那身宽大、肮脏又有些臭味的衣裤套在身上,翻出手枪和手榴弹,小心翼翼地拉出一个个弹环,再用细绳拴好,分别将它们挂在大门楼内和通往东厢房路边的隐蔽处。他又从口袋里倒出一堆子弹,一粒粒擦拭干净,装进弹夹,提枪靠了大门内,留出一条门缝望着空无一人的小巷。

根据四黑派人观察的情况,他至少要对付六个人,并且必须在主要目标出门到上车的短短几秒时间里首发击中。他琢磨着采取什么办法能够使目标暴露的时间长点,不能让汽车直接停到宅院大门口,必须放一样东西,不至于引起怀疑……

这一夜牛紫龙几乎没合眼,每过一个小时就要站起身跑上两圈,还好,等来的是一个少有的冬雾清晨。

清晨,淡淡的薄雾缭绕在大街小巷。

牛紫龙从门里看到一辆黑色汽车缓缓停在刘兴舟宅院的门口后,便借着晨雾拿起扫帚一步步向那辆汽车扫去,四周静得出奇,滴下的露珠声都听得一清二楚。

他听到一阵纷至沓来的脚步声向大门传来,紧接着便有几个人影走出了那座红漆大门。

"嗨!"牛紫龙大喊一声。

此时,伪开封市警察司令刘兴舟在四名护卫的陪同下刚刚走到汽车的左边,恰好两名护卫在前,两名护卫刚出大门。

刘兴舟下意识转过身,张嘴惊呼的声音还在咽喉,就感到眼前血雾飞溅,半边脸猛然被重击了一下,几乎同时胸部一热,天旋地转地向地上倒去,这时耳边才听到了枪响。

牛紫龙紧紧地盯着目标,直觉感到两发子弹应当都击中了目标,左手一扬扔出手榴弹。他开始计算剩下来的五秒时间,向左跨出一步看清四个护卫,一个正在趴下,一个转身向刘府躲藏,还有一个茫然地要去扶刘兴舟,只有最远的一个正在掏枪,牛紫龙站稳脚连射两枪,一枪穿过汽车后门玻璃击中了日籍司机的后背,一枪正好击中那名掏枪护卫的右手。

牛紫龙转身急速向那空宅跑去,跑出十余步后才听到了身后传来一声沉闷的爆炸声,他想,没有必要做"S"形跑步路线,这样可以省下来两秒钟时间,想着便闪进了那座空宅。

1939年10月,伪开封警备司令部司令刘兴舟被刺于宅院门口,翌日身亡。

刘兴舟被刺的当天一早,顺城街济众药房传来一阵急促的敲门声。

这片药店是军统豫站在开封潜伏下来唯一配备有电台的情报联终地点,主持小组工作的是龚兰亭夫妇,开封远郊人,早年在天津上学时加入过共产党外围组织,1935年被捕叛变加入了军统,在破获豫南共产党组织中立过功。龚兰亭夫妇是学医药专业出身,根据其特长,军统豫站出巨资买下济众药房,安插龚兰亭夫妇潜伏下来。潜伏小组一共四人,除龚兰亭夫妇外,还有一名发报员、一名译电员,两人公开身份是药房药师。

此时,龚兰亭等人已是一夜未眠,只因昨天半夜一连收到两封密电,却怎么也译不出来。四人正在抓耳挠腮之际,听到敲门声便一起下了阁楼。开门见四五个要饭的围了上来。

龚兰亭正欲发作,一个瘦高个儿推开众人闪进门来,双腿一并,行了个国民革命军标准的敬礼,小声道:"诸位辛苦!"接着做了个请的手势,反客为主把龚兰亭等四人让进了客房。

"你是——"龚兰亭一脸问号。

"哎呀,真对不住,过河时遇到些麻烦晚来一天,上面叫俺们专程来送这个的。"说着,那人撕开脏兮兮的棉衫,掏出一本烟盒大小厚厚的圣经递给龚兰亭,接着道,"从昨天开始军统站组通知换新密码本。"

龚兰亭眨了眨眼,翻了几页那本圣经,顺手交给了译电员,思量片刻,对夫人说:"去,上街买点饭让弟兄们吃饱了快走。"龚夫人转身进了里屋。

那高个乞丐瞪大双眼道:"咦——弟兄好不容易进趟城,咋着也得让俺们耍几天。"

龚兰亭凑上前低声道:"这几天日本人查得正紧,等稍松些再专门请你来,你是啥时候加入的组织？俺咋觉得你有点面熟呢？"

"俺刚过去,专门跑交通,在河那边找个事干也不容易,这趟来你咋着也得给俺弄几个花花。"那乞丐摊开手勾了勾手指。

龚兰亭原本还有些怀疑,但见来人那副无赖样,渐渐释然,弯腰从正堂供桌下端出一个木盒,抓一把打发要饭的铁片,递给了那乞丐。

"我靠！你真想用这打发俺？你那些铁片子俺过了河咋花,俺要的是银元！"

龚兰亭无奈,只得将那些铁片重新放回原处,在怀里摸索良久,拿出几个银元给了那乞丐。

这时译电员匆匆走了进来,将昨晚收到的电报递给龚兰亭,译出两封电报：一封大意是换密码本的有关事项,要求将原来使用的密码本、收发报记录及所有译发电稿等由交通员带回,或当面销毁；一封是对徐立中等人的嘉奖令,大意是货已收到,特对徐立中等人的贡献给予嘉奖,奖金洋银两千五百元,晋升少将军衔,并注明此嘉奖令须交给徐立中本人。

龚兰亭看完,望了一眼那个乞丐,那人刚把银元数完揣进了怀里,一副不耐烦的样子。

"俺知道！过去的电报底稿、密码本子还有什么东西,俺也不用带了,你拿来这儿烧了去球①。"

此话正合龚兰亭的心思,他上前几步轻轻地踩了一下译电员的脚,做出一副很认真的样子："你不知道,现在风声越来越紧,俺们为了安全起见都是现办现烧,也不敢按规定留下收发记录,我看有多少算多少吧？"

那乞丐大大咧咧地扬扬手,说："中,只要能让俺交差就行。"

龚兰亭慌忙堆出一脸媚笑,说："那俺去给你拿！"说罢拉起译电员便上了阁楼。

同日清晨,豫州自卫军司令部。

牛紫龙翻墙跳进自卫军总部的院子,迅速脱去外衣,又装作一副睡意正浓的样子,故意从门岗前经过去了趟厕所,回来又从茶炉房打盆热水泡泡手脚,和衣上了床。

一会儿,牛紫龙便听见一连串嘈杂的脚步声,接着听到一个熟悉且生硬的声音喊叫着："统统出来,到前院集合！"

牛紫龙慢慢站起身,整了整制服,他一直没有再听到爆炸声,最多一个小时,四黑他们便会把他脱下的衣服和枪支拿走,隐藏起来,甚至连逃跑的路径也会打扫得干干净净。接下来他的任务至少还有两项,当然,成功与失败或许只差一步,越接近成功就越有可能前功尽弃。

牛紫龙拉开门,见每个房间门口都站着两名日军宪兵,只要伪军官一出门,马上便会有人进屋翻箱倒柜进行搜查。牛紫龙望了一眼站在不远处的川岛和岗田,慌忙上前,故作惊愕道："怎么回事？"

川岛并紧双腿欠欠身子,答道："对不起,全城戒严搜查混进城的华军杀手,自卫军是重点搜查单位。"

"出事啦？"牛紫龙仍旧是一副惊魂未定状。

"对不起,查清以后才能告诉你。"川岛伸手做了一个请的姿势。

---

① 地方方言,完蛋的意思。

牛紫龙来到前院，此时，院里已经站满了衣冠不整的伪军官，粗略一看约有三十多人。牛紫龙见徐立中正一脸茫然地跟几个伪军官讨论着什么，朱云独自一人呆呆地望着大门。牛紫龙急忙走上前去，用肩膀轻轻地碰了一下朱云，朱云像触了电似的浑身猛一哆嗦。

"弄啥？"朱云不住地抖动着面部的肌肉，双眸里充满了恐怖。

牛紫龙绕到朱云身后，背靠朱云，侧头愤慨道："这不是大水冲了龙王庙嘛！自家人不认自家人！咱们对皇军这么忠心还……咱们的顾问岗上青树难道不能出来解释一下吗？"

他知道朱云每天夜里都会出去找女人，花不少钱在外包养了三房四妾，即便是他能说清自己昨夜的活动，也会暴露出贪腐的问题，他需要证人证明自己一直没出门。

朱云重重地叹口气，说："岗上君和参议现在已经去了南阳，谁能想到他俩一走就出这样的事！"

"会不会是皇军有意把岗上君支开呢？"

朱云战栗着说："不会，去南阳跟地方势力建亲善政府是徐司令的意思，南阳的刘府、汝州的颜府，还有那几家都是徐立中的关系户，他非要在日本人面前跟刘兴舟争个高低，把咱们这一年捞的钱都搭上了。"说到这儿，朱云似乎觉得有些不妥，急忙补充道，"这事你千万不能泄露出去，否则我的小命就没了。"

牛紫龙点点头，说："放心，咱们是一根绳上的蚂蚱，什么时候都得相互照应，保你没事！"

朱云瞪大眼睛感动地点点头，鼻子一酸，哽咽着说："你只要在日本人面前替俺说好话，俺就帮你在菩萨面前磕响头，有情后补！"

牛紫龙转过身绕道前院门口，他一直焦急地等待着四黑的消息，从概率上讲，四黑他们办这件事至少应有八成把握。

这时日本人已经审完昨晚四班岗哨的人员，开始逐一讯问院子里的军官，刚才还熙熙攘攘的人群，此时突然安静了下来，一种不祥的气氛开始弥漫在人群中。军官们不时地听到从审讯室里传出凄厉的哭叫，有两个外出的伪军官遭到了暴打，并立即被送到了宪兵队。伪军官们开始相互猜疑，众人到现在才知道事态严峻。

中午，牛紫龙透过大门远远望见那个熟悉的乞丐，他一边走，一边从斜挎在肩下的布兜里掏出一把竹笛吹了起来，那是一曲民间的划船小调，时而悠扬，时而急骤，缓缓地从大门外经过。这是牛紫龙与四黑约定的信号，意味着一切已经办妥。

牛紫龙被叫进会议室问话时搜查已全部结束，大部分伪军也已经鉴别完毕，室内桌上堆着一些文物、黄金、银元之类的东西，只是日军宪兵尚未发现刺杀刘兴舟的嫌疑和凶器。原定今天早晨调解自卫军与警备司令部的关系，偏偏这个节骨眼上刘兴舟被杀，这不能不让人怀疑是自卫军派人干的事，可搜查询问了大半天却毫无结果。

吉川贞佐盯着牛紫龙足足看了两分钟，眸子里透出不少无奈，态度却很强硬。他先哼了一声道："牛先生，你真是一位天才的演员，你不觉得你演的这场戏马上要落幕了吗？"

牛紫龙坦然一笑，说："如果我有演员那种弄虚作假、哭笑无常的本事，也不用干这提着脑袋的活了，您太高看我了。"

他知道吉川有点沉不住气了，尽管吉川的直觉正确，但过于自信和多疑可以放大他的失误,这时候他还不可能发现什么破绽。

"豫州自卫军与警备司令部之间那点事在我来之前已经存在了,根本没我啥事,几次开会,包括昨天的例会,始终就没我说句话的份。"

吉川仍旧瞪着眼问:"你怎么知道自卫军与警备司令部之间有内斗呢?你们开会议了什么呢?"

"有人提出来应当公开自卫军的收支账目,有人提到警备司令部抓人放人的事,还有人提出大日本皇军应当公道,不应当总让自卫军当后娘养的。"

吉川贞佐站起身,眯起眼挤出一丝笑容走到牛紫龙面前:"说下去,还有什么?"

"没什么了,就是说有好几个案子呈报到您那儿,还有就是有人提到警备司令部利用房产登记清查捞了不少钱,有人还私下提到顺城街济众药房这个名字,具体要干什么还不清楚。"与多疑的对手过招最好学会"两面思维",既要放出长线把他引到自己预设的方向,又不能让他怀疑上自己,所以必须把真真假假的情况放在一起讲出来,牛紫龙想。

"嗯?"吉川贞佐习惯性地先打了个问号,接着眼睛一亮,问道,"你听清楚了吗?是顺城街吗?是济众药店吗?其他案子提到具体的人了吗?"

"你们最好先问一下徐司令。"牛紫龙显得踌躇不前。

"不!该问的时候当然要问,咱们现在就去看看。"吉川转身对川岛大声道,"这里的人分开关押,一个人一个房间。"

秋日的阳光格外亮丽,吉川大步走到自卫军司令部院门,眯起眼睛像是在寻找着什么,他挥挥手,四辆满载着日军宪兵的卡车呼啸着向顺城街驶去。

吉川贞佐搓着双手,发出一阵响声,他挥手示意川岛、岗田押着牛紫龙上了汽车,转身悄声对宪兵队长矢野大佐交代道:"这些人全部是垃圾,统统押到宪兵队,分开关押,必须让他们反省交代。"说完登车向顺城街开去。

济众药房是座商住一体的院子,临街处有六开间门面房,穿过铺面有一个不大的天井小院,三面围着正房阁楼,两边配有厢房。正房阁楼住着龚兰亭夫妇,兼做诊所,两边厢房分别住着扮作药师的报务员和译电员。院子整洁紧凑,充满了淡淡的中药清香。

吉川等人到达时,龚兰亭夫妇和报务员、译电员已经被五花大绑捆了起来,四人高一声低一声直喊冤。从后院阁楼上搜出来的无线电台、电报记录、密码本和手枪等情报工具已经摆在了正房的桌上。

吉川很认真地研究了一番电报底稿,从短短的鼻孔里狠狠地出了一口气,勉强干笑两声,招手让川岛把龚兰亭押进客厅。

"松绑!"吉川笑嘻嘻地走到龚兰亭面前,指着桌上的间谍器材问,"这是你的吗?"

"是,我们已经投靠了开封警备司令刘兴舟,属于开封警备司令部的编外人员!"龚兰亭慌忙辩解道,"他每个月都给我们发饷。"

吉川张大嘴巴"啊"了一声,故作惊讶道:"可惜这句话如果昨天说我会相信,今天说已经太晚了,刘司令已经没有知觉了,你还能提供别的证据吗?"

"这……"这次轮到龚兰亭惊愕地张大嘴了,他结结巴巴地反问道,"不会这么巧吧?他怎么会昏迷呢?"

吉川突然大声道:"这正是我要问你的问题,你说你投靠了刘兴舟,我怎么不知道?

这里怎么会有颁发给徐立中的嘉奖令?!"

龚兰亭脸色忽而红忽而白,语无伦次地答道:"我也不清楚咋回事。军统和我联系是刘兴舟安排的,他安排我继续跟军统保持联系……"

吉川未等他说完,便重重地甩了他一个耳光,大声问道:"我问的是徐立中徐司令的嘉奖令是从哪儿来的?是刘兴舟发给你的吗?你怎么认识的徐司令?怎么才能亲自交到徐司令手里?"吉川最后的问话几乎是声嘶力竭大声吼出来的。

龚兰亭惊恐地望着面前这个矮墩墩近似野兽状的日本人,哆哆嗦嗦地说:"让我想想,让我想想……"

吉川突然像饿狼见到了跑不动的兔子,眯缝起眼,忍着饥饿,享受着美餐前的欢乐,说:"很好,思想是人区别于动物的主要标志。让你想想……可不能在这里想啦!对不起,只好请你们去一个便于开动脑筋的地方,到了那儿先生自然会冷静下来。"

"不不不……俺们要见刘兴舟,俺们已经是良民了。"

吉川并不理睬龚兰亭近乎绝望的呼叫,招手让宪兵把他们押了下去。他望了一眼客厅里的矢野、川岛、岗田和牛紫龙,把那份嘉奖徐立中的电报摊到桌上,问:"这是什么意思?"

众人看过电报后面面相觑,无一人应答。

电报只有寥寥几句话:礼物已经收到,家里正做安排,望继续潜深爬高,特此嘉奖勉励,奖金洋银两千五百元,徐立中晋升少将衔,其余着即上报。落款是雨农时节。

吉川马上意识到这封电报似乎与他的入川计划有关,这一计划构思时间已有多日,但分步实施才刚刚开始,派出岗上青树和宋文修到南阳一带活动也只有五六天时间,并且此事只有吉川、徐立中、朱云和执行计划的俩人知道,这么快"礼物已收到",说明两人已经出事,至少已被盯上,如此看来,将他俩携款过河的消息漏出去的人只有徐立中、朱云两人或其中之一,这一证据无可置疑。可在短短几天之内自己费尽心机培植起的两个主要伪军组织首脑一死一叛,且又出现一连串蹊跷的事,又似乎让人有些心神不宁。他总感到其中有些反常,只是逻辑上又找不出纰漏,怎么会这样呢?

牛紫龙也知道,这件事在环节上不会有破绽,从细节上看则很难周全,能否成功关键是每个动作必须到位,当务之急是不能让吉川冷静下来,吉川也许一天能换几个面孔,只是骨子里的多疑自负、刚愎自用是难以改变的,用激将法或许能让他按照眼前的已有证据推理下去。想到此,牛紫龙向前一步,怯怯道:"据嫌犯自称他们已投靠了刘兴舟刘司令,能否暂缓讯问,待刘兴舟清醒后再说?"在此之前他多次思考过刘兴舟中弹和倒下去的情景,面部中弹至少能让他永远开不了口。

"不!"吉川贞佐干巴巴地笑笑,接着道,"医学是很靠不住的东西,我们不能把弄清真相的希望建立在靠不住的东西上,徐立中叛我附敌证据昭然,自卫军的顾问、高参刚刚过河,便有了他的嘉奖电报,不可能再有第二种解释,足见他已经背叛了我大日本皇军。这件事除了他以外几乎没有中国人知道,你们几个也都在知情之外,透漏出去的几率很小很小。走!回宪兵队!"

牛紫龙长出一口气,预设的任务大部分已经完成,只要龚兰亭夫妇无法自证清白,徐立中的命运也许今天就能定下来。

牛紫龙假意迟疑,说道:"对不起,如若要审讯徐司令,请允许我回避,中国素以忠孝为先,一日为长,终身不移,以下犯上实属不敬之举,我回避应当更有利于查清实情。"

牛紫龙知道用这个理由脱身也许是最好的办法,忠诚是日军看待伪军特别敏感的问题,凡稍有不忠不敬、三心二意之事,往往会招致日军加倍的处罚,即便是捕风捉影,日本人也宁可信其有,断无轻易放过之理。反之,任何忠勇的行为在日本人眼里都是理所应当的,即使不合时宜,或过分的要求也会受到赞赏。

吉川贞佐显然是从另一个角度理解了这番话的含义,半天才从短短的鼻子里出了口粗气,转身对川岛、岗田道:"你们配合牛先生把这里彻查清楚,四个犯人留下一个,一纸一线都要登记造册!"牛紫龙万万没有想到吉川用这个理由把自己盯在这里。

川岛、岗田双腿一并,重重地应了声:"嗨。"

显然,日本宪兵是抄家的老手,认真到了可怕的程度。

十几个宪兵分片包干,"叮叮咣咣"很快就干上了。一件家具不但要从每个接口拆卸下来,而且稍大一点的板块还要从中间锯开,检查完的桌椅门窗等家具基本上成了劈柴,地面的砖石、房上的瓦片,只要有能塞个纸条的缝隙,宪兵们就要撬起来查看一遍,搜查过的房间跟爆破过一般。

牛紫龙一直盯着川岛、岗田,他俩正在对查获的物品逐一登记,每件物品经那位留下来的发报员确认后,登记造册,按下指印,才分门别类放在一起。

牛紫龙突然发现,原本计划中要销毁的一本收发报存根竟然还压在电台下面,不禁暗暗吸了口冷气,更让牛紫龙吃惊的是那本收发报记录已经登记造册过了!他故意漫不经心地一件件翻阅着登记过的物品,似乎每一件物品深究下去都不足以让此案翻转。

牛紫龙表面不动声色,内心里已是翻江倒海,他放下手中的电报稿,装作一副百无聊赖的样子走到院里。眼前的日本宪兵正点着火把挥汗如雨地翻箱倒柜、挖地三尺,牛紫龙不由自主地打了个冷战,刚欲转身便见川岛、岗田紧紧地跟在自己身后,他不得不冲着二人笑笑,装作对宪兵们挖掘厕所十分感兴趣的样子,一直站在臭烘烘的墙边,川岛、岗田仍旧一步不离地跟在牛紫龙身后。

川岛和岗田二人好像对缴获的物品也有了什么发现,相互间突然改口说起了日本话,而且讨论还很激烈。

怎么才能摆脱他俩?牛紫龙走到天井小院,望着一地清冷的月光,按照吉川等人的办事效率,很可能在明天上午把所有人犯审讯完毕后就开始落实证据线索,那么自己最迟要在明天上午脱身。岗上青树、宋文修二人的去向也已掌握在手,没有必要留在这里,可是,用什么理由脱身呢?

时间像飘忽的风,一会儿便从身边溜走了。牛紫龙长长地打着哈欠,星空悄无声息地降下了朦胧的霜雾,一股彻骨的凉气把他的思绪拉回到了眼前,脱身之计还要从吉川的不冷静中找出路。

牛紫龙想到布置潜伏时,为了能让龚兰亭他们潜深爬高,曾经给开封几个小组发过金条,数量还不少,龚兰亭小组当然也不例外。可是整个院子已经翻了个底朝天,仍未找到金条之类的东西,说明龚兰亭一定还有其他藏匿的地方。

想到此,牛紫龙转身走进客厅,与那位译电员胡乱聊了一堆问题,诸如老家何地,家里还有哪些人,想家不想,结婚没有,潜伏生活危险枯燥为什么还能坚持等无关痛痒之事,译电员反绑着双手跪在地上,用一种魂不附体的声调一一作答。

牛紫龙突然话题一转,漫不经心地问了一句:"这爿店是整个买下来的吗?龚掌柜没添置什么东西吗?"

译电员无精打采地嘟囔了一句:"添置个球!潜伏下来就像听到枪响的兔子一样,整天躲在家里,谁也没心长干……龚兰亭买下这爿店,除了换块济众堂的牌子,啥球也没添置。"

牛紫龙心中一喜,又接着胡扯了几句,出了门。

门外,川岛、岗田似乎已经商量完毕,正在把缴获的物品装车撤离。

"这儿还没有搜查完呢,现在撤吗?咱们留一个人……"

川岛毫不迟疑地说:"不!一起回去!此处搜查工作已经完成。"

第三日晨,开封鹁鸽市商务印书馆日军驻汴宪兵队。

日军驻汴宪兵队将商务印书馆和中华书局的老院子进行了改造,里面大部分房间改作了审讯室,后院还专门改装了几间行刑室。

川岛、岗田押着牛紫龙回到宪兵队时天已破晓。

宪兵队门前一字排开停放着六辆汽车,参加练胆行刑的日本军人已经登车完毕,静悄悄地排列在卡车上,空气中充满了杀气。

牛紫龙一行刚要进门,便见十几个伪军官被蒙眼塞嘴从院里推了出来,跌跌撞撞,浑身是血,一个个被押上了卡车。

几个宪兵把从济众药房搜查到的物品搬进了队长矢野的办公室,吉川背对着众人举手做了个保持沉默的示意,他透过窗子看着被押上卡车的豫州自卫军军官,他们大多是吉川从各地搜罗来的旧军人、旧官吏,他当然知道这些人投靠日军只是名利投机,有用的不多,他们有没有过错并不重要,重要的是一年多时间豫州自卫军久不成军,各地伪军反水,杀俘日军教官顾问的事件接二连三,这帮家伙必须为这些事件负责!

吉川转过身,铁青的脸上渗出了一层浮油,两腮的肌肉不时地抖动着,牙齿磨得直响,两眼充满了血丝,红得简直像个恶魔。

"你们说,他们中间有错杀冤枉的吗?"

"如果他们招供就不会错杀!"川岛回答道。

矢野一直安静地站在桌旁,这个问题他根本没有考虑过,他几乎天天都签署杀人命令,对眼前的情景早已司空见惯。听到川岛的话,自顾嘟囔着:"不管他们承认不承认枪杀警备司令刘兴舟,即便是冲着平时那些贪腐、敲诈、贩毒、谋私等诸多恶行,也绝不会错杀。"

吉川轻轻点点头,眼睛又盯在了牛紫龙的脸上。牛紫龙迟疑着没有说话。

吉川大步走到牛紫龙面前,再次重重地朝他"嗯"了一声。

"冤枉错杀的人肯定有。我没参与审讯,拿不出证据,但对贵军使用的审讯方法、程序持不赞成态度。"牛紫龙说。

吉川仰头大笑几声,猛然又收敛了笑容,说:"豫州自卫军全是废物!垃圾!从今天开始它已经不存在了,是高兴还是悲伤呢?"

或许这正是吉川此时的心绪,牛紫龙想,根本不需要回答,便故意做出十分悲壮的样子,咬紧牙关不吭一声。

吉川向矢野做了一个很有力的手势,矢野双脚一并,转身出了门。

"好了,说说你们昨晚的发现吧!"吉川把目光转向川岛、岗田,用手指着堆在一旁的电台等潜伏组的器材、文稿问,"就这些吗?彻底查清了吗?"

"彻底搜查完毕,只有这些东西。"川岛口气十分肯定。

岗田也上前回答道:"按照您的命令,经过十四个小时的检查,已经彻底查清了。"

"嗯?"吉川那双红眼又盯到了牛紫龙脸上。

牛紫龙故意迟疑地回答道:"彻底搜查不一定能彻底查清,其他不说,济众药房的牌子就可能藏有证据。"

吉川怒目看向川岛、岗田,伸手招来几个宪兵,说:"去,马上抬回来!"

屋里异常寂静,吉川踱步到窗前,望着一队宪兵乘车呼啸而去……

矢野的办公室和吉川的办公室同属宿办合一的结构,办公桌椅后面集中摆设着刀枪,牛紫龙计算着屋内四个人之间的距离,心想:"沉住气,任何较量首先是意志的比拼。"他假借环视室内的机会,扫了一眼站在一旁的川岛、岗田,两人额头上渗出的一串串汗珠清晰可见。

吉川如同一尊凶神般钉在窗前一动不动,他不会有真正的是非对错观念,因此用不着真相,也用不着反思什么。他只相信自己,哪怕错了也要在已有错误的起点上再错下去。他也绝不会承认自己无能失败,即使是错误明明白白摆在那里,只要找到替罪羊发泄一番,他仍然可以武运长久、一贯正确。也难怪,日军就是这样的体制,除非这个体制崩溃,日军会一直在错误的方向滑下去,而且会越来越快。

半个多小时,几个宪兵便把那块"济众药房"的店牌抬进了矢野办公室,吉川头也没回扬扬手说:"砸开!"

几个宪兵三下五除二把这块厚厚的店牌拆个七零八落,在店牌的夹层里不仅发现了金条,还有军统的委任状以及龚兰亭加入蓝衣社时发给他的蒋介石亲笔签名的照片一张。

吉川吼叫着冲向川岛、岗田,"噼里啪啦"就是一顿暴打,边打边叫道:"彻底查清!彻底查清!"川岛、岗田鼻青脸肿地率人出了宪兵队。

转过身,吉川勉强挤出几缕笑容,拍了拍牛紫龙,说:"很好,这些金条有你一半。不过,要等到案件审完才能来领。"牛紫龙装作很认真地把金条数了一遍,悄悄地退出了矢野的办公室。

朝霞在门外洒下第一缕阳光,天空霎然开阔,变得瑰丽多彩,又是晴冷的一天,往日阴郁的城市此时却透出了深沉的壮美。

牛紫龙知道,身后有双眼睛在盯着自己,也许还会有两个小时时间,不,也许只有半个小时,吉川他们便会找到自己。在此之前他还有件重要的事要办,就是通知四黑他们赶快躲起来,或一起出城。

他慢悠悠地走过几家饭店,都没有找到甩掉尾巴的机会,眼看来到了三角街,他信步朝一家有阁楼的饭店走去,进门便坐在了冲着大门的桌边,两眼直勾勾地盯着大门。

片刻后,一直跟着牛紫龙的尾巴刚跨进门槛,便与牛紫龙打了个照面。那尾巴慌忙拉下礼帽转身又折了出去。

牛紫龙一边上楼一边点菜，待店小二下楼后，打开二楼的窗子跳进了后院，一连翻过两座院子转上了正街，叫了一辆人力车疾步向四黑的茶馆跑去。

第十四回

探去路　不打草　卖人情风动惊蛇
算先机　谋决断　五勇士毙杀吉川

东方刚刚泛出一线青白色，一叶轻舟悄悄靠上了郑州白沙附近一处临时码头，三四个人屏息静气搬起了一块门板，把牛紫龙从船上抬了下来。

张道成伏在牛紫龙耳边说："那边过来人说伪警备司令刘兴舟被枪杀了，俺一猜就是恁干的。"

牛紫龙冻得浑身直打哆嗦，小声道："走，到三号院换身衣服马上回郑州。"话没说完，"砰"的一声，河对岸突然闪过一簇红光。

三号院是军统豫站在新黄河边建立的一个隐点。

黄河决口后，新黄河横亘在开封、郑州之间，当时郑州一带工业品奇缺，食用盐、碱等都要到开封贩运，再加上对日作战的需要，国民政府和军队许多部门都在河边设立了办事处，名义上是加强管理，私下里则参与倒卖物资。这些活动也滋生了一些钩挂两岸的"杂特"、"情报腿"，白沙一带更是鱼龙混杂。

选择在这里建隐点，牛紫龙是经过反复掂量的，一是离黄河决口后的新河道较近，而这段河道又是郑、汴之间最窄的地方，站在这个小院的阁楼上便能望见码头；二是由于距前线近，村里人大多背井离乡迁走了，行动队驻扎的小院几乎是原来的主人白白送给队里的，讲的条件是看好院子就行；三是正好村子有条便道通往郑州，骑自行车比走大路还方便。院子占地半亩多，除了阁楼、厢房、牲口棚外，周围还种有一圈槐树、柳树，院后还有一口井。

寒月当空，瑟瑟地躲在一抹晨曦之中，只露出半个朦胧的身影，天地浑然惨白，周围的树只剩下疏朗的枝丫，交错挺立在淡淡的晨雾里，四野一片静寂，既没有灯火，也没有声响，只能偶尔听到一两声怪异的鸟叫声。

躺在平板车上，牛紫龙望着这深秋的晴空，听着车子有节奏的响声，细想来已近四天没合眼了，却依旧毫无睡意。

牛紫龙知道，吉川的狂热决胜心理正是自己利用的条件之一，他不可能承认自己失败，而且是败在一个名不见经传的中国教师手里。他显然会坠入一种强势的复仇追杀心态，构思下一步的方案需巧妙地利用这一点，用更大胆、更疯狂的设想或许才能达到反制他的目的。

牛紫龙酝酿了一个四步走的方案，定名为"剃刀行动"，方案干净利落，思考周全。他反复掂量着每一步的细节,干这行当,细节过程的谋划往往重于结果。此外,还要想好各种因素变化情况下的应对措施,重点是不能留下任何不利的后果。思路确定以后,接下来就是选新人了,好的思路必须量身打造才有效果,人的因素是成事的基础,没有合适的人选,一切都是泡影。那么用谁呢?

"吱吱呀呀"的响声把牛紫龙的思绪拉回到眼前的土路上,他坐起身,远远望见了郑州的城墙,突然想起一个人选,长长地出了口气。这时一阵强烈的睡意袭了上来,他竟躺下就睡着了。

一连两天都是坏消息,四黑被打死,出人意料的是,日本人把四黑和三四十个乞丐的头颅一起挂在了开封城门上!不仅如此,还从防守黄河渡口的侦缉队那里得到消息,发现有多个可疑人员过河西来,显然是吉川派人来追杀报仇的。军统豫站内部也接二连三派人来队里了解情况,牛紫龙只能暂时送上去豫北除奸的报告,派人应付。他真正感到了一种身心疲惫的内外交困,他一再提醒自己机会或许转瞬即逝,也许一生的价值就在这几天,必须奋力抓住眼前的目标。

其实牛紫龙到郑的第二天,已派张道成、张剩等人携带银元、武器去了郏县,与正在家里养病的樊存诚一起做换出吴志翔的工作,并制造"越狱"假象。这边通知解除南阳城的戒严,放出豫州自卫军日本顾问岗上青树和高参宋文修,好让吴志翔在他们回汴的途中沾上他们,趁机打进开封。这个计划能否成功,关键是一个时间差,把吴志翔"越狱"时间提前,并"巧遇"成功。

是日,颜府大院。

一早,颜府上下一派忙乱。颜潜修自从弟弟颜潜齐被毙身亡后,很长一段时间又急又惧,心惊肉跳,多次谋划要在狱中除掉牛紫龙和吴志翔,后来听说吴志翔把所有案件都扛了下来,被判死刑送往开封,牛紫龙无罪释放远走他乡,心绪稍安。只是从此很少出门,郁郁不乐,好在这时他的两个儿子已渐渐长大。老大颜学礼长得一表人才,高个儿浓发,白肤大眼,并且性情沉静,做事认真,自幼聪慧好学,在本城读完小学后,就到开封念初中、高中,"七七"事变后随学校迁到了南阳,不久前刚刚考上兰州的一所大学。老二颜学林没有一点哥哥的影子,生来就是横脸横身,圆瓜脸、短身材、黑红肤色,走路说话把持招摇,特别喜欢舞枪弄棍、偷鸡摸狗,小学读到四年级开始留级,一留就是五年,每天墨汁涂得满身满脸都是,恨不得喝几瓶,就是理解不了书面文字讲的是啥!只得退学跟父亲一块儿经营家业,谁知对父亲的"经营之道"如同与生俱来,很快便成了行家里手,算账比他父亲还明白。

十天前,颜府来了两位贵客——豫州自卫军的日本顾问岗上青树和高参宋文修。颜潜修闯荡江湖多年,当然知道勾结日本人是犯了汉奸重罪,原本不想参与,可经不住两位贵客的诱惑,提出的条件不但有枪支弹药、大烟银票,还许诺日本人来后至少给他个维持会长或县长干干,这让颜潜修品味出了人生的更大价值,于是决定脚踩两只船,与日本人签署了中日亲善、东亚共荣合作的备忘录,半推半就地收下了他们的定金。

送走两位贵客后,颜家父子便陷入了没完没了的争执打斗之中,老大颜学礼坚持说这等汉奸行为辱没祖宗、为人不齿,应当立即报官捉拿,以证清白;老二颜学林认为这回生意合理划算,日本人也好,国民政府也好,谁出的价高自然应听谁的,辱没不辱没祖宗,此话扯得太远,祖宗是谁恐怕都弄不清楚,最好是现实点,这次父亲捡了个大便宜,应当高兴才是,却出了个胳膊肘朝外扭的败家子,谁要敢报官就废了谁。而父亲颜潜修左右为难,他为难的不是当不当汉奸,而是两个孩子骨肉相残。

这边兄弟打斗还没消停,那边岗上青树和宋文修一大早竟又找上门了,凄凄惶惶如逃难一般。

颜潜修把客人让进门,寒暄几句,听二人惊恐莫名地叙述一番,才知道他俩自从上次离开颜府后,直接去了南阳,事还没办,就碰上了全城戒严,说是日本奸细已经混进了府城。恰在这期间,日本飞机轰炸了南阳四门,巡查更是日紧一日,二人只得天天躲在刘绅士府上,大门不出二门不迈,一直等到前天全城解禁,两人这才匆匆出城,一路南下,风声是步步紧逼。南阳刘绅士将两人送到叶县边界,再也不肯远送一步,道别后独自回了南阳,无奈两人只得再次转回颜府。

颜潜修安置下二人后,回到后院,父子三人为此事整整吵闹了半天,最后总算达成一致意见,第二天一早就将贵客送走。

翌日天亮,颜潜修刚刚安排家丁备好一辆大车,就听得大门外一阵枪响。颜潜修急忙来到前院,见岗上青树和宋文修也丢下饭碗跑了出来,三人来到院里还没站稳,一个家丁头目气喘吁吁地跑了过来,递上来几张"通缉令",急道:"老爷,老爷,来了不少队伍要搜查这一带,说吴志翔越狱跑了……"那小头目登上台阶,凑近颜潜修小声嘀咕了一番。

颜潜修一怔,脸色大变,急忙转身对岗上青树和宋文修说:"真对不起,县里来人抓越狱逃犯,二位……看来大车也送不成了,就让这位弟兄从后门送恁们吧。"

说完,不等二人表态,便对那小头目命令道:"快,领客人出后门去许昌!"

岗上青树和宋文修此时已成惊弓之鸟,哪还顾得什么礼数,相互望了一眼,抹抹嘴跟着那名家丁出了后门。

牛紫龙率队登上颜府背后的山冈,与押着颜府家丁的张道成等人碰了个正着。

"吴志翔呢?"

"跟日本人一起去开封了。"张道成笑笑,转身指了指山下勉强能看到的几个黑影。

"任务和联系方法都说清楚了?"

"放心,交俺办的事保成。"

牛紫龙犹豫片刻,小声问:"他咋说?"

"他说此次他大难不死是上天召唤,上苍召他完成这件替天行道的大事,说请恁放心,没有降服不了的恶魔。"

牛紫龙突然感到鼻子一酸,热泪顿时模糊了视线,广袤的大地显现出一片水墨丹青的写意画卷……

吴志翔来到开封的第二天,岗上青树和宋文修便把他引荐给了华北五省特务机关长吉川贞佐。

吉川盘腿坐在榻榻米上,见岗上青树领人进来,指指小桌上的一碗清酒,问那小个子的中国人:"会喝吗?"他那双因熬夜而布满血丝的眼睛透着疑虑和愤恨,自从刘兴舟被刺,豫州自卫军多数军官被反间计杀掉后,吉川也变得特别敏感,见中国人就想杀。

吴志翔弯腰端起碗咕咕咚咚一口气喝了下去,抹了把嘴把碗放在了原处。

吉川又斟满酒端给吴志翔，冷冷地问："好喝吗？"

吴志翔再次弯腰一饮而尽，啥也没说。

吉川嘻嘻笑笑，又斟了一碗，问："还喝吗？"

吴志翔摇摇头，嘟囔道："这是啥球酒呀？跟喝药水一样。"

"日本酒不好吗？"吉川恶狠狠地盯着吴志翔问道，并扫视了一下屋里四五个日本人。

吴志翔答了一句："跟喝水差不多，没劲。"

吴志翔知道类似吉川这种人的性格，外表残忍，其实有许多方面都是欺软怕硬，人的强大不在他背后的势力，而在他的心灵，对这种仗势欺人的人，你越是鄙视他，他反而会起敬畏之心。

吉川下意识地点着头，他并不是欣赏吴志翔，而是对他中肯态度的一种认定。

吉川端起一碗酒再次递给了吴志翔，又扬了扬自己手中的碗，一口喝了进去。他眯着眼看着这位黑黑瘦瘦的中国人，他弄不明白这个人怎么会有这么大胆量来见自己，如若自己心情不好，杀了他也不过是转念间的事，难道他不怕死吗？

一会儿，吉川伸出粗壮的手，把一位日本军官招到自己身边，小声嘀咕了几句，那人用力点点头，起身离开了房间。

吉川开始舞弄那把军刀，由慢渐快，忽左忽右，一招一式都非常认真，一个动作稍不到位，吉川就会狠狠地抽自己一个耳光，然后重新再来一次。

吴志翔对于剑道大致也能看出些路数，见吉川耍的全是全力以赴的进攻动作，几圈下来，吉川额头已是汗珠滚滚了。吴志翔心想，这老日恁大年龄还真能耍几下。

突然，吉川跳起身，连续做了一个三劈的动作，稳稳地站住脚收刀入鞘。接着挺直了身，双手举刀用力一推，送到了吴志翔面前。

吴志翔不慌不忙地深鞠一躬，摇摇头说："对不起！俺不会耍这玩意儿。"他知道吉川让他耍刀只是一种试探，并非让他真耍。

吉川皮笑肉不笑地挤出了一脸笑褶，扭动着他那无比丰满的身躯，生硬地说："会什么就耍什么，让我们领教一下。"

吴志翔一时想不出能耍什么，心想，大勇若怯，大智若愚，不论耍什么都只能露怯。他试着打了一路八卦掌，还故意露出不少破绽，把八卦掌中不少进攻的动作有意改成了退步的防御，收招向周围鞠躬的时候有意做出了垂目的动作，而不是像吉川那样狠狠地盯着对方，日本人把斗狠也做得很有礼貌。

吉川干笑几声，带头鼓起掌，毕，又招呼众人端碗饮酒。周围日军军官开始欢呼起来，吉川涨红着脸伸了伸短短的脖子，提刀向众人做了一个"请"的姿势，带头来到了院子里。

吴志翔这才看清，刚才离席的那位日军军官已将两名战俘捆绑在院子中间的十字形木架上，蒙眼塞嘴，手脚也牢牢绑着。那两个可怜的人看样子已经非常虚弱，瘦削的身躯像枯叶瑟瑟直抖，其中一人从脖子到手脚，凡是裸露在外的皮肤都通红通红的，显然已经病得不轻，尤其是那双蜷曲的手，似乎连握拳的气力都丧失了，不停地战栗着。

吉川整了整衣冠，提了提垂到肚脐下的腰带，轻声哼着一曲不知名却很轻快的曲子，慢慢地开始舞动手里的军刀，同样是由慢渐快，哼着哼着那曲子变成了呼呼呼的喘气声，一步一步地向那捆绑着的人舞去……

周围的人静静地望着他的一招一式，当吉川走近其中一个十字形木架时，空气都像凝固住一般，只有那把军刀切割空气的"呼呼"响声。两名战俘被蒙着头，显然不知道眼前的一切，不住地左右侧头听那令人不寒而栗的响声。

吉川在做完一个突刺动作后，猛地用双手把军刀扛在了肩上，缓缓地把头扭向那两个茫然不知眼前危险的人，眼里闪出阴森森的冷光，或许是他想起了一次次的精心算计都归于失败，怨恨使他整张脸渐渐扭曲开来。他发疯般地冲向其中一个被捆绑的人，瞬间做了个"三劈"动作，前两刀分别砍掉了那人的双臂，最后一刀从那人的脖颈处斜砍了下去，几乎把人劈成两半。一时间血花飞溅，传出一连串噼噼啪啪的断骨声。周围日军军官号叫着一片欢呼。

吴志翔紧握着双拳，脚底下充满着跃跃欲试的冲动。他提醒自己先放开双手，深吸一口气，记住，同胞的血不会白流！

他看到吉川再次把军刀扛在了肩上，一步一步退到了院子中间，做着冲刺的准备，迟疑间他能听到吉川如野兽般的喘气声。这老日胆怯了！吴志翔心想，野兽的恐惧，也许在一定程度上能克服心理上的恐惧，吉川的恐惧更像是一种对人生的绝望，这种恐惧表现为歇斯底里的偏执和暴戾，是每时每刻与他形影不离的情绪。

吉川双手握刀，慢慢地把刀尖放平，对准了另一个被捆绑的战俘，两眼顺着刀背跳向那人。在日军中，这种被随便捕获用作练习的中国人一般被称为"木头"，数量也是按"根"算的。吉川两眼盯着对方，他把无法言表的不满和愤怒都集中到了眼前的目标上，这种不满和愤怒完全是他的固执和无知造成的，它打破了心理的平衡，必须通过杀人宣泄出来。杀戮、流血……可这些天杀的人还少吗？！他无法冷静下来，眸子里充满了绝望。

片刻后，吉川收起刀，干笑几声，走到了吴志翔面前。

吉川挥手指向另一个被捆的战俘，说："你能用什么手段制服对手呢？可以让我们观赏观赏吗？"

吴志翔拱拱手，从吉川手里接过那把武士刀，在众目睽睽之下，一步步走向那个被捆绑着的人。空气中飘过一阵阵血腥气息，到处都是喷溅的血花。在离那人尚有五六米远的地方，吴志翔抱拳后深深地鞠一躬，然后凝神提气，当真做了一番准备，把刀忽忽舞动起来，托刀绕身做了一番护身动作，突然跳上两步，出刀挑去了那人蒙眼的布。

眼前的一切把他惊呆了，一头长发粘着草秆，污垢的脸上闪烁着两只惊恐的眼睛，脖颈黑糊糊的，萎缩的身子几乎只剩下了骨头。他周身战栗，嘴里塞的布团使他只能从胸腔深处发出"呜呜"声。

吴志翔转身，双手托刀向吉川走去。

"嗯？"吉川瞪大猫眼，下意识地抓过那把军刀，问道，"你，没有胆量？"

"中国有句老话，'勇武不斗弃武之人'，他有病，已经没有跟我打斗的胆量和气力了，根本不是我的对手，跟这样的人过招只能坏了我江湖上的名声。"

吉川干笑几声，说："不！你没有胆量，你不懂得杀人可以给你力量。"

吴志翔双手一摊，愕然道："这俺真不懂，俺这一辈子一直在落难之中，只知道鸡蛋碰石头，还从来没有以强凌弱过。"

吉川把那武士刀扛在了肩上，干笑一番，忽地阴下脸，"嗖"的一声把刀架在了吴志翔的脖子上。

"你——认识牛紫龙？"

岗上青树和宋文修等人也不约而同地吃了一惊。

吴志翔似乎早有准备,用力点了点头,回答道:"不光认识,他还是俺的老师,教过俺国文、历史和体育课。"

吉川瞪大眼睛审视吴志翔片刻,又阴森森地笑笑,说:"好！你有一个很好的老师！很聪明的老师,他是国民党还是共产党？"吉川抽回刀,转身扔给了一位日本军官。

吴志翔摇摇头说:"这不好说,俺只上到二年级,以后就不得不下学了。不过听说共产党替穷人说话,国民党替富人说话,照这个理说牛老师应当参加国民党,因为他家吃穿不愁,他还拿钱接济过像俺这样的穷学生。"

吉川摇了摇又短又胖的手,笑道:"错！这只是一般的现象,牛紫龙是个例外,是个有钱人替穷人说话办事的例外。中国的富人追求的是福禄寿喜财,五福临门,没有多少有价值的东西。类似牛紫龙这样的中国人有更高的追求目标,毫无疑问,他们的目标里隐藏着深远精细的算计,对你这样没毕业的学生而言,要理解老师的目标是不容易的。"

"俺觉得没啥难题。"吴志翔嘟囔道,"牛老师讲的课都不难懂。"

吉川哈哈一笑,问道:"你们多长时间没见面了？"

"自打退学后只见过他一次,还是他到监狱里来看俺。"吴志翔做出一副认真的样子说。

吉川又仰头大笑几声,很快就阴沉下脸说:"他能教出你这样的罪犯是非常合理的事情,但是,你不应当跟他走一条路,穷人没必要爱国。"

吴志翔故意装出似懂非懂,又似有所悟的样子,用劲点点头,说:"胜者王侯败者寇,只要俺把风摇大,队伍拉起来,干一番大事,老师会为俺骄傲的。"

吴志翔说完给吉川鞠躬施礼,径直出了宪兵队的院子。

街上刮着黄风,昏天黑地,整个城市都在恐惧、阴郁、战栗之中。吴志翔总觉得有一股血腥味在跟着自己,胸膛一阵阵翻腾,感到一种难以压抑的愤恨,尽管他知道这是吉川有意安排的下马威,可是像他这样把杀人当娱乐的疯子自己还是头一次见。日本人能够打到这儿当然有他"厉害"的地方,中国军队肯定在许多方面技不如人,不过苍天有眼,日本人再强也不可能时时都强,中国人弱也不会处处都弱。牛老师让俺来就是来讨公道,杀人偿命,欠债还钱,替天行道,除恶降魔,自古就是仁人志士的天职,舍我其谁？！

吴志翔心想,关键是要抓住这老日的心理弱点,引诱他出招露出破绽,危中寻机,出其不意,这一切都要快。

吴志翔边想边走,不知不觉已经到了河南大饭店,抬头见岗上青树和宋文修站在大门旁边。走近后,吴志翔故意显出一副生气的样子,说:"看来日本人还不信任俺,叫俺去就看了一场杀人,要看杀人哪儿不能看？还非叫俺大老远跑到开封。"

宋文修笑吟吟地劝解道:"咦——话不能这么说,凡来投靠皇军的都有一个考察的程序。刚才你走后,吉川将军特意让我们来找你,转告他的敬重之意,希望我们能早日动身去点验你的队伍,以便皇军早日供给枪支弹药,颁布番号。"

吴志翔扬扬手,故意显出不介意的样子,说:"中,俺先在开封耍两天,然后回去把家底澄澄,过些天来,恁安排人跟俺去点验即可。"

午后。郑州白沙三号院。

"好!"姚三在众人的喝彩声中一连打了三圈扫堂腿,之后抱拳向周围行动队的二三十号人道:"哪位兄弟赏脸跟俺过过招,切磋技艺,点到为止,打赢俺请恁吃馍,打不赢俺请恁喝汤,谁人赏脸?"

姚三在队里擒拿比武第一,生得高大威猛,圆头圆脸圆眼,鼻子嘴乃至耳朵垂都是又大又圆,头发像刷子一样又短又粗,胳膊腿也是一截一截的疙瘩肉,穿一身灰色宽大短衣裤,一副福将的模样,就是没文化,大字不识几个。姚三自小家贫,从记事就被卖给武术班子,跟着跑江湖的走南闯北,啥活都干,剩饭全吃,老老少少混得很熟,他生性勤快机敏,只要谁刀枪剑棍耍得比他好,他扑地就拜,夜里睡到人家床下端屎端尿都行,非把人家那几下子学到手不可。随着年龄增长,倒也学会了不同门派的多家路数,无意中自创了一套具有观赏功能的杂技拳脚,这反而成了武术班的压轴戏。

姚三拱手转了三圈见无人上场,顿觉有些扫兴,指着站在圈外的蔺成章,抱拳道:"这位老大,初来乍到,可愿赏脸报上大名?"

蔺成章见姚三指着要他下场,拱手推辞道:"愚兄只是暂避贵处,不才无能,自甘认输,请允俺不报姓名。"

"咦——恁这是啥意思,小瞧俺们弟兄不是?!大名都不给俺们通报,恁是不是圣人蛋①?"

"岂敢岂敢。"蔺成章抱拳鞠躬,"众兄弟在上,在家靠父母,出门靠朋友,以后俺仰仗弟兄们的时候多了,只是兄弟俺不便通报姓名,还望各位海涵!"

蔺成章,豫东名家出身,自幼习武耕读,为人豪放,高风亮节,好打抱不平,招惹是非,江湖爆得大名"豫东大侠"。后考上省城高等学堂,不久爆发"七七"事变,蔺成章退学回豫东组建抗日武装,与日军作战。由于结交不慎,被小人出卖险些被杀,不得不化妆易容入了丐帮,伺机报仇,东山再起,只是还没等到机会,便经四黑指派过河送信留在了行动队。

姚三见蔺成章仍旧不肯报出大名,高喊一声:"恁鬼摆得不轻!接招!"话音未落跳起身飞起就是一脚。

恰在这时,牛紫龙横身在了二人之间,一拳打落了姚三的腿。

"真想过招?恁可要先数数自己的牙!"

"咦——俺是吓大的?俺先让他三拳如何?"姚三说完双手抱膀乜视着蔺成章。

蔺成章见牛紫龙递过个眼色,便进场活动一番筋骨,脱衣,转身,伸出中指和食指猛往墙上一插,双指夹出一块砖来,把衣服搭上去。再转身,见姚三大眼不眨地盯着那面墙愣住了,趋前一看惊得嘴巴大张,良久没有回过神来,一连"噢"了几声,转脸一笑,把那墙上的衣服认认真真地取了下来,拍打一番。

"恁这一招俺可听说过,这,这不是二指拆墙吗?!"站在一旁的王保接着问了一句。

牛紫龙笑着对姚三、王保道:"这活儿可不是一天半晌能修炼出来的,今儿的表演就到这儿吧!"

---

① 地方方言,狂妄自大、看不起人的意思。

王保是王永祥介绍给牛紫龙的,不久前牛紫龙找王永祥汇报工作时,王永祥说王保剑术、枪法都精通,尤其是性情沉毅,遇事冷静,非常人可比。

牛紫龙构思了两套制裁吉川的方案,分别使用中共党组织和丐帮两个渠道提供支持和帮助,两个方案都避开了军统系统。第一个方案,吴志翔小组包括王保、姚三、张剩、张道成采用行刺的办法除掉吉川,利用王永祥提供的中共开封市地下组织提供的掩护,包括在伪省政府任职科长的徐景吾、以经商为职业的李洋斋等人提供身份掩护等,如果人数多,干脆就落脚在自己妻子董秀凤的娘家。春节过后,牛紫龙把武器弹药以及进出路径的查探也都一一做了安排。第二个方案,就是蔺成章小组采用爆炸的方法,在吉川常去的酒肆或必经的要道上伺机除掉他,仍然使用四黑生前留下的关系。

"想好了吗?"牛紫龙望着蔺成章问。

"饭可以不吃,命可以不要,杀友之仇不能不报!俺一想到四黑他们的头挂在开封城门上,俺就知道此仇不报枉为人。"

牛紫龙把四黑提供的联络人和地点写下来递给蔺成章。"祝恁好运!落下脚后俺会把经费、器械送去。"

这时,一个队员进屋,在牛紫龙耳边报告道:"吴志翔过河来了。"

月余后,开封徐府街山陕甘会馆日军华北五省特务机关总部。

吉川下意识地用四个手指很有节奏地敲打着桌面,发出一连串的"咚咚"声,他突然站起身,走到吴志翔面前,盯着吴志翔的双眼道:"你把风摇大,队伍拉起来,办大事的想法很好,我们大日本皇军决定帮助你,供给你枪支、弹药、金钱、烟土,当然也可以暂时对外保密,仍旧驻守原地,只要求你们接受皇军的指令,接受皇军派驻的顾问。"

"这些条件他们都给俺谈过,关键是能给俺多少干货。"

吴志翔从怀里掏出一本花名册,同时挥手示意让岗上青树、宋文修把燃烧伞和左轮枪之类的新式装备摆放在吉川面前,补充道:"这是国民党正规军许诺给俺的洋货,还说过几天搬几挺新式机枪过来。"

吉川认真检查着这些铸有"USA"标志的新式装备,把左轮手枪的子弹一枚枚摆在了桌上,摆弄着那些弹头藏在弹壳里的平头子弹,阴森森地笑笑,说:"国民党军队是我们的手下败将,我们大日本皇军才是你们真正的依靠,我们可以按实到清点的人数派发枪支和薪饷,你好好考虑一下吧,你可以拉起多少人的队伍呢?"

吴志翔故意沉思良久,指了指办公桌上的花名册说:"这都是按过手印的,一共七千多人,恁可以数数。"

吉川推开面前的花名册,干笑两声道:"不不!这样的把戏我见得多了,这只是江湖上的雕虫小技,找人写名按手印在中国是件很平常的事,我要按你实到点名人数发枪和薪饷。"

吴志翔点头表示同意,又问:"枪可以按实到点名人数发,弹药按几个基数配置,能不能跟大日本皇军同样待遇呢?"他故意把这些细节谈得逼真些,接着又问,"重武器装备是否与大日本皇军一样?"

吉川原本对收编一事就有顾虑,日军收编华军本身就是件风险很大的买卖,谁能保证这些武器装备不是肉包子打狗？最好的策略是做些拉拢准备工作，并不当真实施。敷衍吴志翔的目的是把他当枪使，吉川真正感兴趣的还是想通过拉拢他摸到牛紫龙的底细，当然，能清除这个心腹之患是最理想的结果。他无法忘记前段时间的失败，想起来就会失去理智，就会酗酒，就要杀人。梦里他无数次幻想过抓住牛紫龙，也无数次思考过处置他的办法，只是一觉醒来这些又都成了泡影。说起来也真够丢脸，堂堂的日军少将，五省特务机关长，竟被这么个名不见经传的小人物戏弄，这口恶气着实让他咽不下去。他可以不当这个官，甚至也想过一旦除掉牛紫龙挽回颜面，就是退役回国也能睡个安稳觉，否则的话他会寝食难安，终生抬不起头。

吉川思量着如何把吴志翔变成个诱饵，用什么办法才能让牛紫龙上钩。当然，把吴志翔扶植起来，牛紫龙或许会自动找上门，不过这么办投入大，见效慢，且夜长梦多。

那么拉拢吴志翔本人会不会见效呢？

吉川在这之前专门通过国民政府上层关系了解过吴志翔的情况，确认吴志翔一直被押在当地政府的监狱里，甚至还查到了吴志翔被关押在开封的记录和判决书，以后越狱之事在当地几乎尽人皆知，岗上青树、宋文修又是亲眼所见。摸到这些情况，吉川仍不放心，又通过内线关系落实了军统豫站所有外线人员，包括用人情况，确实没有吴志翔的参与记录，他这才放下心来，亲自开展拉拢工作。

根据吉川的推理，吴志翔不应该有多少"爱国心"，因为自他懂事起半数岁月是在中国监狱里度过的，他真的会为抓他坐监狱的国家拼命吗？更合理的解释是，他要千方百计活下去，为了这个目的，他当然不会把是非对错放在第一位去考虑，他当务之急是投靠势力大的一方壮大自己、保护自己，大日本皇军正好可以利用这一点拴住他。

想到这儿，吉川又干笑几声，起身走到吴志翔面前，故作诚恳地说："我们大日本皇军从来就以忠义为先，讲究知恩图报，你提的这些条件都好商量，只是我们大日本皇军在你危难之时伸手援救，不知你是否考虑过如何回报我们大日本皇军呢？"

吴志翔早就料到吉川会索要回报，跟老日做买卖他能把账算到你的肋骨里，但他表面上故意眨了眨眼问道："皇军需要俺干啥尽管说，投桃报李，刀山火海，俺两肋插刀。"

吉川马上兴奋了起来，瞪大猫眼说："好，好，牛紫龙是你老师，也是我的朋友，当然我们无意让你做对不起师长的事，你只需把他的行踪，或者把他有什么计划告诉我们就行了。"说罢嘻嘻笑着，但眼睛一直在吴志翔脸上转来转去。

"这不是让俺出卖老师吗？"

"不不不，"吉川急忙走到吴志翔面前，"牛紫龙和你一样都是我们大日本皇军的朋友，我们需要交流，经常交流。"

吴志翔犹犹豫豫地问了一句："俺要打听出情况告诉谁呀？告诉他俩吗？"吴志翔指了指站在一旁的岗上青树和宋文修。

"不，"吉川快步走到桌边，拿出一张蓝皮特别通行证，郑重地签上"吉川贞佐"的名字递给吴志翔，说，"只要有情况可以直接告诉我！"

吴志翔双手接过通行证，长出一口气，望了一眼岗上青树，心想，下一步就是如何摆脱他了。

吉川来回踱着步子，突然走到吴志翔的面前，鞠躬做出送客的表示。

吴志翔双腿一并，很认真地行了个礼，转身出了吉川的办公室。

吉川阴沉着脸一直望着吴志翔离去的方向,片刻后,转身对岗上青树、宋文修狠狠地交代道:"明天晚上,你们出发到豫北追杀牛紫龙,几天前接到线报,牛紫龙带人到了内黄,你们多带几个枪手,只要发现目标务必将其猎杀,拜托了!"吉川郑重其事地深鞠一躬。

岗上青树慌忙还礼,毕,悄声问:"由谁来盯着吴志翔?"

"告诉宪兵队,务必把他盯出城,如果你们在豫北消灭了牛紫龙,那么这个吴志翔也没必要再敷衍了,再来就直接把他送进宪兵队。"

"是!"岗上青树双腿一并,与宋文修退步,转身离开了吉川的办公室。

1940年5月14日夜半,就在岗上青树等人乘坐的汽车驰出北门的同时,牛紫龙带着吴志翔、王保、姚三、张道成、张剩五人行动小组也来到了北门,开始了整个行动的第一步。

日军占领开封后,为加强城防,一共布设了四道警戒线:第一道是在城外利用护城河堤修了一条环城公路,作为机动巡逻的警戒线。第二道是利用开封四周完备的城墙布设了定点哨位和流动哨。这两道警戒线均由驻汴日军独自承担。第三道是城内布设的哨岗,多选取城边建筑、高大树木等视野开阔、易于隐蔽的地方安放暗哨。第四道是大街小巷的巡夜,城内的这些暗岗巡夜都由伪军担任,逢年过节还要从街道居民中抽人协防。

牛紫龙开始曾想把这次行动的进出路线选在离渡口较近的城南,由于国军连续两次袭汴都选在了城南,日军防御的重点也定在了城南,并且行动队一连派人踩点去了几趟,成功几率都不高,不得已选在了城北。

此时,牛紫龙一行已经在老护城墙边的灌木丛中趴了两个多小时,从观察的情况看,城墙上的流动哨平均十六分钟经过一个圆点,而城外机动巡逻是十九分钟驶过同一个圆点,选一条路线躲过这两道巡逻的时间差只有不足四分钟。

"在这个世界上,咱们这样的人就像河里的水和天上的雨,多得不可胜数,历史根本无法记清咱们是谁,能够记住的只有落到心头的泪,要么悲伤,要么喜悦,你们此去无论成功与否,都将是中国历史心头的泪。"牛紫龙环视着周围的身影,低声问,"谁先上?"

吴志翔上前两步,却被牛紫龙推了回去。

张剩拉了一下牛紫龙,牛紫龙点点头。两人猫腰向那巨大的黑影跑去,在环城公路边隐蔽下来。蚊虫叮咬得牛紫龙已是满身疙瘩,痒得钻心,他轻轻地抹去额头上的汗,静静地听着头上日军流动哨慢悠悠的皮鞋声,"咔咔"地渐渐远去。

"一定要记住在第一个街巷口有人接应。"牛紫龙凑近张剩叮嘱了一句,张剩咬着大拇指的关节点点头。

几分钟以后,牛紫龙拍了一下张剩,张剩飞快地越过公路跑向城墙,边跑边准备着一根带抓钩的攀杆,来到墙根下便轻轻地靠了上去。只见他双手拉着攀杆,手脚并用,转眼间就到了城墙上。牛紫龙取下攀杆后找了个洼地躲了起来,一会儿,日军游动哨的皮鞋铁掌敲击墙上青砖的咔咔声,由远渐近从头上踩了过去。十几分钟后又有一人从城墙上跳了下来,一个……两个……全都消失在城墙的黑影里。

牛紫龙回到城南联络点时已是后半夜,预先通知来碰面的交通员已经等候多时,带来的消息有喜有忧。喜的是实施第一套方案,各项准备工作已全部就绪;忧的是开封日军换防,原先驻防的部队没走,接防的重田支队已经到达,跟随重田支队到汴的还有华北派遣军观察团一百名军官,开封市不少地方被临时征用住进了日军,全城都加强了戒备。

牛紫龙听完敌情变化,先打发交通员去休息,不免为刚刚进城的吴志翔小组捏了把汗。当然,驾驭任何情报和卧底工作,道义上的高瞻远瞩是成功的首要条件。他望着皓月当空,满天的繁星,思量着行动成功的几率。王永祥他们在豫北的活动可提供时间不会太长,最多一二十天;而刚刚进城的吴志翔小组机会也不多,只能是一两天时间,胜算几率最多也只有五成,成功与否的关键全在细节上,而所有细节都必须结合人的因素去考量。他反复掂量着这次的行动人员,一个个在脑海中过了一遍,他知道任何刺杀行动每一个环节都有发生意外的可能,要计算的变量太多也太复杂,如是想来,更是坐卧不安。不过,越是生死关头,往往先下手为强,退却只能死亡。

拉开大门,四野飘来一阵阵麦香,他大步消失在一片夜幕之中。

1940年5月17日傍晚,开封徐府街山陕甘会馆日军华北五省特务机关总部。

暮色苍茫,开封往日的灿烂早已散尽在历史的云烟里,街道上稀稀拉拉地亮起了几处灯火,映照着屈指可数的长长的身影。

吴志翔、王保换上了黑色的丝绸长衫、宽边大礼帽,扮作郎中,每人两把枪,一把左轮,一把二十响驳壳枪;姚三、张剩扮作给郎中提药箱的学徒,提着装满炸弹的药箱跟在后边,出了大门。

一行人大摇大摆地向徐府街走去,路经山货店街口,见张道成已经雇好五辆人力车在一边等候。张道成一连打了几个手势,比划出敌情有一定变化,吉川仍在会馆。

吴志翔扫了一眼山陕甘会馆门口,除了两个正常值勤的日军哨兵外,并没有车辆停留,推测会馆内人员不会太多。他大步朝门口走去,示意王保紧跟其后,到门口掏出了吉川亲笔签发的蓝皮特别通行证递给了门口的哨兵,那哨兵打开手电认真验证过后,又对着吴志翔、王保的脸晃了晃,摆手让他俩进了门。

吴志翔领着王保穿过二门戏楼,快步来到后院南头,王保向吉川办公室窗户猛一探头,左手向吴志翔伸出四个指头,右手勾手一枪击中了吉川办公室对面警卫室值班士官的左胸。

这边,枪声未落,吴志翔一脚踹开吉川办公室的门,跨前一步扑进吉川办公室,在倒地的一霎间,双手举枪击毙了刚刚举起桌上茶壶的吉川和躲到桌旁的华北派遣军视察团长瑞田。瞬间,屋内大乱。重田支队参谋长山本慌忙转身扑向墙边取武器,被闪进门的王保从背后击中。一直躲在办公桌后的新任日军驻汴宪兵队长佐藤井治刚刚掏出手枪,又被吴志翔双枪齐发击中头部,刹那间屋内四个日本军官东倒西歪,一股血腥和火药的混合味充满了整个房间。

吴志翔起身逐个察看了被击毙的四个日军军官中弹的位置,收起枪,匆忙将桌上和柜子里的各类文档揣进怀里,招呼一声王保出了吉川办公室。

这一连串的枪声几乎是在不足二十秒之内连续发出的,整个过程冷静、连贯,枪声过后,一切恢复了平静,被打倒的四名日本军官竟没人喊叫一声,个个都在惊恐无措间毙了命。

与此同时,在门外的姚三和张剩隐约听到枪声后,一前一后顺着徐府街跑过去,边跑边喊:"谁的轮胎崩了?""谁的轮胎崩了?"匆忙间整个街面一片忙乱。

吴志翔、王保在门岗左右张望之际，快步出了大门，与姚三、张剩、张道成在山货店街口汇合后，分别跳上人力车向城北跑去。

十几分钟后，整个开封突然拉闸关电，凄厉的警报声在四个城角响起，城墙四周纵横交错摇晃着探照灯和手电的光柱，纷至沓来的跑步声在大街小巷响了起来，不时有一两声枪响划破夜空。城外环城路上一辆辆日军汽车、摩托车队飞驰而过，吴志翔等人利用巡逻队间隙飞快越过公路，跃进一片坟地。

牛紫龙盯着环城路上越来越远的日军巡逻队，悄声问："确认击毙了吗？"

吴志翔笑笑，黑暗中他的两只眸子熠熠发光，凑近牛紫龙耳边道："那屋里四个全报销了，王保还打死了对门的值班士兵。俺犹豫了一阵，真想把他那把刀拿来，一想路上不好带，就把那四个鬼子的胸章给撸过来了。"说罢他掏出一把胸章递给牛紫龙。

牛紫龙扫了一眼，说："恁留着做个念想吧，俺要它没啥用！把文档交给俺。"说罢，招招手率领这十几个人的分队消失在一片夜色之中。

三日后，日军华北五省特务机关长吉川贞佐少将、重田支队参谋长山本大佐、华北派遣军视察团团长瑞田大佐、日军驻汴宪兵队长佐藤井治大佐等人被中国爱国志士刺杀身亡的消息见诸报端，全世界先后有七个国家的报纸报道了这一消息。

第十五回

追凶手　夜潜军　血溅陈家祠堂
守要道　算其形　伏击宫本支队

郑州，白沙三号院。

牛紫龙秘密请来日语和译电专家，把缴获的吉川办公室的电报梳理了一遍，列出急办事项：分别向南阳、郏县当地政府通报豪绅通敌证据；派出行动队大部分队员分头抓捕通敌的青帮杭三帮赵本亮贩毒团伙；通过秘密渠道，向中共地下党组织通报夏秋两季日军征抢粮方案以及为抢粮专门成立宫本支队的情报，并先期派出两个小组到开封城内和曹门蹲守。

这一切安排完毕后，他顾不上多日没合眼的劳累，带着张道成、姚三等四五个队员趁着暮色赶回了军统豫站站部。

牛紫龙在实施刺杀吉川的行动期间，查明了杀害开封丐帮大当家四黑的具体执行人就是川岛、岗田。川岛、岗田由于四黑计诱开枪，掐断了这条线索，同时暴露了多年前日军在内地经营的贩毒网络，被日军驻汴部队总部给予降职降级处分，分派到商丘县伪和平建国军充任教官。牛紫龙事先派人专门去查找了这条线索，做了些准备，决定趁日军尚未大批出动之前到商丘走一趟。

商丘伪和平建国军由原柘城县警队和一批散兵游勇组成，自封司令的是大汉奸张岚峰。

张岚峰,原籍商丘柘城,早年参加西北军,后被推荐留学日本陆军士官学校,回国后曾任冯玉祥部的军官学校校长和郑州警备司令部司令。1931年中原大战后,张岚峰再次留学日本早稻田大学,研究经济。留学期间参加了日本的特务组织,开始从事汉奸活动。抗战爆发后,被日本华北派遣军委任为豫皖招抚使,在商丘组建了一支河南最大的伪军队伍。

日本对这样的杂牌部队骨子里自然是瞧不上眼的,名义上派几个教官,实际上主要任务是监督张岚峰等几个高官,对这一点张岚峰也心知肚明。为了应付这几个日军教官,张岚峰特意安排他们在高墙大院的陈家祠堂居住办公,还专门抽出一个排的兵力负责安全警卫,让一个跟自己沾亲带故,又多少懂些日语的远房亲戚马副官负责起居照料。

几天前,姚三、王保扮作粮贩到柘城查找川岛、冈田落脚的地方,姚三愣是跟马副官攀上了老乡,凭着姚三那张跑江湖的嘴,居然说动了马副官做内应,除掉川岛、冈田,条件是事成之后在老家周口给马副官找一个教书的职位。

是日傍晚,商丘陈家祠堂。

马副官一手托着一荷包驴肉,一手提着一捆瓶酒,跟在身后的酒馆小二提着一大盒各色冷盘热食,二人一前一后来到陈家祠堂。

商丘陈家祠堂为三进门的大院,前院为祭祖的大堂;二进院为议事的场所,除了议事大厅外,两边还专门建有接待、宴请客人的厢房;三进院很小,原本是保存先祖遗物、撰藏家族族谱的场所,此时被临时改作日军军官的宿舍和盥洗的地方。日军在张岚峰部的顾问最多时曾达数十人,以后逐渐减少,到这时只剩下四名军官顾问和四名日军士兵。士兵住前院,军官住三进小院,二进院驻扎着张岚峰部的一个排,而此时正是晚饭时间,警卫排都出去了。

马副官给前院的日本士兵打过招呼,径自进到二进院的厢房,几位日军军官以为是例行的犒劳,便没怎么客气,拉开桌子,端上酒菜就喝上了。一会儿工夫,个个皆已酒酣耳热。

马副官见火候已到,便给冈田丢个眼色,顾自先出了房间。

冈田一向话语不多,两眼恶狠狠地盯着马副官追了出去,他对所有中国人都不信任。

马副官故意装作有些醉样,回头伸出一个食指,诡秘道:"就一个,还是从西关……"

"哪里?"冈田瞪大眼睛问。

马副官指了指大门,冈田犹犹豫豫地走到门外,果然见两个轿夫蹲守在一台小轿旁边,他急忙走下台阶,没走几步又拐回祠堂。

冈田从来都把川岛放在前面,即便是嫖娼也必定跟在川岛后面。他回到二进院,正好撞见一个日军军官缠着马副官"商量"花姑娘的事,便绕过二人走到川岛身后嘀咕了几句。

川岛话没听完,便吐出啃了一半的鸡腿,起身跟着冈田出了门。

那台小轿里,王保穿一身紧身的大红丝绸女装,头上还顶着一块遮脸的红布,浑身冒汗,一直在小声骂着姚三。

"你个龟孙,非让俺穿恁小的鞋……俺再等三分钟,他们不来,俺说啥也得走啦。"

姚三赤裸着上身，只穿件没有纽扣的白色粗布马甲，下面穿件两尺白布三尺黑布做的宽大的直筒裤，手里还摇着一只"呼呼啦啦"直响的芭蕉扇。他半弯着腰给王保做着思想工作。

"这是任务！恁说当新媳妇这事谁不想干?!可那户人家翻出来的所有女人衣服只有恁能穿，恁没听那家主人说，恁穿的这身衣服还是小孩她奶奶在道光年间做的，那时候的丝多好呀，都是咱中国的丝，又粗又韧，不像经过洋人细纺出来跟纸片样的丝，恁穿那鞋也是……来了！"

川岛匆匆跳下陈家祠堂大门外的台阶，扫了一眼站在轿旁的姚三，"哗啦"一声扯掉了小轿面前的挡帘，"哟西"一声伸手就要去抱……

"哎——"姚三伸手拦开了川岛，上下打量着眼前这个日本人，大致判断出这厮应当就是目标之一，不紧不慢道，"这可是俺家亲妹子，恁这是想吃白食？"

川岛见有人来拦，习惯性地就要从身后掏枪，指着姚三道："你，干什么的？双手抱头！"说着转向岗田使个眼色。

岗田跨上几步，双手从姚三腋下一直摸到裤口，转身对川岛摇摇头，川岛又"哟西"了一声，收起枪，干笑两声说："让她进去！有钱！"

"去球吧！咱们还是先小人后君子，恁先说个数俺就背她进去，不中俺这就抬她走，恁也别耽误俺们的生意。"姚三说着，弯腰重新挂上了轿帘，摆出一副一手交钱一手交货的无赖样。

川岛哈哈笑着，先伸出两个指头，接着又伸出四个指头。

姚三摇摇头，直接伸出五个指头。

川岛点点头，急不可耐地转身进了陈家祠堂大门，对门口的哨兵郑重其事地打了个手势，让姚三背着王保进了门。进门后，川岛、岗田一前一后押着姚三、王保走僻甬穿偏门，进到三进门里的小院，一直来到了卧室。

刚进卧室，姚三乘着岗田划火点灯之际，在放下王保的同时，从他小腿一侧抽出一把匕首，转身向川岛胸前刺去，由于用力过猛，两人重重地摔在了地上。

岗田点着火，灯还没找到，扭头便见那"妇女"扯掉头巾，露出一副俊秀的男人脸向自己扑来，他听到一个尖硬的利器清脆地刺断自己肋骨的声音，也就是一刹那的时间，他后悔自己太大意，没有在进门前搜一搜那"女人"的身。他双手一松，火掉到地上，屋内顿时一片黑暗。

片刻后，随着一阵重重的喘息声，王保手忙脚乱地撕去了身上的衣服，只剩下了短裤。姚三与川岛同时倒地后，唯恐川岛不死，连刀都没顾上拔，便用双手狠狠地扼住了川岛的喉咙，川岛挣扎了一阵，张嘴瞪眼，到死还是一副见到那"红衣少女"的喜悦表情。

姚三的眸子在黑暗中熠熠闪着光，四处寻找着川岛、岗田的手枪和军刀。王保跳上一张靠窗子的木床，双手用力摇动一番，传出一声声"咯吱咯吱"的响声，三下五除二拆下了那窗子，缩身一闪跨到屋外，奋力一跃跨上了陈家祠堂的后墙，听得背后姚三低声喊道："别撂下俺！"

王保趴在墙上环视了一下四周，冲着窗子说："先把刀枪递给俺，俺就拉恁。"

"恁这个'臭娘们'，刚出道先学讲价钱！"他很不情愿地把刀枪子弹等物从窗子里递了出来，又接过王保递过来的皮带头，好不容易挤出了那窄窄的窗子，连裤子都扯掉了。

两人跳下墙,光着屁股消失在了小巷尽头。

1940年,中国抗日战争的局势由以军事实力、武器战技较量为主转向了以体制和文化精神的比拼为主。皆川稚雄就是在这个大背景下,接任了日军华北五省特务机关长一职,兼任伪河南省绥靖署总顾问。与体态矮胖、表情丰富、穿着邋遢的吉川正好相反,皆川高挑身材,一年四季都是一身戎装,很注意仪表。皆川稚雄脸上永远是一副处事不惊的样子,短细的眉毛下一双深邃冷峻的眼睛,高鼻薄唇,棱角分明,瘦削的脸上疙疙瘩瘩长满了肌肉,一望便知是性格果敢勇猛之人。

皆川稚雄除了工作之外,生活接触的圈子很小,基本不跟中国人交往。他认真审理了一遍吉川被刺以及任职期间的各种举措和线索,果断地清除了杂七杂八的特情线人关系,将吉川招收的社会闲杂人员,如毒贩车夫、逃兵游勇、小偷小摸、包赌包娼之流等尽数开除,把工作重点由组建伪军部队转到伪政府的改组和制度建设上。对开封城内伪省、市、县机构人浮于事的现状以及伪军警特机构设置进行了大刀阔斧的裁撤,除保留了一个名义上的伪省政府和五个虚名机构外,把所有的权力统统合并到了伪"豫东行政委员会"。

皆川稚雄换过人员后,便着手制定了一系列规章制度,如商店复业、物价管理、查处移地积囤、保护币面、提倡繁荣以及强化治安等。

皆川本人吃住都在宪兵队院内,到任几个月开封城里大小汉奸连面都没见过,有事都是他找别人,别人根本找不到他。皆川身边两个护卫都是从日本带来的,一句中国话不懂,同来的还有条凶狠的东洋狼犬,不知为啥,皆川给它起了个很动听的名字——"山崎君"。此犬瘦高,灰白长毛,黄眼大耳,记忆力超群,能分辨出主人的声调,读懂主人的眼神情绪,甚至能猜测出主人的所想所欲,凡是皆川看中的物品,"山崎君"便会盯紧看牢,就连护卫也不敢动一动。据日特机关的人介绍,皆川烟酒不沾,也不会打牌赌博,唯一的爱好就是收藏中国古董,且很有研究,真品、赝品一眼便能分清。所以他偶尔会在黄昏时分,穿上和服,突然造访开封城的某家古董店,大多数情况都是望几眼就走,连价都不问,只一两家古玩店重复去过。

自皆川上任后,蔺成章过河来过两次,与牛紫龙探讨反制皆川的措施,苦于没有找到下手的方法和渠道,一连多日牛紫龙茶饭不思,整夜失眠。不知道皆川稚雄究竟爱好什么,当然,可以到他重复去的古玩店里了解,大致什么朝代哪一类的古玩等。无法接近皆川,可以盯着喜欢古玩的日本人,拐弯抹角地达到接近皆川的目的。可是即便找到了皆川爱好的类别和层次,找到投饵放料的关系渠道,可这诱饵到哪儿找呢?

牛紫龙试着通过开封多个渠道在旧货市场、古玩交易市场放风,说近期有一批最新出土的宋明瓷器想到开封进行交易,寻找大买家。风放出去以后,迟迟没有任何反应,等来的却是另一次战机。

1940年8月,八路军在晋察冀发动了以破袭正太铁路为重点的战役,后被定名为"百团大战"。为配合这场战役,豫北八路军计划过河进行一场铁路破袭战,同时在睢县一带打粮库,补充给养。

八路军的这一计划,王永祥通过秘密渠道通知了牛紫龙,同时要求牛紫龙尽力搞好配合,保护八路军过河并顺利完成任务。

与此同时,牛紫龙接到开封线报,驻汴日军承担了巨额的征粮任务,皆川曾亲自到伪豫东行政委员会召开会议下达征粮任务。开封城南还秘密调集了一批铁路货运空车皮。

把收到的各方面的情报分析之后,牛紫龙连夜带人渡河进行准备。

夏夜,开封城南郊外。

入夜,原野一片恬静,夏末夜晚的月色特别明亮,目力难及的地方不时传来"突突"的马达声,隐隐可见一条黄黄的光带慢慢驶过。

牛紫龙带着行动队在这条公路上忙了半夜,埋下了一吨多炸药地雷。地雷分重压、轻压和绳拉三种,沿着这条公路分四排锯齿状埋在了两边。公路蜿蜒连接着远处那条开封的环城路。埋下的这些炸药如在三到四小时之内派不上用场,他们还要把它们全部起出来,把路恢复成原样。这样埋了挖,挖了埋的无用行动已经进行过三次。

奇怪的是,这几天驻汴日军特别安静。睢县一带的破路活动已经进行了两天,开封城里的日军还没有出动的意思。

牛紫龙扫了一眼累得半死、横七竖八躺倒在坟地里的队员,见路边只剩下了两个身影,他们正在连接拉火索。

豫北八路军已经过河,正在睢县攻打粮库。今天晚上主攻城南,佯攻城北,最迟明晚就将撤回豫北。

牛紫龙反复掂量过日军可能出援的路线。若使用铁路,有一段已被八路军破坏,显然不行。不久前国军还在民权野鸡岗伏击日军,炸毁上百米铁路和一整列列车,炸死日军一百七十多人,伤数百人。自这件事后,日军实际停止了夜间的列车运行,只有白天在重兵押解下才敢行车。再者,日军若不出援兵则会使整个征粮计划落空,而援兵无论从哪个城门出,都势必要走这条公路。日军多是半夜出动,凌晨到达作战,以达到奇袭的效果,而眼前这条路才能保证日军机动的到达时间。从这两天的动作看,日军虽然在城北频繁出入,但真正实施的地点还是在城南。牛紫龙判断日军应在半夜出动,路线将是出北门,绕道城南去援助在睢县的日军。

果不其然,就在牛紫龙等人埋好地雷一个小时后,从开封环城路上开来一单一双两辆摩托。两辆摩托走走停停,走不多远便有人下车察看一番。

牛紫龙急忙命令几个队员埋伏到公路边,一旦发现这三个日军尖兵离开公路,必须除掉他们,另找队员驾车前行;如果不下车,就等他们驶过后,马上撤回。

牛紫龙躲在一片沙岗之后,盯着那两辆尖兵摩托,看样子他们把雷区当做了路标,下车后不住地摇晃着包有红布的电筒。只要日军进入雷区不离开公路,就是下车检查也发现不了什么,路上埋的全是拉发地雷。日军的尖兵摩托在摇晃一番信号后,又"突突突"地开走了。

接着一队卡车从环城路拐上眼前这条公路。牛紫龙计算着汽车的速度和距离,埋伏在路边不远处的张道成和王保背对公路面朝沙岗,只等他手中的电筒信号,便会拉响地雷。

埋设地雷区间的两头有明显的方位标志,牛紫龙对行驶中的目标提前了一辆卡车的距离发出了信号,尽管当时仍有三四辆车没有驶入爆炸区间,但他不得不发出第二个撤离的信号。第二个信号刚刚发出,一声山崩地裂般的炸响在公路上响起,一道闪光在埋雷区间亮过,接着就是一片叫声、撞击声、刹车声、哀号声,五六秒钟后在公路两边又传来一阵急如星火般的爆炸声,枪声也随之响起,子弹闪过的亮光漫无目标地在夜空摇曳着。牛紫龙依旧像根柱子般站在沙岗边,他细数了一下,一共有八辆卡车和一辆小车进入雷区,相信这些日军生还的概率很小,因整个雷区埋着三个型号的地雷近三百枚,即便是天亮后调来工兵,能绕出去的人也不会多。

这时,张道成、王保架起牛紫龙向南跑去。

三天后,从开封传来消息,此次爆炸共炸死日军驻汴"清剿"部队宫本少将等110人,炸伤37人,仅火化尸首就用了整整两天时间。

第十六回

围县府　乱法纪　众乡民拦路请命
下诱饵　借宝瓶　再出手炸死皆川

颜府大院。

苍茫抹去了半个夕阳,留下了半天的红云,王易知带民团赶到颜府时,颜府大门外已经排列了两排荷枪实弹的家丁。颜潜修站在府院大门口笑吟吟地迎下台阶,说:"哎呀,县长大人恁咋来了?快请!"

颜潜修依旧留着披肩的长发,只是稀疏花白了许多,瘦削的脸上浮着肿眼泡和厚厚的眼袋,豁鼻格外红润,岁月雕刻出一脸沟壑,容貌略显憔悴,他穿一身暗红绸缎长衫,手臂上还挽着一根雕刻精美的龙头拐杖。

王易知刚刚接到省政府的密电,南阳、郏县两地统一行动,抓捕与日寇勾结、企图秘密建立日伪政权的地方豪绅,电令申明务必在当天将通报的人员抓捕归案。他当然知道颜府不好惹,本打算出其不意多带些人手,不曾想到门口还是碰上了颜家有意安排的"下马威"。

王易知快走登上台阶,匆匆做了一个请的手势,与颜潜修一起来到了颜府前院会客厅。

王易知深知此事责任重大,弄不好连自己也会受到牵连,刚一落座便开门见山问道:"颜兄,你我相识共事多年,和尚不亲帽亲,有件事情还望以实相告,不要让弟兄为难。"

颜潜修此时已经对王易知来的目的猜出个八九不离十了,但仍故作诧异道:"哎呀呀,县长大人说哪儿去了,俺咋会让恁为难呢?快讲啥事?"

"上面来电通报你勾结日本人,收日本人的钱,帮日本人奔走联络,企图建立亲日政权。"

"呸!"颜潜修跳将起来,故意做出愤怒状以掩盖内心的慌张。"血口喷人!俺们颜家先国家忧而忧,后民众乐而乐,自从抗日军兴,俺们是倾其所有支援抗战,守护地方,这帮穷鬼……"

王易知挥手打断颜潜修的话,知道他一胡扯就没边,不耐烦地说:"这事不是咱们县老百姓举报的,老百姓谁敢?!你勾结日本人是上面拿到的证据。"

"那一定是共党分子挟私报复,破坏统一战线,他们搬弄是非的水平你不是没领教过。"

王易知并不理睬他那一套,冲着门外喊了一句:"带上来。"

几个县民团士兵押着被颜府指派护送岗上青树、宋文修的家丁头目进了客厅,那小头目进门"扑通"一声跪在了地上,大喊道:"老爷救俺!救救俺!"

颜潜修料定事情已经败露,却没想到这个证人如此让他下不了台,哆哆嗦嗦地问:"恁是谁?恁咋叫俺老爷啊?"说着就要掏枪。

王易知见状急忙走到两人中间劝道:"这个犯人可是在上头备过案的,你最好还是跟我一起回县里说清楚,看来要委屈你几天了。"

"这不合适吧!"随着一声不热不凉的喊叫,颜潜修的二儿子颜学林带着众多家丁包围了客厅。他举枪对着王易知大步走了进来,王易知刚一转身,黑糊糊的枪口已经顶在了脑门上。

颜学林一脸横肉,又矮又胖,凸眼歪鼻,与其父颜潜修相比没半点相似的地方。尽管颜潜修一直想不起来创造他的日子和地方,但有一点似乎不会错,那就是两人心思、性格十分相像,背后人称颜学林是小一号的颜掌柜。颜学林属颜潜修的小妾所出,读书不行,但从小就不离左右,很受父亲喜爱。他生性胆大妄为,心机深沉。这天还是颜学林侦查得知王易知要来,便不顾父兄劝阻事先做了些准备,伏兵四周。

"王县长,常言道,欺人不可做尽,责人不可苛尽,知人不可言尽,识人不可探尽。恁轻信谣言,登门抓人太不厚道,俺爹哪点对不住恁,真金白银没少送,吃喝玩乐没少请,恁说抓人就抓人,想带走就带走,不是欺人太甚吗?"他声音未落,客厅四周顿时传来一阵"哗啦啦"的枪栓声。

王易知先是一惊,豆大的汗珠便冒了出来。他四处扫了一眼,发现自己带来的人不少,可还是没有颜府的家丁多,开口就没了底气:"你们想干什么?你们这是造反!你们颜府勾结日本人,人证物证都在。省府专门发了密电,你们还敢这么对付政府官员,反了不成?"

"人证物证在哪儿?"颜学林突然大吼一声问道。

王易知指了指跪在一旁的那个家丁头目,还没开口就听得"砰"的一枪,那家丁头目便倒在了地上,手脚划拉了几下便不动了,一股殷红的鲜血从他身下缓缓地流了出来。

"这人叛国投敌,已被俺正法,不足为证,还有吗?"颜学林大叫着问道。

"你们敢……"王易知被突如其来的变故震住了,一时竟不知如何是好,望了一眼被打死的家丁,喊了声"走",起身就想离开。

"走?往哪儿走啊?"颜学林举手又把枪口顶在了王易知的脑门上,"恁们私闯民宅,绑架良善,今天不撂这儿三五条命,恁们休想出这个门!"

王易知这时候才明白过来跟这帮劣绅打交道的路数,胆怯只能让他们更猖狂,他用余光扫了一眼双方的架势,抄枪对准站在一旁的颜潜修,用不知从哪儿来的胆量大喊一声:"看谁敢动!今儿我们出不了门,明天颜府连瓦片都留不下!"

听到王县长的喊声,县民团的一干人也纷纷拉枪栓顶上火,屋里气氛顿时紧张起来。

"哎呀,咋闹成这样了!"人还没到,喊声已经传进了屋内,随着一阵急促的脚步声,颜潜修的大儿子颜学礼跑进门站在了两排枪口之间,连声道,"大敌当前,大敌……自家人咋干上了?"

"都把枪放下吧!"颜潜修或许知道早晚躲不过这一劫,看着双方愤愤不平地放下枪,整了整衣冠,叹口气说,"俺跟王县长去城里说清楚,恁们兄弟二人把家业给俺看好就行了。"

"爹,这都啥时候了,还惦着这些房子、这些地,要这些有啥用!"老大颜学礼慌忙取下爹的丝绸大褂帮他穿上,接着道,"树大招风,财多招忌,咱家就是因为这些田产才惹的祸,依俺看都分了……"

"啪"的一巴掌重重地打在大儿子颜学礼脸上,颜潜修哆嗦着怒斥道:"恁懂个球!如今这世道要是没有爹挣的这些房子、这些地,恁们只能给人家当牛马!俗话说得好,人为财死鸟为食亡,人不为己天诛地灭,恁到现在还不明白来这世上的目的是啥?俺离家后,这家中的事交给学林照看,恁赶紧上学去吧!"

"爹,俺跟恁一块儿进城!"颜学林扬扬手里的枪,大喊一声,"套车!"

"放肆!恁就老老实实在家给俺守着!"说着,颜潜修把帽子戴在头上,双目阴鸷,神色黯然,仰头看了看正堂的屋顶,嘴里不知道嘟囔了一句啥,转身对王易知说,"县长大人请吧!"

"爹!"颜学礼、颜学林不约而同地上前跪在颜潜修面前。

颜潜修仿佛悟出些什么,他清楚,此去必定锒铛入狱,能不能回来,都是说不清的事。当然就此了结一生实在心有不甘,可还能怎样呢?人生就是一顿大餐,吃饱了喝足了,难道还要打包带走什么吗?他唯一放心不下的是眼前两个儿子,他们生来就有些不对脸,虾有虾道,蟹有蟹方。如今已是生死分离的关口,父子天各一方人生至痛,不由地眼里一热,双手拉起兄弟二人说:"人各有志,不能勉强,即便是父子兄弟,黄泉路上也是各走各的。恁们可以不听爹的,可以不要这个爹,但恁们毕竟兄弟一场,砸断骨头连着筋,大难当头,风雨同舟,能照应的时候相互还是要拉一把。"说罢一扬手说,"走,进城!"

王易知拉着颜潜修走出颜府大门登上马车,马车在民团士兵的左右护卫下,匆匆向县城驰去,车后扬起一片尘土。

颜学林追出大门,跪在路上,声嘶力竭地大叫一声:"爹——"

夏日。郏县旧县衙广场。

颜学林带着五十多个家丁吃住在县衙门外广场已经六七天了,荷枪实弹与县民团对峙着,整个县城路断人稀,大多数商户关了门,全城屏住呼吸,拭目以待这出大戏如何收场。

王易知抓了颜潜修后,本想快审快判,及早送走,不曾想周围群众听说政府抓了颜潜修之后,前来控诉要账的络绎不绝。王易知当然也想把这件事办成铁案,专门请来省府、汝府的人一同查证审理,还在县政府门前支张桌子接受四方百姓的投诉。半个月下来,光查证落实强占土地、欺男霸女、坑蒙拐骗、钓鱼敲诈等案件就一百四十多件,涉及命案和伤残侵害七十多桩。谁知这么一来反倒给颜府到省城活动留下了机会,待具结证实写好诉状上报后,如此铁板钉钉的案子到省政府竟石沉大海,没了回音。王易知多次派人去催,得到的答复是抗战期间应注意调动一切有利于抗战的力量,此案不能操之过急。

王易知接着又查证了颜潜修勾结日本人、贩卖大烟、窝藏掩送日本特务等多项罪证,再次报到省府后,仍旧没有一点回音。正在抓耳挠腮、摸不着头脑之际,颜潜修的二儿子颜学林抢砸了县政府,把专门接待群众办理颜府案子的工作人员痛打了一顿,还抢走了部分罪证和案卷。

万般无奈之下,王易知决定先斩后奏,打算借驻军的力量把颜潜修绑到城西正法后再说。谁知办事不密,被颜学林提前得了消息,干脆带着家丁住到了县衙门前,那地方也正好对着监狱大门,致使王易知先斩后奏的算盘又落了空。

颜学林占领县政府大门口,对县府工作人员和前来控诉告状的群众又是威胁又是恐吓,晚上还时不时地放上几枪。几天工夫,闹得县城鸡犬不宁,店不敢营业,路不敢行人,就连县政府的工作人员也不敢上班了。

这时候,王易知胆怯了,派出秘书去与颜学林谈判,先是让步答应不杀颜潜修,后又答应判后不刑颜潜修,最后颜府索性提出立马放人的要求,连审判会都省了,还包括王易知辞职、道歉等条件,让县政府脸面都挂不住了。

这天傍晚,吴志翔带着王保等四五个行动队员奉牛紫龙之命来送颜潜修的罪证材料,听说颜府家丁跟县政府火拼了,立马来了精神,进县城直奔县衙前街,刚一拐弯便被几个颜府家丁横枪拦住了。

吴志翔扬了扬省政府保安司令部侦缉股的证件,不耐烦地问道:"认字不?不认字?!知不知道好狗不挡路的理,去!喊颜学林马上到王县长办公室来!"说着推开拦路的家丁,带着王保等人进了县衙门。

推开县长办公室,房里一盏玻璃罩油灯摇晃着几个巨大的身影,王易知猛地站了起来,散乱的长发几乎遮住了他半张脸,一副慌张失措的神情,大声道:"你……现在已经是政府正式的在编人员,你应当帮助政府,你带来多少人枪……给门外的人说,他们先撤兵政府就放人……"

吴志翔自顾拉把凳子坐在了王易知对面,摆摆手示意他坐下来,说:"是啊,俺大难不死,还真有恁的关照,俺不帮助政府,俺来就想帮帮恁。抗日以来恁办民团、搞联防、减租减赋,俺看恁还算尽心,俺这次公干回籍,是奉命给恁送颜家通敌证据来了,本没有为恁解困的任务,但俺自己认为有除害的责任。"

吴志翔从身后摸出手枪往桌上一撂,接着道:"要记住恁是县长俺是民,轮不上俺给恁上课,可俺看恁实在窝囊。做人哪,有一个字特别重要,那就是'挺'字,凡事要敢挺,挺得住,挺得过,才有可能办成点事。颜府一闹恁就放人,恁这一生不会有任何亮点了,老天爷只给恁这一次为全县百姓除害的机会,恁就这么轻易放弃了?"

王易知叹了口气说:"我何尝不想挺呢?!可闹到如今的局面你也看见了,省府的人让他们颜府买通了,县里上报的判决采取不回、不批、不管的态度,颜家老二以不见批示就得放人为由,纵兵占领了衙门,闹得鸡犬不宁,我若再不退让……"

吴志翔摆摆手说:"这些俺都见了,恁退也无路,放颜潜修回府恁也得卷铺盖回家,恁查清了一百多家控诉,没查清的不知道还有多少呢,现在是要么鱼死,要么网破,放了他恁这个县长就去球啦!"

"是呀!我也想拼个鱼死网破,可万一网破了鱼死不了,还跑了该当如何?"

"只要恁下决心,这鱼就是会飞也跑不了呀!"吴志翔摆摆手让屋里人暂时回避,凑近王易知道,"省府不批,恁可以走军法这条路,根据国民政府的规定,土匪、凶杀、贩毒、贪污四宗重罪判决死刑须报省政府审批,可颜潜修投敌附敌、勾结日本人铁证如山,恁可凭这一条报请军法处置。眼下正是抗战特殊时期,此类案件可直接报给驻豫部队长官部。说来恁也是吉人天相,正好后天汤恩伯汤副司令从郑州去南阳,必走咱县这条路,如果汤司令批了……"

王易知仰头向后甩了一下长发,两眼炯炯有神,狠狠地咬了下嘴唇,轻声问:"这个行程可准?"

吴志翔十分肯定地点点头。

王易知还没表态,便听得办公室大门被重重地一脚踹开了,随着颜学林一干人闯了进来,那盏油灯又闪动开了。

"俺当谁呢!著名杀人犯吴志翔呀!怎么现在跟政府穿一条裤子啦?"

"俺和政府暂时系一块围裙,在对付恁们这号人方面俺们是一致的。"吴志翔露出一脸由衷的欣喜。

颜学林显然是刚喝过酒,涨红着脸,一手掂着枪,一手用牙签剔着牙,重重吐了一口口水说:"说吧,啥时候放人!"

王易知还没开口,吴志翔扬手制止了他,笑笑说:"三天之内如果没有上面的判决,马上放人!"

"中!"颜学林又照地上吐了一口,看到吴志翔这样的人他还是有些胆怯,说,"君子一言驷马难追,走!"带着一帮家丁呼呼啦啦出了县长办公室。

王易知叹了口气,说:"政府腐败至此,这样的案子都敢压着不批!"

吴志翔抓起桌上的手枪往腰后一别,扫了一眼王易知,轻声道:"到时候俺去给恁助威,就看恁的啦!"说完转身也出了办公室。

第三天清晨,许南公路。

晨曦中,一队汽车沿着许南公路飞驰而来。豫、皖、苏、鲁四省战区行政长官、第三十一集团军总司令汤恩伯的汽车夹在六辆卡车中间,向叶县长官部驶去。正行间,远远地看见数千群众排列在公路两旁,既没有欢迎的意思,也没有反对的表示,只是默默地望着。

"啥事体?"汤恩伯问道。他体态矮胖健壮,肤色较黑,方圆脸高颧骨,眼窝较深,眼睛不大却十分有神,鼻子扁平,薄唇大嘴,五官若分开来看都不太好,但整合起来却很精神。他平时很注意仪表,长时间的军旅生涯使他养成冷静机敏、做事果断、手段强硬的性格,给人以干练强悍的感觉。

看到这种场面,他示意暂停下来,不一会儿副官马贲凑近车窗汇报说:"司令,郏县县长王易知率全县百姓近万人控告本县豪绅颜潜修十几条罪状,请求司令依照战时军法批准正法,以平民愤。"

"枪毙个人的事怎么找到阿拉头上,告诉伊此事属地方政府职责,阿拉军人不管嘎许多。"汤恩伯原籍浙江,副官马贲是他的同乡,汤恩伯喜欢说没有思维障碍的家乡话。

车窗前,马副官似有为难,迟迟疑疑禀报道:"郏县县长控告的对象属把持地方的势力集团,且又有勾通日军的证据,交由军法从事,道理也讲得过去。"

"希那娘！杀人劳得动县长大人拦路告状？伊有状子呀？"汤恩伯整了整将军服，低头透过车窗向外望去。

马副官慌忙道："岂止有状子，连呈送的公文都备好了。"

汤恩伯挥手让副官拉开车门，跳下车，下意识地向下拉了拉军服的衣襟，立即换上了一脸威严，两眼一瞪，环视了一番路边的百姓，大步向王易知走去，边走边大声道："了不得！军令如山，党纪如铁，河南是抗战前线，全国的模范标兵边区，岂能允许害群之马破坏团结抗日大局?!"

说着，他举手在半空中划拉一下，接着道："伊一县长为民请命，精神可嘉！阿拉一向看中爱民如子、不畏强暴、仗义执言的人……"他突然想不起这位县长的名字，侧过头乜了一眼身边的马副官，副官急忙告诉他县长的姓名。"是个，王易知县长，这名字蛮好记，阿拉记过，报告拿来了？"

王易知慌忙递上报告和厚厚一摞控告查证材料，正色禀告道："卑职王易知以身家性命担保，报告所列地方豪强颜潜修为害乡里犯命案伤案七十多桩，勾结日本人，欺男霸女，掠夺土地，抢劫民财，字字真，句句实，发现一事不实我情愿偿命！"

汤恩伯翻了翻那套公文，颜潜修，在哪儿听说过？怎么有印象呢？怪呀，这里面所列罪行哪一条都够枪毙三五回了，怎么到现在还安安生生活在世上呢？看来是有点来头，来头是谁，有多少油水？想到此，他把材料转手递给马副官，环顾一下周围大声道："伊们回去好啦。相信本司令一定会彻查清楚，坚决按国法办理，还伊们以公道，伊们回去好啦！"

不知是他普通话没说清还是与群众意愿相差太远，黑压压的人群竟毫无反应。

王易知看了看左右，知道此番表态根本无以为凭，情急之下，"嗵"的一声跪在了地上，周围群众像接到命令一般齐刷刷地跪倒一片。

王易知声带哽咽道："汤总司令！如若你今天不签这个公文，本官率全县百姓是回不了县城了，国民政府也无法行使职责了，本官也只能自裁以谢天下了！"

"嗯？"汤恩伯十分不情愿地笑几声，问道，"势力嘎逗呀？扯乱窝——阿拉吾听到过！"汤恩伯一急腔都变了。

王易知痛斥道："颜府的兵已经占据县衙好几天了，司令今去如若不批，只能换他人当县长了，作为政府守土官员，我死事小，丢城事大呀！"

汤恩伯两眼一瞪，咕咕噜噜转动一番，又从副官手里要过公文，很认真地看完了颜潜修的罪行梗概，大致弄清楚了属地方豪强恶势力的范围，咬着牙要过一支笔，在呈报公文上批了"即刻正法"四个字，签完名递还给了王易知。

突然，众多百姓爆发出了山呼海啸般的欢呼声，这突如其来的呐喊倒把汤恩伯吓了一跳。

"坚决拥护汤总司令！""拥护汤总司令为民除害！"……

汤恩伯整了整衣冠，做出一副大义凛然的姿态，转身上了汽车。坐定后，还挤出不少笑容，透过车窗向路边的群众挥着手。他后悔了，希那娘，慌什么！心情顿时有种丢了元宝般的沉重，脸上还堆着亲民的笑容。心想，到司令部就打电话收回成命。

当天下午，集团军参谋长亲自给郏县县政府打多次电话都没打通，黄昏时分，好不容易接通了电话，找到县长王易知。

王易知"喂喂"两声，未等对方开口便兴奋地汇报说："请禀告汤总司令，卑职于今天中午召开万人公审大会,展示并宣读了汤总司令的亲笔批示,告示了豪强颜潜修的一百多条罪行,会后,将颜潜修绑赴刑场即行正法。汤总司令的批示已经圆满落实,你听,全城百姓都在放鞭炮——"

电话的另一头一点声响都没有,良久,传来"咔嚓"一声,电话被重重地挂断了。

是夜,郏县县城衙前街。

天地蒙蒙下着细雨,清爽舒畅,县城里不时传来鞭炮轻快的响声,街上人影稀疏,但仍能感到百姓的喜悦心情。

牛紫龙接到吴志翔的电报就往县里赶,是看望母亲和妻子吗?是回来看颜潜修走向末路吗?好像都不是,他隐隐地感到应当回来一趟,具体是什么一时又搞不清,虽然家乡带来太多的伤痛和心碎,但它也使自己更坚强、更勇敢。人应当感谢过去和家乡,只有读懂了记忆,或许才会面对未来。

牛紫龙未进县城就先托人回去给母亲、妻子报了信,说一两天内就能到家。只因县长王易知一再托人来请牛紫龙到繁楼小叙,斟酌后,牛紫龙便答应了王县长的邀请。

酒过三巡后,王县长站起身,望了一眼牛紫龙带来的一行人,扭头示意县府的同人一同站了起来,带头端起一碗酒,道:"此情此景不用多说什么,本县长给诸位端碗酒,聊表心意!以后需要我们……不不不,需要家乡做点啥,你们不用客气,本县一定照办。"

牛紫龙接过碗,转手递给坐在一旁的王保。王保一饮而尽,双手又把酒碗奉还给了王易知。拱手回礼道:"你我抗日一家,不分彼此,既然县长大人说到这儿了,俺也不客气了,这次回县里俺还真有一件重要公干。"

牛紫龙突然想到一样东西,马上感觉轻松多了,急忙走近王易知身边嘀咕几句。

王易知双眼一眯,用牙咬着下嘴唇,沉思片刻,对县警察局长说:"去,把商会丁会长喊来!"

王易知望着警察局长出了餐厅的门,愤然道:"这个丁二擅长投机钻营,不论谁跟谁交手,他总是站在人多势众的一边。前一段发现颜府勾结日本人,他鼓动着去抓颜潜修,为这事还支持县民团两挺机枪、二十支长枪、两万发子弹。后来一看省府不批复正法颜潜修,像是嗅到了颜潜修后台的脚丫味,又是探监送酒菜,又是通风报信,头一次要押人犯去刑场就是他走漏风声给颜家报的信,结果人犯让颜府的人拦在了路上。后来颜府老二颜学林率众占领了县衙大门,在这节骨眼上,他还带头以商会会长的名义保颜潜修出狱,上了签名画押的请愿状,此等小人再也不能容他!"

对丁二的人品行为牛紫龙早已没了兴趣,只是突然想到一件东西,让他兴奋不已。

丁二一进门便装出一副病歪歪的样子,一把鼻涕一把泪,抱着头还一个劲喊腰疼,哼哼唧唧眼都没抬,找个角落就坐了下来,"哎哟,哎哟"地叫个不停。全县豪绅中颜潜修首屈一指,是丁二的偶像,多年来丁二不但佩服颜家的手段,更敬重人家的胆量,各种坑蒙拐骗、聚敛钱财、欺男霸女的做法颜府都是原创,丁家充其量只能算模仿。如今偶像突然被枪毙了,下面的追随者自然有一种不祥的感觉,更何况在此之前他还领头上书,大有一荣俱荣、一损俱损的姿态,用脑袋担保颜潜修是奉公守法、克勤克俭的良绅,溢美之词现在想起来头皮还有点麻。

"装个球呀!这回你可不能怨政府,是你用脑袋担保颜潜修的,人家颜潜修正好也想让你给他做个伴,人世你们是一路,黄泉道上颜潜修也不能丢下你不管。说吧,是明天跟他上路,还是今天就把你们干的伤天害理之事都交代交代?"王易知用指头点着丁二的头说。

"老天爷呀,恁可是一县之长,俺们的再生父母呀!恁可不能听风就是雨呀,见人扔块石头就当肉包呀!不不不,俺扔个肉包恁当石头了。"

丁二没说完,脸上就挨了一巴掌。

"放屁!"王易知怒骂一句,"我落井你扔的是啥我能不知道?!你落井下石!把肉包扔给谁了?这时候还敢欺蒙抗日政府的县长,你以为我傻呀!连肉包和石头都分不清。实话告诉你,你们丁家贩卖毒品,强买强卖,欺男霸女,所干的事情我桌上已放了一摞控诉材料,随便拿出两三条来就能让你跟颜潜修做伴去!今天是省城牛队长给你说情,给你一次自新的机会,办不好,你就快点让家人准备后事吧!"

丁二这才抬头在房间里寻找牛紫龙,他看到穿一身黑色中山装的牛紫龙后,似乎还不敢相信,用双手揉了揉眼,又认真地辨认了一番,大声道:"哎呀,这……这不是贤侄牛紫龙吗?!"

丁二原本一脸横肉的圆脸,这时已经松松垮垮垂了下来,略显浮肿的厚眼皮下重重地坠着一个大眼袋,使得原本就不大的小眼变成了可怜的三角形,眼上仅存几根灰白灰白的眉毛,特别长,和脸上的皱纹一样朝下耷拉着。整个身体也呈枣核形,四肢显得细长松软,只有那滚圆的肚子依然是坚硬坚硬的。丁二穿件黑红色丝绸褂,下面是青色灯笼裤,踢拉一双平布鞋,脖子手上还挂着佛珠。

他叫了一声,见牛紫龙没答应,犹豫着,似乎想到站起来比爬过去更费劲,便"哎呀"一声爬了过来。

牛紫龙慌忙示意手下把他扶到桌边,调侃道:"丁二,咱们可从来没有攀过亲,恁从大清朝当保长、自治会主任,到民国官当大了,恁一向自认是庙堂上的人,啥时候想起跟俺们攀亲了?!"牛紫龙见丁二一副哀求的目光,把脸故意一阴,换上正题,"俺保恁一命,是想让恁将功赎罪,为国家民众做出一点点儿牺牲。求恁样东西……"说着他凑近丁二耳边悄声说了几句。丁二脸上迅速阴转多云,摸着脑袋嘿嘿笑了,连声道:"中中中,只要不要俺的命……"边说边一骨碌儿爬了起来,道,"走,现在就回去拿!"

牛紫龙要拿的是件汝瓷喜和瓶。他连家都没顾上回,连夜赶回了开封,一路上满脑子都是母亲年轻时坐在织机前的身影,还有月桂镇那条铺着青石板的路。

牛紫龙安排蔺成章在开封徐府街菜市租下一座临街的小院,临时将其改成了旧书古玩商店,从行动队里挑选了一个豫东籍的队员张永保做蔺成章的助手和联络员,并将这项行动取代号为"洛阳铲",先后几次与蔺成章一起完善了行动方案。

张永保,豫东虞城人,生性倔强,心细如发,还特别机警,晚上睡觉都睁只眼,尤其善解人意,生性温和宁静,也不把眼前或个人利益作为思考的起点,而是追求更有价值的东西。

张永保幼年时父亲从军,再也没了音讯,母亲好不容易把他拉扯到小学毕业,也撒手人寰,其情其境真够凄惨,人未成年就面临自谋生路的局面。然而张永保似乎并没有感到多少压力,他不光对自食其力很有自信,还把养活自己与长远的人生目标结合起来。按当时风俗,一般大户有钱人家的保姆都是女孩,张永保却自荐到一家大户人家当保姆,洗衣、做饭、带孩子、打扫屋子,样样干得都很认真,还不要工钱,条件是每天给一定时间,让他到附近学校上两节课。时间一久,张永保班里一些乡绅阔少的作业便由他代劳了,他甚至还替人考试。两年下来,张永保居然能帮教师批改作业,若不是日军侵华,张永保或许早就考上大学了。

"七七"事变后学校迁到西北,张永保留了下来,眼见日军烧杀抢掠无恶不作,内心很是不平,先后投奔过中央军的三支部队,都是待不到两个月就当了逃兵,逃跑时这些部队已经被拉到了江西和四川。他每次都能从容换上参军前脱下的破衣烂衫,随着人潮回到三面被日军围困的河南。

他参加军统时,行动队已经停止招人,开始了训练,他是主动找到驻地请缨参军的。牛紫龙望着眼前这个个子不高、眼睛很大、身材瘦弱的青年,一边收拾文档,一边问:"上过学?"

"上过。"

"一辆日军汽车每小时行驶五十五公里从距离五百米处驶过,恁使用的枪有些老化,子弹的初速达不到音速,也就每秒三百米,恁的射击提前量应当是多少?"

"这太容易了,精确点可以提前二十五米半。"

"恁怎么知道是二十五米半?"

"汽车不是标的物吗?知道汽车的长度就行了。"

牛紫龙站起身说:"按恁的长处应当报名去当炮兵,中国缺少掌握炮兵数学的人,恁到那儿可能比这儿更合适。"说罢转身就要离开。

张永保一急大喊道:"俺最适合的是去完成任务!"

"恁凭什么说能完成俺交给恁的任务?"牛紫龙开始认真打量面前这个倔强的青年,他介绍的经历只是逃兵和保姆,最多受过新兵的基础训练和逃跑的锻炼,没想到他竟有如此大的口气。

"俺看出来你是个有良心的好官,俺完不成的任务,你不会交给俺的,所以俺有把握完成你交给俺的一切任务。"

牛紫龙点点头,算是答应收留下来了。心想,这小伙子挺会观察人,对人意愿的判断确有非同一般的领悟能力。

自从蔺成章把喜和瓶拿到古玩店后,皆川稚雄已经去看了两次。第一次是蔺成章通过贿赂一个日军军官把皆川稚雄引了过来;第二次是皆川单独来的,透露出要买的意思。但皆川稚雄对这件器物的"来历"疑心重重,匆匆问了几句又出了门。

蔺成章租的街市门面在徐府街菜市,原以古物百货为主,在摸清皆川的爱好后,渐渐转向只做古玩生意。自从皆川稚雄来过两次后,蔺成章便和牛紫龙议定,紧锣密鼓地做完再次迎接皆川的几项准备工作,完善了"洛阳铲"行动的具体方法步骤。

张永保回到开封的第三天,《新河南日报》奇人异事栏目里出现了一则启事,大意是某古玩店用巨款购得古董,由于长期拖欠卖家巨款,日前受到黑道敲诈,不得已暂时关门,望新老客户见谅云云。

蔺成章、张永保原想自登报之日起等皆川三天,三天之内等不来皆川将再行备用方案,没想到当天下午,皆川就找上门来了。

张永保远远望见皆川的汽车向古玩店开来,斜着头望望太阳,从袖口里掏出一面小镜,利用反光在古玩店的小阁楼上摇了摇,迎面走了过去。

此时,心急火燎守候在古玩店的蔺成章见到信号,兴奋地叫了一声,撩起一把水在头上、身上拍了拍,在原地蹦了几下,扮作一副惊慌失措的样子,跑下了阁楼。

其实店里并没有几件真正的古玩,有的只是院里堆放着的大大小小的锦盒、木箱之类的东西,一个特制的紫色锦盒就放在一摞锦盒下面。蔺成章默默地回忆了一番说话举动的要点,记熟了每个环节的备用方案。

一阵"咚咚"的敲门声,蔺成章没动,两次……三次……一直等到对方不耐烦,如同重击一般敲响第五次时,他才慌忙开了门。

"原来是大日本皇军,"蔺成章故意向四周望了望,指指门上的黑帖说,"对不起,此店已经关门了。"

皆川脸上带着笑容,推门进到店里,抬头见两面货架已经是货走柜空,脸色立马阴沉了下来,扭头盯着蔺成章,问道:"汝瓷喜和瓶哪里去了?"

"古玩店关门就是因为这批货引起的,现在古玩生意没法做了,这边买货用的是军用券、满洲币、南京币,可那边只收银元和法币,拖欠太多,人家已经下黑帖了。"蔺成章又向大门外指指,低头一看,皆川那条狼狗一直在自己身边转来转去,发出一阵阵不祥的声音,黄黄的眼珠仿佛一直瞅着自己的喉咙,咦,这倒是个没有想到的威胁。

皆川皮笑肉不笑地点点头,问:"这是你们生意人之间的事,我问的是那尊汝瓷喜和瓶在哪里?"

蔺成章故意抹了把汗,转身领着皆川进到后院,从一摞锦盒中找出那件紫色锦盒放在了柜台上。皆川抢上一步打开了盖子,把那件汝瓷托在手中仔细检视了一番,露出了满意的笑容,故意用遗憾的口气说:"贵店只收银元和法币,但根据我大日本皇军华北派遣军的公告规定,您所要的货币不能在这里流通,很对不起,我只能给您签一张欠条,等以后您要的货币可以流通时,您再来找我兑换。"说着便合上锦盒。

蔺成章惊恐地上前一步按住了锦盒,右手扳动了藏在锦盒正面的机关,马上换了一副悲痛欲绝的样子,说:"哎哟,既然大日本皇军看中这个喜和瓶,就是皇军的军用券也行啊,是不是先谈一下价钱?"

皆川一脸茫然,问:"有必要吗? 价钱由您定,欠条由您写,善意地提醒您一句,您最好在总数里加上这件汝瓷的利息,写上多少都行,明天到宪兵队找我签名,当然还要看您知趣不知趣了。"

皆川抢过那件锦盒就走,蔺成章刚想追上去,只见那条狼狗低低地吼了一声,挡在了门口。直到皆川等人全部上了汽车,那狼狗才像得到命令似的,转身飞快地蹿上汽车的前座,皆川的汽车"突突"地向宪兵队驰去。

蔺成章见那条凶狠的狗跳上汽车,这才从惊恐无措中回过神来,摸了一把脸上的汗,这回真的是冷汗。他略一定神,急忙从柜台下摸出一台相机,跳出古玩店,奋力向汽车消失的地方追去。

他一边跑一边把相机的光圈、快门调到抓拍的万能刻度,默默地计算着延时起爆的时间。

到这时他才感到一身轻松,脚下忽忽生风,刚刚拐到河道街便听到一声巨响,前方一二百米处的路口升起了一股浓浓的黑烟。

一时街面大乱,喊叫声、骂人声、警笛的凄厉响声,夹杂着人们慌乱的跑步声,响成了一片。

蔺成章举起相机拍了几张,突然被张永保拽了一把,两人相互使了个眼色,转身拐进了一条窄窄的胡同。

1940年12月19日,牛紫龙策划"洛阳铲"行动,派军统豫站行动小组再次炸毙了日军华北五省特务机关长兼伪河南省绥靖署总顾问皆川稚雄陆军大佐。次日,日军追授皆川稚雄少将军衔。

第十七回

先大旱　继蝗虫　雪上霜民不聊生
罹国难　勾强虏　争权利刀光剑影

1941年到1943年,河南出现了史上罕见的极端天旱事件。

其实,从1941年开始,河南部分地区已经出现了旱情,1942年夏收仅有正常年份的一两成,秋季绝收。加上豫北、豫东由于日军入侵,大量撂荒的土地无人照料,致使蝗灾肆虐,冬季又迎来了风雪冰雹。全省110个县受灾,面积和人口均达全省总数的百分之九十以上,成为历史上持续时间长、范围广、受灾重的极端大旱灾害,受灾波及人数达三千万之多。

大灾三年,物价飞涨,小麦市斗从抗战前的6毛涨到22块,1943年更是涨到300块一斗;妇女售价跌至正常年份的十分之一;壮丁售价也不足过去的三分之一,草根树皮被饥饿的人群吞咽一空,白骨饿殍遍野,野狗吃人吃得两眼发红。举目望去,十村九空,赤地千里,其景其情,惨不忍睹。

自1937年底,日军占领豫北、豫东、豫南30余个县。据1942年开封、商丘、汤阴、浚县的灾情记载,沦陷地区河水绝流,池塘干涸,作物枯死,大批灾民被日伪军驱赶,不得不携家带口穿越黄泛区向西逃难。沦陷区出现大片撂荒地和无人区,日伪政权嘴上喊着"赈济豫灾",其实并没多少实际动作。

国统区占全省110个县中73个。此时,1800万人口中食不自给的就有1600万,还忍饥挨饿养活几十万大军,连获"军粮第一,兵役第一"的名号。抗战五年来,河南的民力、财力、物力早已枯竭,即使风调雨顺,多数农户也只能靠杂粮野菜勉强度日。1942年大灾,河南征实征购仍旧排名全国第一。更糟的是,此时无论是河南驻军司令汤恩伯,还是省政府主席李培基都是蒋介石直接主使指派下来任职的,只看老蒋的脸色行事,对灾情采取瞒灾不报的态度,一味向上邀功请赏。

一次省政府开会,有县长讲到征粮之痛,说起一家农户交完仅有的麦子后,全家服毒自杀一事时,不禁跪地失声,磕头请免,但李、汤二人不为所动。汤恩伯甚至还利用大灾之年强拉民夫,固堤修防,横征暴敛。

蒋介石并非不知道灾情严重。1942年夏粮征后,蒋介石已从军方得到密报,对河南的灾情已是一目了然,他匆匆赶到西安王曲,召开了"前方军粮会议",坚持河南驻军250万石口粮征额不减。时任国民政府粮食部长的徐堪又把"石"改为"包",由每石140斤增加到每包200斤,摊派强征,结果超额完成征收任务,蒋介石为此特给徐堪记功嘉奖,对大范围的受灾民众一味装聋作哑,不管不问。

1942年10月,河南赈济会长杨一峰赴重庆吁请免除灾区征收配额,蒋介石不但拒见,还严令不准他在重庆活动。

当月,重庆召开三届一次国民参议会,河南籍参议员郭仲隗等人涕泣陈情,多方呼吁,仍然没有得到任何实质回应。救济饥荒,自古就是要么"移民",要么"移粟",客观上讲,这一时期国统区三面环敌,京汉、陇海线大多瘫痪,只有西出潼关一线还在开通,无论移民还是移粟确也有一定困难。待到1942年秋后灾象已露,再行补救为时已晚。

1942年秋冬,成群结队的西逃灾民绵延不绝没有尽头,从河南各地汇集到陇海铁路,扶老携幼,浑身浮肿,面色铁青,一路向西,日夜不息。到1943年2月,美国《时代周刊》记者白修德同英国《泰晤士报》记者福尔曼,由潼关进入河南时,看到此情景着实惊呆了:"绝大多数村庄都荒无人烟,即使那些有人的地方听到的也是弃婴临死前的哭声,看见的也只是野狗从沙堆里掏出尸体并撕咬着上面的肉,其惨状不忍入目。"

沿着这条西出潼关的铁路逃出去的河南人少说也有三百万。他们有幸逃过了这次大灾,流落进西北大半个中国,他们中间大多数人再也没有回到河南,带着地狱般恐怖的印象客死异乡。

当然,日军的侵略是造成这场人间惨剧的首要和根本原因。日军不仅三面包围了河南,断绝了交通和物资流动,还借机大量驱赶群众到国统区乞讨,加重了灾情。

除此之外,有人说河南1942年的大灾是贪官污吏掩盖真相,致使重庆未知全部实情所致。有人说,河南各地要员官吏尽情搜刮,腐败平庸,更使灾区雪上加霜,触目惊心。还有人说,河南当时处于抗日前线,随时都有丢弃的危险。重庆方面为不使"一粒粮资敌",所以才征实足额,造成了饥荒灾害。甚至有些当事人也认为,蒋介石征粮是为了保障和稳定军队,只要有军队就可以守住这片土地,而死些老百姓并不影响抗日守土。

遗憾的是,这些说法和猜测都不是事实!

河南各级官吏层层瞒灾客观地说是蒋介石一手造成的。他似乎认为,这儿的老百姓只是为生产军粮而存在的,生产的目的就是为了军队,老百姓是用不着吃什么东西的。从1941年底到1942年7月,河南大灾的消息不断见诸报端,并且陆续出现在世界各国的报刊头条上,整整半年时间蒋总统无任何表示。1943年2月1日,《大公报》发表《饥饿的河南》一文,蒋介石不仅不查实情,赈灾救民,反而于次日勒令《大公报》停刊三天,杀鸡儆猴,使众多媒体三缄其口,一片沉寂,这才引起了英美记者的好奇,决定到河南一看究竟。结果他们发现灾情比想象中还严重,甚至超出自有人类文字记载以来最深重的灾难,于是如实地将其记录下来。

蒋总统在看到英美记者拍摄的大量照片后,故作不知,跟没事人一样东拉西扯,只是在外国记者的一再追问下,才不得不承认了这惨绝人寰的灾情,甚至还表现出了一副痛不欲生、感同身受的样子,很认真地记录下了许多给白修德提供实情、提供帮助的官吏名字。

事后，蒋总统确实杀掉很多人，只是杀掉的全是给英美记者说实话的人，包括洛阳电讯局帮助白修德把文章发往美国的电报员也未能幸免，而真正贪腐和故意隐瞒真相的人则纷纷得到提拔高升。

蒋总统这么一杀一提的政策导向，让河南的官吏们顿开茅塞，无师自通地大有长进，睁眼说瞎话到了脸不红心不跳、张口就来的境界。

其实无论国内还是国外，对河南1942年大灾都有一个大致的计算，饿死人数保守估算也达到三百万人以上，当时一个参加调查采访灾情的记者李蕤更是一口咬定，死亡人数应在三百万到五百万之间。

1942年后，国民党政府在河南落入了"塔西佗陷阱"，丧失了公信力，无论说啥做啥，人们都往最坏处想，这也是以后日军胆大妄为发动"河南战役"的重要原因之一。

1942年大灾期间，共产党八路军有了独特的发展，仅豫北一地就新建了五个县级政府组织。

据冀鲁豫行署的调查，共产党八路军抗日根据地全境受灾较轻的村子有500个，外出逃荒的人数占总数的百分之三十，严重的有1050个村子，达根据地村庄总数的百分之七十，逃荒人数超过了总人口的百分之五十，属重灾区范围。大灾之年，根据地面积缩小，财政经济极端困难。为此，根据地依据中央指示，以时间顺序先后采取了精兵简政、加强政权建设、合理负担、减租减息、组织生产自救和兴修水利等多项政策。严格规定各级政权、部队士兵等所有脱产人员不得超过人口总数的百分之一；整顿平均，合理负担，做到村与村公道、户与户合理，在此基础上实行减租减息政策，稳固了生产合作关系，同时普选人民代表，实行"三三制"、赈济救灾、发放贷款、发展生产、围捕蝗虫、兴修水利、开垦荒地、组织自救等措施，这些政策措施以后被归纳为根据地的十大政策。这些措施看似简单，但每一项都需要干部队伍的支撑，同游击战一样成了共产党八路军在艰难困苦中战胜灾害、粉碎蚕食的法宝。

秋日，郏县月桂镇。

"走，长长见识。"牛陈氏起身就觉得两眼发黑，身体摇晃，她已经很长一段时间没吃饱饭了。自打受灾以来，每天都是"早上汤、中午菜、晚上只能勒腰带"，人整整瘦了一圈。她闭上眼努力站稳后，补充一句，"如果真像恁们说的那样，咱们再想办法。"她记不清有多少日子没吃过饱饭了，说话办事还要提着心劲，不仅要坐直，还要打着精神说话。

1942年夏秋连旱后，镇里不少人提出趁着还走得动，不如早点到西边几个省逃荒去，总比守着黄土饿死强。众人找到牛陈氏，希望她给大伙拿个主意。她望着一圈浮肿的脸，思量良久才表了态："外省有亲戚的该走走吧，大人小孩和不能投亲靠友的，都给俺留下来，只要俺一家还能生火，咱全镇就不能饿死人！"

结果全镇没有一户外出逃荒。

两天前，一队从许昌一路南下逃荒的乡亲带来一条让人心惊肉跳的消息：赶快收拾收拾家当跑吧！今年不知道是谁把老天爷惹毛了，几天之间降下来无数蝗虫，铺天盖地，凡是地里长出来的东西，吸两袋烟的工夫就能啃光吃净，一天一夜能向南吃出三五十里，不是蚂蚱，不知道是啥妖精呢！

听到这个消息，镇上人开始将信将疑，蝗虫俗称蚂蚱，或绿或灰黄，不足寸长，咋就能成灾了呢?! 镇上几位老人都摇摇头说:"不可能! 那东西能蹦跶多远? 别说一天一夜三五十里,就是能蹦三五十里它们咋会知道一路向南,狗离家三五里都不定能找回家呢,这蚂蚱咋知道头朝南呢?"

不过这消息传到牛陈氏那儿,她还真有点信了,一连派出两拨人去打听,回来后皆谈虫色变,半天哆哆嗦嗦说不清个道道。

牛陈氏领着镇上几个手脚麻利的年轻人,南出不足二十里,果然见到了那骇人的场面。

1942年,河南的蝗虫长得确实吓人,正常年份,蚂蚱有大有小有绿有黄,并不结伙成群。那年的蚂蚱一色的红头红背、黄肚皮,只有头后的那段硬壳呈乌黑色,上面还有细密的绒毛。能飞的有两寸多长,不能飞的也有一寸半,飞起来遮天蔽日,落下来山川变色,在地上密密麻麻铺了一层,谁见了都会头皮发麻。更令人称奇的是,这些蝗虫如同得到了向南的指令,无一例外地向同一个方向跃进,无论是沟渠村寨还是河流山川,它们或跳或跃,坚定不移一往无前。

牛陈氏等一行人刚站住脚,蝗虫便似潮水般涌了过来,几位当地的村民边跑边嘶哑地喊道:"老天爷呀! 真不让俺们活啦!"绝望的呼叫让人心惊胆战。

这时,从附近村里跑出来一队老头老太,抬着供桌,提着成篮的贡品、香表,后边跟着不少年轻人,或是掂着鞭炮,或是抬着锣鼓,整整齐齐排满了一条东西大路。众人摆上贡品,点燃香表,望见蚂蚱群后,先是规规矩矩地迎着虫群跪成一排,一边磕头一边祷告:蝗虫爷,蝗虫奶,俺们在这儿磕头上香了,怹老拐回去吧,给俺们留口饭吧! 往后每月逢初一、十五俺们都给怹老上香呀!

祈愿跳大神是群众解决难题的传统办法,只是想让老天爷知道地上百姓有这么个心愿。然而,那些成精的蝗虫对虔诚百姓的呼喊仿佛并不在乎,仍旧成群结队滚滚而来。

呼叫间,从跪拜的人群里跳出一位资深巫婆,她穿一身大红绸缎衣裤,头扎红绸巾,脸涂赤色粉料,也学着蝗虫的样子,在腰间扎条宽宽的黑带,双手持一对特制响器,"当当当"地舞动起来,边歌边舞道:

"俺说怹是神虫,怹给俺留个人情,今后谁再喊怹蚂蚱,怹专吃他家的庄稼!"

在巫婆的带动下,跪倒的众人纷纷起身,学着她的样子大喊大叫起来,每喊一句便敲一阵锣鼓,气势甚是恢弘。

可是被尊为神虫的这些蚂蚱依然本性难移,刚刚听得锣鼓齐鸣时,倒也犹豫了一阵,势头稍微迟疑片刻。不一会儿,蝗虫便适应了这种有板有眼节奏明快的锣鼓声,众蚂蚱还以为是进军号响了,继续一拥而上,漫天遍野地扑了过来。

"咦——真稀罕,连老娘的面子都不给了! 放鞭炮! 把领头的全给俺崩死。"

那巫婆高高扬起手中的响器,大喊一声:"点火!"

霎时间,鞭炮齐鸣,烟尘飞扬,不时还夹杂着"三眼铳"隆隆的炸响。这回蝗虫真有点摸不着北了,晕头转向转悠了好一阵子,蝗虫的前锋五迷三道,也死了不少。正在人们得意之时,经过蓄势的虫群以更顽强的势头蜂拥而来,前赴后继,滔滔不绝,很快漫过那条东西大道。

这回轮到乡亲们慌神了,不约而同地聚在那穿身大红衣装的巫婆周围。问道:"咋弄呀? 这些虫不听招呼啦!"

未曾想,那巫婆还是一身英雄气概,舞动着手中的铜响器,"噼噼啪啪"地拍死了几个蝗虫,大声道:"罢罢罢,本仙姑不跟恁们这帮七孙蚂蚱一般见识。今天咱们算是打了平手,恁们占了俺们的地,俺们灭掉恁们的前锋,挫伤了恁们的威风志气。待俺回去跟天后奶奶商议过再来,到时候非杀得恁们片甲不留!走!"

那巫婆话音没落就一屁股坐在了供桌上,挥手招来几个年轻人抬起来回村了。

"快!回镇去!"牛陈氏大步流星往回赶,边走边做安排,"栓有,快跑回去敲钟,让各家各户必须带着三件东西,一是柴草,二是扫帚,三是渔网,没有渔网的人家拿几床被单也行。"

"孬孩,恁去找长的木棍、竹竿,有多少要多少,栽到咱们镇地头去。"

牛陈氏勉强走到月桂镇的路边,她实在走不动了,满脸都是虚汗,鼻息还留有一股血腥味。她想坐下来喘几口气,只是隐隐听见远处一股令人毛骨悚然的嗡嗡鸣声。她深深地吸了几口气,大步朝涌来的男女老少迎了过去,张开手臂大喊道:"七姐六妹、老少爷们,咱们只有挡住这些蝗虫,才能保住咱们的晚秋,咱镇才能活人。俗话说,兵来将挡,水来土掩,俺看了这些虫儿会飞善跳能凫水,横宽十里许,纵深望不到头,一般的法子治不了它们。从这儿开始,咱们布下四道防线,前出一丈摆柴草,后退丈余再摆一道,带扫帚的都守在这条路上,路后是咱镇的地头,竖起高杆把渔网、被单都张开,让它们插翅难飞!男人站前头,女人站路上,老人孩子守最后,是死是活就看咱们能不能守住这儿了。"

一眼望不到头的蝗虫群,夹带着令人不寒而栗的鸣叫席卷而来,它们一路南下势不可当,已由初时爬跳蹦跶,渐渐地长出了翅膀,个个足有二寸长,行动整齐,斗志正旺,朝一个方向连跳带飞一下子能移动丈余远。

此时,横亘在它们南下路上的是一条从山边到河边数里宽的火墙,蝗虫群像是认定了南下的方向,依旧不偏不斜地直奔月桂镇而来。

第一道火墙点燃后,南下的蝗虫群一阵错乱,纷纷投火自尽,自焚的响声似乎更激起了蝗虫群的斗志,虫群以更密集的阵势扑了过来。乡亲们不失时机地又点燃了第二道火墙,一时间浓烟滚滚,到处是"呜呜"的响声,蝗虫们还是一波波向南滚动着,渐渐地有些冲到了路上,镇上的男女老少争先恐后把一层层的蝗虫又扫回到了火墙里,空气中充溢着烤肉的味道,灰尘浓烟挡住了蝗虫的去路,只有少数奋不顾身的蝗虫越过了大路,但无法跃过老人孩子看护的最后一道防线。

整整一天时间,南下的蝗虫群终于被阻挡在了月桂镇的地头。

临近黄昏时,蝗虫群开始掉头东南,向镇边沙河扑了过去,尽管当时大旱,但上游来水没减多少,河面仍有五丈余宽一丈多深。

面对河水,疯狂的虫群抱成团滚进河里,一开始只滚成斗大的虫疙瘩,落水不久便慢慢下沉,未到对岸就七零八落四散逃命了。于是,蝗虫抱团越来越大,从箩筐大小逐渐聚成黄牛般大小的疙瘩,滚入河中,忽悠忽悠地向对岸漂去。

牛陈氏又指挥着人们聚集到了河对岸,人人拿一杆长竹竿严防死守,见有蝗虫疙瘩漂过来,便打散在河里,以致整条河水都成了红色。

入夜,蝗虫群再也没了南下的斗志。从这天晚上开始,虫群转入了"原地驻扎"的状态,疯狂掠食的劲头也减少许多,除了偶尔因争夺地盘旋起一团飞虫外,它们再也没有了一往无前的精神,偶尔旋起的虫群也会很知趣地找块虫儿少的地方落下来,并且一连数日都是如此。它们占据着一望无际的地盘,却被挡在了一条很不起眼的路边。

一周后的一天晚上,一轮皎白的圆月轻盈地悬在一抹云彩上边。突然,远处平地传来风雷般的轰鸣声,蝗虫如同接到秘密的指令,"哗啦啦"地起飞了,似大风刮过,天旋地转,蔽空盈天,轰轰作响,刹那间,大地升起层层飞云,掩天盖月冲向了天际。

这阵风足足刮到半夜才戛然而止,风动之后,地上竟没有留下一只蝗虫。至于蝗虫们飞到哪儿了,谁也不知道。

第十八回

入虎穴　中圈套　张道成顶名牺牲
躲明枪　避暗箭　牛紫龙押解西京

军统组织是国民党全方位抗日最大的军事情报机构,整个抗战期间一共发动了约十万人参加军统,牺牲了一万五千人,大部分是在抗战头三年牺牲的,如果按当时军统的实际在编人数,牺牲人员所占比例已达三分之一。1940年以后,军统出现了迅速堕落的状况,这也是国民党创建军统体制的必然结果。军统与国民党军政体系一样,几乎没有多少思想理念,内部管理靠的是利诱和严惩两手。这两手其实对任何组织都适用,但只能作为辅助手段。军统之所以在抗战初期出现了一批勇于牺牲的热血青年,主要因为有团结抗日的旗帜,符合民族大义。随着军统工作重心的调整,势必会失去抗日这个动员青年最重要的手段,剩下的就只有追逐利益这一点。再加上军统内部差别巨大的权力等级制,很快就陷入了你死我活的内部纷争。

抗战进入相持阶段后,军统总部为调节军统豫站站长岳烛远与副站长刘暨的矛盾,改任岳烛远兼任一战区调统室主任,到洛阳就职,任命刘暨为豫站站长。刘暨上任不久,就开始排挤岳烛远的势力,将军统豫站迁到郑州,分驻小市场十五号和南菜市王家院。未曾想到的是岳烛远深谋远虑,早在一年前就派调统室行动科长崔方坪利用开会办特训班的机会到军统总部四处打点,请客送礼攀上了关系;而军统总部主管人员又多是见钱眼开之徒,根本没有心思顾及下面实情,虽然暂时调走了岳烛远,却认定豫站中一定有猫腻,并且开始策划了一场连刘暨都没有想到的把戏。

牛紫龙利用刘暨急于全盘换上自己新班底的机会,提出了裁撤行动队的更新计划,报告的理由是向各种杂牌军、警队推荐骨干,建立可以运用的二线网络。他不愿意让自己招收的青年陷入国共纷争,更不愿意看到他们长期混迹于这潭污泥浊水之中,便创造条件让他们走出去,推他们早点离开这是非之地。不过,牛紫龙仍旧抓住最后的机会把对日斗争放在了第一位。

牛紫龙利用半个月时间,跟行动队每个人谈了话,征求走留意愿,老队员中只有张道成表示暂时陪着牛紫龙再待一段时间,其余都表示愿意转岗。牛紫龙根据大家的意愿,列出了一张包括吴志翔、王保、姚三、张剩等三十多人的名单,占行动队总人数的百分之六十五,再加上在对日斗争中牺牲的人员,牛紫龙直接招录的第一批队员留下来的已经不足百分之二十。

1941年,军统总部"四一"纪念大会上,蒋介石口头嘉奖了军统豫站行动队牛紫龙等人与日军华北五省特务机关斗争的事迹,这更增加了牛紫龙的担忧。走,还是留?这个问题一直让他很纠结。

牛紫龙反复掂量着眼前的处境,军统豫站的主要任务已经转到侦防共产党方面,在对日斗争的战场上已经发挥不了什么作用。走,可以找到许多理由,留,似乎也能找到不少根据。牛紫龙分别到王永祥留下的两个联络站去过多次,一直没有任何指令,从侧面了解到无法核实的消息是王永祥也奉命撤离了。

送走吴志翔他们后,牛紫龙便开始整理手头几个潜伏的工作关系。蔺成章领了一大笔钱独自回原籍了,临行前啥也没说,不过牛紫龙猜测他一定回去报仇了。张永保撤回站里,因身份已经暴露,暂时安排到了电讯室。王永祥提供的几个协助工作的中共地下党员均已及时撤离。

军统豫站内部似乎正在开展着两项针锋相对的调查:一项是副站长李慕林提出,实际是牛紫龙在后面推动的,以缴获的日军特务机关密电为线索,查找有可能为日本人服务的内部人员,这件事没查清也是牛紫龙不愿轻易离开的原因之一;一项是防止共党渗透,针对行动队的调查。这两项调查虽然都由总部特派员牵头,但下面实际操作的还是军统豫站内部的两派势力,前站长岳烛远和现任站长刘暨各自暗中支持一方。牛紫龙直到此时才弄清,他杀的伪开封市警备司令刘兴舟实际就是军统豫站第一任站长刘艺舟的弟弟,而前站长岳烛远又是刘艺舟一手保荐上台的,这层关系中的猫腻再清楚不过了,只是无法找到证据而已。刘暨负责调查这条线索,基于过去的矛盾,表面上看刘暨全力以赴,干得十分卖力,但让人担忧的是总部不太积极,毕竟刘艺舟与戴老板有同窗之谊,认真查下去不一定会摸到哪个老虎的屁股上,所以这项调查尽管线索证据一目了然,可就是进展不了;另一项是对豫站内部共党嫌疑或同情分子的调查,表面上风平浪静,下面则是惊心动魄。由于这项调查以行动队为重点,除了已经离队的队员外,留下来的人大部分被关了禁闭,牛紫龙实际已无兵可用。

1941年10月2日,日军集中五万余人,兵分三路从黄河北岸京水和车站以及开封西南韩庄渡过新老黄河会击郑州。

此时,驻守郑州的是国民革命军第三集团军孙桐萱部,孙部原是西北军的老班底,中原大战时跟韩复榘投靠了蒋介石,抗日战争爆发后,韩复榘丢失山东被蒋介石枪毙,孙桐萱接任第三集团军司令。

郑州战役开战之初,孙桐萱部由于情报工作抢占了先机,虽然打得不太顺手,但并没有被包剿击溃,转而采取梯次防御和游击运动的作战方式,与日军周旋,扰得日军不得安宁。一周后,孙部不失时机地进行反击,打乱了日军的合围计划。

10月19日,中国军队首先向中牟反击,20日攻入郑州城内,31日收复郑州。此役共毙伤日军三千余人,战役前后不到一个月时间,迫使日军退回到原来的防线。

郑州战役结束不久,重庆国民政府军委会指令一战区召开郑州战役检讨会,情报工作被列入嘉奖事项范围,落实情报最初来源是军统豫站,直接通报到了第三集团军情报室。巧合的是,洛阳一战区情报室同时得到了八路军方面的通报,唯独军统总部事先毫不知情。

此事一出,军统总部戴老板十分恼火,立即传令军统豫站站长刘暨到重庆说明情况。刘暨急如星火地赶到重庆,面对质问一头雾水,支支吾吾解释不清,戴老板一怒之下将他扣押了起来。

扣押刘暨后,军统总部从正式渠道发布命令,由军统豫站副站长李慕林代理站长职务,主持全面工作;私下里又秘密指示前军统豫站站长、现任省调统室主任的岳烛远推荐军统豫站站长人选。

牛紫龙发现这些天代站长李慕林心情特别好,和自己一样几乎天天去电讯室,当然,他等的是任命站长的通知,这种急迫心情实在无法掩饰,每天走路都笑吟吟的,见谁都主动打招呼。刘暨被抓后,站里的老人已经不多了,无论是能力、资历还是贡献、关系,李慕林胸有成竹,他认为去掉这个"代"字应该就是这几天的事。

这家伙恐怕是高兴太早了。牛紫龙笑着对李慕林点点头,心想,戴老板用人一向诡秘,李慕林作为共党叛徒也许根本就入不了他的法眼。

李慕林与爱人黄丽从小同窗,后来双双加入中共组织。1932年两人同时被捕叛变,遣送回河南信阳原籍,自此攀上了国民党特务机关头目,死心塌地干起了追杀共产党人的工作。1934年李、黄二人一起参加组建军统豫站,是站里最老的一批人员。李慕林参加豫站后,利用其熟悉中共党组织情况的优势,很快总结出快侦快办、放线钓鱼、破案留根等一套对付中共组织的办法,使河南中共组织接连遭受挫败,也正是李慕林夫妇的表现,才使他由一般不在编的运用人,迅速升为豫站副站长,这在全国中共反水人员中是不多见的。

李慕林中等身材,长发方脸,白肤大眼,加入军统后猛然圆滑不少,逢人就笑,嘴甜得如同抹了蜜,只是两个眸子里望到啥都晃晃悠悠,流露出内心的算计。牛紫龙知道,最近一段时间,李慕林对站里中层干部拉得很紧,几乎对每一个人都下了番功夫拉拢利诱,对外还不断地放风要"豫人治豫",有意造成非他莫属的局面,但这肯定会适得其反。戴老板是个不轻易让人摸清底牌的人,别看他签发命令让李慕林主持站里工作,其实那只是物色人选的一个幌子。

然而当局者迷,李慕林审时度势,越想越觉得豫站站长非他莫属。他对此的期望值太高太专一了,任何人任何一个正常的举动他都能与自己的站长任命联系起来,甚至把牛紫龙近段时间的好心情都会错意为替他荣升而高兴呢!

1941年12月8日晚。郑州南菜市王家院。

昏昏暗暗的大风一连刮了两天。

牛紫龙从白沙回来,半夜才赶到站部,推门见电讯室竟无人值守,便自己戴上耳机,调好频道收听上海的广播。一家国外电台反复播放着美国对日本提出的《备忘录》,尽管用的是外交辞令,但不难听出这里面充满了"最后通牒"的味道。接着便传来了日军偷袭珍珠港大获全胜的惊人新闻。

牛紫龙重重地拍了下桌子,那种终于等来的消息不禁让人一阵战栗,他刚想大叫,却听到背后有人阴沉沉地问道:"怎么?你也知道了?"

牛紫龙回头看见李慕林扭曲着脸,两眼透出一股阴森的寒光,不解道:"怎不知道?

有大事发生了!"

"已经知道了!"李慕林一字一顿道,把一封电报摊在桌上。

牛紫龙扫了一眼,见是总部发来任命崔方坪为军统豫站站长的密电,密电通知崔方坪明天即赴郑州任站长职务,并要求李慕林次日到车站接站。

牛紫龙心里也暗暗吃惊,抬头瞟了一眼李慕林咬牙切齿的表情,心里又不禁一阵好笑。

军统用人,才绩皆可不论,更没啥规矩,唯一讲究的就是从来不会让一方坐大,坐大就犯了军统的大忌。

崔方坪也是军统豫站的老人,是尽人皆知的流氓。参加军统前曾任开封、郑州警局侦缉队队长,最大的长处是胆大包天,不仅包赌包娼、贩卖毒品红丸,而且所有商户只要经他手办事,一律雁过拔毛。尤其擅长编织陷阱、明抢暗夺、敲诈勒索,诸如在大户门口挂死尸,给少爷少奶放飞鸽飞鸭等,都是他的拿手好戏。平时看见谁不顺眼或是有些家产,先挑拨商家或邻里互斗,崔方坪先出黑手把事情闹大,摸清双方家底后,再出白手调解,吃拿回扣,坐收渔利。就连江湖黑道土匪见他也像见苍蝇一样,耻于跟他为伍,背后称他"崔阎王"。

崔方坪五短身材,宽肩细腿,疏眉豆眼,短鼻大嘴,面色青黄。不过他之所以能流氓起来,不少时候靠的还是那张表情丰富的脸,碰到月黑风高杀人的时候,他是一脸的同情悲怆,有时还陪着将死的人掉几滴眼泪;遇到敲诈对象让人出血拿钱的时候,他是满脸的不忍,仿佛跟割自己的肉一般心痛;见了比自己官大财多又能用得着的人,他马上能换上儿子见亲爹撒娇贴心的模样;对一般榨不出啥油水又好像没啥关系的人,却是一脸的屠夫神色,总是歪着头,思量从哪儿下手。

当然,这时候的军统,乃至整个官场已成了藏污纳垢的场所,许多事情见怪不怪。前两年,崔方坪为躲避仇家投靠军统,用重金贿得岳烛远当其靠山,岳自然将其视为心腹,走到哪儿两人都形影不离。岳烛远调到一战区调统室当主任后,崔方坪便跟着去洛阳充任刑侦科科长。不久前,军统总部让岳烛远推荐豫站站长,岳烛远恰好在豫南游山玩水,崔方坪便用岳烛远的名义推荐了自己。待到岳烛远知道内情后,生米已经做成了熟饭,岳也只好顺水推舟送个人情。

"总部老板脑子一定进水了,不然就是有人吃了这小子的好处,整出这么个流氓当站长,出门咱们脸都没处搁了。"

"一定要向总部反映,让总部知道真相,否则……"

随着一番激烈的议论,郑州市警察局侦缉队长于师、豫站电台台长李大林等一批中层干部吵吵嚷嚷地进了屋。

临时而警,善谋而静。牛紫龙见状决定离开这个内部斗争的漩涡,便利用起身关门的机会,向门外张永保扬起五个手指,接着比划了一个两人会意的动作。

李慕林铁青着脸,眼睛狠狠盯着眼前桌面上的电报,一副万念俱灰的可怜相,自言自语道:"让一个跟日本人勾结的人当豫站站长,是对全站的羞辱!"

"重要的是已经发现此人秘密跟日伪联系,没有查清就匆匆任命嫌疑人当站长,总部应当有个解释。"牛紫龙采用激将的办法想让李慕林把一直不愿意说的真相讲出来。

"把洛阳送来的密电底稿找出来,这件事不用查,底稿上写得清清楚楚。"李慕林对电台台长李大林说。

李大林从译电保密柜中取出一本专用档案递给牛紫龙。

牛紫龙打开见第一封便是吴志翔在吉川办公室缴获的密电原稿,上面写着:查军统豫站行动队队长牛紫龙已经消失月余,此人狡黠多变,善谋果断,意志坚强,有可能去开封或豫东,具体任务尚不清楚,望注意查找防范云云。

牛紫龙又接着翻看出几封军统豫站组织各项重大行动的密电原稿,均和吴志翔带回来的一样。

"这些事实向总部反映了吗?"牛紫龙问。

电台台长李大林看了看李慕林,回答道:"刘暨一开始说要向总部汇报,以后不知为啥突然改变了主意。"

李慕林仍旧铁青着脸解释说:"崔方坪背后的人肯定搭上了军统总部……"

正说着,张永保气喘吁吁地进了屋,附在牛紫龙耳边嘀咕了几句,牛紫龙故作一惊,迅即起身向李慕林报告道:"日本人那边有重要情况,俺得先到白沙三号院一趟,站长恁看……"

李慕林紧蹙双眉半天没吭声,最后还是郑州市警局侦缉队长于师不耐烦地挥挥手嚷道:"走吧,走吧,今天晚上咱们见面的事,你可半个字不能漏出去,漏出去咱们弟兄只能埋进一个坑了。"

李慕林点点头。

牛紫龙向大家扫了一眼,带着张永保出了电讯室。

两人出了王家院大门,牛紫龙悄声交代张永保:"明天新站长来郑,直到现在没听说站里派人去接,你把这事跟电讯室的其他人通通气。"

牛紫龙知道军统内部报务员都是军统总部专门培训的,培训期间就会被暗中发展为军统内部的监察人员,工作中发现可疑情况可以直接上报军统总部。

张永保点点头。

1941年12月9日。郑州火车站广场一角。

"打起来了!打起来了!"跑堂倌一脸兴奋地扬着手里的报纸喊着跑进了茶馆,大声读了起来:据多家新闻社报道,昨日日军联合舰队出动六艘航空母舰、两艘高速战列舰、三艘重巡洋舰,以及潜艇、油船、飞机等袭击了美利坚合众国位于夏威夷群岛的太平洋舰队总部珍珠港,击沉美国全部战列舰在内的各种舰船十九艘,击毁飞机二百多架,美军死伤惨重。同日,日本南方军已向马来半岛、菲律宾等地的英美军队发动了进攻,太平洋战争全面爆发!

军统豫站报务员裴清明双手捧着一大碗热茶,一边听着堂倌宣读报上珍珠港事件的消息,一边两眼盯着窗外。这则消息他昨天半夜已从总部接收的电文中看到了,激动得一夜未眠。

这天,茶馆里的中国人猛然多了起来,个个脸上洋溢着一种莫名的兴奋,战争似乎一下子不那么恐怖了,反倒有些像一场体育竞技比赛,增加了许多期待和激动。

茶馆里坐着各色人等,多是在车站帮忙干活的人,有的穿着棉袍马甲,有的穿着短袄棉裤,头上包的、腰里缠的都是脏乎乎的粗布,打圈坐在一个大大的砖砌的火炉边,相互猜测、评点着数千里之外的战局。

第二次世界大战是人类历史上第一场以价值观决定敌友的战争,正义成了现代国家的基本条件,无数饱受战火摧残的人们汇聚在一起,共同的向往使世界一下子变得息息相关。裴清明怎么也没想到,在如此遥远的地方,在如此不堪于生活困苦的人群中,他们的命运竟与大洋彼岸的决策息息相关,连拉大板车的人都知道世界上有个"老罗"。"罗师傅(斯福)"是当今世界势力最大的江湖,跟罗师傅比,俄国的老斯、中国的老蒋只能算山寨王,罗师傅才真正是如来在世、菩萨显灵,和诸葛亮一样坐手推车、摇鹅毛扇,说拾掇谁就拾掇谁。有了罗师傅这么个后台,人们谈论起日本也轻松多了。小日本是狗吃麦苗——装羊,没给罗师傅说一声就给自个起个"东洋人"的名,跑到洋人锅里搅饭吃,今儿捣捣这个,明儿咬咬那个,折腾得整个东亚不安生。美国罗师傅早就看出来这狗样的家伙不是善茬,吆喝几声都不听使唤,还偷偷袭击人家一把,看来挨抽的日子不会太远了。

裴清明听着这些议论直想笑,这世界真是变了,要饭的都操心美国国会的议题了! 他心想,战争把人们割据得七零八落,却让人心聚拢到了一起。

裴清明,山东德州人,祖上都是农民,不知上几辈的老人突然听到一句格言"一铺旺三代",于是留下遗训,再苦再累也要积攒下家财在济南府买爿店铺,让子孙过上城里人的生活。裴家就为这个目标,不知经过几代人的努力,终于到了裴清明爷爷辈在济南西南顺城街买下三间临街旺铺,一家卖光了德州乡下的田产迁到了济南。

谁知流年不利,1928 年南方北伐军打到济南,结束了日本人支持的奉系军阀张宗昌"祸鲁"的统治,招致日军的报复。日军派出海军第二外遣舰队陆战队和陆军第六师团,在济南城进行了疯狂的屠杀,杀死中国军民 6132 人,伤者数千人,众多古迹、商铺顿成瓦砾。裴清明家的店铺也毁于这场战火,被夷为平地,更严重的是,裴清明的父亲被日军辱为"探子"枪杀于济南城西门,裴清明的爷爷又怕又气,不足一个月含恨去世。一家人连失两个顶梁柱,如同天塌一般,成了四处乞讨度日的破落户,几辈人的奋斗几天之内全都烟消云散了。

那年裴清明刚刚十岁,母亲含辛茹苦,好不容易把他拉扯成人,又遇上"七七"事变。母亲执意让裴随校南逃,一路跑到湖北,眼看就要入川了,裴清明背着众多同学独自报名参加了军统,指望着有朝一日被派回济南,见到母亲。不曾想培训后被分派到了军统豫站,干起了报务员的活,这让他很有些失落。

裴清明不屑地扫了一眼那群争得脸红脖子粗的苦力人,心想,这堆要饭拉车卖大力丸的九流之辈真是咸吃萝卜淡操心,开口闭口挂着美国的"老罗"罗师傅,那是你投票选出来的?! 自己连肚皮都填不饱,偏偏好跟美国的"老罗"称兄道弟,没准出了门见了警察就喊爹!

其实,昨天晚上他见到张永保时,对自己眼前的处境还没认识得如此清晰,只是感到老这么下去没啥出息,经张永保一提醒,马上觉得这可能是个露脸的机会,万一站里忘了安排人去接,自己不正好接上新站长,留下点印象,说不定真能给自己换个提鞋倒水贴身伺候人的活干干。想到此,他起了个大早,天刚亮就来到车站,一问才知道郑州洛阳之间拉客的火车要到中午才能到,不得已才躲到这车站茶馆里避避寒。

裴清明从半开的门帘处盯着火车站入口那三个拱形的门。突然,他看到几个熟悉的身影,这才醒悟到自己设想的接新站长的情景只是自己一厢情愿,他一阵沮丧不由得打了个嗝,茶水到嘴里顿时变了味,有些酸还带点苦。一上午花三分钱喝了一肚子水,这时候他才感到一阵内急,放下茶碗冲出大门,向车站门口望了一眼,真真切切看清楚了,台阶下站着十几个侦缉队的便衣,并排停着六辆人力车,他很不情愿地向一个偏僻的胡同跑去。

前后也就十几分钟时间,裴清明回到火车站广场时,发现人力车和侦缉队的人都不见了。他揉了揉眼睛,若有所失地四顾一番,慢腾腾地登上台阶,来到候车室门口,见到的只有三三两两的散客。

裴清明百无聊赖地回到南菜市王家院门口,见四五个侦缉队便衣在门口溜达,不禁心中生疑,侦缉队驻小市场十五号,从来没到豫站部当班值勤过,怎么今儿来这儿了?再说了,王家院属隐点式办公场所,门口除了一个曹姓老头是当门坐探外,还没让荷枪实弹的侦缉队来这儿警戒过。

裴清明多了个心眼,扭头进了一家经常去的郑记馄饨铺,他特意捡了张临街的桌子坐了下来,他真想不明白,新站长到任站里很少人知道,怎么找了几个侦缉队的人去接站呢?

馄饨烧饼刚刚端上来,他看见自己的顶头上司、电台台长李大林押着一辆三马平板大车急速赶到大院门口,那车最显著的标志就是拉车的马皆一色白毛,一看便知不是一般百姓家用车,肯定与某个部队有关。

李大林跳下车,四处张望一番,朝大门里挥挥手,但见侦缉队于队长领着四五个便衣抬出两个大麻袋,"呼哧呼哧"地将麻袋扔上了车。于队长抄起鞭子照那领头的白马抽了一鞭,三匹马一起用力,平板大车扬起一片尘埃飞速朝南门驰去。

裴清明看得真切,饭也没顾上动一下,起身进到王家院,见往常曹老头的耳房是铁锁把门,整个大院静得瘆人,隐隐约约听得二门里还有些动静,不禁吸了口凉气,慌忙又到刚才平板车装货的地方,清清楚楚看见地上落有几个红点,弯腰用手指一沾,血迹!

王家院绝无宰杀牲畜的可能,难道……他似乎有些明白了,拔腿向城南门追去。

翌日。

戴笠最初听说总部任命的军统豫站站长上任当日"失踪"的消息,还真没弄明白是怎么回事,反复发电核实在洛阳是不是上了火车,火车途中遭没遭到日机轰炸,是不是到了郑州,谁去接的站。

代站长李慕林回电说是他亲自接的站,一口咬定没见崔方坪其人。

怎么可能呢?光天化日之下,大活人丢了,而且是俩人一块儿丢了!军统总部大员们有些犯迷了,专门用假名在郑州、洛阳的报纸上刊登了寻人启事,悬赏重金征寻知情者或目击者。

裴清明一连失眠了几天,崔方坪失踪的底细他已经猜出了八九不离十。汇报,还是不汇报呢?他知道他的小命就在这一念之间。

这两天,电台台长李大林似乎一步没有离开过电讯室,只要裴清明坐在机器前,李大林准要在身后转来绕去。昨天夜里李大林甚至连家都没回,就睡在了电讯室。

裴清明又开始忐忑不安起来,这分明把自己当贼看了么!这一条怎么没想到呢?那些利弊损益分析都是自己的主观猜测,费尽心机的算计其实就被一个眼神给挑破了。他突然醒悟到自己在这样不被信任的环境里恐怕终有一天会性命不保,不定哪一天他们就会要了自己的命!

裴清明望着窗外透出的一线亮光,禁不住嘟嘟囔囔自言自语一番,究竟说了些啥连自己也不明白。他爬起身,把这件事归纳成了四个要点,即崔方坪确实于当天到郑州赴任了,当天火车早点两个小时;来接站的是代站长李慕林,郑州市侦缉队队长于师,站电台台长李大林及十余名侦缉队便衣;接到崔方坪他们回到站部,约半个小时后,于师队长率队员将两个"麻袋"装上一辆平板车出了城南门,"麻袋"埋在了城南苹果园;这件事的主使应当是代站长李慕林,涉及范围不大清楚。

裴清明写完这些,在桌边愣怔了良久,这件事总是瞒不住的,与其让别人立功,不如俺自己立功! 决心已定,他想想从站里和驻军发都不保险,咬咬牙送到了地方电讯局,那个单位也有一位山东老乡。

想到这里,他匆匆漱了口,把自己包裹严实后出了门。

郑州城南苹果园。

军统总部收到裴清明的电报后,才知道事态的严重性,先是把这件事定性为内部火拼,马上又上升到了犯上作乱。当然他们不可能意识到这正是军统用人体制导致的结果,也没有处理此类事件的经验。

戴笠取消了原计划的河南行程,派专员赵麟钧为特派员,派公、密两个调查组分头进行核查。

赵麟钧到郑州没两天,崔方坪被杀的基本轮廓已经查清,他上报总部的调查报告发出的第二天,便收到了总部下达的"严惩不贷"的指令,派出的由二十余人组成的职业枪手分队也匆忙赶到郑州。

特派员赵麟钧为了不留后患,将当天参与接站刺杀崔方坪的所有人员列入"严惩"名单,并且设计了一个打草惊蛇的方案,放出烟幕弹,制造气氛,将涉案人员一网打尽。

牛紫龙奉命赶到城南苹果园时,那片不大的园地已被第三集团军特务营挖出几条浅沟,在一座古坟旁边挖出了装有崔方坪和警卫的两个麻袋。

军统豫站中层以上人员,以及总部调查组人员远远地围站在四周,外围是一色穿黑色制服的枪手,现场充满了杀气。

众人呆滞着脸望着特务营士兵们刨出麻袋后,把衣物、皮包、手表、钢笔等死者随身所带的东西一件件地摊摆在地上,最后把面目全非的尸体抖搂出来。两团散发着令人窒息臭味的尸骨十分别扭地蜷缩在一起,死相十分的难看。工兵营的士兵把他们反转摆正,供总部技术人员拍照勘验。

牛紫龙发现,在恐惧木讷、眼神茫然四顾的人群中,只有李慕林仍旧神色坚韧,用他那双冷酷峻厉的三角眼对总部人员逐一进行打量。他面色铁青,扭曲得吓人,有着死过一回的淡然。

恰在这时,郑州警局侦缉队长于师两眼畏畏缩缩乜了李慕林一眼,战战栗栗地扶了李慕林一把,像是事先安排的动作,掏出手绢就往李慕林额上擦。李慕林诧异片刻,很不解地推开于师,于师向众人堆里扫了一眼,又凑上前去跟李慕林说了几句话,李慕林依旧是一言未发。

技侦人员对挖出来的两具尸骨及衣物勘验结束，一位军官模样的人跑上前去，向总部特派员赵麟钧敬礼报告了几句。

赵麟钧点点头，转向李慕林干笑两声，说道："李代站长，总部指令兄弟我负责此事的调查，重点查清崔方坪崔站长赴任当天所发生的一切。承蒙各位关照，现在已经找到了杀害崔站长的确实线索，今天起出遗骨证明这项检举真实可靠，大家有目共睹。为此，经总部批准，自今日起对你——李代站长实行禁闭审查，免去代理站长职务，由张子乐代理站长。"

他足足盯了李慕林一分钟。

李慕林也紧紧地盯着赵麟钧，一切都将不存在了。人们之所以对死亡有种恐惧，多是因为死亡不仅会让人失去活在人世间所得到的一切，包括金钱、地位、亲情、朋友等，还会将人带去一个完全陌生的世界。然而，当人们看清这一切下面隐藏的污浊和卑劣时，失去这一切反倒是件轻松的事。想到此，李慕林闭目仰首长叹一声。

赵麟钧转过身，干笑了几声，向众人道："诸位兄弟，此案查清之前还望各自坚守岗位，尽心竭力，效忠党国，未经批准，不得离开驻地，明白了吗？"

众人参差不齐地答道："明白！"

牛紫龙刚出门，于师便拍了拍他的肩膀，故意把环顾左右的动作搞得尽人皆知的样子，悄声道："李慕林站长安排知情的人今晚集体撤退。"

牛紫龙望着熙熙攘攘的街道，问："知情？知什么情？李慕林已经被免职了，他还有什么权力安排什么撤退？往哪里退？"

于师挠了挠早已谢顶的头，说："李站长的意思是崔方坪作恶多端，勾结日寇，众多弟兄早已愤愤不平，杀掉崔芳坪完全在情理之中。只是这件事做得过于草率，牵涉不少弟兄，既然总部怪罪下来，他也不想连累大家，便托集团军的故友给大家安排一个脱身机会，让参与其中的弟兄今晚十点以后，到南门外龚家大院集合，其余的事由他去应付。"

为渊驱鱼，原来把篓子藏在这儿了，牛紫龙心想，于师一定是被赵麟钧收买了，或是于师买通了赵麟钧，不然他办案不会这么顺利。

于师也是地面上著名的混混，早年拉车、跑堂、搓背、修脚，啥都干过，后来被李慕林看中发展成了线人，随着李慕林的高升，于师也一步步当上了侦缉队长。

于师生得高大凶狠，秃顶浓鬓，头尖腮方，面色黑青，两只贼绿小眼始终不停地转悠着，透出他内心过多的算计。他穿一身肥胖宽大的黄色军装，衣领黑乎乎沾满了油泥。

牛紫龙站住脚很认真地说："崔方坪出事那两天，俺们行动队奉命去河边查了几天探子，俺们队里没有人参与其事。"

"是呀，是呀，"于师又挠挠剩不几根头发的秃顶，干笑两声，"不过，李站长找不少人谋划过此事，他没找过你吗？"

"他找俺说过崔方坪勾结日寇的事，说要向总部反映，可没说要加害崔站长之事，更没给俺谋划过什么行动。"

于师故作一脸同情状说："这话也给我说过，李站长工作太认真了，把党国利益视同生命，上进心太强……"

两人说着，来到小市场十五号院门口，牛紫龙挥手告别，于师似乎没有反应过来，屁股一跷，伸手就要摸枪。

"明天再见。"牛紫龙笑道。

"明天见,明天见。"于师自觉有些失态,手足无措,干笑两声,心事重重地走了。

当天晚上,军统豫站参与谋杀站长崔方坪的人员,包括站电台台长李大林、郑州侦缉队长于师以及侦缉队队员等17人,因事败露,串联集中到了南门外龚家大院,图谋"集体出逃",被总部特派员赵麟钧、新任代站长张子乐及时发现,亲自率队抓捕。集中起来的涉案人员与前来抓捕的人员发生枪战,当场击毙16人,唯有郑州侦缉队队长于师漏网逃出。

次日晨,原军统豫站代站长李慕林在寓所畏罪上吊自杀,其妻黄书琴服毒自杀。

郑州南菜市王家院。

牛紫龙推门走进代站长张子乐的办公室,见他一副心事重重的样子,听到门响头也没抬,两眼盯着脚尖,摇了摇手。

"怎么,又出事了?"牛紫龙故意做出一副关切的样子,问道。

其实他来的目的是想套出李慕林有没有供出外派潜伏人员名单和联络办法。为此,他多次试探过张子乐,只是一直没有结果。

张子乐是和牛紫龙一起加入军统的老人。此人处事机敏,为人圆滑,擅长见风使舵、落井下石,长期从事站内反渗、反间和督察内部人员的工作,从来没有参与过对日斗争。他长得高挑偏瘦,肤色蜡黄,小眼大嘴,年纪刚满四十岁就沟壑纵横,一脸老相。平时他嗜烟如命,人称"三根火",早、中、晚饭后划火点上烟,便一根套一根,直抽到闭眼关灯才熄火,反正只要是睁眼就离不了烟。

张子乐挑了一眼牛紫龙,又低下头,闷闷不乐地答道:"事出没出还不清楚,可俺心里总觉得要出事。"

牛紫龙笑笑说:"恁才上任几天?!就是出事也可以推到前两任身上。再说了,赵麟钧赵特派员做事果断实可称道,只是在处理李代站长等人事上,操之过急,咱们站的许多家底还没弄清楚就让他匆忙正法了,推不到前任身上的事,恁还可以推到赵麟钧身上。"

张子乐这才抬头正眼望了牛紫龙一眼,勉强堆出几许笑意,慢条斯理地说道:"我也没料到赵特派员下手这么快,让李代站长交代问题只给了一晚时间,李代站长又像是闻出点味了,以拖为主,说回去想想写个东西出来,结果挨到凌晨就……"

他说话的时候一根烟始终在嘴唇间转来转去,喷出的烟雾袅袅地升腾着。说着,他两只手下意识捻着另一根烟,利用说话的间隙很巧妙地把手里的烟套在了正在燃烧的烟屁股上,几乎瞬间工夫又把烟叼在了嘴上,如此流畅的动作,绝非一日之功。

"咱们豫站到了今天的程度,恁比俺清楚,恁是专门督察下属的专员,这里面水有多深、多浑,混进来多少死鱼烂虾,恐怕连上面都没恁知道得多。"牛紫龙还想从张子乐那儿套出站里外派人员的一些线索,绕着圈问。

张子乐打断牛紫龙的话,摇摇手说:"这话可不敢说,看透不说透,还在圈里头,一不小心说过头,肯定挨整栽跟头,还是难得糊涂吧。"张子乐显然不愿意多谈了,他又熟练地套上根烟,狠劲吸了一口,问,"有事?"

牛紫龙马上换上了公事口气说:"俺们报的那几个方案……"

张子乐取下嘴里的烟,一双小眼在牛紫龙脸上转了几个圈,摆摆手示意牛紫龙坐了下来,解释道:"不是我不让你们出去,而是上面交代让我把人员看紧点,出任何问题,拿我是问。"他快速吸了两口烟,一团烟雾笼罩在他面前,干咳一声后,他突然压低声音说:"前两年,军统在八路军内吸收个卧底,爬高钻深当上了洛八办的头头,原来只是一个冷子,专门提供共党上层预警性情报,谁知道上面不少单位急来抱佛脚,啥急要啥,引起了对方的怀疑,到今年年初,眼看那人就要露馅,这才让他公开反水投向政府。这人当过一阵洛阳地方共党组织部长,临出来搜集了不少共党潜水很深的线索……"

牛紫龙心头愕然一惊,猛地想起王永祥曾表示过,要把牛紫龙的建议向上级汇报,其中就提到过一位部长,难道真的已经暴露了?沉住气,截至目前,他们还没有发现任何证据。

牛紫龙依旧是一副事不关己的样子,望着张子乐又套上一根烟吸了起来。

"按道理这个人是军统发展的,反水归队仍应划归军统系统继续使用,现在却交给了军情部门。这就怪了,如此做法只能有一种解释,那就是他带出来的线索里有咱们军统的人,所以上面信不过咱们。当然此人身上可能有不少油水,各部门争相上香也说得过去,可也不能连人都不让咱们看上一眼……"

前段时间牛紫龙听说洛八办撤销,工作人员分批撤回延安,有些撤离人员受到国民党军警的包围,还牺牲了几位同志。当时,他以为又是国民党搞的摩擦,没想到军统在这里面搞了这么多名堂。

牛紫龙故作愤愤状问:"恁去啦?站长都不让见?"

"是啊!"张子乐小眼一瞪说,"我去两次都被驻军挡回来了,说是奉军统总部命令。开始我还不相信,专门打电报到重庆总部,回电说暂时不用见,需要的时候会通知咱们,这可太蹊跷了!"张子乐似乎意识到话说多了,两眼一眯,狠狠地抽起烟来了。

牛紫龙挑逗着让他多说,做出很认真的推测状,说:"洛阳……自从前站长刘暨把豫站迁回郑州,咱们站里没什么人回过洛阳,会不会……会不会与前两任站长有什么瓜葛?"

张子乐摇摇手,乜了一眼牛紫龙,说:"不会,这条线索是总部直接派人经营的,与咱们站没有联系。他反水之前,咱们站只知道河南有个六号,至于姓名、职业、人长啥样,诸如此类一概不知。"他吞吞吐吐地冒了一句,"我是觉得这狗日的特别灵敏,又在共党那个耳听八方的位置上,会不会嗅出咱们站有些别样的味道?"

"这有可能!"牛紫龙又作推测状,说:"不过总部前年开始就在咱们站查通日通共的人,恁不一直都在查吗?到现在也没查出个名堂,难道那人比恁还能干?"

张子乐吸着烟,做了一个奇特的手势,咬着烟说:"我担心的就在这儿,这次是连我都不让沾边了,保密保成了诡秘。"他望望办公室前后的窗子,悄声道,"那人前一段还在洛阳,半个月前突然转迁到这儿了,这狗日的真人不露相,长啥样我都还没见过,难道……"

他瞪着小眼,伸出两个手指急速地在两人之间划拉了几下,收住话题,张大嘴长长地打了个哈欠,露出满嘴的黄板牙。

牛紫龙知道这是他习惯的送客表示,便不痛不痒地安慰了他两句,转身出了站长办公室。

"一定要想法除了这个叛徒。"牛紫龙走出门便被这个念头占据着。牛紫龙与党组织的联系,始终只有王永祥一条单线,王永祥是个可信赖的人,相互之间托付生命十几年了,从来没出过差错。他又是一个情报老手,不会轻易暴露自己的真实身份,这一点,牛紫龙还是有把握的。但王永祥以上的环节会不会出问题呢?

他望着眼前的路,心想,不走下去就不会知道前面还有什么,冒险总比走回头路强。他决定自己留下来摸清那人的落脚之处,相机行事,让张永保回郏县,让张道成去找王永祥和吴志翔,为随时撤离做准备。

洛阳一战区司令部特别监狱。

"还活下去吗?"牛紫龙昏昏沉沉中不止一次想到这个问题,疼痛没完没了,只要有意识,透骨的疼痛就接踵而至,已经说不清在身体的什么位置了,动一动就会像触电一样痛彻全身。他昏死过去好几次,因剧痛而昏迷,再由刻骨铭心的痛来唤醒。他唯一清醒的意识就是此时如果放弃生命,他就再也醒不过来了。

"还活下去吗?"这个问题几乎占据了他的整个思绪,醒来就只有疼,而人忍受疼痛是有极限的,他遭受的刑罚已经超过了正常人耐受的极限,这一点他也清楚,活下去仅仅靠意志是办不到的,那么还在等什么呢?

也许是除掉"那人"心情太迫切,也许是对军统的判断失误,麻痹轻敌,总以为抗战应当是头等大事,国共尚在合作,总部不至于下这么大的人力物力去查一些无关紧要的共产党线索,况且这些线索并没有对军统和国民政府带有明显的敌意。

几天前已经记不清了,接到去集团军司令部听形势报告会的通知时,牛紫龙也曾有过疑问,这类宣讲报告军统从来没有参加过,集合全体中层以上骨干统一前往也不合常理,公、密人员混在一起,出现在大庭广众之下等于暴露了身份。然而牛紫龙还是大意了,他渴望了解局势,查清那个神秘人员下落的念头占据了上风。

"明天到集团军司令部听形势宣讲,家里不留人吗?"牛紫龙在走廊里遇到代站长张子乐问道。

"不用留。"从他脸上看不出任何表示,依然是用牙咬着根烟,袅袅升腾的一缕淡蓝色的烟雾,迷着他的右眼,使他不得不睁大左眼斜睨着牛紫龙。

"通知里不让带武器?"

"啊?"他一副莫名其妙的样子,反问道,"怎么,你有事?"

"不不不,过去形势一直压抑,现在好不容易盼来好转的消息,咋能不去呢?!"

当专门接送军统豫站中层骨干的卡车开进集团军大院那一刻起,牛紫龙便意识到情况比自己设想的最坏的情况还要严峻。两辆卡车载着三十多个人直接开到了两排枪上刺刀的宪兵中间,车还没停稳,众多事先埋伏好的军警便一拥而上,把一头雾水的豫站骨干全部用镣铐给铐了起来。

牛紫龙在叫骂的人群中寻找到代站长张子乐,张子乐也是一脸茫然,惊慌失措,四顾寻找着喊叫着。

"喊什么?"一声厉叫从会议室黑洞洞的门里传了出来,六七位穿着军装或黑色军统便装的人从屋里走了出来,其中一个小个儿,迈着外八字步的人很是眼熟,牛紫龙极力回忆在哪儿见过,是不是见鬼了?!他对这种走相姿态印象太深刻了,事先只见过一次,但好似以前被刻意记忆过,这不是伪开封市警察局局长刘兴舟的身影吗?他猛然醒悟到眼前这个人正是刘兴舟的哥哥刘艺舟!看来他采取这种方式接管了军统豫站,难道真的要连锅端吗？连锅端也不见得是坏事,至少说明他们手里还没有多少证据。

"冤屈你们了吗？军统总部早就发现豫站里有人密结共党,孙猴子钻进牛魔王的肚子,煽风点火制造事端,两任站长死于内斗,黑手就在你们中间！"

刘艺舟大步走到代站长张子乐面前,举手扬起一张总部委任状,用一种幸灾乐祸的口气说:"张代站长,给你的部下介绍一下我是谁,再把总部的命令宣读一下怎么样？"

张子乐慌忙陪出一脸谄媚,转身眨巴眨巴眼,对着众多被扣押的部下大声道:"各位同人,这是军统豫站创始站长刘艺舟,德高望重……"

"废话少说！"

"接军统总部命令,委任刘艺舟为军统豫站站长,免去张子乐代站长职务,此令……"

"好了,"刘艺舟扬扬手,狠狠地咬着牙说,"既然是站长,那么职责所在我就不客气了,下面由总部特派员任剑三宣布共党嫌犯名单。"

"牛紫龙、伍连三、朱华俊、苏喜堂……"他一口气喊出来了十六人的名字,大部分是中层干部,只有电台的译电和报务员为一般干员。

显然,他们把通共嫌疑犯锁定在外线人员身上。

张子乐被反绑着双臂,战战兢兢地凑上前,挤出几许十分难看的笑容,小心翼翼对刘艺舟道:"刘站长,共党嫌疑真有这么多？我当站长咋没感到他们在行动……"

"啪"的一声,张子乐脸上被重重地甩了一巴掌,那一巴掌如此有力,打得张子乐原地一个反转,跟跟跄跄地摔倒在门前台阶上。

"再加上一个张子乐,身为站长失职失守,长期对共党活动熟视无睹,致使尾大不掉,全站失控,把张子乐一并押走！"

牛紫龙看到,在对面众多军官和军统人员中间,有一个穿一身藏青色中山服、戴一副宽边眼镜的人,始终躲在后边观察着整个抓捕过程,"这人应当就是叛徒。"他心想。

"还用证据吗？直觉就是最有效的证据。"

牛紫龙被一束强烈的聚光灯照得眼前一片茫然,对面审问人员和审讯室的一切都隐藏在一种神秘的黑暗里。他的手脚被捆绑在一把特制的椅子上,审讯已经进行十几个小时了,如果他的意识还靠得住的话,现在应当是下午了,只是他什么也看不见。

他们应当是昨天下午被押解到洛阳战区司令部特殊监狱的。押来时,头上蒙了一顶很粗糙的黑头套,一路上什么也看不见,从火车、汽车和好不容易听到周围人说话的口音上推测,他应当是被押到了洛阳。

去掉头套,牛紫龙被直接送进了刑讯室。从那时起一直就被这盏聚光灯烧烤着,思维越来越不清晰,而审讯他的人已经换了两班。在这中间他几次想昏睡过去,都被强烈的电流刺激带回到一片白晃晃的惊悚中,整个神经系统产生了倒置的错乱,只要身心进入潜意识的睡眠状态,马上就会条件反射似的一阵心悸,不由自主地出一身大汗,身体再次进入清醒状态。这样周而复始的发作,神经越是紧张,意识越是沉迷,随之而来的是口干舌燥、心悸呕吐,五脏六腑一阵阵翻江倒海似的恶心直往上涌。

"妈的,这帮家伙用电刑的水平比日本人还高。"他已经整整两天水米未进,吐也吐不出什么东西。

他反复默记自己要坚守的两条底线,只要黑暗中还在问话,他决定一律回答这么两句话;说俺是共党拿出证据;俺与其他人只是抗日的同事关系,俺没发现他们有任何共党嫌疑。

可他发现意识里这两条底线也越来越模糊了,他提醒自己千万不能神经崩溃,他开始努力回忆过去生活中的一些愉快的事,不知怎么始终也想不起来,记忆碎片中他总是在遭受追杀,似乎一刻也不得喘息。他不敢想家里人、想母亲、想秀凤,连家乡那条蓝色的小河他都要刻意回避,他怕这些回忆会削弱忍受痛苦的能力。

"你也干过军统这一行,证据只对法律有用,在咱们这个行当里直觉比证据可信得多,你越是回答得滴水不漏就越说明你有问题,这就是直觉,你还是好好考虑一下你能扛得过去吗?扛过去又有什么用呢?能达到什么目的呢?还想活着出去吗?"

牛紫龙摇摇头。他确认这些话不是自己的错觉,眼前耀眼的亮光缭绕出一股焦糊皮肉味,他一阵阵发冷,感觉有些飘忽不定,视力也时黑时红。

他对扛过去真的没太大把握,当然这是一道简单的选择题,扛过去显然不可能活着出去,扛不过去当然会有一线生机,但痛苦地苟延残喘不会再有生活的意义。他想起了自己扼死自己的方法,不论怎么说自己也要扛过去,有一线希望就不能放弃。看来人到了生不如死的境地时,死倒是一种解脱,可这种选择是不负责任的。

他准备好去死,更确切地说,他决心向死求生。知道自己随时可能面临死亡,反倒使现实有了些许轻松,即便是回忆起过去那些坐监挨打、追杀躲藏的岁月,也不那么沉重了,甚至还有些生动有趣。

"能得到什么好处?能达到什么目的呢?"牛紫龙闭目仰头对着眼前那层亮光,像是自言自语道,"仔细想来,俺这一辈子既不需要什么好处,也不需要达到什么目的。"

"为劳苦大众谋翻身,求解放,实现共产主义不是像你这样的共党分子的目的吗?这个目的不是很高尚很理想吗?"

牛紫龙摇摇头,心想这小子还真会套人话,于是说:"俺不是共党,俺也没有恁说的那些啥目标。俺求的是打败日本,谋的是民族独立,俺也没有共产主义恁远的目的,俺只有一个追求真理的信念,要对得起死去的同事,要对得起先总理中山先生的灵魂,要对得起生我的父母,要对得起苦难的民众,这难道不是蒋总裁的论述吗?!"

牛紫龙话刚说完,便听见黑暗中一阵嘈杂声,接着传来几句交头接耳的声音,他猜测审讯人员已经换上第三班了。

"说下去。"黑暗中又换了一种口气。

牛紫龙精疲力竭地摇摇头,他怕自己会忍不住破口大骂,这时候还不能暴露任何意志缺陷,气急败坏是审讯人员最乐意看到的表现。

"你加入军统之前,你所在的地方发生过多起共党行刺政府官员、地方乡绅的案件,你也曾因共党嫌疑被国民政府逮捕入狱。只是由于当时政府没有查实你的上线,又轻信了你的花言巧语,正巧吴志翔出头替你顶了罪,你才得以逃脱追查,混入军统。"

牛紫龙听到一个熟悉的声音,想必是军统豫站站长刘艺舟沉不住气,直接出马了。

"入军统后,你旧情难断,又与共党取得了联系,谋与共党配合,也算为抗战做了些事,只是你与国民政府为敌的本性难移,从事颠覆政府的活动。这些难道还需要证据吗?!"

"不要证据难道只凭猜测吗?!恁这番话的证据就是你那张嘴,恁没有证据找个证人来也行。"

牛紫龙知道再和他辩下去不会有任何结果,他们只是要为自己的失败找个替罪羊。

"看来你是王八吃秤砣,铁心不交代了!"

"他已经沉不住气了,只要再坚持一下,就有可能扛过这一关。"牛紫龙知道对方接下来可能就要歇斯底里地发作了。

"你这鸭子到死还在嘴硬,我不相信你能一直硬下去!来人!上刑!看看是你的嘴硬还是咱们的刑具硬!我就不信还有铁打的人!"

牛紫龙听到敲击桌面的声响,这是退场的前奏,他已经黔驴技穷了,下面就是忍受住皮肉之苦的事情了,至少可以认定他们并没有掌握多少证据,即便有也找不来证人证明。

剧烈的刺激让他两眼热泪直流,他不知道他们给他灌了些什么,恨不得把五脏六腑都吐出来,突然他感到鼻孔一股黏黏的液体喷了出来,血腥瞬间充满了他的腹腔。也许是失血过多,也许是那钻心的辛辣,他昏了过去,带着一丝甜甜的滋味。

他再次被火辣辣的刺激唤醒时,鼻孔里充盈着一股皮肉烧焦的味道。他抬起沉重的眼皮,看到一个烟头按在自己的手腕上。一个打手按部就班地举起一把烧得红红的工兵铲在他面前晃了晃,突地拍在了他背上,"哧"的一声,剧疼使他脑子一片麻木,钻心的痛使他不由自主地抽搐几下,又昏了过去。

他被抬回监舍后一连昏迷了三天。

吴志翔自上次只身从黄泛区脱险后,辗转半个多月回到郏县寻找王永祥,碰上王永祥被通缉远走他乡。吴志翔好不容易追到许昌才见到王永祥,两人合计多日,认为要抗日只有一条路可以走,就是到沦陷区发展,学习共产党八路军建立抗日根据地。

"奶奶的,眼下这联军那别动队多如牛毛,真正抗日的比牛角还少。俺要拉支队伍就叫七路半,跟八路军比试比试,等俺壮大了,过河打下几座城池,恁给俺发几块共产党的招牌,俺那部队自动升格为八路军,可中?"

王永祥笑笑说:"入共产党可不容易,八路军这牌也不能随便打,得做出点样子才行。"

吴志翔非要跟八路军比试比试,回到宝、郏、汝、鲁一带招兵买马,很快拉起一百多人的队伍,也惊动了官府。当地政府也不客气,派来一个警察局局长带着二百多人,把吴志翔队伍的驻地给围住了,提出的条件是"抗日支持,要么改编成当地驻军民团,要么三天之内过河去沦陷区"。

吴志翔只得匆匆做了一番准备,悄悄把队伍拉过了旧黄河,潜入豫北寻求发展。

到了日军占领区,吴志翔才知道要学八路军建立根据地,还真是件不容易的事。吴志翔在国统区是个脚底板绑大锣式的人物,走到哪儿响到哪儿,都知道他是真心抗日的人,登高一呼,不但从者云集,不少大户人家也送钱送粮送枪送弹。可到了日伪占领区,谁也不知道他是哪块地里栽的葱,招兵买马连门都没有,就是过路也得留下买路钱。他带的部队潜入豫北,东躲西藏,饥一顿饱一顿,倒成了到处流窜的叫花子。

"做不出点样子队伍就升不了格,看来非鼓捣出点大动静才行。"

吴志翔一直琢磨着咋样才能鼓捣出大动静。他想起早几年,中国军队在野鸡岗炸火车弄死日军一百多人的战例,便把队伍拉到了铁路沿线寻找战机,一待就是半个多月,苦于找不到机会。沦陷区的火车没有准点,也没个时刻表,更拿不准的是打什么样的火车,要么是戒备森严的军车,要么是中国人坐的票车,打军车把握不大,打票车有误伤老百姓的危险……

就在吴志翔抓耳挠腮找不到下手机会时,派出的侦察小组送回来一个情报,日伪军一支小部队总共十几个人,半晌午才从大刘庄出来,看样子是往忠义车站去,沿路还不断骚扰百姓,人人肩上都扛有包袱,像是出来打野食的。

"奶奶的,打!"

吴志翔丢下饭碗,跨上马,带着二十多个人的小队便出发了。

接上火后,吴志翔才发现那队日伪军人数不多火力很强,不慌不忙就占领了铁路沿线的高地,一连打倒吴志翔队伍的好几个人。

"不对劲呀!俺看这帮小子不像是打野食的,倒像是给咱们下的钩呀!"一个军官模样的人凑近吴志翔喊道。

子弹"嗖嗖"地在空中飞过,"哒哒哒"的机枪声就没停过,压得人头都抬不起来。

"这帮七孙咋带恁多机枪,"吴志翔躺在一座坟头后面,心想,"这也太丢人现眼了!偷鸡不成反蚀把米。"他环顾着四周的地形。

"那个村子叫啥名?"

"伊庄。"

"好,恁们回去叫人,先占领伊庄,这儿给俺留几个枪法好的,形成犄角,咱们用交叉火力跟这帮七孙玩一会儿。"

日伪军小队几挺机枪轮番射击,在吴志翔周围掀起一阵尘烟。吴志翔抓下头上的帽子,往空中一扔,落下来时已经穿了两个窟窿。这回他相信了,这帮人是经过特殊训练的对手。

他向周围看了看,一片开阔地,日伪军还占据居高临下的优势,自己带来的人活着的已经不多了,僵持下去肯定会全军覆没。

他向剩下的人比划一番相互配合的手势,交叉掩护拉大距离,一个坟头一个坟头地向伊庄撤退。

可是一连冲出两人都被打倒在地。远处好像开来了装甲火车,冒着黑烟"轰轰隆隆"地开了过来。就在吴志翔一筹莫展之时,突然日伪军背后响起一阵枪声,日伪军的队伍大乱,吴志翔这才趁机撤到了伊庄。

进村,吴志翔才知道是张道成赶到日伪军背后给他解的围。

"恁来也不看看时候,这次弄不好咱俩埋一个坟堆了。恁不该来呀,恁没俺命硬。"

张道成满脸是汗,大口喘着气:"牛队长让俺找恁,俺都在这一片转悠十来天了,好不容易听到枪声,一想准是恁们。"

"那恁不看形势就一头钻进火坑呀?!"

"多个人咋说也能多个帮手。"张道成说着咧嘴一笑。

吴志翔叹了口气。

吴志翔望着日伪军的大部队沿铁路、公路正在逼近村口,没顾上多说,领着自己的队伍迎了上去,拉开阵势打了一阵,当他意识到正面来攻的日伪军越来越多时才下决心不再恋战。

"没结过婚的,或是家里有老有小的都站出来。"队伍里一下子站出三四十个。

吴志翔大步向前,从一个战士手里接过机枪大声道:"现在鬼子正向咱们两边包抄,恁们从正前方突围,西院还有些马,恁们突围用吧,能不能冲出去就看恁们互相照应得怎么样了,其余的跟俺守在这儿打掩护。"他挥手带着众人推倒了西边围墙让大伙冲了出去。

吴志翔带着剩余的战士坚持了足足一个小时,最后日伪军集中炮火发起了猛攻,直到傍晚才占领了村子。他们从一片碎砖瓦砾中翻出九个还有点气的"七路半"军官兵,大多已经缺胳膊断腿,只有三四个虽然头破血流,但还能自己行走。

"吴志翔?有没有吴志翔?"一个伪军军官大声喊道。

张道成慢慢走上前去,很认真地打量一番那个伪军,一口血水吐了那人一脸。

"爷爷的名字也是恁随便叫的?!"

那伪军军官挥了下手,十数个日伪军一拥而上,将张道成打倒在地,五花大绑把他捆起来。

吴志翔努力站起身,说:"不能带他!他不是……吴志翔。"

谁知话音未落他头上便重重地挨了一枪托,他怒不可遏,开口骂道:"恁们这帮七孙抓错人了,俺才是吴志翔。"一帮士兵上前不由分说把他的嘴用绳扎了起来,和其他七个俘虏一起扔上一辆卡车,连夜押进了开封日伪监狱。

当天,日军作战日志记载:昭和十八年三月二十日,我军在伊庄全歼华军共匪"祁儒范"支队,支队长吴志翔被捕,部下百余人毙命。

两天后,张道成被日伪军杀害于新乡,直到死他都自称是吴志翔。

无论刘艺舟是否认定牛紫龙就是共党的卧底,杀掉牛紫龙已经成了从上到下各种势力的一个目标。军统内部的恶斗,必须找出一个外部势力插手的理由才能解释清楚。

刘艺舟之所以迟迟下不了杀害牛紫龙的决心,并非如他所说的那样,牛紫龙受过蒋总统的表扬,真实的用意是他还没有摸清豫站在沦陷区到底还有哪些牌。刘艺舟也清楚,如果拿不到这么多年牛紫龙等人在沦陷区发展的情报网络,他这个站长也干不下去。因此,他曾下决心要把豫站经营的情报网络搞到手,当然还必须从查清军统豫站共党渗透案入手,由此打开缺口才能把豫站真正收归己有。

在众多有价值的推理中,只有牛紫龙早期的活动与共党有明显的瓜葛,基本可以认定王永祥应当是牛紫龙的单线联系人。如此一来,牛紫龙与王永祥的同窗关系,以及以后两人多次出现的巧合,成了认定牛紫龙"共党"的最重要的线索。可惜这条线索由于王永祥的"出走"而无法查下去,牛紫龙做的许多事分明有人暗中配合,可这些推理无论如何搬不上桌面。

审讯牛紫龙已经进行过多次,用刑根本拿不到口供。更难缠的是,牛紫龙一口咬定站里有用的情报网络以及联系方法都在前代站长李慕林那里,李慕林被杀前一天把家底都交给了总部特派员赵麟钧和代站长张子乐,行动队掌握的都是一些无法接或是不能再用的"废子"。对于这一点,代站长张子乐也承认与总部特派员一起与李慕林有过交接,但重要的情资还是李慕林与特派员两人之间进行的,自己只参加了部分关系的移交。如果顺着这条线索查下去的话，又拐到了军统总部，刘艺舟有苦难言更下不了手。

对牛紫龙来讲，当然这件事闹得动静越大也许越安全。牛紫龙知道真正要杀他的不会是刘艺舟一个人，只要他还活一天，这些人就会心神不宁、寝食难安。但他们整人一般会隐藏真实目的，给被整的人套上一顶让人忌讳的帽子，如果找不到借口，就很难下手。对付这种人，把他们的真实目的揭出来也许是自己活下去的希望。

这天审讯组得到了一道死命令：这次审讯从牛紫龙那里若再得不到口供，可以让他按手印代替，没有继续审讯下去的意义了，应当不能再让他活着出来。

牛紫龙此时既无法躺，也无法坐了，只能抬着进审讯室。他跪着被固定在一个十字架上，白炽灯还是直直地照着，周围依旧是一片昏暗。他也不知道今天能否挺过去，他开始思念家乡那条河……

几名审讯人员都在门外抽烟，一根接一根，谁也不说话，也不知道应当把这个过场走多久。大家彼此清楚，再问牛紫龙任何问题都不可能得到有价值的答复，无非是打发掉审讯时间，就可以把下面的事交给行刑人员，他们的"审讯"即告完成，接下来只管等着领赏了。

这是一个不大的院子，依靠着三面环山的自然地形，平整开凿出了十几间窑洞，唯一留有出口的是一面修筑了两个圆形的碉楼的寨墙，墙外一条沿河的沙土路蜿蜒通向洛潼古道，院子四周植满了高高的酸枣和刺槐，密密匝匝掩映着这片山峦。

众人抽会儿烟，望了望天色，纷纷摁灭烟头准备起身回屋，突然，监狱长从门口的一间窑洞跑了出来。

"等等，军统总部来电，牛紫龙暂时不能执行，这小子手里可能掌握有情报网络。命令要求将这批人异地侦审，押解西安。"

第十九回

沦风尘　明大义　梁尚虎知险行侠
戏河边　窃情报　八路军跳出铁壁

某夜。开封日伪监狱。

狱警梁尚虎负责入狱的最后一道手续——在每个犯人的胸前烫个圆形的记号，并负责分配犯人的号房。

梁尚虎中等个儿，佝偻着腰，穿一身黄色伪军服，黑瘦长脸，四十多点年纪，一副魂不守舍的老态，那双微微发黄的眸子看谁都带着要死的神态，无精打采地跟在日军狱医木村身后。

这天拉来的犯人进城已是后半夜了，办完手续发现两人由于失血过多，已经咽气了；有三人相互搀扶着勉强能站起来，穿着血污褴褛的粗布灰色军服，脸上黑黝黝的，鼻子眼都分不清；还有三人处于昏迷状态。负责办理入狱手续和检查身体的日本人木村面对这种情况也习以为常,知道活不了几天,连登记画押的事都交给了梁尚虎。他围着躺了一地的俘虏绕了一圈,打着哈欠回去睡觉了。

梁尚虎学着日本人的样子,给每个俘虏喷了一番消毒水,便提起他那烧红的烙铁给俘虏们烫起记号。在呼天抢地的叫声中,他丝毫不受影响,依旧一丝不苟地做着自己的事情。这样的场面他见多了,反正过两天犯人就叫不动了。

他一个接一个地撕开犯人的衣服,毫不迟疑地把那烧红的烙铁按在他们胸前。

他撕开最后一个俘虏的上衣,赫然发现那人身上已经有了一个印有"汴"字的烙印!出鬼了?他借着昏昏的灯光,认真审视一番,不错呀,跟自己要打上去的印记一模一样。

这把烙铁可以说是他家的祖传,自从父亲过世后就一直在他手里,还没有第二个人摸过这把烙铁。在他的印象中,从民国政府开始到日本人开进开封,凡是烙上这样记号的人,好像是没一个活着出去的,这人是谁呢?

梁尚虎两眼一睁,仿佛撞上鬼一般张着嘴,愣怔片刻,回头看看铁栅门外的日军哨兵,低声问:"你这记号怎么来的?莫非你是——"

"对,俺就是永远不死的活阎王,快把俺们弟兄弄到一个号里,哪个弟兄要是死到恁手里,到地狱里俺几个一块撕吃了恁!"吴志翔怒睁着一只未伤的眼,狠狠地龇了龇满是血污的牙。

梁尚虎浑身哆嗦几下,到这地方还敢龇牙咧嘴,他真没见过,这人莫非真是下凡的神仙?他不住地点头,一连说了几个"中"。

梁尚虎把吴志翔几个带到一个专门收押病号的监牢里,临出门时他再次追问吴志翔:"你是十年前那个被判死刑的吴——"

吴志翔用尽力气双手抓住梁尚虎,狠狠道:"俺姓啥叫啥,与恁没一点关系,恁只要敢在外面漏出一个字,俺早晚吃了恁。快点给俺弄点药,弄点吃的,还有水!"

梁尚虎黯然片刻,点点头。

梁尚虎从记事起就知道父辈在"大牢"里当值,至于父辈再往上是干什么的就说不清了,唯一清楚的一点是祖祖辈辈都没考科举的资格,所以家里从来也不出读书人。人世间的是非对错与他们没有多大关联,他们管的是犯人,不管大清、民国,还是日本人,犯人肯定会有的,设立监狱自然必不可少,有监狱就得有人在其中当值,这也是顺理成章的事。梁尚虎早年还很为这份职业自豪过。从大处讲维护了社会秩序,小处看他还能让犯人少吃点苦,尽自己能力给人犯捎个口信,带些药物之类的东西,让他们知道哪儿都有好人,兴许也能多些活下去的信心。

日本人来以后,监狱当值的大多数人都走了,换上了"皇军"。开始一年半载监狱里不用中国人,只用了两个中国翻译,基本上是抓了人就杀,也无所谓关押不关押,就跟屠宰场的院子差不多。那时,也没有什么法律条文,反正所有被抓起来的人都可以称为抗日嫌疑犯,抗日的罪名自然成了包罗万象的大网。你真枪实弹跟日本人干是抗日,日本人看着你不顺眼也有抗日之嫌,所以有了这个网尽天下的大帽子,日军不但可以随便抓人,而且审讯结案的速度十分惊人。通常是人犯一进审讯室,审讯人员连头都没抬一下,连人犯啥样都不知道,处决的意见就已经写好了,只要填上人名就可以拉出去毙了。

太平洋战争爆发后,军队人手需求猛增,征兵条件一放再放,最后把社会上各类混混、流氓、无赖之类的都收罗征集成军,派往了中国。日军也清楚这些人根本上不了战场,勉强凑合着充当了宪兵。很快,日军宪兵队就由主要对付抗日活动,变成了敲诈自肥,或者干脆成了抢劫诈骗、谋财害命之类的黑社会组织。这时,日军才想起来启用中国原有的监狱系统,开始在宪兵、情报特务机关、警察局等使用旧军警人员。

梁尚虎就是这时候又回到监狱干起了他的老本行。

被征召之前,梁尚虎终日凄凄惶惶,吃饭都成问题。他一无所长,只能靠别人施舍勉强糊口,等到日本人让他回去时,他对自己从事的这一行当才有了新的认识。他发现,坐监狱的人文化程度越来越高,心地比在监狱看门的人还要好。

这一发现让他很是苦恼。从祖上继承的概念讲,监狱应当是关坏蛋的地方,可现在关进去的都是好人,反而是办监狱的和看守监狱的无恶不作。显然这里面有哪个环节弄颠倒了,把监狱办颠倒的肯定是日本人!于是他主动请辞了两回,还到乡下躲了几天,最后饥饿说服了思想,他还是回来了,越干越觉得麻木和悲惨。

"人可以不温饱,不成家,甚至不要命,但不能不要脸,不讲道理!"

他知道人们在背后骂他"黄狗",这个称呼是抗日以后才有的,并且是有特定含义的称谓。虽然自己戴着这个帽子浑身不舒服,但不得不佩服老百姓叫得对。

他仔细观察过各色各样的狗,真的发现自己连狗都不如,至少狗能分清人扔的是骨头还是砖头。除非是个别傻狗,见人扔个东西就去抢,没准儿过年见人扔个炮它也要撑一阵,自己的处境显然跟那傻狗差不多。

混来混去咋跟日本流氓混一堆了?!好歹咱也是过去大宋皇城根的人哪!每天一睁眼他都会这么想。

人生真球没意思!

他开始厌烦这个世界了,尤其是人们说他穿身黄皮时,直觉得自己干的这份行当肮脏不堪。再回过头看看自己的身世,其实很悲惨,仿佛一下子就没了任何价值。日子就这么过着,他每天还去上班,但对眼前的一切已经失去了感觉,心累了,不想再说,也不想再看了。他觉得生命中的时光好像都是多余的,有太多无聊的时间要打发,他真不知道太阳每天升起是为啥,它要是永远坠落该有多好,他可以一直生活在梦想里。

早两年,吴志翔的通缉令贴满开封四门时,全城议论纷纷,都说一个江洋惯匪杀了日本少将,杀完后平平安安地遁出了城。市民们说起来皆神神秘秘的,只是眼神无一不露出难掩的喜悦。

梁尚虎一开始并没在意,以后看到照片后总觉得有些眼熟,好像在哪儿见过,直到有一天,办事认真的日本人到监狱查找资料,他才知道吴志翔在这儿坐过几年大牢。早知道有这一天,当时多跟他聊聊多好!

从那以后,他对每一个锒铛入狱的人都有了异样的感觉。这些人完全生活在另外一个世界里,他们还充满了激情和创意,他真想问问这一切究竟是为啥。直到这天晚上,吴志翔真的出现在他眼前,他一直不相信世界上还有这么巧的事。

他答应吴志翔提供帮忙,这可是件弄不好就可能掉脑袋的事,不过他还是经不住吴志翔的劝说。吴志翔曾拉着梁尚虎的耳朵说,别给日本人办事了,现在醒悟还来得及,日本人要想占领中国除非天塌地陷人死光!当时就把他震得冷汗直流,他决心要见识见识吴志翔到底是啥样的人,他那种向死而生的勇气是从哪儿来的。

第二天早晨,他决定不说出去他的发现,按吴志翔的交代提供药品、食品,可这么下去,如何收场呢？

从1943年4月开始,日军先后发动了晋太、陵川等战役,扫荡了国民党仅存的敌后根据地。5月,孙殿英、庞炳勋等人先后率部队投降日寇,国军共阵亡9913人,被俘1.59万人,投降7.4万人,只有第四十军、第二十七军等少数部队撤回河南修整补充,国民党在敌后建立的游击区板块自此被全部扫除。

入夏以来,华北日军便把扫荡的目标集中到了冀鲁豫等共产党八路军建立的根据地上。

初夏某日,开封市第四巷。

街头巷尾,四处飘香,华丽魅惑。曾义群一进巷弄便感到满眼都是妓女流娼的暗示,俊男靓女,妖娆风情,他顿时浑身不自在,这种场面确实没有经历过。

两个月前曾义群受党组织派遣,到开封落脚,从事情报工作。进城前冀鲁豫军区领导亲自找他谈话,一上来就先给他戴了一摞高帽,夸他机敏可靠、脑子活、点子多,又有文化,还是城里人,最适合在城市工作,诸如此类的高帽戴了不少,说得他都快坐不住了。接着话题一转,说组织考验的时候终于到了,需要他到日军占领的开封做情报工作。还没等他回过神来,不由分说交代四项任务——搜集情报、惩治叛徒、争取瓦解伪军上层人物兼做联络接待工作,并开列了一长串叛徒和伪军上层人物的名单,工作关系却给得很少。

领受任务后,他束装就道来到了开封。谁知摸底工作刚刚开始,组织上又交代下来一项最优先的情报搜集任务——务必搞到日军近期合围冀鲁豫的作战方案。

良民证刚刚办下来,掩护落脚的商店还没开业,开封市哪条街通哪儿还没弄清楚,就下来这么个十分具体又紧迫的任务。他一连几天辗转难眠,左思右想无处下手,根本没有内线,别说冀鲁豫,就是其他友军的地下工作站也罕见打入日军内部的内线关系,所以要拿到日军的作战方案几乎不可能。不得已,他只得托人跨系统联系上了河南地下党组织在开封的关系。一个星期后,河南地下党组织提供了几个在伪警察局、伪豫东委员会和伪军中的内情关系户,曾义群逐一进行了探访,没有一个有接受这项任务的条件。开封第四巷是他拜访的最后一家,事前只知道是个妓女,是友军发展由"那边"移交过来的关系。

曾义群边走边想,放弃吧,完成任务肯定无望;把关系接手下来吧,又觉得自己的身份不合适,毕竟自己在老家已经订了婚,万一传出去咋给家人和朋友交代呢？

他对这个赵小姐做了一番了解,更感到风险太大。赵小姐,大名赵菊红,不但本人貌美艺高,当红一时,而且还会日语,与日军华北派遣军多名军官保持着比较稳定的专宠关系,更关键的是发展她干这行当的是"友军",她究竟要踩哪条船还不好说。即便这些因素都不考虑,一个风尘女子又有什么能耐把华北派遣军一级的作战部署弄到手呢？

虽然已过了午饭时间,开封第四巷沿街住户大多数才刚刚起床,开门撞上曾义群这般风流倜傥的主顾自然喜不自禁,纷纷冲他直笑。想必这时候就来逛窑子,还如此英俊潇洒,肯定是个又有钱又有闲的公子哥,大有一哄而上之势。

曾义群一身商人打扮,穿一身灰白长衫,戴宽边石头墨镜,提着几盒上好的糕点,故意摆出一副心急火燎的样子直奔赵小姐的院子。

敲门,递上片子。

"你从扬州来？"

"是呀！赵小姐有家信托我带来。"曾义群显得很坦然，提着糕点坐在了正堂屋的桌边。

那赵姓表弟疑心重重地上楼了，临走叫来老鸨："宋妈，有客到——"

赵菊红接过表弟拿上来的家信，向楼下溜了一眼，拆开来看，见上面用小楷写着《水浒传》第六十一回介绍燕青的一首《沁园春》：

　　唇若涂朱，睛如点漆，面似堆琼。有出人英武，凌云志气，资禀聪明。仪表天然磊落，梁山上端的夸能。伊州古调，唱出绕梁声。果然是艺苑专精，风月丛中第一名……人都羡英雄领袖，浪子燕青。

下面无日期和落款。

菊红愕然片刻，悟出这是牛紫龙派人来的联络暗号，便顾不上梳妆，匆匆下了楼。

"不用介绍你是谁，我只想问牛紫龙牛大哥一向可好？"

曾义群抬头见那女子果然不凡，高个儿白肤，瘦脸明眸，不仅貌美如花，而且气韵如诗，举手投足莫不透出一种雅致和淡定。

曾义群尴尬地笑笑说："菊红先生，不瞒你说，牛紫龙我只是听说，从来没有见过，我是河北……"

菊红若有所失地点点头，打断他的话说："其实我跟牛紫龙先生也只是一面之交，对他的人品学识、为人信念我很早就有所闻，也很敬仰，承蒙抬举，给我这样落入风尘的女子讲了很多做人的道理，也算为国为民尽些绵薄之力，真该感谢牛大哥。"

曾义群紧张的心情这才有所放松，说道："我正为此事而来，先生虽落风尘，仍能不忘家国，十分难得。我没有见过牛先生，但想必在抗日大局上是一致的，我是……"

"你不用解释，我一个弱女子不问政治，不问你是河北、河西，是十三军，还是四老板、八掌柜，只要抗日用得着我，我一定尽力。这是牛紫龙告诉我的，国民党共产党谁抗日俺就帮谁。其实我也看出来了，你不像河西边的人，牛大哥也不像。跟我联络的方法只有牛紫龙大哥和我知道，他能把联络方法告诉你，那一定是同路人。"

她所讲的十三军是指汤恩伯的国民革命军，四老板、八掌柜是共产党领导的新四军、八路军。

曾义群站起身给赵小姐重新施过礼。

"菊红先生深明大义，我也是斟酌再三才来找你。今年上半年日军基本上把国民革命军的游击区全部扫荡了，从战略势态看，他们下一步很可能就要对准我们八路军的冀鲁豫。我们需要弄清楚日军的战略部署、战略意图和部队动向，最好能搞到具体的扫荡计划或是作战方案，敌明我暗，知己知彼才能百战不殆，如此重任……"曾义群拿出一对金手镯放在了桌上。

"这就客气了，如此重礼我是万万不能收的。常言道，试金用火，试女人用钱，试男人用女人，你拿来如此贵重的礼物真的小看我了。你说这些我都不懂，这件事我不敢答应，即便我应承下来，恐也难以胜任，万一误了贵党贵军的大事，岂不辜负了你的重托？"

曾义群一脸惆怅，长叹口气，又道："菊红先生有所不知，此事十分紧迫，关系到万千同胞的生命安危，我不得已才来你这儿相求，你千万……"

菊红艰难地一笑，道："你这么一说我就为难了，以同胞生命安危相托我不敢不答应，小女子才疏识浅,又沦落风尘,不过信义二字还是懂得的。请贵客宽限我十天时间,我一定全力去做,即便有什么闪失,相信我也尽力了。"

两人对视无言,菊红把桌上的金手镯退还给了曾义群,抿抿嘴岔开了话题。

"牛紫龙大哥讲,宋朝开封名妓李师师一生有过三个重要的男人,宋徽宗、周邦彦和浪子燕青,牛大哥说再次联络就以李师师真心相许的人为暗号,他猜得可对?"说着又拿着那封信看了起来。

"这段传奇我没研究,想必牛紫龙先生自有他的道理。"

"可惜男人都不真正懂得女人的心理,浪子燕青虽然倜傥风流,毕竟无法托付终身。"

曾义群见赵菊红已经答应,自知不便多留,如此浪漫的话题此时此地他没有心情讨论。

他洒脱地一笑说:"有人污我们是土八路……"

"那是有眼无珠,不要见怪,李师师的心思我只是随便问问。"赵菊红怅然若失地点点头。

曾义群匆匆起身,留下他在开封的住址和联络方法,再三相谢下得楼去。

一连七天曾义群留在家中未敢出门,苦苦相等,始终未见任何回音,难道真如赵菊红所说没有任何办法了吗?

午后,原河南大学校园,日军第三十五师团司令部。

赵菊红一踏进这个房间的地板,周身就不由自主地开始战栗,一种发自心底的恐怖让她产生了拔腿就跑的冲动,只是想到同胞性命相托之事,又有了比意志更坚强的理性,促使她紧紧跟在那个穿着雪白衬衣的男人后面,她不知道今晚能不能回到第四巷菊红院,如果不能活着回去,用什么方法兑现对曾义群的承诺呢?

自从她答应帮助曾义群后,一连等了七天半,竟没有一个日军军官光顾菊红小院,她隐约感到日军是真的在准备重大行动,或许如曾义群说的有可能伤害成千上万人。

这天中午她起床后,简单地梳妆打扮几下,便说要去日军三十五师团司令部,宋妈和表弟急忙跑上了楼。

"这可使不得呀,干这一行只有坐等生意的规矩,就是揭不开锅也不能自放飞鸽,你这么送上门去,往后还咋撑得住菊红院的门面啊。"

菊红对着镜子看了下,双眼的黑眼圈让她自己都吓一跳,原本就消瘦的脸更显孱弱苍白。她是小脸女人,瘦点并不难看,大大的凤眼有种忧郁美,细鼻梁薄嘴唇都还说得过去,只有那眼下的阴影,连带整个容颜给人一种说不出的悲凉。她一边往脸上抹着珍珠粉,一边想着怎么处理掉眼睛周围的暗影,她知道河边喜欢浓妆艳抹穿类似学生制服的女人,那样可以显得单纯点。河边有强烈的性虐嗜好,越瘦弱越能引起他的兴趣。

她一边打开各色粉盒,一边对宋妈说:"这件事不要再说了,你们快去叫辆人力车。"

她扑完粉站起身,又对着镜子照了照,对表弟说:"晚上,你雇辆人力车在学院门口等我,不管多晚,活要人,死也要把我尸体拉回来。"

日军第三十五师团司令部设在原河南大学院内,河边大佐属华北方面军参谋部派驻三十五师团专门协助制定作战规划的军官,被单独安排在一栋书斋的楼上。

赵菊红通过门卫找到河边后,日军卫兵当着河边的面,把菊红上上下下搜检一遍,还把她的遮阳伞留在了门卫处,唯独让她带进来了一个小小的化妆包。

进到河边宿舍,她的汗还没有完全落下去,如果那两个年轻士兵稍微认真一点,她现在可能已经坐上了去宪兵队的囚车,想想都后怕,她两腿一阵阵发颤。

河边进门后很绅士地做了个请的动作,待赵菊红坐下后,便色迷迷地盯着她不放。

"你怎么敢冒充我的日本亲属呢?你的日语夹杂太多中国口音,并且说的都是我们大日本皇军系统的语言,在日本,女人是不说这种话的,这种语言带有很多脏字。"

赵菊红强颜欢笑,故意摆出一副嗔怪样,道:"我说的日语不好听,那还不都是跟你们日本军队那学的,说我不像日本女人,本来我就不是日本女人,你的日本女人能有我这穷酸样吗?"

"一样,一样,都是大东亚共荣圈的女人。"河边哈哈大笑几声,把一双短而粗壮的手放在胸前搓揉一番,猛地把赵菊红拦腰抱起扛在了肩上,向里屋床头跑去……

"青天白日这么不懂礼节,我是念你平日公务繁忙,今天正好是星期天,特来看看你,出去消闲半日,如此粗俗无礼,我还是回去吧!"菊红用力挣脱河边,站起身整整仪容迈腿就要往外走。

"对不起,对不起。"河边也自觉有些唐突,两眼仍旧闪动着欲火难耐的贼光。

赵菊红趁机抛了个媚眼,换上撒娇的口气:"眼看就要喝你荣升将军的喜酒了,还这么毛手毛脚的,咱们何不先出去消闲玩耍一番,回来再……"

河边迟疑片刻,瞪圆了小眼,在菊红身上转悠了几圈,咬着牙点点头。

赵菊红趁他进里屋更衣之际,在一个书柜的顶层翻出了一摞标有中文"中共"、"冀鲁豫"、"杨·朱"字样的卷宗,匆匆翻了几页,除了一些日文文件外还有不少密密麻麻的地图、表格,从制作日期看属于刚刚完成的计划方案,不由心中一喜。她小心翼翼地把卷宗放回原处,下意识地拿起那化妆的小包,摸到了胶卷,掏出一面小镜盘算着下手的时机。

河边换上了一身咖啡色带宽白边的和服,笑嘻嘻地走到赵菊红面前,越发显得身体五短而手脚大得可笑,他那厚而肥硕的大嘴不时地散发着臭味,两个小而贼亮的眸子闪动着浅浅的绿光。

"好靓啊!人逢喜事精神爽,你这时候穿啥都好看,比全城的日本人都好看,咱们一定要出去转转,要带上相机多拍几张照片。"

河边被夸得原地蹦了好几下,龇牙咧嘴地嘿嘿直笑。他转身从里屋保险柜里拿出一架相机,装上一盒新胶卷,煞有介事地挂在了脖子上。

赵菊红笑望着河边,一阵阵恶心直往上涌。她慌忙掏出手绢捂在嘴上,挽着比自己矮半头的河边出了门。

一下午,河边都兴奋异常,半张的大嘴巴时不时会有些涎水流下来。他们转悠了相国寺又去了龙亭,每到一个地方他就拉着赵菊红合影,贼溜溜的眼神一直在她身上打转。

"呦西,上次你说宋朝名冠京师的妓女李师师,金兵攻下开封后去了哪里?"

赵菊红耳边吹拂着南风,站在龙亭上远远望去,满目苍凉,白崖崖的大地到处都很残破,只有视线的尽头才连接着块块新绿,那绿色是那么醒目,衬托着远处的蓝天白云,带给人太多的憧憬和联想。

"金兵两次南下,攻进开封城,金国少主金兀术仰慕李师师的美貌,但让人四处搜寻未得。一种说法是李师师随大批南下的难民逃到了湖湘江南,有人还在浙江一带见过她;

另一种说法是金兵占领开封后抓到了李师师,李师师不忍受辱脱金簪自刺其喉,不死,又折而吞之乃死,烈烈有男儿侠士之风。"

河边瞪大小眼睛,剧烈地摇晃着宽宽的大脸,他的大脑袋就像直接安在肩膀上一样,根本看不到脖子,但十分灵活。

"不,不,不,李师师一定去了日本,从中国大唐开始就有很多人东渡日本,如唐朝的杨贵妃等,李师师难道没有听说过杨贵妃的故事吗?"

"李师师无论如何不会去日本,她色艺冠绝,媚柔无双,在中国受到中国皇帝的宠幸,还有自己的情人,即便这块土地再离乱艰辛,她也不可能从……"她差点把从文明到野蛮说出来,心想,当着秃子面千万别夸自己头发多。

"嗯哼——日本不好吗?支那的文明,唐宋以后已被蒙、满野蛮民族统治,进取担当的精神已经抽剥殆尽,东亚病夫精神上营养不良。亚洲唯有大日本臣民才是太阳神的子孙,从来没有被落后民族征服过。当今世界,英美如同野蛮民族一样,妄想征服亚洲,唯有我大日本领导亚洲建立东亚共荣圈,才能抵御西方的掠夺和殖民,大日本从来就是令人向往的地方。"

赵菊红有点绝望了,世界上还真有如此愚顽无知的人。

"遗憾的是李师师只能出在中国的大宋王朝,日本历史上有李师师吗?"

"嗯哼?"河边眨巴眨巴圆圆的小眼,茫然良久。

汽车开到铁塔下,河边突然又来了情绪,用手指指铁塔上被日军炮火炸出的缺口,又开双腿,特意把肚皮挺得凸出些,双手叉腰对司机喊道:"哟西——快快地,把上面那个标志照上!"

司机摇摇头,答道:"胶卷没有了!"

赵菊红接过相机,故意手忙脚乱地摆弄了一番,递给河边,略带遗憾地晃着头。

河边很熟练地从相机里取出胶卷,连同相机一起交给了赵菊红。

"一千多米,我大日本皇军的火炮能够击中不足两米宽的目标,这样的战绩只有我们大日本皇军才能做到,从弹着点看偏差最多四十公分。"河边翘起拇指比划一番,"这一定不是我们的战技能力问题,而是风向,或是炮位出了无法计算的偏差,知道为什么吗?"

赵菊红摇摇头,心想,人类本来没有末日,只是有了日本军队世界真的走到了终途。

"东乡平八郎,我们大日本军队的战神,提出宁要百发百中的炮一门,不要百发一中的炮百门。我们有世界无比强大的高超战技、战争理论、战争能力,征服、驯服这个世界是我们大日本皇军的使命。"

赵菊红淡淡地笑着。人类文明的进步却培养出了如此技能高超而又野蛮冷酷的杀手,着实令她吃惊,这真正是进化的悲哀。眼前的这位侃侃而谈的矮个儿的确是个聪明机警的人,但他又和一般概念中的人不一样,他没有人的情感,甚至感觉也与常人不一样,他信奉的东西类似原始宗教里的一些理念,人天生就要去征服别人,残杀是英勇的表现,别人的痛苦一定会转化为他们的欢乐。他相信杀人应多多益善,那些被杀的人到了另一个世界也会给胜利者当奴隶,即使一时半会儿顾不上杀,也必须让他们臣服顺从,征服成了他人生的价值。他的文明礼貌在强势面前才有,是装装样子的工具,在比自己强壮的人面前暂时夹着尾巴,但并不妨碍在背后算计。在这个过程中,什么道德、信念、爱、品行,这些概念对他来说全是多余的。

日本人知道,他们最大的优势就是善于学习,向最强者学习,在变得更强之前必须彬彬有礼,一旦强大马上可以翻脸,迅速变成一头野兽。这一点赵菊红太清楚了,她与河边虽然只打过两三次交道,但对他瞬间从一个彬彬有礼的人,变成撕咬虐待人的疯狗,有着刻骨铭心的记忆。

河边第一次请赵菊红喝花酒时,甚至没有离开饭桌便将她全身扒光捆绑了起来,用他那宽宽的牛皮带狠抽了一顿。第二次见到河边的情景更是不忍去想,不但抽打还又咬又抓,至今赵菊红的胸前背后还留有许多牙印。河边自认变态地强暴女性是一种文化,是男人强壮的表现,是征服的能力,是人生价值的体现。想到这儿,赵菊红便一阵阵直打冷战,浑身起了一层密密麻麻的鸡皮疙瘩。

汽车重回到日军第三十五师团司令部,河边率先跳下车,摇晃着硕大的屁股很殷勤地给赵菊红打开了车门,甚至还摆出一副怜香惜玉的绅士模样,搀着她下了车。

接下来就是那些恐怖的事了。

入夜,当警卫端上一盘很精美的日本菜肴后,赵菊红战战栗栗地帮河边温着酒,很惊恐地想着河边会不会失手真的把自己打死。不过,今天她还是设法要让他多喝些酒,最好不省人事,即便是……

两个小时后,赵菊红强忍着胸前和大腿两侧火辣辣的剧痛,望了一眼轰然倒下的河边,转身到了外屋。她手忙脚乱地把自己带来的胶卷装进河边的相机里,取下已经看好的卷宗,打开写字台上的台灯,一张张把那些文件图表拍了下来,迅即又取出胶卷放进化妆包里,哆哆嗦嗦地用手绢把相机擦拭一遍,放回到原处。这些动作做完后,她几乎要瘫倒在地了,强忍着周身的疼痛又进到里屋。

河边大口大口喘着粗气,从那半张的嘴里发出奇怪的鼾声,每一声都以低音开始,直到变成刺耳的尖叫为止,涎水在他胸前湿了一大片。赵菊红看清河边已经烂醉后,匆匆补了一下妆,叫来门外的警卫把河边抬到了床上,步履蹒跚地出了日军第三十五师团司令部的大门。

第二天一早,赵菊红小院的堂倌敲开了曾义群商店的门,交给他一卷胶卷。

"菊红先生呢?"

堂倌眼圈一红,差点哭了出来。

"她一时起不了床,看样子至少要躺十天半个月,托我代为致歉。"

曾义群未及多想,送走堂倌后,立即找到了一位懂日文的教师同事,连夜辗转赶回了冀鲁豫。

1943年8月21日至10月12日,日军调集第三十二、第三十五、第五十九师团及第四旅团骑兵,配备坦克、汽车八百多辆,在伪军孙良诚部的配合下,对八路军冀鲁豫根据地进行了合围扫荡。冀鲁豫八路军主力及领导机关提前一天跳出了合围圈,转向外线作战,并相继攻克东明、考城、濮阳、平阴四个县城,拔除据点碉堡74个,组织大小战斗35次,毙伤日伪军1374名,抓俘日军2名、伪军2744人,取得反"扫荡"战役的胜利。是役,冀鲁豫根据地不仅没有缩小,反而得到了扩大。这是冈村宁次出掌华北派遣军后遭遇的第一次徒劳无功的战役。

开封日伪监狱。

三天时间,日军狱医木村已经问过两次了,住在隔离病牢里的几个人怎么还没死? 梁尚虎又把准备好的话絮叨了一遍。

他知道除了入狱当天死去一个外,仍有两人真的熬不过今晚了,可其他三个人怎么办? 几天前他曾领着木村在隔离病牢房门外透着一个巴掌大的小窗向里面观望过一次,梁尚虎按照吴志翔交代的话,喋喋不休地唠叨着:"几个人都发烧不退,忽冷忽热,神志不清,还有一个没完没了地说胡话,你就发发善心开些药吧。"

木村很吃惊地看了看梁尚虎,说:"这几个人还开药? 你是不是也被传染上了?"

从那天以后,木村再也没来过,就连狱警也躲得远远的,一切看病、送饭之类的事都交给了梁尚虎去做,反正他们也活不了几天了。从吴志翔他们被押进来后,死的死,剩下的人伤情还在加重。梁尚虎倒也费了一番心思,谋划着先把吴志翔一人给弄出去。

"恁说的是球!"吴志翔听完梁尚虎的打算,两眼一瞪,道,"俺们五个不管是死是活,要么一块走,要么一起留!"

梁尚虎斜了一眼牢房一角的那四个人,伤重的那两个人已经进入昏迷状态,能活着出去的最多三个人。三人一起出门,还要过两道岗,显然不是件容易的事,想法弄出去一个就已经冒很大风险了,怎么吴志翔不知好歹呀! 现在这种处境还能义字当头吗?

"你说得轻巧,五个人一块儿出去,不管死活,宪兵队长都办不成,你多亏是遇上了俺……"

"恁以为俺想遇上恁,恁爷爷看监狱,恁爹看监狱,恁还看监狱,清朝恁家守监狱,民国恁家守监狱,日本人来了恁还守监狱,俺民国坐监狱遇到恁,俺抗日坐监狱还遇到恁,俺不遇上恁又能遇上谁?! 有能耐就把俺们弄出去,没能耐也别来卖好了!"

"要没俺你们早就没命了!"梁尚虎有点火了。

整个牢房都被梁尚虎这么一吼吓了一跳。

吴志翔淡然一笑,说:"恁吆喝个球呀! 实话告诉恁,进来以前俺给自己卜了一卦,俺命硬,没有过不去的坎!"说着他双脚一跳,"哗啦啦"一阵脚链响,跳上出门的台阶,冲着那门上的小窗大喊道,"枪毙俺吧,七孙们,俺早早在地狱里等着恁们……"

梁尚虎出门,逐个让他们从门上的小窗伸出手打开镣铐。最后,吴志翔隔着小窗对梁尚虎道:"不中,俺还是刚才的主意,要走五个人一起走!"他顿了顿,接着道,"俺招兵买马一百多人,闹到最后俺一个活人没带出来,就俺独个儿活着回去了,以后江湖上俺是啥名声? 恁帮不上俺俺不怨恁,就当俺是求仁得仁吧。"

第二天下午,梁尚虎经过一番准备,在晚饭前五分钟来到狱医木村的医务室,把卖光所有家当从朝鲜人那儿换来的四瓶清酒放在他的药柜上,两眼直直地盯着木村身后的一副人体骨骼挂图。

木村正跷着二郎腿看一本日本色情画报,望了一眼梁尚虎,似乎也觉察出他今天的眼神有些异常,转身望望,又用双手在梁尚虎眼前划拉几下。

"呦西!"

梁尚虎这才回过神来,硬生生地挤出笑来。

"死了?"

梁尚虎点点头。

"几个?"

梁尚虎伸出两个手指。

木村收起二郎腿,从抽屉里拿出监狱出门证草草划了起来。

"你开几个人?"梁尚虎问。

"四个,你去找俩人拉出城吧。"

"这恐怕不中,你必须开五个人的出门证。"

木村抬起头,用疑惑的眼光瞅了瞅梁尚虎,见梁尚虎表情十分坚定。

"这种传染病俺得跟着。"梁尚虎十分坚定地说。

"好吧,你找人,我去验尸……"

晚饭时间刚换过岗,梁尚虎打开牢门,丢下三身伪军穿的黄军服和几个麻袋,气喘吁吁地说了些语无伦次的话:"快吧……刚换过岗,你们三个扛上那俩弟兄赶快走吧,门口有辆马车,车费俺已经给过了,赶快走吧,还有还有,这是出门证。"

吴志翔手忙脚乱地换上了伪军的军服,把麻袋顶在头上,扛起死去的战友,出门刚走出几步,猛然想起有点不对劲,转身又跑回了牢房。

"恁咋走?咱们一起走!"

"再迟你们就出不了城门了,快吧……俺要不留这儿,谁也走不了!"

第二天一天,梁尚虎都没露面,临近黄昏,日本狱医木村到隔离病号的牢房查看,见梁尚虎穿着吴志翔他们换下来的破衣烂衫,正冲着木村痴痴笑着,木村一个寒战差点没坐地上,转身就跑。

"疯了,疯了,疯子来了!"

凄厉的喊叫声震撼着整个监狱,报警声、喊叫声和纷乱的脚步声响成一片。一会儿,随着几声沉闷的枪声,喧嚣瞬间停止,一切又恢复了平静。

第二十回

遇强敌　巧指挥　树大旗声震一方
遭突袭　救乡邻　担国难视死如归

1944年,世界反法西斯战争转守为攻,太平洋战场以排山倒海之势由南向北压了过来。侵华日军为了本土防卫和确保中国东南沿海防线,于2月3日在南京召开各方面军参谋长会议,确定分阶段打通大陆交通线,并部署了具体的"河南会战"作战方案。

从2月开始,日军秘密在豫北、豫东集结了七个步兵师团、两个混成旅团、一个战车师团和一个独立坦克联队兵力,频繁派出军机侦察、袭扰中国驻军。

4月18日晨,日军第十二军、第一军第六十九师团以第三坦克师团和第四旅团骑兵为先导,在第五航空军的配合下,从中牟和郑州黄河铁桥向中国守军进攻,当天便渡过新老黄河,分别占领了中牟白沙渡口和郑州邙山,20日,两路合击攻占郑州城,接着兵分多路,进行奔袭包抄。

这时,冈村宁次才把他的战略目的和战术特色翻了出来。从战略设想上他打算打下洛阳后,发兵西安,夺取宝鸡,沿川陕公路南下直攻陪都重庆,彻底拔除中国的抵抗。战术上采用了坦克劈入的闪电战,一路沿平汉铁路南下,打长葛攻许昌,进陷漯河、郾城、西平、遂平,与信阳北上的日军第十一军独立步兵第十一旅团会合于确山;一路以坦克第三师团为主,掉头向西,攻陷郏县、襄县、临汝等地,迂回到汤恩伯部主力的侧背,同时分出一路出密县、登封、禹县,配合南下日军,对汤恩伯部主力第三十一集团军形成合围。

5月5日,日军围歼汤恩伯部,连下鲁山、宝丰、舞阳等地,汤部全面崩溃,损失惨重。

5月6日,日军坦克第三师团和骑兵第四旅团丢下四处逃散的汤恩伯部队,再次急速掉头向西,迂回攻占了洛阳南郊的龙门高地,与从山西垣曲渡过黄河的日军第一军第六十九师团和从郑州一路向西的菊兵团,完成了对洛阳的合围。

此时,国民党第一战区蒋鼎文部和汤恩伯部一样,蜂拥逃窜进了豫西伏牛山区,只留下杂牌第十五军和第十四军的九十四师孤守洛阳。

逃进豫西山区的国民党部队漫山遍野涌向豫陕交界西出通道,而背后日军第三十七、第六十二、第一一零师团,以机械化部队为主,分头沿着宜阳——洛宁——卢氏一线的洛河河谷和伊川——嵩县——潭头一线的伊河河谷,合围包剿溃不成军的国民革命军第四、第十四、第三十六、第三十九四个集团军,一直西犯到陕县——卢氏——灵宝一线,与中国第八战区胡宗南部接上了火,才抽出一部分兵力回师围攻洛阳。

中原会战,日本人称河南会战,从4月18日开始到5月25日晨攻陷洛阳为止,一共37天。国民党军丢失城市县城38座,沦丧国土四万多平方公里,损失兵力二十余万。

吴志翔从开封越狱后,刚刚走到襄县,便遇上了搅起半天尘埃的日军战车联队,在"乒乒乓乓"的枪声中随着难民转去进山的小道。

"哎呀!怪不得阎王爷又放俺一马,原来让俺回来打这帮王孙。这回好了,俺也不用过河了,咱就在这儿拉队伍,俺先当团长,恁俩都当团副,咋样?"

跟吴志翔一起逃出监狱的一个叫马有膘,一个叫钱二顺,两人都是不久前招录的游勇散兵,刚刚二十出头,听到吴志翔任命团副的话,急忙双腿并拢,收腹挺胸,大喊一声:"是!"

三人每人找了一个大篮子,沿着国民党军撤退的路线,半天工夫便捡了七八条枪和两大筐地雷、手榴弹、炮弹之类的玩意儿。

捡完,吴志翔等人刚走到一个村庄的村口,就听得前面"乒乒乓乓"一阵枪声,他向两个"团副"招了招手,迎着枪声跑了过去。

"站住!"吴志翔站在街中央,冲着一大群乱糟糟的队伍大喝了一声:"恁们是哪一部分的?"

"李大牙,不,李司令的队伍。"

"胡扯啥!俺们是抗日别动总队第三联队第五大队……"一兵丁纠正道。

吴志翔顺手从一个散兵手里夺过一挺机枪,大声问道:"李大牙呢?"

众人面面相觑,又相互寻找一番,都摇摇头。

"既然他临阵脱逃,恁们就归俺指挥了。"他伸手在散兵队伍中划拉一下,道,"这边的跟马团副上左边的房顶,这边跟钱团副上右边房顶。"他又在人群中间比划了一圈,"中间的人就跟俺守在当街,快!分头找家伙,在这儿挖壕沟,谁要敢再退一步——"他指了指庄街边一棵槐树上挂的大钟,掏出手枪打断了挽钟的粗绳,随着"咣当"一声巨响,大钟栽到了地上。"别怪俺的枪子不认人!"

众人见状,呼啸几声,瞬间四散埋伏了下来。

不到一袋烟工夫,村口便出现了一支有百十人的日伪军队,走在前面的十一二个日本兵还有些战斗队形,放出三个尖兵,一边搜索,一边在村口停了下来,后边的伪军个个都扛着大包小包,还牵着成群的猪牛羊。

"都不要开枪,等俺放倒前面那三个鬼子恁们再打!"吴志翔冲着街两旁喊道。"原来就这几个打野食的,就把这帮乌合之众吓成这熊样。"吴志翔心想,"看来以后得好好整顿整顿。"

大概是日伪军猜到了中国军队可能藏在村里,集合队伍后在村口架起机枪一阵乱扫,摆出架势呜哩哇啦地怪叫一阵。他们已经习惯中国军队望风而逃的局面,这次也不例外。原以为怪叫几声,挺着刺刀一冲,中国军队瞬间便会土崩瓦解,所以连起码的战斗队形都省了,沿着进村的大路就冲了过来。

吴志翔躲在一截矮墙后面,不停地用手势让大伙儿保持镇静,一直把日军放近到只有三十米的地方,他这才突然抱起机关枪,对着那群耀武扬威的日伪军扫了过去。刹那间周围的空气都战栗了,喧嚣也戛然而止,只听得"哒哒哒"地一阵枪声,他打完满满一匣子弹,丢下机枪又连丢了两颗手榴弹。这时双方才意识到眼前发生的一切,霎时枪声大作,间或还传来几声手榴弹的爆炸声,炸弹扬起的尘埃顿时遮住了半个街面,接着便是人喊猪叫、牛羊乱窜。伪军后队自觉变成了前队,连滚带爬地撤出了村子,剩下两三个日军也气急败坏地跟着逃了出去。

当天傍晚,大队日军赶到了这个无名的村庄,却没见一个活人的身影,就连周围村庄的人都跑光了,只留下当街横七竖八的十几具日伪军尸体。没想到的是,日伪军在搬运这些尸体时又拉响了事先设计埋藏在周围的地雷、手榴弹,又炸死日伪军三人,炸伤十余人。日军大为光火,将整个村庄连同那些士兵的尸体一起放火焚烧,大火整整烧了一夜,第二天上午才渐渐熄灭。

这一仗,吴志翔不仅毫发未损,还净赚了一支170多人的队伍和150多杆长短枪,遂于7月1日回到家乡郏县吴村。

吴志翔率部驻扎下来后,一面整训队伍,四处筹款购枪买弹;一面动员周围乡亲和族亲参军,扩充实力。两个月后正式打出了"豫西抗日剿匪军"的旗号,大张旗鼓地招兵买马,很快成为当地声震一时的抗日队伍。

第一支进攻月桂镇的日军是三十多人的步兵小队,这支自吹"战功赫赫"的日军小队刚刚捕杀了几个手无寸铁的中国百姓,他们的军服都染成了红色。乘着这股"胜利"的冲动,日军小队沿着那条尘土飞扬的土路,"砰砰啪啪"地放着枪,来到了月桂镇的寨门外,奇怪的是古镇寨门大开静得出奇。日军小队长河上根本没有把这个小镇看在眼里,只说了一句,今天晚上就在这儿宿营。他甚至还把手里掮着的刀插进了刀鞘里,挥手做了个进攻的动作,带头向寨门冲了过来……

不曾想,日军临近寨门之际,只听得一声炸响,寨门里腾起一股黑烟,一尊土炮喷出一团铁砂、秤砣之类的弹子,当场打倒七八个日军。随着炮声,寨墙上又伸出不少鸟枪、土铳、单打一,劈头盖脸又是一番狠揍。这下日军慌神了,纷纷拖着伤残之躯退后了几百米,三个人一组,脚对脚呈丁字形趴在了地上。

黄昏时分,日军调来坦克、重炮和大批骑兵,对月桂镇进行了合围和炮轰,在一片火光之中,日军冲进了镇子,发现全镇连个人影都没有,就连猪羊鸡鸭之类家畜也没剩一只。日军恼羞成怒,放火爆炸,把整个镇子几乎摧毁成一片废墟。

日军虽然没找到一个人影,但这个仇是结下了。

初秋,清晨,小峪沟。

一缕薄雾轻轻缭绕在半山腰,入秋时节,山下一派葱郁,山上已染出了片片的黄红。

突然,山下传来一声短促而又凄厉的狗叫,惨叫声后,四野瞬间恢复了平静。

牛陈氏猛地坐起身,听到自家的狗正惊恐地抓挠着房门。

"还是来了!"她心想,急忙穿上衣服,叫起儿媳董秀凤,拉开后门,让儿媳领着那条浑身黑毛、只有胸前一块白色的大狗向后山跑去。

她跳上石磨盘向外望去,山下隐隐约约显现出日军的身影。日军借着清晨的薄雾,正悄悄地向小峪沟压过来。

一定是日本人带来专门对付狗的狗,不然不会把大黑吓成这个样子。她开始为儿媳和大黑担心起来,从日伪不慌不忙的动作看,他们一定封锁了小峪沟的出口,不过大黑知道一条陡峭的小道可直通大峪沟。不知它能不能叫醒镇里的人?自己是不是应该把声响弄得再大点?

想到这儿,她边整理衣装,边思量着对付这些日伪军的办法。

两天前,小峪沟周围就出现了异常情况,不明不白地出现了两个补锅锔碗的手艺人,乡亲们把家里的破锅破碗拿出来修,那俩人鼓捣了半天也没修好一只碗。昨天住在山下的程三父子又莫名其妙地失踪了,大伙找了一天,也没有结果。傍晚,牛陈氏和镇里人商议做了些准备,规划了撤退路线,安排了哨位,还打算在交通路口埋些地雷,只因有人嫌麻烦,认为这些地雷晚上埋白天起,弄不好炸住自己人,所以昨晚便把埋雷的事搁了下来,只是把地雷炸药分到了各家各户。自家分的炸药和地雷还藏在储藏间的面缸里,看来这回不用埋就派上用场了。

她回头看看沿着山道上来的日伪军,匆忙进到储藏室,掀掉面缸盖,扯出地雷的拉火索,然后将其拴在一张凳子腿上,转身把木凳搬到了灶火间门口。进屋,挑起炉膛里的火灰,塞进几把柴火,用力拉起了风箱,大火"呼呼"地烧了起来。

现在就走?是不是有些突兀?唉,人早晚有这么一天。

人何时能来到这个世界上,谁也说不清,何时离开则可以自主选择。对这一天,她早有思想准备,从日军打过黄河那天起,她仿佛有了某种预感。在月桂镇跑反之前,很多人劝她不要打那一仗,她表态说自愿留下来的就跟她打,家里负担重的可以先走。

那一仗月桂镇牺牲了三个人,大家都说值。从那以后,她就没有太多的想头了,她知道日军迟早要找上门的。表面上她依旧是那么沉毅乐观,每天都到山上山下走一圈,私下里为这一天的到来做了准备。说是准备,其实只是她一个人的精神准备,烽火连天,兵荒马乱,再多牵挂也无济于事。

自从上次张永保来,她知道牛紫龙出事后,就有了一种生不如死的感受,越是得不到儿子明确的消息,她越是忧心,她相信儿子一定会活下去的。自从丈夫去世后,她也不在乎自己的生死了,唯一的愿望就是死后能埋在丈夫身边。她脑海里时时会出现丈夫牛惠群那座长满青草的墓地,她思量着应当埋在丈夫左边,左边有一块相对宽敞的地方。确定了灵魂的安息之地,她产生了一种想要去见丈夫的愿望,反倒期待着这一天的到来。

她把这个想法给牛姓宗族几个晚辈都说过。想到这儿,她下意识地理了理衣饰,把垂到脸旁的长发挽到了耳后……

"咚"的一声,院子大门被重重地撞开了,一个黑瘦的汉奸带着几个日伪军大摇大摆地跨进门来。

牛陈氏起身从锅里舀了碗水,坐在了灶火间门口的木凳上,重重地咳了一声。

"好勤快呀!这么早就来串门了。"

那汉奸四下里瞅瞅,又凑近牛陈氏端详一番,扯着嗓门大笑一声,冲着门外喊道:

"就是她!牛陈氏!俺早些年见过,哈哈哈。"说着便指挥日伪军上前抓人。

"慢点!"牛陈氏起身,端起那碗水,借着反光端详了一番自己的容貌,抬脚踢翻了那张木凳……

那声巨响,几里外都能听见,滚滚的烟雾遮住了清晨湛蓝的天际,把储藏室灶火间炸出了一个大坑,地面上所有的东西都炸飞了,就连小院里的两棵陈年枣树也被猛烈的爆炸冲击得连根拔起,飞出了几十米远。

日伪军这次偷袭小峪沟出动了上千人,事先进行了周密的部署,封锁了多条通向外面的出路,最后还是让这里的群众逃出了生天。日军在这次行动中打死群众36人,妇女被逼迫跳崖12人,日伪军死伤人数一直没有公布。

第二十一回

变卧底　为内情　破天荒逃出深牢
天不测　人自狂　演丑剧变身"会长"

西安冰窑巷,军统西北看守所。

进门,看守所照壁墙上用隶书工工整整地写着:

"军统成立至今,凡是关进军统监狱的还没有一人脱逃出去,要活着出去只有一条路,那就是把你所知道的秘密全部说出来。"

军统豫站十七名嫌犯被关进西安冰窑巷军统西北看守所两个月了,上面好像忘了这码事一样,既不审又不问,一日三餐伙食改善不少,每天还能轮流放两个小时的风,像是养起来一样。

从郑州到洛阳再到西安,牛紫龙等人被关押转移换了四五个地方,押到的西安冰窑巷看守所是条件最好也是最宽松的。

军统西安看守所是座三进门的四合大院,深宅高墙,居闹市却非常僻静。不过,监管松了,被关押人的思想似乎正在悄悄变化,队友之间弥漫着相互猜疑和绝望的气氛。

"真的出不去了?上面是不是把咱们给忘了?"孙小六问完,不等牛紫龙回答,一脸无奈地仰望着天井。

"看来越宽松,危险就越近。"牛紫龙心想,他欠了欠身子,让孙小六坐了下来。

其实这个问题根本毋须回答,这分明是个没有答案的话题。牛紫龙把被捕前以及被捕后每一次转运关押的情况反复回忆琢磨了几天,在被捕的十七个人中,无论如何编排住宿乘车的次序,不管牛紫龙身边人多人少,被捕人员中总是裴清明、张子乐和眼前这个孙小六,三人中必有一个在他身边。孙小六从哪儿来的不知道,被捕前只见过一两面,不知根知底根本无法做工作。在严刑逼供无法达到目的的情况下,采取放鸽的办法,安插卧底,套出所需情资是军统常用手法。牛紫龙想到了这一点,却没想到刘艺舟把这件事做得这么周密,现在要弄清他们是怎么发展这三个人的,已经没有多少意义了,他只想知道他们之间是怎么配合或者相互联系的,三人中间是否还有协调人,从哪个人入手能有新突破呢?

牛紫龙艰难地站起身,把方凳移到了有阳光的地方。

"这不是秃子头上的虱子明摆着吗!"苏世杰也把凳子搬到阳光下面,"军统用人从来就是用着你就是人,用不着你啥都不是,只是废品,而这个废品还可能是危险的废品,处置这些废品当然是填埋得越远越深越好。"

苏世杰外号是"炮捻子",话说不了几句就骂人,是刚刚加入行动队的新手。在此之前一直搞外线情报,几次外派都没能扎下根,显然处事不够圆滑,一开口就知道没有多少城府。

"牛大哥是抗日英雄,军统豫站能夸出去的那点事全是牛大哥领着行动队干的,麦还没磨完,咋就卸磨杀驴了?!"

孙小六双眼骨碌碌地转悠了一番,斜溜了一眼闭目养神的牛紫龙,故意压低声音道:"牛队长跟咱们不一样,牛队长是啥人上面最清楚,要是共党早跟前站长……再说了,以牛队长的性情,肯定不会让咱们弟兄一直待在这鬼地方,上面要的是共党,只要共党肯自个儿认了这顶帽子,弟兄们也都有个台阶好下,如果他本人不认,其他弟兄也该给他指点指点,我听说……"

"呸!俺最看不惯恁这种踩着别人肩膀爬出去的人。"

"净是瞎扯淡,俺是啥人牛队长不知道?"孙小六一脸无辜。

"好了,好了,弟兄们都是为了抗日,不要在乎共产党和国民党你长我短的,人都被抓了,苦也吃了不少,就别再说这说那了。搬弄是非必是是非人,说别人是共党者,准是自己长一身白毛,还说人家是妖怪。"牛紫龙说完搬起凳子又移到阳光下。

牛紫龙观察了多日,没有发现孙小六、裴清明、张子乐三人之间有什么横向联系,对自己的监控只是一种很简便的计算方法,即把三人分到各自小组,只要遵循"头一个进最后一个出"的原则,就能确保各种轮换方式都有人监控牛紫龙的格局,十分有效。

当然,他们不光负责监控牛紫龙的一举一动,还通过各种手段拉拢同号人犯,利用各种机会引诱套取牛紫龙的一些想法,把监控深入到对象的思想里。

"看来总部这帮家伙的手段还真有提高。"牛紫龙从鼻子里哼了一声,"思路很新,方法太旧,依旧是浑水摸鱼的老路数,先把人心搅散,各个击破,后达到目的。"他把这次被抓的每个人的情况都权衡一遍,感觉能做工作的对象的确没几个人。

再看看守所值警守卫的状态,更让人沮丧。看守所是三进大院,人犯被囚在中间,前面两道门岗,后院管理规范,制度十分完备,内外都很难找到破绽。

牛紫龙病了,三天茶饭不思,感知错位,浑身发冷,满脸通红,失眠心悸,还盗汗不止,几天时间人就消瘦了一圈。到了第五天甚至出现了神志恍惚、胡言乱语的症状。张子乐将他的情况汇报上去后,看守所派人把他抬到前院医务室看了看,只说可能是旧伤复发引起的综合征,究竟是精神系统的疾病还是流行病感染,有待观察。

看守所把牛紫龙先行隔离开来,专门找一个小屋关押,并指派裴清明同屋照料。

这天,随着一声门响,一个黑胖的看守推门进到了小屋。

"张长安你认识不?"

牛紫龙慢慢扭过头去,望着那个问话的看守点了点头。

"你们啥关系?"

牛紫龙用余光看到裴清明双眼紧紧地盯着他。

"俺教过的一个学生。"

"他也这么说。"那看守似乎很满意地点点头,接着道,"他说从郑州来给你捎些东西。"

牛紫龙摇摇头:"那可能不是一个人,他不会从郑州来,要来只能从郏县来。"

那看守哈哈笑道:"可能俺听错了,俺就知道洛阳、郑州。"说着他把一个大包裹扔到了一个矮矮的四方桌上。

"打开看看有啥好东西。"裴清明没等牛紫龙同意,便把包裹里的东西一件件检视了一遍,"哎呀,想得真周到,棉袄、棉鞋、棉袜……一包点心,还有两本书。"

那胖看守弯下腰翻了翻:"不行呀,书是不能留的。"说着一把就从裴清明手里夺了过去。

"你看你这人……"

那胖看守并不理睬,拿着书出了牢门。

"算了算了,书不看也罢。"牛紫龙表面上依然是麻木呆滞的模样,内心却一阵激动。张永保来了!很可能已经与看守所的人建立了联系渠道,那两本书无非是试一下联系方法而已,他的意思很可能就在这些衣物和点心里。

想到此,他吃力地坐起身,对裴清明道:"来,扶俺起来试试新衣服。"

张永保离开郏县赶到郑州,听说牛紫龙等人已被押解到了洛阳,就连夜赶到洛阳,找了几个老关系,迟迟没有打听到具体的关押地点。恰在此时,又遇上了军统豫站的追杀抓捕,两次都差点掉进围捕他的陷阱,只得装扮成走村串巷的货郎,在城乡之间游走。

冬去春来,待他终于打听到牛紫龙等人已经转运到西安后,马上收拾起货郎担,避开洛潼大道,一路翻山越岭,挑卖着针头线脑、糖块红绳之类的货物,风餐露宿来到了西安。

到西安后,他很快就找到了冰窖巷军统西北看守所,扎下货郎担,从早到晚,一连多日在门外观察、跟踪进出看守所的人员,对发现能够接近、有些价值的目标进行了排察分析,最后把工作目标选定在一个没有军衔的采买身上,跟了半个多月,都没有找到搭腔的机会。

这天黄昏,张永保又尾随着那采买拐进了一个胡同,抬头一看,目标消失了!疑惑间,腰下就被一个硬邦邦的东西顶住了,他意识到或许这两天跟得太紧,那采买一定是不耐烦了,干脆挑明问个究竟。

"大哥,俺真是好人。"

"俺知道,你是好人坏人跟俺没关系,俺只想问你,老是跟着俺弄啥呀?"

"听大哥这口音,你也是……"

"是呀,河南人,民国三十六年黄河决堤逃荒到这儿的。"

张永保放下货郎担,憨憨一笑,说:"中中中,别说了,这一个月俺算没白忙,能不能借光说个话?"

进到采买租住的小屋,张永保听那采买自我介绍知道他姓陈,名文胜,河南西华人,前几年黄河发水,一家辗转沦落到了陕西武功。第二年姐妹都嫁到了当地,他应征入伍来到了西安。开始在胡宗南的长官部当差,只因心思不够活泛,说话办事直来直去,落得个"三乎"的别名,即傻乎乎、胖乎乎、黑乎乎。好在长官司令部的人个个成精,反而显得陈文胜老实本分,与人无争倒也省心不少。

当然,扎堆成精的地方他是待不下去的。不久,便被下派到了军统冰窖巷看守所,所里进人的条件就是"没文化听使唤"。

张永保也按早已编排好的腹稿自我介绍了一番,隐去了自己的身份,只说自己初中毕业在家做小生意,现在关在看守所的牛紫龙是自己的老师,这回是专程代师母看老师的,完全是出于情谊。他还把牛紫龙的事如实介绍了一番。

"杀了好几个日本大官,真正是个抗日英雄,俺就想为老师做点啥,哪怕把俺换进去,把牛老师换出来都中。"

"怪不得他们近段时间一直神神叨叨,后院不让一般闲杂人员进了,说是危险分子恐怖得很,谁知道他们关的是同行。"

两人相对沉默良久,最后陈文胜站起身心一横,说:"俺先打听打听,如果真像你说的那样是打日本的豪杰,不管他是啥党啥派,也不管他是响马土匪,只要能打日本,俺愿意帮忙。"

一连几天,牛紫龙听到裴清明辗转难眠的翻身声。裴清明住在靠近门的一张床上,通风通气,还有两个小时能照到阳光,比室内其他人阴暗潮湿的环境强多了。

目前牢房里的几个人都是一个星期前换进来的,除了裴清明,其他人都与牛紫龙共过事。牛紫龙对其一个个进行了分析,认为这次调换应是说出自己想法的最佳时机。

去年夏天以来,西安一直笼罩着一片惊恐的气氛。部队向东调动,不少机关和富人纷纷进行撤退的准备,从张永保传来的报纸上看,日军已占领了河南大部分地区,打通了平汉线。更揪心的是家乡也被占领,母亲生死不明。他想不通的是,日军在太平洋战场节节败退的情况下,竟还能集中兵力完成打通大陆交通线的战略目标,相比中国军队的决策而言,日本人对战争本质理解得更透彻,若无攻势的反攻,则任何守势都是没有意义的。同时把汤恩伯兵团打得这般凄惨,也着实出乎预料,想必日军一定使用了全新的战术或装备,那么情报搜集和研究的疏漏势必成为败局的主要原因。想到此,他便有一种莫名的悲愤,尤其是在亲人毫无音讯的情况下,更让人有种追悔莫及的痛感。

他开始认真考虑越狱的各种方法。军统西北看守所只有前面一个门,从大门到监牢有两道岗,正常情况下每时每刻至少有五个看守分别在大门二门值守。从观察的情况看,星期一到星期六,无论前院后院,监管人员保持人数恒定,只有周日,前院办公区只留有很少值班人员,可利用的机会是周日中、晚两顿饭的时间,前院值班军官有不愿意吃监警队士兵灶而外出吃饭的情况,后院警队大致推测有三十多人外出,周日应该是唯一选定的时机。

根据张永保分几次传进来的西安平面地图,监所似距西安城南含光门和城西安定门最近,市区以及城防的守卫情况暂时不知。

监狱生活中,痛苦和无奈早已是其中的一部分,不过,只要不死心、不放弃,大概总能找到希望。牛紫龙开列了一个任务清单,把能够想到的因素都列了进去,当然这些都是在沉思中进行的。他思谋越狱的所有条件中,张永保打入监狱和把安插在身边的卧底争取过来是至关重要的两步棋,走好这两步棋,其他如跳马将军、架炮抽车全盘皆活。

中原会战结束不久,河南籍的参议会议员便集体上书,呼吁惩治此次战役中渎职失守的官员,一致认为情报的失误失判是会战失利的主要因素之一,继重庆先后撤换了汤恩伯、蒋鼎文和省长李培基后,对下面渎职失职军政干员的调整最早就是从军统豫站开始的。首先免去了军统豫站站长刘艺舟和随从第一战区军统华北区区长张毅夫等人的职务,将在重庆军统监狱关押的前豫站站长刘暨释出重新启用。为此,戴笠破格召见了刘暨,一番嘉慰之后,委以重任,不但恢复了他军统豫站站长的职务,还让他兼任省政府调查室主任一职,给予整合豫省各种情报资源的重权,以期能团结包括汉奸在内的各方势力,发展军统实力。

戴笠这一招果然厉害,一般用人都是论功行赏,鲜有用有过之人,尤其是在国难危急关头,而戴笠因人制宜,敢用有过之人,确有不同凡响的胸襟。

刘暨自然喜出望外,叩首谢恩,束装就道,日夜兼程回到了河南,按照省政府分配的指令,很快在西峡重新建立了军统豫站。

此时,裴清明已深深陷入了自我矛盾之中,虽说自己是身不由己陷入军统内部纷争的,他一直用"军人以服从为天职"、"党纪如铁,军令如山"的信条来说服自己,认为自己的所作所为应该是符合军统要求的,把自己亲眼所见的事情密报总部本身并不错,可结果却是那么多人被秘密杀害。从道义上他开始有些忐忑不安,这次军统内部大逮捕,他亲眼所见仅仅是换了不同的站长,更有人令人发指地作贱自己,哪怕一天前还点头哈腰赔笑脸的同事,转脸就用从未见过的残酷手法拷问往日的上司,而这一切都不涉及抗日问题,只是内斗!想想自己是满怀深仇大恨才参加军统的,这一切让他有种说不清的愧疚感。

他奉命到以往同事中当卧底也并非己愿,也许是他们找不出更可靠的人的缘故,也许由于他上次揭发同事的勇敢表现,当时站里点名指派他来了。安插之前站里给他加薪升职,并许诺完成任务后另行重赏。面对这些,他只高兴了几天,眼前利益的确很有诱惑力,可想想江山黯然失色的局面,这些诱惑又失去了它的价值。他发现,在其他同事眼里他就是一个嗜杀寡恩的形象。

在他的印象里，牛紫龙是一个值得敬重的人，那些真刀真枪与日军交手的事传得也神乎其神，不少同事私下里引以为傲。他也见识过军统那些训练有素的打手，出手之重转眼间人便血肉横飞，这不能不让任何一个在场的人都目瞪口呆，即便自己没有受过刑罚，仅仅看过如此行刑过程的人，也无不魂飞魄散、不寒而栗。即便如此，他们仍旧没有得到口供，他恐惧地感到，自己在这么个人身边卧底好像不是对手，他实在想不通人怎么能忍受如此惨烈的痛苦，也许遭受过刻骨铭心的痛，才能忍受眼前的一切，而忍受这一切仍能乐观才叫勇气。平淡的日子，牛紫龙一直沉默寡言，他甚至没有听到牛紫龙大声说过话，但他依然是这批囚犯的主心骨，他们曾经策划了一个又一个引起内部纷争的方案，最后都不了了之。现在上面要求加快速度，这几乎是个令人绝望的任务。

他知道自己所干的事逃不脱牛紫龙他们的眼睛，从他们的眼神里就能看出些异样，这绝不是敏感，但他没有发现牛紫龙他们要采取什么举动，他们不是没有机会和勇气，也不能说没有这个必要，只是有一次听牛紫龙说，在他的信念里，使用暴力只能用来终止暴力，除此之外，暴力毫无意义。这让他更加坐卧不安，有一种说不出来的恐慌，哪怕掐死他，总比这么装神弄鬼，非要扮演一个连自己都瞧不起的角色强。

"睡不着觉？"

放风时，牛紫龙搬着矮凳坐在了裴清明身边，他俩仰望着那片长方形的天空，一群鸽子拖着"呜呜"的哨声飞过蓝蓝的天空。他一脸忧郁地望了牛紫龙一眼，多少凄情撞进心头，不禁两眼一热扭头又向天空望去。

天穹无际，只有缕缕碎云嵌在天际。

"年轻人博闻强记是他们的长处，年长的人健忘善忘也是一种境界，拿得起放得下是人生必经的一段路，千万不要因为思虑过度折磨自己。"

裴清明收回目光，渐渐从迷惘中清晰起来，勉强挤出些笑容。

"我真的没有伤害别人的意思，我应当也是个好人，我只是报告了我亲眼见到的事实……"

"这俺都知道，俺也碰到过恁眼前这样的困顿处境，真假难分，是非莫辩，思来想去难觅答案，诸多问题无法选择，不知道咋办好。"

"无形则深，间不能窥，细想来又说不清因为啥，你有过这种情况吗？你是怎么走过来的？"

牛紫龙惨然一笑，道："问心，世事无常，只能随缘慈悲，自然本真，要相信自己本性无善无恶，不可用后天的道理，或人云亦云去猜人处世。只是这些道理好讲，真正做到就难了，入世如入戏，演戏的似疯子，看戏信戏的就蠢了……俺要能走出去，只有一个抗日的目的，如果没有这个目的俺也活不到今天。"

裴清明尽量想弄清他话里的含义，每个人都能在自己的生活里品味出活着的滋味，每个人的经历是形成他特殊爱恨情仇的决定因素，他想不到自己的感受和牛紫龙是那么相像。他望着天空，天际轻轻飘过"呜呜"的哨声，却看不到鸽群的身影。初春的阳光格外靓丽，望上一会儿竟有些眩目晃眼了，他不再想刚才的问题，一阵浓浓的睡意袭了上来，他索性靠在墙上睡着了……

周日黄昏,牛紫龙望着窗外,一如往昔,就连落日残影也和他无数次观察计算的一样,接下来是以分钟为计算单位实施的方案。他对监管人员每次的进出都默记在心,对看守所几乎每个看守人员都进行过分析,从中归纳出这次行动的条件,必须在同时或尽可能短的间隔时间内解决掉两道门岗五个看守人员,整个过程要在不惊动后院看守队的前提下进行。任何环节出一点差错,就会全盘皆输,后果不堪设想。

两个多月来,牛紫龙与狱友商量了几个方案,详细进行了分工,在监所内还进行过模拟打斗,测试看守的反应,利用放风时间与其他几个牢房的狱友沟通协作方案。表面上看,囚犯关押时间长,产生焦虑狂躁情绪,打得头破血流,也属正常现象,但仍然没有达到效果,无法把二进门岗上的三个看守全部调动。

在监所内模拟测试的同时,监外张永保的准备工作进行得非常顺利。他当上了看守所的炊事员,与送饭的伙夫还拉上了关系。

两个月后,裴清明再次调进了牛紫龙的监室。正在牛紫龙他们为如何调动门岗一筹莫展之时,裴清明透露了一个能同时调动三个看守的方法,牛紫龙等人这才最终敲定了暴动越狱的方案。

临近黄昏时,隔壁房间已经按计划争吵多时,二进门的三个守卫尽管没有出动,但神经已经绷紧。

落日余晖在房廊下剩下一线辉煌,牛紫龙又反复掂量了一遍越狱方案步骤,几个月来,他已经想不出更好的方法了,希望只能寄托在运气上了。

他回身向同室的狱友点点头,裴清明起身深吸口气,闭上了双眼,一狱友迎面给了他一拳。裴清明大叫一声,把口鼻喷出来的鲜血抹了一脸,他扭头望了一眼牛紫龙,大步走到房门前,猛力地摇了几下那扇沉重的铁门,大喊道:"杀人啦!"

这是狱管方与卧底人员约定的紧急情况解救暗语,在此之前还没有使用过。

随着一阵纷乱的跑步声,那扇铁门被打开了。裴清明满脸血污地斜坐在门旁,门外传来一阵忙乱,开门进来两个看守,门外张永保和另一个看守从外面锁了门,牛紫龙见状长长地松了口气。

"谁干的?"两个看守双手举枪对屋内的囚犯大声问道。

监牢里寂静异常,裴清明呜哩哇啦说了句只有他自己才能听懂的话。两个狱警蹲下身察看一番,收起手枪正欲抬他出屋,只听得牛紫龙轻轻地咳了一声,几乎与这一暗号落地的同时,门外张永保左手卡住那狱警的脖子,右手利刃已经插进了他的胸膛;裴清明紧紧地抱住两个狱警,监室内几个囚犯一拥而上,将门里的两个狱警压倒在地,其中一个只喊出了半个字,再没了声音。门里门外只剩下一阵短暂有力的喘息声。

片刻后,张永保和两名囚犯换上了狱警的服装,神不知鬼不觉地来到前院门卫室,三下五除二就把另外两个门卫解决了。

这边牛紫龙他们分别打开了另外两个监室门,囚室内众囚犯早已将卧底的人捆绑结实,还尽可能多地在他们嘴里塞满了破袜旧布,所有人员鱼贯而出来到了前院门卫室。

按计划只差砸开门卫后侧的武器柜,换上狱警的服装,拿上他们的武器,就可整队出城了。可恰巧在这千钧一发之际,监狱值班军官哼着小曲出现在了大门口。他听见门卫室内一片嘈杂的砸门声,先是一愣,探头一看,见室内众多囚犯正忙着换上狱警的服装。

"你们这是弄什……来人哪——"

他喊着便掏出了枪,正不知往哪儿射击,张永保冲上前去就是一刀,只是瞬间的事,那枪还是打响了……

暮色苍苍,西边天际尚余下一带残阳,枪响过后,一切顿时笼罩在了一种不祥的昏暗之中。

牛紫龙上身穿着黄色军服,指挥众人逃出大门,正忙乱不知去向时,张永保用力推了推他,说:"快！西边安定门准能出去,俺在这儿顶着。"

这时,后院传来一连串的枪声,几个黑影跳出二门,边跑边朝前门放着枪。

牛紫龙给张永保打了个手势,带人向西门快步跑去。

"快追！快追！"

牛紫龙一行人装扮成军警,裹挟在混乱的人群中间,"乒乒乓乓"漫无目标地朝天放着枪,冲出了城门,身后枪声响成了一片,还夹杂着一两声炸弹的爆炸声。

随着城门慢慢地关上,最后一缕余晖落下,枪声也渐渐稀落下来,天地只剩下一片昏暗。

1945年6月27日,牛紫龙率狱友在西安军统西北看守所暴动,成功出逃,国民政府和军统总部随即向全国发出了通缉令,严令陕西、河南两省军警部门务必将牛紫龙等人缉拿归案。

1945年8月2日,郏县丁二家宅院。

丁二拿起一份新成立的国民政府郏县县政府任职人员名单,揉了揉凸起的肿眼,借着油灯直跳的光琢磨了良久,长长地叹了口气,斜睨着面前的杀手支一枪,揶揄道:"恁弟兄俩演的是哪一出呀？哥哥在国民党县政府任抗敌司令部副总指挥,恁天天到俺家劝俺投靠日本人,到底是身在曹营心在汉,还是身在汉营心在曹呀？"

丁二在国民党县政府名单上看到了赵振山的名字,而赵振山和支一枪是一条船的拐弯弟兄,所以故意指出这一点敲打敲打他。

支一枪是远近闻名的混混,曾经长期在颜府谋事,赶大车,当保镖,以后又渐渐参与了鸦片的种植贩运买卖,抗战爆发,这项生意货源吃紧,他便利用积累下来的人脉到郑州等地谋生。至于干啥谁也说不清楚,反正发了不少财,每次回来都能带不少洋货送人。

1944年春节,支一枪回到县城,突然就把家里的房产、田地卖了,利用到手的钱上下打点,跟不少有头有脸的人物套近乎。4月中旬中原会战打响,他挨门挨户拍胸脯担保只要听他的保证啥事没有,家人生命可以无忧,财产可以保全,条件只有一个:事后必须拿出三分之一的房产田籍作酬劳。

县里不少大户开始将信将疑,思来想去日本人一旦真的来了,与其撂下这些抬不动搬不走的房产田地,倒不如姑且听支一枪的,于是乎不少人便强忍着割肉般的剧痛与他签订了契约。谁曾想他给大家保全家产的"秘方"竟是一面日本太阳旗,不知道他是从哪儿鼓捣来的,上面还盖有日军特务机关的公章。日本人进城后,插旗的人家果然少了不少麻烦,虽说抢劫强奸的事还时有发生,房屋、田产总算保留在自己名下。不费一枪一弹,支一枪狠狠捞了一笔,顺理成章地当上了县临时维持会的干事长。

"风水轮流转,不定到谁家。"支一枪当上干事长后,很快召集县里几个有些名气的流痞,又弄出几身日本军队的黄军服,迅速装扮起来,胳膊上还戴个白洋布袖筒,上面印有一个红圆圈,个个嘴里很销魂地叼根洋烟卷。你还别说,远看这帮人还真能冒充一下日本人。更神似日本人的地方是,干起坏事比日本人毫不逊色,刁钻诡计、敲诈骗色、杀人掠财样样都是行家里手,同时还会对着被害者作出一副深表同情的样子,说几句中国安慰话。只是支一枪这帮人名声实在太臭,根底又浅,全县大人小孩都知道他们是从哪里冒出来的,很是看不起他们。

支一枪长得瘦高细长,探头钩鼻,贼眼大耳,举止诡秘,就连说话都悄声细语,一副偷鸡摸狗的模样,弄得日本人也不满意。于是,日军驻军勒令支一枪务必在全县找一两个有影响的绅士为日本撑点门面,否则干事长也不让干了,这才有了支一枪天天往丁二家跑,像苍蝇见到臭肉一般叮着不放的事。

不过,给日本人办事可是人生大节的选择,丁二心里很清楚,尽管他没文化,却有长期混迹官商之间的阅历,这点道理还是懂的。所以每次支一枪来,他既不敢得罪,又不能答应,就塞给他一把银元,好吃好喝打发走了事。

这回支一枪到丁二家,是专门给他交底的。

支一枪见丁二一脸狐疑,便起身从耳朵上摘下一根洋烟卷,凑近那盏油灯点燃了,深深地吸了一口,两眼向上翻了翻,一副爹死娘不愁嫁人的样子,悄声道:"恁看恁问的,是哪辈子的事啊!现在天下大势,如同进了无形之阵,既没有对错,也没人能说清个是非,一切皆决于强弱,胜者王侯败者贼,日本人只要不是有意跟咱们过不去,咱何必跟洋人较真呢?"

"恁兄弟俩原来是脚踩两只船,不管哪一方得胜恁们总有一个能爬上岸,可俺家不同,出去混事只能站一边。"

"话也不能这么说,贤侄俺这次跳火坑,还不都是为了大叔恁这样的有家有产的大户吗?没有俺,别说日本人给恁穿小鞋,只要稍微给恁紧紧鞋带,恁能受得了吗?日本人多厉害呀?这回看清了吧,人家日本人打咱,机关炮一扫死一片,咱打人家日本人,那枪子炮子打到战车上只留一个小白点。打不过人家就得学会低低头,低头才不会碰到门楣上不是?再说咱不就是为了祖宗留下的这点产业不是?能保住这田产、房产替日本人干点事有啥不可呢?"

丁二眯缝着双眼摇摇头,说:"田产、房产搬不动运不走,可这时局就像小孩的脸,哭笑变脸可是一瞬间的事。"说着他站起身打算送客。

支一枪看此招不灵,又生一计,道:"恁别着急呀,俺在国民党那边说了,恁这身份特别,恁参加日本人的维持会可以算作县政府的卧底,给恁发潜伏证,咋样?"

"球!俺既不是官也不是僚,让俺到日本人刺刀底下去卧底,他们怎么不来?!给恁发潜伏证了吗?恁把潜伏证拿出来给俺看看!这帮人啥时候也改不了吃里爬外,只顾自己升官发财,生法想点把别人推进火坑的德性。"

支一枪不由自主地长出一口气,做出一副深表同情的模样,吹出几个烟圈,叹道:"这倒也是,打不过日本人情有可原,可丢下百姓跑就太信球了,还不如俺们维持会的人,说是为日本人办事,办的还不是咱中国老百姓的事!"

丁二重重地从鼻子里出了口粗气,挑起眼皮乜了支一枪一眼,心里暗自骂道:"当了婊子还立牌坊,真是连婊子都不如呀!"

支一枪明白,表面上丁二对自己客客气气、好吃好喝招待,背后一定恨之入骨。不过灯不挑不明,话不说不透,他不得不翻出最后一张牌让他开开窍:"国民党也好,日本人也罢,虽说都不地道,也只是干些让恁破财消灾的事,若共产党来了,恁那搬不动带不走的房产、田产就不会姓丁了。早些年,八路没长成那会儿就是这么干的,分田分房分女人,到头来还得要了恁的小命,不知道吧? 西边的八路下了山,北边的八路过了河,弄不好就这么一眨眼,八路就能到恁跟前,到那时……"

支一枪举手用拇指和食指比划个眨眼动作,然后在自己脖子上一抹,话说了半句便打住了。

"不论共产党、国民党,还是日本人,俺谁家边儿都不沾。"

"恁说得倒轻巧,恁不沾人家的边,人家可都惦着恁呢。这两天谁回来了知道吧? 吴志翔! 听说还带了不少人马。"

"吴志翔?! 他不是跟牛紫龙都参加了国民党吗?"

"说不清呀,反正是他杀了恁儿子,三岁看老,他们该是啥人终归还是啥人。"

丁二睁大眼睛盯着支一枪,双眸阴鸷,时不时地眨巴几下,一股凉气顺着他的脊梁骨冒了上来。

"早两年俺可是支持过他们抗日,他们总不至于……"

"嘘——"支一枪故作紧张地朝四下看看,恐吓道,"打皇军的这个词儿千万别说了,日本人是谁都不相信,收买了几拨地面上的混混,整天溜墙根、爬窗台,听到谁说这个词就咔嚓!"

说着,他用手掌在自己脖子上又比划个砍头的动作,吐掉嘴里的烟头,"这年月死几个人还不跟死几只兔子差不多。"

支一枪突然咧嘴一笑,道:"恁的仇人就是国民党县政府的仇人,也是日本人的对头,上俩月吴志翔还打死几个日本人,给日本人打个措手不及……"

"日本人能咽下这口气吗?"丁二打断支一枪的话匆忙问道。

"俺看日本人个个自私残忍,争功抢胜好面子,看样子他们是非要干上一仗。这不,两天前城里的日军又增加了一个中队,已经派出几拨探子进山了,听说……"

说到这儿,支一枪故意卖个关子,戛然而止,双眼在丁二那张油腻腻的胖脸上扫了一番,那张脸从鼻子到两腮堆满了疙瘩和肉坑,短短的脖子打了几层肉褶。

支一枪见丁二没吭声,又道:"咋样? 只有皇军能帮恁们解除心头之恨吧! 恁不帮皇军办几件事?"

丁二轻轻地点了几下头,突然又眯缝着眼,晃了几下脑袋,究竟是啥态度谁也猜不透。

当晚,丁二灌了支一枪等人不少酒,几个人晕头晕脑地跑到大街上学狗叫,被巡逻的日军分队打了两枪,造成一死一重伤。要不是支一枪大声喊了几声"沙扬娜拉",很有可能被日军当成一群疯狗全部报销了。

第二天一大早,日军驻郏分队长田野便率几个日军军官来到丁二家。

田野抬头看了看丁二家高高的门楼,向跟在身后的日军军官挥了下手,两名日军军官大步上前,重重地拍打着门上那副金黄色的门铛。

"大日本皇军……大大的司令长官,光临寒舍……俺是不胜荣幸。"

丁二拉开大门后,先是一愣,后忙不迭地哈着腰,用本地话夹着新学不久的日本话致着欢迎辞。

田野望了一眼丁二那油腻腻的脖颈,强忍住挥刀削人头的快感,左手提刀向丁二鞠了一躬。

来之前,他曾同翻译一起对丁二做过分析,得出的结论是,丁二与目前维持会里的地痞流氓没有什么区别,唯一不同的地方是丁二属于大一号的地痞流氓,比一般地痞流氓还要地痞流氓,或者说是资格更老、手段更辣的地痞流氓。田野知道日军进城后曾经强奸过他家的女眷,按正常人分析,他应当仇恨日本人才对,至少要自责自己没有尽到保护家人之职。可这老家伙却把仇恨记在了女眷身上,把被强奸过的女眷统统卖到了窑子里,拨拉一通算盘,还为落个"不赔钱"而沾沾自喜。

田野十分不解地抬头扫了一眼面前这位矮胖的男人,用一种毫无商量余地的口气大声道:"大日本皇军驻郏部队最高长官任命您为郏县地方自治会会长,特颁发任命书给您,请收好。"说着,双手把聘书重重地推到他那突出的肚皮上。

丁二双手接过聘书后,眨巴眨巴眼没弄明白咋回事,在此之前一些人动员他出任维持会会长一职,他知道这维持会实质就是汉奸组织,在局势不明朗的情况下,当汉奸肯定是步险棋,可今儿田野突然冒出来个地方自治会会长,这还真是个新鲜玩意儿!

"嘻嘻嘻,皇军真会开玩笑,县城里哪来地方自治会?地方自治早些年俺们搞过,大日本皇军咋知道俺搞过?"

"您出任的地方自治会是维持会升级改制而成的组织,维持会是临时性机构,地方自治会是永久性行使政府职能的组织,您出任会长就等于当上了县长。"

"哎哟——奶奶呀!这不是想让俺由暂时性汉奸上升为永久性汉奸嘛!"

他大叫一声,手里的聘任书仿佛像块烧红的烙铁,烫得他急忙把聘书又扔还给了田野。

田野猝不及防,还以为丁二扔过来一个炸弹呢,手忙脚乱地退了两步,双手紧紧握住挂在腰间的军刀,正待趴下,定神一看,还是那张委任书,这才从战斗状态中回过神来。

丁二"哎呀"一声哭诉开来:"去球啦——俺是去球啦——恁们把牛牵走了,莫合墩儿①递给俺一根拴牛绳呀。谁知道恁们这些信球还能绑张②几天哪——"说着他竟一把鼻涕一把泪地号啕起来。

翻译见状,也只好对田野摊开双手摇摇头,大概他也没有完全听明白丁二嘟囔些啥。

"什么?"田野上前狠狠地踹了丁二一脚,怒目圆睁,厉声道,"牛紫龙、吴志翔……共产党、国民党都要杀掉你!你就是垃圾!日本的大烟红丸让你发了大财,你必须跟我们大日本皇军在一起!十天以后选定黄道吉日,你必须隆重地走马上任!"

"拾起来!顶在头上!"田野身后的几个日军军官也纷纷吼道。

丁二一怔,从袖筒里抽出一个黑黢黢的手巾,"扑哧"一声,把鼻涕眼泪都抹在了手巾里,接着又用那手巾横七竖八地在脸上擦了几下,狠狠地抽泣了几下,颤抖着举起那张聘书顶在了头顶。

田野移开了拇指,"哗啦"一声合上了出鞘的军刀,规规矩矩地给丁二深鞠一躬,如释

---

① 地方方言,最后的意思。
② 地方方言,意为排场、有面子。

重负地挤出一脸笑容,悄声道:"拜托了!"说完带领着几个军官离开了丁府。

1945年8月14日上午,天还没亮,全城的人就被锣鼓鞭炮声吵醒了。这天,日伪召开地方自治会成立大会,日军把四乡进城的农民和县城里的商户,不分男女老少统统赶到了老县衙门前的小广场上。日军特意从许昌请来了西洋乐队,演奏了几曲日本小调。田野队长代表大日本皇军宣抚班宣读了致辞和聘任书,笑嘻嘻地把张烫金边印有日本和南京伪政府旗子的聘书恭恭敬敬地递给了丁二。

丁二这天头顶天蓝色的丝绸瓜皮帽,身穿大红暗花缎子褂和当时最流行的日本黄色军马裤,脚蹬着一双乌黑贼亮的高筒马靴,打扮得正式而喜庆。尤其是那张圆胖脸上还搁着一副茶色石头镜,红铜眼镜腿在阳光下闪着亮光,这给丁二平添了不少威严。

最抢眼的莫过于他身后站着一群原来维持会的人,个个披红挂绿,头上抹了不少香油,有头发的黑亮,没头发的闪亮。为了能争上主席台的位置,这帮人把维持会几乎办成了演武厅,明争暗斗了好几天,最终选中七个人跟在丁二身后。不知是谁的主意,这七个人都在自己脑袋右边太阳穴处贴了块圆圆的红色膏药,甚是夺目靓丽,把主席台晃悠得活像阎王殿。

丁二见田野将聘书递了过来,双手接着,愣怔间,又见田野伸出右手,猛然悟到这是人家日本人文明的握手之礼,慌忙把聘书叼在嘴里,双手在胸前红绸褂上蹭了蹭,紧紧地握住田野的右手摇了起来。

"咦——恁看俺这渣皮①样,差点演日龙②了!"

礼毕,丁二把聘书举过头顶,喜滋滋地走到台前,在百姓面前显显脸,接着又向四周做了一个很销魂的手势,瞬间锣鼓喧天,鞭炮齐鸣,西洋乐队也争先恐后奏起了喜洋洋的中国婚庆乐调,一会儿工夫,广场便笼罩在了浓浓的硝烟中。

会后,丁二在众多地痞的簇拥下,为彰显勤政爱民形象,骑着租借来的东洋马,在乐队的先导下,围着县城主要街道转了两三圈,一直到黄昏时分才和众人一起上了繁楼酒店大宴宾朋。

人生撞上官运的机会不多,丁二自然是人逢喜事精神爽,还没开喝就被一帮地痞吹晕乎了。私下里几个小流氓还急切塞给他几个偷来的金镯子,"哎呀,当官的感觉就是不一样嘛!"他马上有了进入自家二亩三分地的状态,领着众人吃五喝六灌开了,一直闹腾到第二天天大亮。

次日午后,丁二渐渐地苏醒过来,想到自己已经是相当于县长的身份了,猛地有股扯着自己头发腾云驾雾、飘飘欲仙的感觉,顿时睡意全无,没睁眼便哈哈地大笑几声。笑完揉了揉眼,首先发现他掏高价买的那双日军马靴不见了。他推开桌子很认真地在自己脚上寻找一番,脚上果然没有穿那双铮亮的高筒皮靴!他强忍着胃里泛起的一阵阵恶心,努力把昨天开会巡视就餐、最后发布号令的过程回想了一遍,自己是始终穿着那双皮靴的呀!怎么会没有了呢?他又眩晕了,当然也很兴奋,想起了自己会长的身份,日本人说相当于"县长",那么俺现在就应当等于县长啰。昨天开会时的一幕又回到了他眼前,他奋

---

① 地方方言,土气、不时髦的意思。
② 地方方言,办坏、搞砸的意思。

力大喊一声:"来人!"

怎么周围连个人影都没有呢?这帮下人真没眼色。他正欲发作时,却看见繁楼的掌柜领着几个横眉竖眼的打手上了楼。

"俺是县长!这这这人都跑哪儿啦?"

"俺知道恁是县长,可日本人投降了,恁这县长还管使不管使?"

"瞎球猫①!田野队长昨天还亲口给俺说,大日本皇军至少还能坚持五年,恁竟敢说已经投降了,投降给恁了?大日本皇军还治住事呢,恁以为打不死恁是吧?"

丁二得意洋洋地站起身,很轻盈地走到掌柜面前,用力在他脸上拧了一把。

"今天一早日本人就接到撤退的命令,已经向许昌集中了,恁听这县城里到处是鞭炮声,恁这出戏恐怕该收场了。"

丁二摇了摇头,瞪大小眼,侧头听了片刻,果真是鞭炮声起伏,喧哗一片。他推开窗子向外望去,县衙门口那面日本太阳旗真的不见了!他用力揉了揉浑浊的眸子,还是没看见!一股透骨的凉气从脚跟直窜上来,耻辱、悔恨、愤怒,夹杂着恐惧,五味杂陈,翻江倒海地涌上腹腔。这帮日军七孙竟敢把俺当猴耍,他原地蹦将起来,怒喊道:"这些鸭子屎②!这些骗子!这些熊货……"

他万万没有想到,自己混迹官商几十年,在县里也算是个有头有脸的人物,呼风唤雨,一直在看别人演戏,最后一幕自己竟成了一个大笑柄,一夜之间从喜剧演员变成了一个地地道道的悲剧人物,瞬间吓出一身冷汗。

他夺路冲下楼,发疯般地向原来驻有日军的县衙跑去,只听得身后掌柜的喊道:"恁跑不了。恁已经被押到这儿顶账了,日本人、维持会欠的账都顶着恁的名呢!"

丁二疯了,他在日军驻地转悠了几圈,啥也没找到,只捡了几本印有不少日本女人彩色照片的画报。他像是发现了什么宝贝似的,疯了一般跑回家,和那张自治会会长的聘书一起工工整整地粘在了一起,整天揣在怀里,无论见谁都眉开眼笑地向人介绍这些画报上的女人多么妖艳迷人,都是他新填的偏房,聘书相当于日本国的证婚书,不久他就要背井离乡去幽会这些痴心不改又风情万种的女人了云云。

第二十二回

观大势　分己见　山彪镇各奔东西
隐真姓　百变身　三眼鹰了无踪影

1945年8月,中华民族浴血奋战打败了日本法西斯,取得了近代史上反侵略战争的胜利。它的意义在于,中国由一个积贫积弱的落后国家,一跃而成为了推动世界和平发展、维护正义的重要力量。

---

① 豫西南一带的地方方言,骗人、胡说的意思。
② 豫西南一带的地方方言,指能力低下不会办事的人。

8月初，牛紫龙、吴志翔率部北上，走到许昌五女店便传来了日本投降的消息，部队原地驻扎了下来。牛紫龙派出多个小组到各地联络策划下一步去向，摆在面前的选择其实很有限。一战区已经下达了一切部队均需在原地待命的命令，无论是投降的日军还是各种抗日武装，均不得以各种借口擅自行动，接下来肯定是原地遣散或送回原籍遣散。对于这一点，队伍里一部分人抵触情绪很大，已有多股投靠来的地方武装悄悄带着原班人马离开了。不愿意遣返的人，最大的担忧是回去后无法保证人身安全。如果继续按原定方案北上寻找八路军、新四军，显然已经很困难了，周围已被先行到来的国民党部队控制了交通线，并且随着北上的国军越来越多，队伍实际已无法动弹了，留在原地又非长远之计，剩下唯一的出路就是找一支国民党部队暂时收留这支队伍。

"恁看这抗战胜利后，国共到底能不能打起来？"

这个话题已经在部队里争论多次，牛紫龙始终没有说出自己的观点，只因这支队伍成分复杂，过去在抗日的旗号下尚能勉强维系，如今日本人投降，怀有不同目的的势力肯定会有不同的诉求，要维系如此庞大的队伍已经不可能了。

"整天吵吵，这事球意思没有，去翻翻中国历史，细读一番历朝历代的存亡兴衰，再看看咱们今天这局势，俺看国共两党谁也说不服谁，迟早要打起来。指望现在就回家弄二十亩地两头牛，寻个媳妇生俩孩儿，都是瞎球美梦。"吴志翔用破蒲扇狠劲在自己背上拍了几下，不耐烦地说。

众人纷纷把目光投向牛紫龙，吴志翔这番话当然有道理，只是选择的时机不对。

牛紫龙未置可否地岔开了话题。

"咱们在此久留只能是夜长梦多，正好大家都来了，咱们就开个神仙会，大伙儿说说自己的真实想法。"

众人一时面面相觑，谁也不愿先开口，摆在大伙儿面前的出路就那么两条，要么顶住，要么散伙，类似这样的议论也不止一次两次了。

其实牛紫龙本人也没有最后拿定主意，派出的三个联络小组两个尚未回来；派回原籍的小组回来反馈的消息是，原县里的伪军"爱国自卫团"已经打出了六十八军"先遣团"的旗号，控制了县城的防务，回去显然是不可能了。

没有回来的两个小组，一个是牛紫龙的警卫毛孩到许昌去寻找王永祥的小组，毛孩是牛紫龙越狱返回河南路上捡的叫花子，当时已倒在路边奄奄一息，牛紫龙背他走了两天才还过气来，以后便留在了身边；另一个是岳本斋到豫北寻找八路军的小组。

去豫北寻找八路军是岳本斋提出来的。岳本斋是王永祥介绍来的，显然是代表组织来的，原本主要任务是传递信息联络交通，牛紫龙见他办事稳妥、思维敏捷，来后不久就安排到总部特务连任连长，派他去豫北已经有十几天了，迟迟没有消息。

"国共打不打起来，不是咱们弟兄操心的事。"牛紫龙知道队伍里多数人同意接受政府整编，不同意遣散，要求政府给个抗日军人的名誉，毕竟经过了八年抗战，人们希望过上平静安宁的生活。

"弟兄们让俺拿主意，俺只能跟大家分析哪条路可能对，哪条路可能错，不过人在江湖漂，谁没挨过刀？恩恩怨怨，是是非非，弟兄们都愿意选择一条最有利于自己的路走，这也是人之常情。从今天开始，各部凡是能给弟兄们好出路的，可以到总部来开三个月的饷，今天就可以开拔。不愿意离开队伍的都留给俺，俺不能保证给大伙领一条升官发财路,至少能把大伙领上正道。"

他没有把继续北上投靠八路军的意图讲出来。

屋内仍旧没人说话,不过,谁走谁留,经过这些天的讨论,多数都已经拿定了主意。

吴志翔见状,觉得没有继续讨论的必要,站起身用扇子"呼呼啦啦"地扇了几下,说:"各位,不管咋说,咱们也算是今生有缘,历尽风雨见彩虹,大家都活过来了,是走是留今后都是一家人,无论今后谁有难处,别忘了告诉俺一声。"

说罢,他率先出了门,丢下一句话:"走!到村口送送弟兄。"

翌日晨,牛紫龙被一阵急促的敲门声叫醒了,他慌忙下床,点灯,拉开门。

"恁是——哎呀,王永祥!"

牛紫龙揉揉眼,望着面前这位又黑又瘦披一头灰白长发的人,用力把他抱在了怀里。

王永祥老了许多,满脸皱纹纵横,唯有那双眼睛依稀还保留着青春年华的样子。他穿一身灰布长衫,大补丁摞着小补丁,脚下竟然穿着草鞋,气定神闲,两眼熠熠生辉。

牛紫龙朝门外喊了声:"毛孩——快去弄几个菜,买只鸡,哎呀——恁咋瘦成这模样了。"

"不用了,"王永祥用力挥挥手,"赶快吹号集合部队,咱们还是边走边说吧。"

"去哪儿?"牛紫龙后退一步端详着王永祥,"恁总得给俺一个说话的机会吧,咋来这儿屁股还没落座就走呢?"

"眼下,多路北上的部队都收到了将恁们缴械遣散的命令,他们已经占据了各个交通要道,反而对投降日军和各地实力派采取收编的政策,唯独对恁们这支部队下了遣散的命令,还对恁下达了通缉令,任何一支部队都可以抓人请赏。"

"这俺知道,所以才……"

王永祥不等牛紫龙说完,急切说道:"咱们党一直在高树勋部做统战工作,经与高树勋协商,他同意暂时收编恁们这支部队,单独编成一个支队。高树勋已经接到命令,马上北上到京津一带接防,恁们务必马上起身追上高树勋部,平安渡过黄河,至于下一步如何行动,等过了河再说。"

牛紫龙重重地照王永祥肩上拍了一下:"俺昨天一夜没睡好,右眼皮一个劲跳,还真是把恁这个福星给等来了。"

他望了一眼王永祥身后站着的吴志翔、岳本斋等人,说:"还等什么?快吹号集合队伍,去追高树勋!"

汲县,山彪镇,高树勋部第九纵队司令部。

牛紫龙、吴志翔率部合编到高树勋部后,表面上没有打乱原有的建制,单独成立了第九纵队,吴志翔调进军部任特务团长,马有膘作为副司令暂时代理司令职务。牛紫龙改名牛润五,仍然隐身在参谋长位置上,私下里仍负全责。内部管理上各连都派进了高树勋部的人员,就连纵队司令部的参谋、勤务也是从高树勋各部抽调来的,给马有膘配备的警卫一共四人,都是年初刚入伍的湖南小兵,一个比一个机灵。马有膘挑了一个叫阿诚的人做贴身侍卫,专门负责个人生活之类的琐碎事。谁知前两天还好好的,这两天阿诚天天泪汪汪的,好像受多大委屈似的,问他,不吭气,这让马有膘很是生气。

今天下午，牛紫龙"打猎"回来，向几个纵队干部透露要把队伍拉进山投靠八路的打算，介绍了他此次进山与原八路军太行军区谈判改编的具体方案，打算明天上午召开连级干部会，最后敲定起义计划，晚饭后派人分头将通知发了出去。

马有膘对此事一直提不起劲头，抗战胜利后，国共双方虽说都在争抢地盘，私下里准备打仗，但力量对比显然国民党更强，国统区从国土面积到人口数量上都占总数的四分之三，军队人数也比共军多出一倍。不管咋说国民党还是打了那么多大仗恶仗，日本人那么厉害，国民党不照样挺过来了。

当天晚饭后，马有膘闷坐一会儿，又让警卫员端来一盆热水洗脚，完毕，喊了一声："阿诚，把水豁①喽！"

站在门外的阿诚听成"把水喝喽"，端出门后一边哭一边喝，老大一盆洗脚水，实在喝不下去，一怒之下连水带瓦盆扔进院里摔个粉碎，哭声和摔盆声惊动了里屋的马有膘。

马有膘出门见状，还以为阿诚有意跟他作对，不问青红皂白挥手打了阿诚两个耳光，喊道："滚！"

吵闹的场面引起了多名警卫人员的不满，几个人纷纷卷起铺盖要走，一人急忙找来牛紫龙评理。牛紫龙听罢众人介绍情况后，当场表态，这是一场误会，因南北方口音不同引发的误会，主要责任在马有膘司令，以后类似倒洗脚水的事，一律不能再交给警卫人员办，"自己不想倒就别洗"。他还代表马有膘向被打的阿诚道了歉。

马有膘也知道此事不对，不过丢面子可就没有对错之分了，毕竟俺还是名义上的代司令，这么在众人面前表态，根本没把俺这个司令放眼里嘛！如果跟他上山当了八路，司令不但当不成，还准没自己的好果子吃！想到这儿，他打定主意不跟牛紫龙走了。

他束紧腰带，拎着手枪出了房门，扫了一眼在门旁的阿诚，一股无名火又升腾上来，不过今晚他格外冷静，压抑着心中的不快，笑着对阿诚点了点头，说："到后门等着俺，俺去查查岗，转一圈从后门回来，恁去那儿等着吧。"

说着挎好枪，悄悄地出了前门。

凌晨，天格外黑。一阵急促的敲门声把牛紫龙惊醒了，他下意识地看了一下表，还不到四点。

他拉开门见岳本斋、毛孩、阿诚等人提着灯站在门口，额头上滚着豆大的汗珠。

"牛老师，马有膘勾结军统小组要破坏咱们的大事……昨晚半夜马有膘出司令部大院，说是去查岗，让阿诚到后门等他，没想到这小子溜到军统小组那里去了。约有一个时辰，军统小组的仨人全跑了，马有膘一直把他们送出镇外流动哨警戒线，俺去查哨听说此事，追了几里地也没追上军统小组的人。"

"马有膘人呢？"

"马有膘回屋收拾了几件衣物到一营营部去了。"阿诚上前答道。

一营是马有膘一手带出来的老班底，成分复杂，豫南人较多，希望队伍向南发展，不愿意进山投八路。

牛紫龙转身倒了几杯水分别递给岳本斋等人。

---

① 豫西南一带的地方方言，泼的意思。

高树勋部跟中共党组织联系后,党组织向高树勋部派驻了工作小组,引起了军统的注意,在蒋介石的严令下,由第十一战区孙连仲部派两个军将高树勋部押送到河北。牛紫龙有意把第九纵队留在汲县,目的就是要脱离十一战区押送部队的监督,并与太行山区八路军取得联系,准备起义把队伍拉进山。现在由于马有膘告密惊动了军统小组,很可能会促使周边部队解除九纵队的武装,战机也许就在瞬间,也许一两天就会消失,失去就很难再来,这就像人生,其实改变命运只有关键的几步。

"阿诚,你带几个人去通知吴志翔,就说行动提前到今天早晨,让他们急行军赶过来;毛孩,你去岳楼镇八路军联络站,让他们今天上午提前接应,越早越好;岳连长,你马上去集合军官教导队,不准吹号,不准弄出声响,趁着天没亮占领进山路边的高地,重点警戒新乡方向,发现有部队合围山彪镇,无论打什么旗号,立即组织反击;至于一营,俺自己去一趟,能带出来多少算多少吧。"

"恁去一营会不会有危险?马有膘心胸狭窄,头脑简单,遇事好冲动,在这节骨眼上他搞了这一手,显然是王八吃秤砣——铁了心要这么干,要不然让俺去?"岳本斋上前一步劝道。

"正是因为他搞这一手俺才要去,这说明他还没有一个很周全完善的主意,只想把队伍拉回家找点山大王的感觉,现在是该让他找回点责任了。恁们占领阵地后打两颗信号弹告诉俺一声。"他望了一眼窗外,对众人说,"都出发吧!"

"是。"众人纷纷转身离去。

清晨,稀疏的薄雾弥漫在田野和山峦之间,小镇半隐在雾霭之中,只留下报晓的鸡鸣此起彼伏。

牛紫龙只带两名警卫来到一营营部所在的一家大户院子,进门见院内一片忙乱,大部分人的行装已经收拾停当,不少人正坐在自己的背包上吸烟嬉闹,只听到"立正"一声口令,院子顿时安静了下来。

"恁们这是去哪儿呀?"

众士兵面面相觑。

"哎呀,牛参谋长,不,牛老师来了。"马有膘领着十几个军官从二门里大步走了出来。他穿了一身新式国军深黄色军装,皮鞋、领带都是崭新的,只是脸色有些惨白。马有膘高个儿,身材魁梧,一脸络腮胡,充满血丝的双眼透着冷光。走近后他并不敬礼,而是用传统的礼仪拱手抱拳道:

"这事俺正想去跟恁说说。恁也知道,俺带的这帮弟兄没啥文化,对当前国共之争不感兴趣,谁对谁错,俺们也懒得管它,争斗的结局更是心里没数,虽说恁给俺们上过几次课,可俺们还是跟坠入五里迷雾差不多。当然,谁也不是长一对前后眼的马王爷,能把这世道前三十年、后五十年看个透亮。所以俺们几个老弟兄合计了一夜,决定退出内战,开回老家!"

"这就走吗?"

众军官点点头。

牛紫龙瞪大双眼,问:"退出内战?退到哪儿?告诉恁们,就是国共两党都不管恁们,天下也容不下恁们这样逍遥自在的武装力量,恁们能叫啥?"

"俺们想好了,叫自治自卫军。"一军官在旁边答道。

"自治自卫军?知道别人会叫恁们啥吗?只能叫土匪!国共两家无论谁上台,能让土匪存在吗?做梦吧!《双十协定》签过第二天,蒋介石已经下达了剿匪密令,要求各地按《剿匪手册》督励所属,努力进剿,凡拒不交出武装、不听从整编的武装力量统统按土匪查办。如恁们这般,即便放下武器也要被查办!想退出内战,有地方退吗?"

众人无言,都把目光转向马有膘。

马有膘涨红着脸,整了整军帽,向前跨两步,道:"牛老师,不,牛参谋长,恁带俺们从许昌一路过来,都说强扭的瓜不甜,大路朝天各走一边,人各有志不能勉强,不忘上恩谓之忠,言而有信谓之义,今天,是投八路还是跟国军,咱让弟兄们自己选,谁也不要包办,是这个理吧?"

牛紫龙知道人心不是几句话就能说动的,叹道:"好吧,恁集合队伍让俺讲几句,也算给大家送个行。"

或许是因为紧张的缘故,司号员紧急集合号吹了两遍都跑了调。不过,片刻工夫,大院门口的十字街上整整齐齐站满了整装待发的士兵。

牛紫龙不等值班军官发出号令,顾自走到大门台阶上望着一个个军容整洁、归心似箭的士兵,突然失去了讲话的意愿。他们每一个人身后都有许许多多盼望的眼睛,向北向南,只能让他们自己去选择了。

"弟兄们,稍息。"

他知道,讲清楚选择的道理实在太难了,尤其分开以后,再次见面恐怕只能在战场上,这真是不容易说明白的问题。前路没有人能看清楚,还有人疑惑前面是不是根本没有路,果真如此的话,无论如何努力,本质上都是很可笑的。

"俺和恁们一样也想回家过平静的生活,可时局不允许,眼前的路都很崎岖,俺之所以坚持去投八路军,就是在这儿俺们感觉不到正直向上的气氛,别说像咱们这样暂被收编的杂牌军,就是正宗的军队最终的结局也好不到哪儿去,不管恁们在抗日战争中贡献多大,迟早逃脱不了被整肃的下场。现在有两条路任恁们选择:一条是继续向北参加八路军,一条是向南留在国军里。无论恁们选择哪条路,俺只希望每个人都能平安,任何时候也不要兵戎相见。"

牛紫龙讲完扭头望了一眼马有膘,转身向西走去,马有膘也走下台阶给默默站立的队伍敬了个礼,带着随从向东走去。

街道上留下整齐划一排列的队伍,像是陷入了长久的沉思,寂静无声,没有一个人离开。

突然,镇外山冈上两发信号弹飞上天空,四周枪声响成一片,队伍中纷纷传来口令,分头向东西跑去……

片刻间,长长的街道又恢复了空旷和宁静。

1945年10月20日,牛紫龙率第九纵队军官教导队和一营三连共三百二十余人在汲县山彪镇起义。牛紫龙部的起义是解放战争期间国民党军队发生的首次起义,《解放日报》以《革命是历史发展的火车头》为题发表了社论,这对不久后整个高树勋部起义产生了巨大的影响。

吴志翔部当天未能及时脱身,随高树勋部继续北上,二十天后在河北邯郸马头镇起义,加入了中国人民解放军。

一日,许昌郊外葫芦巷。

他把草帽帽檐撕开一个小口扣在脸上,两眼正好可以从那条缝中看清王永祥家的院子。

今天,他化装成一个略带残疾的叫花子,这个目标他已经观察三个月了,在这期间他变换过算卦的、修碗补锅的、修鞋钉掌的、拉车的、卖糖葫芦的等十几种角色,或近或远,但两眼始终没有离开过这个小院。

"呸",他扭头狠狠朝街角吐了一口,又像睡着一般,蜷缩在那棵弯腰槐树下。这条胡同原本住户就不多,又赶上兵荒马乱的岁月,常常整条街上只他一个人,这让他很是费了一番苦心。

他早年就在江湖爆得大名,人称"董哲学",其实那只是他众多绰号中的一个,他的名号至今连自己都记不清有多少了。他曾帮助不同派别、不同时期的政府抓办各色人物,事成之后,他拿钱就走,退隐山林。军统找到他时,给出的第一个目标就是牛紫龙,只是早年他曾受托办过牛紫龙的案子,但没成功。他从不对失过手的目标再干第二次,他有些迷信,认为那人命不该绝。

去年底,军统豫站的人又找到他,给了他第二个目标,他答应了,但提出条件,只拿钱办事,不入编坐班,在这行当里称"外协人员"。军统豫站的人员都知道有个化装卧底的头牌老手,他"出演"的角色连军统同行都很难分辨出来,多数人都不知道他的本来面目,只知道有个"三号"扮啥像啥,派他出去盯目标,如同苍鹰追兔,十有八九没得跑,因此背后人又称他"三眼鹰"。

对于他扮演各种角色的窍门,军统上司和同事多次追着他请教,他推脱不掉时,就把他们领到车站集市,让他们观察各色人等,回来讨论时他只说了一句话,凡是大家没有印象,或是相互之间识别出入较大的人物角色,就是你们的模特,把角色扮到毫无察觉就算成功了。

其实,他很看不起这些同行,干这一行哪有教出来的?如同办军校培养军人一样,一定要把学员个个培养成胜利者,军校就没法办了。所以干事全靠悟性,运用之妙存乎于心,教是教不出来的。

初夏的阳光照在身上暖暖的,背靠的这棵弯腰槐树或许备受摧残,枝疏叶稀,上上下下留有不少断杆残枝。他摇了摇身子,索性半躺了下来,靠在树旁成大字状,从这个角度望去,狭街小巷及青瓦高墙尽收眼底。

他打了个哈欠,一阵困意袭上头来,两眼沉沉,模糊了前面的一切,真想吸根烟呀!其实那包烟就在头顶草帽里,今天的角色实在不宜叼根烟卷,如果是个捡破烂的角色,捡几个烟头抽还说得过去,要饭的加上有点残疾,再叼根烟就太"起眼"了,明天势必改成捡破烂的。

他如是想着,把头用力向树干撞了几下,驱走了一阵阵烦心的睡意。突然,一个身影迅速闪进了王永祥家,从那人的动作看一定是个"新手",怎么能把动作搞得慌慌张张呢?他琢磨着这人是否见过。在他盯住这个"目标"的三个多月里,一共出现过六个人,为了便于记忆,他根据这些人的外貌举止特征用六个简单图形表示,这几个图形他早已熟记于心,刚才一闪而过的应当在他那图形谱里排第三位,一共出现过两次,并且此人的出现往往意味着这个"目标"有一个聚会的机会。

他心中一惊,难道说今天就可以交差了?！他把扣在脸上的草帽又向下拉了拉,使眼前的缝能看得更真切。

果真,一……二……三……四……他屏住呼吸数到了那几个身影,为此,他曾一度陷入了绝望。几天前,军统许昌站站长钱宗昌专门跑到他租住的小屋威胁利诱一番,说这是军统总部,现在已改为保密局总部挂号侦办的案件,省局局长亲自监督的案子,线索来源十分可靠,不可能这么长时间没动静,再这么下去实在没法给上面交代了云云。痛责之后,又在许昌大戏院对门的聚味楼请他吃饭喝酒,自然又是一番勉励,席间还塞给他一摞法币,让他又惊又喜。

他长吐一口气,看来今天真要领赏了。

他掀去草帽,眯着眼斜睨着深蓝的天空,抖了抖破衣烂衫,故意露出脏兮兮的内裤,爬起身把那条"瘸"腿翘起来揉了揉,放下,划出一个半圆,让自己站起来。围着那槐树转了两圈,找准了一个角度爬了上去,像是摘树上的槐花,脱下草帽呼呼地摇了起来。

片刻后,他不再对树上什么感兴趣了,又趴在一根树杈上歇息起来,一直到大批的国民党军警团团包围了王永祥家,他才像发现了什么不妙情况似的从树上跳了下来,一瘸一拐地离开了这条小巷。

晚上,"三眼鹰"穿一身灰布长衫,戴顶咖啡色的礼帽,走进许昌城防司令部临时改建的拘留所,从簇拥过来的一名预审军官手里接过审讯记录,翻了几页,嘴里喃喃道:"王永祥、邹敬海、刘世卿、张长水,怎么,郭五连呢?"

他猛然转身,狠狠地在专署侦缉队长和保密局许昌站行动小组组长两人脸上抽了一番耳光。

"再去搜查他家,如果没有挖地窖,房顶一定有夹层!"他骂完仍不解气,又狠狠地踢了两人几脚。

当天晚上,专署侦缉队和保密局行动组几十个人又到王永祥家翻箱倒柜挖地三尺,掀了个底朝天,最后发现他家的房顶果真有个夹层,郭五连正是攀上夹层躲过了这一劫。

1946年6月,国民党军队首先在豫鄂边界包围了中原解放军,第三次国内战争全面爆发。9月,国民党许昌专署侦缉队用尽酷刑,仍无法得到王永祥的真实口供,决定将王永祥、袁金贵等七名共产党嫌犯杀害。

那天半夜,天上的星星特别多,还特别亮,嵌挂在墨蓝色的天空中。王永祥等七人被五花大绑蒙眼塞嘴,用卡车运到了许昌北关桃园里。刽子手扯下囚犯的眼罩后,他们面前已经挖出了一个大坑。"三眼鹰"叼着烟一摇三晃地走到王永祥身后,凑着他耳边说:"瞧瞧,这个世界好不好?星光灿烂,还是招了吧,不然你就见不到天亮了。"

王永祥深吸几口清新的空气,抬头望着星空,银河的确闪耀着清澈晶莹的星光,如绣镶在墨绸之上的光带,演绎出七彩梦幻般的色彩,让人思高望远,忘却了人世间的纷争。

他自言自语道:"俺就是一只早起报晓的公鸡,所做的只是让天下人知道光明,明明知道奋力一鸣不尽讨天下人喜欢,可仍旧这么做了。恁即便今晚杀了俺,明天照样会按时到来。"面对生命的最后时刻,他仍不忘嘲讽一下对手。

"呸!""三眼鹰"吐掉叼在嘴上的烟头,抬腿一脚把王永祥踢入大坑,周围行刑队的士兵纷纷上前把其余六人也推了下去,接着开始填泥土。只听得四周"呼呼"的喘气声,被埋的人则寂静无声,也许他们为这一天的到来准备得太久了,牺牲在天亮前固然有些许遗憾,可毕竟他们知道天亮是不可避免的。

侦缉队的人把人犯活埋以后,又在上面放了些枯枝杂草才离开。当天夜里还出了件事,"三眼鹰"自此不见了踪影,至于他去哪儿了,谁也说不清,反正再也没了下落。

第二十三回

投香饵　拉出来　军统密潜杀手
设迷局　打进去　张剩毙命河边

牛紫龙率部起义后,历任太行军区挺进第九纵队司令员、太行军区民主建国军豫北支队司令员、太行军区九纵二十七旅八十团团长等职,先后在汤阴、鹤壁、崇山、辉县、淇县、嵩县组织了同敌的诸多硬仗。

1947年,经太行军区民主建国军豫北支队政委陈国礼和政治部主任张继同介绍,牛紫龙第二次加入了中国共产党。不久,随陈谢兵团南下开辟豫西根据地,陈赓司令员特令牛紫龙调回汝、宝、鲁、郏一带组建豫陕鄂边第五分区,担任分区副司令一职。

会议一结束,牛紫龙便匆匆赶到后院。

"人呢?"

"走了,走了快有两个小时了!"毛孩一脸为难,吭哧半天才说,"是土改工作队派人派车把他押回去了。"

"快,备马去!"

牛紫龙心一沉,隐隐感到事态的严重性。二伯牛惠师是个旧式文人,重尊严好面子,不碰到实在绕不过去的事,绝不会来找自己的。他自幼折节向学,内心同情贫弱,总在为无权无势的人奔走,这么多年一直追求进步。牛紫龙对二伯的印象,大多还停留在他到月桂镇搞新村运动的时候,记得他常年穿身灰布长衫,戴着新式无框眼镜,一副乐观自信、进取向上的样子。无论碰到什么事总是未开口人先笑,通宵达旦地学了不少经济学、政治学、社会学方面的知识,期望着用不同方法分析中国农村问题,做了无数次努力,花了许多心血,但收效甚微,甚至连一个像样可行的方案也没拿出来,只是那份热情和追求着实令人难忘。

牛紫龙带着毛孩追出三十多里才赶上了押运二伯的牛车,相见后牛紫龙愕然良久才跳下马。

微风吹拂着二伯满头的灰白长发,他宽宽的额头还是那么洁净,只是两眉之间如刀割般刻下了两道皱纹,两眼瞪得很大,原本就显得略高的鼻子此时更加隆起突出,脸色蜡黄,脸庞瘦削,清晰地透视出骨骼的模样。他不断地咬动着嘴唇,显得倔强而清高。他穿着与胡子头发同样灰白的夹衣长衫,心高气傲地仰着头,见牛紫龙赶来,只是透过那略显昏黄的眼镜片望了一眼,并没有说什么。

牛紫龙跳下马,见二伯下身裹着一床花面粗布的棉被,伸手一摸感到他正一阵阵地打寒战。

"哎呀!怎么烧成这样?"牛紫龙拉住二伯瘦骨嶙峋的手,"今天非要他回去吗?"

"对不起呀牛司令。"一个上身穿军装,下身穿着灯笼裤,扎着绑腿,方脸短脖,小眼单眼皮,两眼宽得有点不成比例,斜背着短枪的小伙子,举手在额头上摸索一番帽檐的位置,算是敬了个礼。"俺们跟恁差着两三级,轮不着俺们听恁的。让俺们把牛惠师带回去是联庄工作组的命令,他的错误是赞成土改,反对划成分和扎根串联,倚老卖老,跟工作组唱对台戏,必须押回去批斗,不然群众发动不起来,总不能因为他有病就不开批斗会了吧?"

牛紫龙正要发作,二伯慌忙拉了拉他的手,摇了几下头。

"开批斗会可以,总要有点革命人道主义吧!人都病成这样了,不能不看吧!走,先进城抓几服药,吃完饭再走。"牛紫龙把马缰绳扔给了毛孩,跳上牛车挨着二伯坐了下来。

清风吹过,路边杨柳摇碎了一地残阳。

此时,解放战争已进入反攻阶段,国民党部队纷纷向重点城市和交通线附近集结,河南大部分地区已获得解放,战争正以摧枯拉朽之势向前发展。

通往县城的大路上不时可见喜气洋洋的人群,不远处的村庄也传来阵阵鞭炮声和枪声。这场战争不光让多数农民获得了土地,给人们精神和观念带来的影响同样深刻和令人难忘。在让过一队兴奋得脸发红眼放光的运粮队伍后,二伯摘下那副镜片磨损有些发黄的眼镜,双眼紧闭,自怜道:"记得吗?有首诗曰,形格势变局自流,一样追索别喜忧,轮回六道无一物,满身尘埃何处愁。这就是俺现在的心境。"

"恁可不要多想,恁一向追求真理,向往光明,强国富民更是恁多年的理想,恁应当看到这场伟大的土地改革正是为了救国富民,实现社会的公平正义……"

二伯坐直身子,带上那副眼镜,很认真地对着牛紫龙端详一番,随着牛车的摇晃重重地咳了一阵后,正色道:"俺承认恁们共产党搞土改有一定的合理性、进步性,中山先生也主张平均地权,把平均地权作为民生主义的主要内容。农村农民贫穷的原因,首先应从历史的逻辑中去寻找,摆脱贫穷是革命的夙愿,可任何理想不能脱离实际,中共主张平等不错,但不能把平等搞成平均。政治上、法律上平等俺都赞成,可非要搞物质上平等、人格上不平等就是一个悖论了。指望着把富人消灭了,穷人会自然而然地富起来有可能吗?这么均贫富只能均贫,根本不会有富,消灭富人不光剥夺了他们的自由和生命,还毁灭了他们的生产资料和技能,这都是现实生产力的要素啊。再说,把土地分给农户,土地细化,小农更没有致富的可能,只顾眼前的平等却影响了长远的进步。小农经济农民生产的目的就是希望自己富起来,有朝一日能够成为地主富农,现在贵党通过土改使他们失去了追求的目标,生产积极性一定会受影响。这些虽说是理论推理的前景,俺不便多说,但就眼前情景,俺对这种形式和方法也看不过去。平均地权非要用划分阶级,采取暴力手段、批斗的形式,没收土地再分配的办法吗?"

二伯又咳了一阵,把棉被向上裹了裹,接着道:"这个世界只要有人群之分,就有人群之间的利益之争,解决利益之争有许多方法,不能简单地分成好坏两部分。如果用这种简单的方法分是非,那么就会没完没了地斗下去,咱们国家就会一直动荡难安。"

他向四周看了看,压低声音道:"诉苦的办法太多,发动一些人诉苦,也不管这些苦的成因有多复杂,硬是把自己的苦日子与斗争对象的好日子相比较,不论啥情况一概套上剥削的理论,实际忽略了农民贫困的真正原因。这么多年来农民当牛做马,也确实可怜,可这不是农村地主富农造成的,而是官府造成的,历朝历代的那么多农民起义没几个是因地主收租造成的,反而都是官府。明朝末年,皇上朱家在河南封王占地,占去全省可耕地的一半,无论地主富农还是贫农佃户一样都给皇家打长工。眼下这土改的方法表面看得到多数人的拥护,但伤害的是历史进程。煽动起民粹主义容易,但克服它就难了。"

他摘下眼镜放在嘴上哈了口气,又从袖筒里掏出一块旧手绢擦拭一番,重新戴上,接着道:"共党不是主张平等自由,赞成用民主取代专制吗?不是同意用民主的方法推进文明进步吗?怎么在处理具体问题上用这么武断的方法呢?"

牛紫龙更加担忧起来,他知道现在说什么都没用,二伯的见解不是从哪儿学来的,而是他自己的生活经历感受,能说服他的只有事实,可他能撑得下去吗?二伯已经病得不轻了,一直在打哆嗦,只有那坚毅的眼神透过镜片望着苍茫的大地。

牛紫龙帮他掖了掖被子,附在他耳边说:"天塌下来正好砸着恁了吗?恁能不能不说话?"

"怎么,连话都不让说了?有这么恐怖吗?"

"病好以后再说……"

"佛教缘起说衍生'四谛',其中之一就是灭,提倡回归到涅槃的境界,生者必灭,会者必离,只是俺已经无能为力了。俺的病也好不了了,不会再有说话的机会了。"

牛紫龙一时竟弄不清楚二伯的意思,只是把二伯紧紧地抱在怀里。两人相互审视着,谁也没再说啥。

牛车"吱吱呀呀"地走进了县城大门。

当天傍晚,牛紫龙领着二伯看了中医、西医两个诊所,两个诊所的大夫察看过病情后,都摇头不愿收治,分别包了不少药送出门。二伯和负责押解的区队民兵都坚持要回家,牛紫龙只得再次把他们送出城,眼望着牛车"吱吱呀呀"地消失在一片黑暗中……

刚刚送走二伯,还没赶到分区就听说妻子董秀凤被国民党抓走的消息,牛紫龙感到一阵眩晕,又闻到了血腥的气息。

在此之前,他托人带信要把妻子接到分区来住,隐隐约约感到一种威胁,想到军统不会就此善罢甘休。可此时国民党军队均已收缩到了几个重点城市,怎么会如此准确、千里奔袭把人掳走呢?他又想到妻子的倔强性格,突然两眼一黑栽倒在地上……

命运真是闷棍,他怎么也想不明白,这辈子怎么会碰上这么多决绝和残忍的事。

时局仓促,他与妻子聚少离多,这种天各一方的日子,如同寂寥无声而又没有尽头的黑夜,能侵蚀掉最坚强的爱情,然而妻子却把那份淡淡的情感坚守了下来。牛紫龙无论走到哪里,都可以枕着妻子的思念入眠,而妻子却要多一份提心吊胆,承受比他更多的负担,这种亏欠让他坐立不安。

他笨拙地把她带进自己的世界,一直在寻找一种她喜欢的生活方式,好不容易时局稍有好转,聊补歉疚尚未实现,妻子就横遭劫难,怎不让人肝肠寸断!

妻子说过,他是突然闯入了她的世界,也就点亮一盏油灯的工夫,便又匆匆离去。终身的托付变成了一种念想,孤守着漫漫长夜,品味着重重的哀愁,切切地盼着重逢的那一瞬间,多少年华都在思念中飘逝了。

牛紫龙知道,妻子是这辈子上苍给他的最好的礼物,他不会再有第二次幸运,妻子的恩情是他心底深处的希望,曾经相守的时光也是他生命的动力所在。然而这份珍重出人意料地走到了尽头,由此带来的心疼让他坐立不安,难道他的爱真的成为了对妻子的一种伤害?

牛紫龙精神恍惚了一天,直到第二天才想起来一条追查的线索,二话没说便又匆匆赶往了郏县。

当晚。郏县县城县衙后院。

通报的士兵话还没落音,牛紫龙已经跨进了正堂大门,与刚想起身的张剩碰个正着。

"牛队……不,牛司令,恁吃了冇有?"

牛紫龙扭头望了一下跪在正堂两边的十几个农民打扮的青年人,问:"为什么抓他们?"

"勾结国军,私藏武器,挟私报复,还拒不……"

"让他们自己说。"牛紫龙挥手打断张剩,转身问那些青年。"起来! 恁们说,为什么被抓?"

众青年相互看着,其中一人道:"去年国民党新编十五师败退后,俺跟着他们捡了一筐武器,就是拾粪的箩筐,捡回家后俺就挂在牲口间屋顶下。让张大队长发现了,就把俺兄弟俩抓来了,就恁多事,俺也不知道犯了啥罪。"

"是不是这回事?"

另一青年用力点点头。

"放人!"牛紫龙转身对张剩说,"收缴的枪支弹药呢? 数完打个收条。"

张剩愣怔良久,答应了声,捻亮油灯,趴在桌上画了张收条,又在腰里摸索了一番,掏出一个章盖在了上面。

牛紫龙接过一看,上面画有大大小小的手榴弹三十四个、长枪七支、短枪两支,最下面还画了两个筐。

牛紫龙皱着眉头数了一遍,把纸条递给一个青年,示意警卫把他们送出门。

屋内摇曳着牛紫龙来回踱步的巨大身影,妻子被突然抓走,肯定是对手谋划已久的事,可怎么会没有任何风声呢?

张剩担任新生红色政权的县大队队长是他立功受奖后被提的名,当时陈谢兵团刚刚下山,张剩就找上了门,并且在部队打襄县、郏县中确也立了大功,两次都是事先混入敌方县城弄到了敌人的兵力部署图。特别是攻打郏县的时候,当时守城的是抗战期间中原会战守洛阳的武庭麟新编十五师,能攻善守更会溜。武庭麟率部守郏县一共修了四道工事:城外,先布设三米高、一米五宽的滚筒铁丝网;网外是加宽加深的护城壕,宽约一丈二,深达一丈,壕底插竹签,灌满水;壕沟外又设了丈余宽的鹿寨;同时在城墙底部修了高高低低的机枪眼。

县城驻有一个旅的兵力和新编十五师师部,攻城战斗打响后,部队开始还真吃了不少亏,最终还是采用张剩传出来的地图和建议,集中火力用炮火摧毁了全城大大小小十九口水井,瓦解了守城部队的意志,两天后,再发动总攻,很快拿下了县城。

九纵转移后,张剩作为留守人员被任命为县大队队长,只是他那泼皮劲儿让牛紫龙很不放心。

"恁去把缴获的所有档案都给俺拿来,包括日伪时期的所有文档。"

张剩愣怔片刻,答应道:"那纸堆里能看出个球呀?中,俺这就去找人开门。"说着他犹犹豫豫出了县衙正堂。

张剩走出堂屋,便犹豫着是不是下手把牛紫龙扣起来,看形势不能再放弃这次机会了,那么什么时间下手呢?

抗战胜利后,张剩匆匆赶到开封,本意是想会会在军统豫站行动队时结识的一个相好。说是相好也只是张剩的单相思,那次他被派往开封执行任务,隔壁住着一个少妇,闲来无事看着她进进出出,当晚就失眠了,梦里一会儿哭一会儿笑。跟他睡一头的姚三很是纳闷,认定他得了精神病,还把他的反常表现汇报给了牛紫龙,郑重要求换个人。牛紫龙以为队员执行任务压力太大,出现点反常举动可以理解,也就没当回事。

谁知没过两天,张剩竟在放哨时尾随那少妇出了门。那妇人到井边洗衣服,他磨磨蹭蹭坐在了旁边,反复冲着人家笑,直笑得那少妇脸一会儿红一会儿白,只得掂着棒槌问了句:"这位大哥好面生,新搬来的?"

张剩慌忙点点头。

"来开封做生意还是……"

张剩依旧是不停地点着头。

"全家都搬来了?"

"咦——恁瞅着俺像成家的人么?俺有恁大么?"张剩有种突然掉进冰窟窿的感觉。

"没成家?那一定有对象了吧?"

张剩急忙点点头,心跳得让他有一股蹦起来的冲动。

"你那个她长得可俊?能不能让俺瞧瞧?"

"哎呀——恁咋能猜透俺的心思呢?俺带着她的相片呢!"说着,张剩从口袋里摸了面镜子捂着送到那妇人面前。那妇人低头一看,镜子里竟是自己!又好气又可笑,抬手给了张剩一巴掌,收拾起未洗完的衣服,起身跺两脚说声"想得美",扭着身子走了。

张剩摸着被扇的脸,自言自语道:"哎呀——看来有点意思了,恁温柔!咋不多给几巴掌呀!"

执行完任务,全队撤出开封,张剩再没遇上那妇人。一连几年时间,张剩都没进城的机会,但他坚持认为这一巴掌就是定亲的表示,不然为什么会不偏不斜正打在嘴上呢?意义远了去了!他从小挨打,只有这一巴掌挨得有价值,虽然几年见不上人,灯火阑珊的诗意愈发浓重,那妇人轻盈的身影和甜美的笑容如勾魂般夜夜都会飘进他的梦里,成了他挥之不去的梦中情人。

日本宣布投降不久,张剩自然有了男大当婚的使命感,急如星火地从鲁山赶到了开封,找到了几年前潜伏的住处,转悠彷徨多日也没见到梦中情人,反倒被军统豫站的人给盯上了。

这天半晌,张剩一边搓着脸,一边踱出小旅馆的门楼。他眯起双眼,歪着头看看耀眼的太阳,摸摸口袋里的钱,估摸着得把早饭和午饭合在一起吃。刚刚走下台阶,见七八个上穿黑色短衣下着灯笼裤的打手一哄而上,拧着他的胳膊,将他按倒在地。

"呀嗨——不认识爷爷是谁啦?这大白天竟敢在省城绑票呀!"

那帮打手并不搭话,呼呼喘着粗气干自己的活。

他再次提高嗓门问道:"奶奶的,恁们到底是哪一部分的?也不问问大爷俺的身份,不想活啦?!"

几个黑衣人三下五除二把他捆绑停当,架着掂了起来,痛得张剩"哎哟"直骂。

一黑衣人嘿嘿干笑几声,拱手抱拳道:"老大在上,别怨俺弟兄几个无礼,俺们只是奉命来请恁见见长官,绝无加害恁的意思。"

"恁们长官是信球呀!他咋想出这么个缺德法请俺,恁们知道俺是谁吗?"

"不瞒老大说,俺们已经盯恁好几天了,知道恁是个不好请的主,所以才用这个法子来请。俺的长官也是恁的长官,现任军统豫站刘站长。"

张剩就怕遇上军统的人,知道这帮家伙是黄鼠狼给鸡拜年,不会安啥好心。牛队长送他们离开行动队时,曾经反复告诫他们以后绝不允许再跟军统打交道,结果还是让这帮家伙给盯上了。

不过接下来几天,军统豫站的人也真给足了张剩面子。刘暨不光亲自出面请张剩到第一楼吃饭,饭后还特意安排到剧院看了场豫剧《五丈原》。第二天又跟豫西组的几个人喝了一天花酒,席间张剩还大包大揽填了几张表,领了不少经费和枪支弹药,最后豫西组的人还给他配了两个电讯员和一部电台。张剩激动得合不拢嘴,拍着胸脯表态说:"既然是对俺们牛大哥有好处的事,请俺大哥回来就包在俺身上。回来大哥当少将,俺至少能戴少校的肩章,恁们就给俺提前任命算了!这事就这么定了!"

豫西组的几个人不知从哪儿打听到,张剩来开封是专门寻访初恋情人的,一致赞叹他有情有义,还为没有寻到那人深感痛惜。当晚,趁着他喝得头昏脑涨,很是热情地给他找了一个女子。

那女子从背后看倒也婀娜多姿,穿着丝绒旗袍,晃晃悠悠地走着。正面一瞧,张剩立马酒劲全消,只见她小鼻子小眼睛小嘴巴,悲摧的是,这些安在了如同锅盖般的大脸上,稍微换个角度就看不见鼻子眼了。一团毛茸茸的卷发竖在头顶,据说是当时最时髦的发型——戴顶烫发,整个脸面就呈现出下大上小标准的三角形状。更为严重的是,那女人还摆出一副风情万种的神态,搔首弄姿地朝张剩眨了眨那迷人小眼,撩起一个手帕遮住半边下巴,不断地向张剩挪动着身子。

"哎呀——老天爷呀!"张剩猛地惊出一身冷汗,私下暗忖道,"怪不得三十六计百试不爽的杀手锏是美人计呢,原来人世间还真有能吓死人的狐狸精呀!"

他突然双膝一软跪了下来,抱拳向几个军统干员捣蒜般磕了几个头,哆嗦着行了几个大礼。

"各位弟兄,各位弟兄,恁们可不能下手太狠呀!恁这哪叫美人计,这分明是个狐狸精呀!俺也没那金箍棒,恁们还是自个儿留着使吧,俺只想找一个会烧锅能说话的女人过日子,恁洋的妞俺可捂治不住呀!恁们还是给带走吧!"

说着,张剩竟至哽咽连声,泣泪乞饶起来了。

几个军统干员顿时哄堂大笑。

如此,张剩虽然没见到初恋情人,却把国民党军统少校的委任状领回来了。找到牛紫龙后,突然悟到这事恐怕是队长最忌讳的事,思前想后,一直没敢把那边的事说出来,望一眼牛队长的眼神,他就知道这事无论如何不能再提了。这么一拖就是一年多,在这期间不光原军统豫站的人,包括新被任命的所谓豫西剿匪司令部的赵振山也登门来联系过两次,这说明经营他的关系已经转成了双层领导体制。

最后一次那边来人联系是在半月之前,来的就是曾经当过国民党抗日总队副司令、脚踏过几条船的赵振山。他把张剩约到一家不起眼的小酒馆,那是一家一门一窗的小酒馆,黑乎乎的,大白天还点着油灯。

张剩进门,见赵振山那凸眼钩嘴挤出来一副惨不忍睹的笑样,就像撞见了癞蛤蟆,恶心得差点把昨天的饭吐出来。

"有话快说,有屁快放!"张剩一落座便说。

赵振山用凸眼向周围划拉了一圈,说:"张少校,除掉牛紫龙的事恁可是答应过的……上面主意已定,拉过来拉不过来都不能再等了,现在就要做个了断。"

"咋了断?人家是分区司令,俺现在连面都见不到,啥事也说不成了。"

"嘻嘻,俺有办法让他回来。"

"咦——恁个信球别再吹了,再吹咱县明年没法春耕了。"

"咋啦?"

"牛让恁吹死完了!恁真能让他回来,俺就能让他回心转意。"

赵振山猛然站起身,盘在头顶的长发飘落到了两边,露出疤疤癞癞的光头顶,说:"咱君子一言驷马难追……"

张剩望着他油光发亮的秃顶,心想着用力甩他一巴掌,再照面门上狠狠给他一拳,最好打在他的哨牙上,让他爬着满地找牙。想到此,他不由笑了起来,至于赵振山说了些啥,他一句也没听清。

赵振山很熟练地把散落下来的长发搓成两个小辫扎在了头顶。"这次恁再说不动他,干脆就……"他伸出拇指和食指比划了一个枪毙人的动作,很销魂地向后仰了仰身子,补充道,"恁要是能办成这事,恁就能晋升为少将,牛紫龙的少将军衔就是恁的了。"

"去球吧!俺要办了如此不义之事,下辈子也会落个骂名。劝说牛大哥当官归顺政府俺就已经没法张口了,还想让俺做那种事,看来国民党真快去球了!"

他连饭都没吃,站起来走了。

翌日晨。县衙寅宾馆。

牛紫龙冲着外面喊了一声:"毛孩,备马。"

他转过身对张剩道:"看来恁干这活太吃力,回去俺尽快把老岳给恁派来,恁当队长,他当政委,有事俩人多商量。再一个,以后碰到抓人审人的事,一律交由政府部门去办,县大队的任务是打仗、训练,给大部队补充兵源,配合部队保卫地方,治安的事不要再管了。最后一个是个人问题,不能再胡瞅八瞅了,恁以为给恁配个望远镜是让恁解决终身大事的?找对象首先得分清人家出嫁没出嫁,连这都看不明白那不成了剃头挑子一头热了吗?俺看这事恁也不用瞎忙乎,等老岳到任后,让他跟附近村里妇委会商量商量,让人家想想办法,恁只管在家等着就行了。"

张剩不住地点着头:"中中中,中中中。"

牛紫龙看见张剩穿着一身有些显小的军装,敞着怀,里面啥都没穿,露着黑亮的肚皮,裤腿一条翻挽着,一条膝盖处还破了个洞,圆胖脸上滚动着汗珠,两眼始终注视着地面,像个知错的大孩子,便伸手帮他一粒粒系好上衣衣扣。

牛紫龙突然问道:"县里有个叫赵振山的,恁认识吗?"

张剩低着头装着没听见,背后渐渐渗出不少冷汗。

"解铃还须系铃人,只有找到他才能查到董秀凤的下落,才能……"

张剩几天都没想清楚的事,突然想明白了,吃惊地瞪着眼睛,是他……怪不得这七孙大言不惭地说能让牛紫龙回来呢,原来是他把董秀凤抓走了。

"这种下三滥的事只有军统那帮人能干出来,具体到县里恐怕就是他,上次军统刘暨来县见过几个人,其中就有赵振山。恁帮俺查查,一有消息马上告诉俺,过几天俺再来。"说着牛紫龙跨出门槛,接过毛孩递过来的缰绳,翻身上马,抖开缰绳,那马在原地转了一圈,认准北门,扬蹄朝城门跑去。

"哎,牛司令,恁还没吃饭呢!"

清晨。郏县二十里铺,一军粮转运站。

张剩进门见三四个年轻人围在桌上一张地图前,正在议论着什么,便冲他们喊了一声:"恁们团长呢?"

其中一个二十七八岁的年轻人,穿一身粗布军装,上前两步,打量着张剩问:"请问你是——"

"这是俺们郏县县大队的张大队长。"文书从张剩身后闪出,慌忙介绍道。说着从挎包里摸出了一张介绍信,递了过去。

那年轻的军人扫了一眼,笑道:"你们来保护军粮转运,可现在军粮已经……"

张剩不耐烦地说了一句:"俺们找恁团长有要事商量,其他恁就不要多问了。"说着一把抓下略显小的军帽,扇动了几下。他上身穿件黑色大褂,下身穿件日本式的马裤,戴的却是解放军的帽子,一头大汗,狠狠地瞪了面前的年轻人一眼。

那年轻人上下打量一番张剩,笑道:"你找的团长应当是我吧,我就是团长,姓赵,有什么事?"

张剩愣怔了良久,心想:哎呀,这帮七孙连这毛孩都对付不了,咋在江湖上混呢?他忙把眼前的年轻人拉到一边,压低声音问:"听说昨天晚上有人袭击了咱们的运输队?"

"是呀,打死咱们几个战士,人我们已经抓了,正准备……"

"哎呀——误会误会,抓的那几个人是俺们县大队的,让他们为运输队探路的,谁知这几个不懂事的孩子……"

两天前,参加国民党军统郑州培训班的赵振山尽管挂着豫西剿匪总指挥的头衔,实际手下并没几个人,接到返乡的命令后,没有地方可去,只好又回到了郏县一带。此时形势环境已经大变,别说发展队伍了,就是立足都难,思来想去只得再次拉紧张剩这条线。于是,带上八九个人穿着解放军的军装,从许昌到郏县找张剩联系,敦促他反水,争取搞出点名堂,最好能组织一场暴动。

张剩当然知道国民党大势已去,见这些人找上门来,原本想全部缴械完事,可又害怕这帮人把自己参加国民党军情部门的事抖搂出来,只得虚与应付,答应尽快行动,连饭都没管就将他们送出了县城。

当时天色阴沉,只在西方落日的一边露出一抹红光。赵振山等人出城没走多远,便遇到了一支解放军的运粮小队,见前后左右似乎并没有解放军的队伍,也许他们诚心要拉张剩下水,也许真以为有便宜可占,不管怎样反正要给张剩添些乱子,于是,"乒乒乓乓"一阵乱枪,打死了几个解放军战士,劫持几车粮食掉头朝北赶去。

谁知枪声引来了四周的民兵和解放军,把住了各个路口,反把赵振山等人围在了一片乱坟岗里。入夜之后,聚合的解放军越来越多,四周尽是火把,赵振山等人见突围无望,只得走出坟地举手投降,自报番号为郏县县大队特别行动小队,连称"误会误会",至于为何会造成这番误会,几个人支支吾吾说不出来。

当天晚上,张剩正在县衙前广场看戏,晚饭时还喝了点酒,听说有人找,匆忙挤出戏场,抬头见来人是几位解放军官兵,向他询问一番情况,弄得他一头雾水。

"啥?县大队特别行动小队,唬人吧?!俺咋没听说俺手下还有这么个小队呢?"

"这就怪了,抓那九个人,异口同声都说是县大队的,队长叫张剩,穿着解放军的军装,还有你们开的路条,不知怎的手下咋昏了头了,突然向解放军运粮分队开了枪,打死了几个战士,抢走……"

张剩头"轰"的一声,惊出一身冷汗,顿时酒劲全无。他昨天就隐约感到赵振山那几个人不会被轻易打发走,看来他们是非拉他下水呀!这叫什么?逼上梁山呀!

他支应走那几个解放军官兵,转身回到大队部,懊悔之意让他坐立难安,也促使他突然有种身心俱焚的念头,早知道出来混迟早要还,可不幸偏偏在这个节骨眼上找到自己头上!他又想起牛队长说过的一句话,宁跟好人吃糠咽菜,也不能跟坏人吃宴席,怎么自己就记不住呢?

他在屋里踱来踱去,想不出什么好办法,不去捞人吧,最多到明天晚上这几个人势必把他供出来,届时人就丢大了。去捞人吧,用什么理由呢?打死几个解放军战士,此罪非同小可,找什么理由都搪塞不过去呀!这分明是捅出个窟窿让俺去填嘛!

想到此,他实在压不住心头之火,"噼里啪啦"在队里胡摔乱打一通,直到筋疲力尽,可依然想不出任何主意。他沮丧地跌坐下来,慢慢地环视着这间办公室,屋里除了一张桌子、一张床以外,就剩下被他踢得散了架的两把椅子。人刚明白点事就已经老了,岁月真不经用啊!

绝望让他平静了下来,他走近床边的箱子,翻出最好的衣服穿在了身上,又翻出两张委任状,折了几下,犹豫着分别装到上衣内兜里。他知道今天离开后,恐怕很难回来了,运气好能活下来的话,自己也必须离开这里,至于到哪儿去,他一时半会儿还没想明白,反正是离国共双方越远越好。

"来人!"

"到!"大队文书推门进来,见屋内散落了一地家具残件,"这是——"

"废话!快,套车出城到二十里铺,"张剩没好气地说,"天亮前必须赶到。"

文书盯着张大队长点点头,见他一脸苍白,头上豆大的汗珠直往下滚,急切地问:"出什么事啦？带几个人？"

张剩叹了口气，说："再多人去也没用，咱们是去捞人，不是去抢人，咱俩去就中，能捞就捞，真要捞不出来也只好由它去了。"

至于说事态如何发展，他也懒得想了。

午夜时分，一轮黄黄的月亮孤寂地挂在夜空中，原野里充满了收割后浓浓的麦香。张剩坐在一挂大车的车边，瞪大眼睛望着梦幻般的夜空，那壮阔深沉的美让他留恋起了生命，日子虽然凄苦，可世界却如此多彩，一颗浑浊的泪慢慢地滚落下来。文书斜靠在他腿边，打着阵阵的鼾声。

听张剩这么说，那年轻的团长很认真地端详一番，这不可能是误会！双方交火时相距不过五十米，当时天色还没黑下来，那几个战士都穿着解放军的黄军装，作案的那几个人连一句话都没问，上来就齐射，这边枪还没卸肩，人就毙命了，怎么会是误会呢？从作案手法上看，几个战士都是一枪毙命，他们掠走粮食车后，还能交替掩护着转移，如此娴熟的伏击，要么受过专门的训练，要么就是惯匪。要不是周围大部队及时赶到，没准这几个人真能溜走。被俘后这几个人一口咬定是郏县县大队特别行动小队的，但对解放军实行的"三大民主"、"三大纪律八项注意"以及十六字方针、"四快一慢"战术等一些基本常识都答不出来，怎么会是解放军呢？肯定都是冒牌货。

"你们真是县大队……"

"咦——这能有假！"张剩抹了把头上的汗，顺手从内衣口袋里掏出份委任状递了过去。

那年轻团长转身展开看了一眼，迅速向旁边几个军人使了个眼色，把那份委任状又合起压在了桌上。

"你确认他就是县大队队长吗？"那年轻军人蹚步到文书面前，问。

"千真万确，是俺们军分区开大会任命的……"

文书的话还没说完，只见那年轻军人重重地挥了下手，屋内屋外突然冲上来十几个军人把张剩和文书拧住了。

"不许动！"

"哎哎哎，大水冲了龙王庙，都是弟兄咋动起手了?!"张剩被五花大绑捆作一团，大喊道，"恁们凭啥？"

那年轻军人把委任状展开举到张剩眼前问："你叫啥？"

"张剩。"张剩理直气壮地回答道。

这下轮到那团长糊涂了，他疑惑不解地看看委任状，又仔细打量一番张剩。心想："对呀！这委任状上写的就是张剩，委任为国民革命军少校军衔，还是豫西特派专员，这人咋自己送上门了？"

"呀嗨——你这是演的哪一出呀？你不知道你是干什么的吗？你认字吧？"

"不认字，但俺认人！"

"这明明是国民政府军委会任命你为少校特派员的委任状，你还敢冒充县大队队长，你是见了棺材也不掉泪呀！"

张剩这才想到自己情急之下把委任状掏错了，跺了跺脚说："弄差球了，俺还有张委任状,在这边兜里呢——"

他示意一位解放军战士从右边口袋里掏出豫鄂五分区的委任状。

片刻,他拧着脖子说:"俺认栽了,要杀要剐就在这儿办吧,俺脸都没处搁了,就别叫俺再丢人了。不过说清楚一点,俺收了国民党的委任状可没给他们办啥事。"

他的要求并没有被解放军运粮部队接受,当天下午,张剩等人被押往分区。途中,他突然抬脚踹倒身边的一位解放军战士,大喊着冲向一条恬静的小河,没跑几步便被击毙在了那条他梦中向往的河边。

赵振山等人被押到五分区驻地后,供认了受原军统豫站豫西组的指使绑架牛紫龙妻子董秀凤一事,在将董秀凤押送到开封后,下落不明。

一个月后,赵振山等人在宝丰被正法。

第二十四回

忆世事 念成败 品人生坎坷多艰
蒙冤屈 受磨难 望岁月天高云淡

1949年8月,牛紫龙收到南下命令后,又得到了二伯牛惠师去世的消息,至于怎么死的,来人也支支吾吾说不清。牛紫龙打算回去一趟,可上级一再催促南下,只得匆匆束装上路,悲痛让他的病也加重了。

牛紫龙马不停蹄地南下湖南,一路风餐露宿,日夜摇晃在马背上,正好赶在湖南军区成立湘南剿匪指挥部之际赶到了衡阳。牛紫龙被任命为衡阳军分区副司令,主抓区内剿匪斗争。

他到任后,马上率领划归分区指挥的四野四十六军一六二师四八四团投入了剿匪斗争。

湖南地方土匪与中原一带的土匪有所不同,成员骨干多是抗战结束后从国民党军队退役的中下级军官,此时被国民党重新起用,政治色彩浓厚,在当地多多少少有一定影响,与当地豪强结合,一时间竟有了不小的势力。

湘南地形山高林密,峰回路转,沟壑纵横,有山就有洞,很适合游击作战。湖南与周边省份接壤处线长面广,相互之间联系密切,易跨省活动,有纵横回旋的地理特点。

从湘南的匪情上看,当时已经发现有较大影响的土匪武装十余股,三千余人。牛紫龙根据上级要求,首先开展政治攻势,"标语上山,传单入洞",分化瓦解,使不少匪众放下武器,投诚政府。同时咬定最大的七股土匪穷追猛打,六战六捷,声名鹊起。

1950年仲夏,山彪镇,一临水的阁楼前。

"这电话还没人跑得快,接通了吗?"牛紫龙跑上阁楼,大声问。

"通了,通了。"

他急忙抓过话筒:"俺是牛紫龙……最后这一仗是不是……暂缓三五天就行……"

他话没说完,话筒里就传来了"嘟嘟嘟"的声音,他对着话机愣怔良久,那一头显然有些不耐烦,只简单撂了句:"马上动身,这是命令。"随即把电话挂了。

他看了下表,已是下午四点,估摸着再不动身,明天早上就赶不到了。他让参谋长通知各营长到临时指挥所开个交接会,强调各单位战前必须组织一支精干的小分队,枪声一响,专门负责抓捕土匪头子。只要抓住土匪头子,下面的乌合之众不打自垮,头子抓不住,就会落地生芽,这是由土匪组织的结构特点决定的。

短会结束后,他连饭都没顾上吃,骑马返回衡阳。

翌日上午,衡阳军分区大院。

牛紫龙跳下马找了个水池,用冷水抹了把脸,匆匆走进小会议室,抬头见主席台上并没有留出自己的位置,便找了个前排的座位坐了下来。

会议室里静得出奇,他扭头看了一眼司令部作训、炮兵等单位的几位科长,几个人都像没看见他似的,直直地望着前台。他心想,会议结束马上开个碰头会,留出下午的时间赶回部队……

"现在开会,会议只一个议程,请省军区政治部谭副主任宣布一项决定。"

牛紫龙这才看清,主席台上所有首长都有位置,独独自己没有。"既然知道俺在外打仗,连台上的位置都没留,还非叫俺回来开会干啥?"他心想。

"根据四野政治部干部审查的有关规定,经省军区政治部研究决定,取消牛紫龙预备党员资格,调离现任职务……"

"什么?他说谁呀?"牛紫龙转身问旁边的一位副参谋长,谁知那人竟站起来走了。

牛紫龙这才真切地知道了这项决定就是针对自己的!……取消牛紫龙预备党员资格……怎么连"同志"俩字都省了?!牛紫龙早就是党员了,怎么又取消预备党员资格呢?他脑子乱哄哄的,跳出来一连串的问题,他努力使自己冷静下来,抬头向主席台望去,听到的却是"散会"二字。

主席台上,分区的司令、政委们相互谦让一番,簇拥着谭副主任向会议室门外走去,根本没人向他这边望上一眼。

谭副主任看样子还是那么年轻,牛紫龙记得南下路过长沙时他们还见过一面。不过,那时候他还是一个科长,左手拿着名单,右手依序和每一个南下报到的干部握手。他喊过牛紫龙的名字后,慌忙把那份名单咬在嘴上,双手狠狠地握着牛紫龙的手,兴奋地说:"哎哟,真是你呀,你可是有口皆碑的人物呀!现在湖南正需要你这样的人物。"想来这一幕还不到一年,怎么今天就像不认识似的?

所有人都走了,只有他一人独自呆呆地坐在会议室里,望着一屋的桌椅板凳,感到周围的空气都冷飕飕的。

取消预备党员资格?可自己入党完全是一种追求,并没有把入党的形式看得过重。自己一直虔诚地相信,人应当听从内心良知的指引,从来没有动过打江山坐江山的念头,两次入党都是党组织主动找上门的,自己只是看到国民党对共产党人追杀而不平,才有了勇气加入了党组织。在自己的信念里,自己早已是个党员了,现在却被取消了预备党员资格,难道自己做了哪些对不起组织的事吗?

多少年来，自己在腥风血雨中一路走来，隐隐感到为之奋斗的前景越来越模糊，他努力去想那些给他无数次启迪的概念，真的想不清楚其中确切的含义了。这是怎么了？难道是昨天一夜劳顿出现的幻觉？他不由出了一身虚汗，背上的烙伤透出一股股凉气。

他咳嗽起来，一阵比一阵猛烈，脑子变得一片空白，他试着扶着桌子站起身，却重重地摔倒在了地上……

1950年国庆节，天安门广场鲜花簇拥，红旗招展，人头攒动。

吴志翔站在天安门国庆观礼台上四处瞭望，打听湖南观礼团代表的位置。

他半年多没接到牛紫龙的来信，自己写去的信还有一封被退了回来，奇了怪了，老师再忙也得应一声啊。

他终于找到湖南观礼团的牌子，急忙跑了过去，在人群中，见到一个跟自己年龄相仿的军人，便跑近前指指自己胸前的观礼牌，问："哎——伙计……对不起，同志，同志，恁是哪部分的？"

"四野四十六军的。"

"哎哟嘿，太巧了！打听个人，俺老师，南下到衡阳军分区任副司令，叫牛紫龙，恁听说过吧？"

"听说过这么个人，省军区的，干审没过，被清除出党调离原岗位了。"

"啥？清除出党？瞎球扯吧？！"

"军中无戏言，这还能假？据说是因为他历史复杂，公开讲是取消党员资格，其实就是清除出党。咋的，他是你老师？"

"噢——恁那儿领导一定信球了，连牛老师都取消党员资格，恁那儿还能有党员吗？"

"呀哈——这位同志可不能这么说，你是哪部分的？这是组织定的事，组织还会有错？"

吴志翔经他这么一反问，似乎也感到自己的想法危险了起来，组织不就是党吗？党那么英明，不可能犯错误呀！

他回忆起1946年在延安受毛主席、朱总司令接见的情景，吴志翔被安排到了第一排，毛主席专门讲了革命大家庭的团结和干部是革命宝贵财富的问题，虽然主席讲的湖南话他听不太真切，但握手时主席那厚重温暖的感觉还是让他几个晚上没睡好。

是呀，党组织不可能犯错呀！不过，反过来想，牛老师那才是真真正正的共产党呀，头次入党是在白色恐怖最浓重的时候，别人都避之唯恐不及，他偏偏站到了党员队伍里；以后又在国共两党力量悬殊的情况下，在全国第一个起义，参加解放军，咋能说取消党员资格就取消呢？难道这里面有人捣鬼？这才胜利几天，咋就学会内部恶斗了？

吴志翔用手指指胸前河北省观礼团的标志，用同样的眼神回敬了那人一眼。在整个广场排山倒海般的"万岁"声中，转身向自己的座位走去。

过了大半年，吴志翔终于收到了牛紫龙的来信，大意是说自己已经转业到地方工作，任湖南湘潭专区副专员，工作学习一切尚好。并再三嘱咐吴志翔一定要学会"做人"，"记住该记住的，忘掉该忘掉的，改变能办到的，接受办不到的"，千万要弄明白"有些事情非个人可以控制，只能控制好自己"。

吴志翔拿到信后,对其中欲言又止的意思揣摩了好几天,这才弄明白老师是怕自己捅出啥篓子,提醒自己夹着尾巴做人,也是一番好意。他展开纸回信写了一个字"中",想想又在信纸的右下角写了一句话:"他们这样对待恁,俺心痛得慌。"

自此以后,吴志翔还真改了不少,一连几年变得越来越谨小慎微。说也巧,新中国建立初期抗美援朝,镇反、三反五反,一直到1955年批胡风,接二连三的运动都没涉及军队,这让吴志翔省了不少心。

紧接着在批胡风集团以后,全国开展了"肃反"运动,不动声色地波及了所有机关、学校、团体、军队、企业等单位。

1956年初夏某日,河北某地军营。

军营三面环山,一排排平房高低错落地分别掩映在山冈之间,中间是一大片开阔地,辟成训练场。

一辆吉普车从山道驰来,停在了训练场边缘。吴志翔跳下吉普车,大步向训练场走去。

训练场上喊声震天,部队正在进行刺杀训练,一排排整齐划一的士兵队伍,一连串有秩序有节奏的动作,每到突刺动作前总要奋力大喊一声:"杀!"

"这帮小子倒挺会玩花架子。"吴志翔边走边想。

"立正!"六连连长杨书明喊停了操场上的练兵队伍,立正,转身,提拳,挺着很标准的跑步姿势来到吴志翔面前。

"报告首长,二营正在进行刺杀训练,六连连长杨书明报告,请指示!"

吴志翔还过礼,大步朝队列前走去。

"恁们这么练刺杀可不行啊,刺杀训练要以单兵教练为主,不要整天比划那木头玩意儿,还是用真枪练习好呀。俗话说,炮兵站操场,步兵爬山冈,双方交战不可能选这么平整的场地让恁们拼刺刀,这个科目要多拉到河滩上、山冈上训练,学会利用地形地物,这是刺杀科目的基本功,明白没有?"

"明白!"众士兵异口同声大声喊了一句。

吴志翔顺手从队列中一个士兵手里接过一把步骑枪,"哗啦"拉开了枪栓,察看一番枪膛和弹匣,嘟囔道:"哎呀,苏联老大哥的武器傻大笨粗,还真没日本人的三八大盖好使,顶多跟咱们的汉阳造一球样。"他自顾笑了笑,环视一番周围,大声道,"这玩意确实笨了点,但挺结实,拼刺刀还行,射击可要掌握好要领,后坐力大,弄不好就会出事故。俺看,下次实弹射击前先让每人打两枪,不算成绩,然后再正式进行实弹射击,好不好?"

"好!"众多士兵兴奋地大喊一声。

六连长杨书明趁机转身大声喊道:"请首长教咱们两招好不好呀?"

众士兵齐声大喊:"好!"

吴志翔笑笑,说:"俺能活到今天就那么几招,给恁们讲得差不多了,也好,今天就讲讲拼刺刀吧。过去咱们军队跟日本人打仗的时候,两三人围着一个日本人拼刺刀还不一定能撂倒人家,知道为什么吗?"

队伍里你看我,我看你,都摇摇头。

"恁们说拼刺刀取胜要靠什么?"

"革命的英雄主义!"众人高声回答道。

"哎呀!这就瞎扯得太远了,上战场就已经革命英雄主义了,不能再英雄一回,拼刺刀赢不了人家能说没革命英雄主义?!拼刺刀是你死我活的决斗,一定要有置之死地而后生的决心,不是他死就是你亡,这时候最需要什么?"

众士兵回答道:"勇气!"

"错了,又错了!最需要的是恁们的机灵劲,胆大是其一,重要的还是心细。眼睛要紧紧地盯着对手的眼睛,用刀子捅人眼神一定有表示,往哪儿刺眼里都会显露出来,这时候比的是沉毅,沉毅才能勇猛,先扰乱对方的神经。"

说着,他不停地用枪托在自己的胯骨上拍打出"哗啦啦"的响声。

"首先制造出枪的假象,找到对手的漏洞,暴露他的软肋后你再出枪,力求首刺必中,也可以用肢体语言迷惑对手;其次有强壮的体魄,拼刺刀是高强度对抗,突刺、防守、劈杀要刚劲有力,不用气力是杀不死对手的;最后是利用地形地物,记住,无论什么地形,只要占领制高点,恁就赢了一半,拼刺刀尤其如此,站住有利地势恁就省劲多了。接下来是勇猛,老虎讲究猛三扑,扑不住就给了对手反攻之机,听明白了吗?"

"明白!"

"拼刺刀的招数就那么几下子,运用之妙存乎于心,千万不能把这几下子当程序,没完没了地在那儿比划,真要比划习惯了还不好改呢!"他顿了顿,又道,"怎么样?拉到河滩、山冈上去训练好吗?"

"好!"

吴志翔摆了摆手,望着各连集合队伍跑步离开了操场,他转身喊住六连长杨书明:"人都弄啥去啦?各连的干部怎么来这么少?训练都不想参加,以后打仗咋弄呀!"

"报告,根据团政治部通知,各连除留下两名连排干部外,一律到团部参加学习,不得请假。"

"嗯?这事怎么没人跟俺说。"吴志翔心想,接着问:"学习啥?这训练不是学习打仗本事吗?几天了?年初都把训练大纲发下来了,怎么不按工作计划走?"

六连长杨书明挺胸答道:"报告,已经四天了……"

下面的问题如何回答他突然犹豫了起来,涨红着脸,双眼在吴志翔脚前绕了几圈,还是没吐出一个字。

吴志翔转眼向六连长身后望去,部队排着整齐的步伐向远方跑去,身影渐渐笼罩在了荡起的尘埃之中。

他心里一阵烦躁,挥手示意让六连长也去追赶部队,自己则环顾着刚才还热火朝天,突然变得一片孤寂的训练场。他悻悻地沿着操场走了几圈,一种不祥的预感悄悄地袭了上来,可他实在想不起来自己有什么错,怎么会有这种感觉呢?

去年年底,团里调整班子,新中国建立前就与自己搭档的团政委调走了,吴志翔知道自己是起义过来的,成分不好,本也没想再有啥进步,但仍然有种空落落的感觉。

老政委临走前一天晚上,吴志翔让警卫员到县城买了几个猪脚,用两人的茶缸煮了一下午,又打了半斤老白干给老搭档送行。

那天,就在吴志翔的宿舍,两人搬来张小方桌和两个炮弹箱,面对面坐着,说了些依依不舍的话。酒酣耳热之际,吴志翔突然有种想离开部队的念头,不禁伤感道:"哎嘿,老伙计,恁这一走俺咋就觉得这背后冷飕飕的,有种摸不着组织的感觉。"

老政委是学生出身,参加革命后一直做干部工作,1947年被派到高树勋部特务团任政委,跟吴志翔磨合了一年半才摸准了他的牛脾气。自此以后,俩人配合得天衣无缝,每天早晚都要在一起唠叨几句,当然是老政委提醒吴志翔的次数多。尽管吴志翔每次都会抓耳挠腮一番,但不知不觉也确实发生了很大变化。

老政委笑笑,问:"啥感觉?"

"就像突然没人管了,俺是被人管惯了,这猛然没人管,还真不适应,只觉得头顶蓝天,脚脖梗飘起云彩了。恁要天天不数落俺几句,俺还真是寂寞难耐呀!"

老政委苦笑一番,道:"俺不放心的就是这一点,没人敲打你,你就由着性子来,没有害人之念,也没有防人之心,这就危险了。咱们关起门说,只要有人群,就会有江湖,只要有江湖就会有恩怨,人心隔肚皮,虎心隔毛衣,凡事不能不小心哪……俺再三推托不愿意调走,可上面不答应,得,那就去吧。不过,这两年俺看你有变化,俺也跟你跑不动了。"

"去球吧,恁还是想法把俺也弄走吧,像俺这投诚出身的早晚有一天得卷铺盖滚蛋。恁一定得帮俺瞅个机会,让俺回老家算了。"

老政委叹口气,两眼直直地望着一茶缸肉,没吭。

"听说新来的是个年轻人,还是从大机关下来的,会耍这个,跟过大官当过秘书。"吴志翔比划了个握笔的手势摇了摇。

老政委点点头,正色道:"俺正要说这事。人家来了你一定要配合好,说话千万要注意,办事一定要商量,早晚主动给人家多汇报汇报。这团长政委虽说是平级,不分大小,各司其职,可总有一个被信任的问题,上级信任谁,谁就是一把手,谁就说了算,这一点你千万要记住。"

吴志翔咂口酒,叹道:"人改其常,不病亦亡。俺知道,说白了就是谁上面有人,谁就说了算,让他说了算不就行了。"

吴志翔望着老政委一副欲言又止的样子,只觉好笑,问:"听说他很有两下子,很会进步,很会调干部。"

老政委忧心忡忡地挑起眼,很认真地审视着吴志翔,故意责怪道:"不许胡说,这是人家的长处,你……防着点就是了,他是大机关下来的,听说政治性很强,能说会道,表现积极,你千万不要……唉,人品与职务、能力和供职单位其实没什么关系。"

老政委吞吞吐吐,说了一半就打住了,片刻,两人不约而同地端起酒碗重重地碰了一下。

那天晚上两人都喝得有些多,最后抱在一起竟像小孩一般哭了起来。

新来的政委姓魏,不足四十岁,个头不高,身体偏瘦,长发红脸浓眉,面目清秀,就是颧骨略高,眼神阴鸷,不论见谁早早就眯缝起眼,摆出一副笑的样子,让谁都看不清他究竟是啥眼神。鼻子细长略微左偏,嘴角始终有两条向上的纹路,给人一副哭笑莫名的印象。不过,新政委举止说话很有教养,老成稳重。

当然,政委到任之前就已经先声夺人了,他给某某大领导当过秘书的小道消息,更给这位新上任的政委增添了不少神秘色彩。某某大领导又是某某更大领导的老部下,某某更大领导又连着……说出来都能让你吓一跳,这预示着新政委的来头的确非同一般。

第一次打交道是欢迎会后,魏政委主动上门到吴志翔的办公室,进门就说:

"我初来乍到,两眼一片黑,跟谁都不熟,啥情况都不了解。老人家说没有调查就没有发言权,我的任务是先搞调查研究,队伍里的事还是按你和老政委定的计划办,我主要是了解情况,跟大伙多聊聊,你正常行使团长权力就行。"

吴志翔一听,说得在理,就把年初上级下达的工作部署、团里定的工作方案、去年工作总结、今年的训练大纲以及团、营、连干部花名册等一应资料找齐递给了新政委。

临出门,新来的政委还是笑眯眯地说:"你可是老资格的团长,听说还有不少传奇的故事,今后还请多关照哟!"

果真,这位新上任的政委作风和工作方法就是不一样,谈心、家访、生活会、座谈会、学习会、实事求是精神报告会,大会套小会,小会加交心,从团领导到各连各排的干部他轮着谈了几回。有些吴志翔只记得那人的小名,人家魏政委就能说清那人结没结婚;吴志翔能叫出姓名的一些老兵,魏政委能说出他家分几亩地,有没有孩子。

"哎嘿——搞政治工作的就是不一样。"吴志翔看到魏政委事无巨细,一个人一个人、一件事一件事都记在随身带的小本本上,有事没事都掏出来琢磨一番,总觉得类似这样的工作,似乎不应该在部队,倒是调到有关部门挺适合。当然,这只是他想想而已,并没给谁说过。

半年多来,团长、政委各司其职,却也相安无事。只是近段时间政委那边一连开了两三次学习会、形势报告会,把军政干部都集中去了,连个招呼都不打,搞得神神叨叨,这让吴志翔摸不到大小头了。

这天,吴志翔从训练场回到团部,实在忍不住了,趁着吃晚饭的机会,见魏政委也在用餐,便用筷子串上两个馍,端着菜碟来到魏政委对面,拉了张板凳坐了下来。

"哎嘿——魏政委,这几天怎弄啥呢?把全团的军政干部都集中起来,神神叨叨的,学习啥呢?"

"噢,我正想通知你呢,明天上午开团党委扩大会,请你参加,前几天只是预备会。"

吴志翔望着搭档笑眯眯的脸,苦于找不着他眸子里的表情,便又问了一句:"啥议程?准备解决啥事?"

"明天开会你就知道了,七点五十准时到场呀!"

吴志翔在那张笑脸上瞅了良久,也没猜出所以然来,咬了一口馍站起身回到了自己原来的座位上。

第二天,团党委扩大会在部队驻地附近临时租用的一所学校的大教室里召开。吴志翔进门一看,各连的连长、指导员都来了,这可是从来没有过的事,团党委扩大会咋就扩大到连一级了呢?他正想发火问个究竟,只听得身后传来一声冰冷的声调说:"现在开会!"

吴志翔转身见魏政委一脸冰霜,两眼也没了笑意,露出白多黑少的阴森神色,不住地扫着台下。

吴志翔强压下心头的火,勉强坐了下来。

"根据中央肃反工作的要求,今天开党委扩大会议,按照中央《关于开展肃清暗藏的反革命分子的指示》的要求,今天开会就是要把'百分之五左右暗藏的反革命分子和坏分子'揪出来,不达到这个规模就不能说我们卓有成效地开展了肃反斗争。现在宣布经团党委研究决定的'肃反'工作五人领导小组组成人员名单,龚副政委、沈副团长、政治部刘主任、孙参谋长和我……"

"哎——这团党委啥时候研究过这五人小组?这个指示怎么没给俺传达?"吴志翔实在忍不住了,打断政委的话问了一句。

对吴志翔的问话,魏政委假装没听见,像没事人一样,继续讲道:"现在请五人小组到主席台就座,请吴团长配合一下,暂时坐下面吧!"

吴志翔顿时十分恼火,抬头望见台下众多羞与为伍的眼光,一时倒拿不定主意,显然这已不是他和政委之间的事,如若两人在台上顶上了牛,贯彻中央文件就成了问题。

他不愿意被这么多老战友视为异类,自讨没趣,只得重重地叹了口气,走下了主席台。

接下来的会议马上演变成了斗争会,发言都是事先安排好的,矛头所向就是吴志翔和一个姓宋的副参谋长,及团部司政后各部门每个部门一个人,都是跟随吴志翔起义过来的人。

会议揭发批判的调子越来越高,气氛越来越紧张,帽子也是越来越大。第四个发言的是位营教导员,显然有些过分了,把批判对象定性为"历史反革命分子"。

"哎嘿,这小子倒挺会发动群众整人。"吴志翔此时反倒心境淡然,知道自己在劫难逃,对于台上前几位吞吞吐吐的发言,他知道多是出于自保,是受人指使进入组织"指派的角色",或许也想千方百计地表现自己,把整人作为晋升的资本;或是也包括对自身处境的不满,转化成了摧残害人的动力,借以补偿心中的不平。

再看看新来的魏政委,他无疑对自己所拥有的某种组织的资源和信任运用娴熟,说话办事恰到好处。他似乎并没有对这场批判定下框框,文件是上面下的,揭发是大家开展的,五人小组也没人从中定调,这些的确是他那个年龄段的人所望尘莫及的,真才也堪济其谋,设立十面埋伏,真可谓滴水不漏。他这一套是从哪儿学的呢?

吴志翔摇摇头,站起身朝那个发言的营教导员摆摆手,说:"好了,好了,扯球太远了!俺要是历史反革命,毛主席、朱总司令还接见过俺,给俺的历史划过句号,是恁说了算,还是毛主席、朱总司令说了算?"

吴志翔话音未落,会场一片哄乱,坐在主席台上的几个人也慌了手脚,相互之间窃窃私语,一时竟没了主意。

吴志翔转身对着教室内众多部下,点点手指头,大声道:"俺还以为恁们整天学习能长本事呢,原来就学这些落井下石、背后拍砖整人的玩意儿,早晚有一天恁们就把人心整球散、家业整球垮了。"

他转身对着主席台,接着道:"既然上级文件要求一定要揪出百分之五,恁们也谋划多时了,把俺划进去俺也认了,俺个儿大,一个人顶百分之五就行了,丢车保马,其他人就别勉强往里塞了。至于整哪些材料,魏政委是行家里手,看着办就行,整几条现行,别翻老账,日本人的监狱、国民党的监狱俺都坐过,俺的老账都在那儿,想整就到他们那儿查查就清楚了,还用恁们在这儿挖空心思整?!走,让警卫班把俺的枪缴了。"

说完他缓慢地扫视了一圈,整个教室静得出奇,众人愕然地望着他,有些人连大气都不敢出。他知道他此时的样子一定很吓人,便努力挤出一些苦笑,扭头向门外走去。临出门他再次转过身,指着魏政委大声道:"别把单位弄得太先进了,惹毛俺谁进百分之五还说不定呢!"

吴志翔昂头远去,教室里所有人沉默了。

良久,魏政委才宣布:"下面的发言就按现行反革命性质讲吧。"

1964年初夏某日,湖南省湘潭地区某驻军营地外。

远山秀丽,湘江滔滔,大地升腾着雾障,缭绕在山山水水之间,轻轻地抚掩着辽阔的江山,一直奔涌到苍茫的天际。

牛紫龙望着不远处的山顶,差几十步就能登上山顶了,怎么就上不去了?一阵气促引起的头晕,让他不得不停下脚步。

山风拂过,四周啸啸之声时急时缓。他转身望去,阳光穿过重重叠叠的云块,在大地山峦之间铺下斑斑斓斓的图案,映照着一望无际的青山绿水和金黄色的稻田。

"不能停在这儿。"他提醒自己,如同他上学时无数次参加童子军比赛,只有坚持才能看到不同的风光。他向山巅望去,见山顶有几株竞生的老树,枝干遒劲,恣意纵横,傲视着天地的冷暖。他真有了些老树的感受,虽然惨淡,毕竟有过峥嵘。

年轻时总以为自己就是潮流,浪潮所向淘尽风流,待到被摔打得遍体鳞伤,才知道自己不过是一粒大浪淘尽的沙子,在历史的长河中随波逐流。时光恍惚而过,人还没成熟似乎已经老去,生命真不经用。待到看清眼前的一切,身心已被冲到了一个陌生的角落,时间磨砺,岁月侵蚀,爱过痛过,错过失过,回首时已被时代裹挟这么久,也许离梦越来越远,最后沉寂的只剩下了自己。

他目测一下山顶的距离,最多也就几十米远,怎么就一口气上不去了呢?他深吸一口气,弯下身,用几根稻草把裤腿扎起来,刚做一半,又引来一阵咳嗽,咳出几口暗红的痰来。他不禁心想,难道真有病了?

从衡阳转业到湘潭地方工作后,接二连三的运动他都是首选的审查对象,渐渐地,地方工作也不让干了,干脆调到政协去专职学习改造。好在只是受到排斥,暂时还没有被列入批判斗争对象的范围。

他曾经为党籍问题向组织反映过自己的要求,湖南军区答复是二野转来的材料不符合审干要求。

不久前,牛紫龙利用进京开会的机会,找到了原二野首长陈毅,把自己被取消党员资格的事原原本本汇报了一番,陈老总脸一沉,瞪着眼说:"哪个说你不是党员,让他们来问我好喽!"

有了陈老总这句话他宽心不少,至于组织是否承认他是党员真的无能为力了。

他奋力向山巅攀去,刚走十几步就又气短起来,汗水从头上背上滚滚而下。

"呦——儿,呦——儿!"他突然听到母亲喊自己的名字,慌忙反身向山下望去,见山间弯曲盘绕的道路上,一前一后走着一对老夫妻,慢悠悠地转过山峦,一头水牛悠闲自得地跟在他们身后,刚才显然是他们在喊那头散漫的老牛。牛紫龙陷入了一种时空错乱的幻觉之中,突然弄不明白自己身在何方。他紧紧地盯着那对渐行渐远的老夫妻,努力寻找错乱中的幻影,一种无法割舍的乡愁和愧疚又涌上了心头。

他仿佛看见母亲和妻子站在月桂镇寨门外送自己的容颜,母亲被晨风吹起一头灰白的长发,妻子两眼含泪;他也仿佛看见二伯牛惠师坐在牛车上瑟瑟发抖,两眼盯着自己的情景;又仿佛看到父亲蹲在地上回头望着自己;再次看到三叔被血污的长发遮住半边脸吃惊地面对自己的一幕……亲人交替从眼前掠过,又迅速隐没进了无限江山的苍茫之中,随着呼啸的山风一次次撞击着他的心扉,又一次次深陷于无尽的思绪中,思念化作一阵心痛,搅出满眼的泪花,模糊了眼前的山山水水。

他缓慢地向山巅攀爬,听着自己大口地喘着粗气,人生本来就是一条攀援登高的小路,无法登高难道……他一直在想,这怎么行?连这样的山头都爬不上去,难道真的没用了吗?打仗取胜的窍门首先就是占领制高点,占领制高点无论胜负起码这一仗可以不吃亏,可如今自己竟连这么个山头也爬不上去……

他望着山巅,忽又疑惑起来,爬上去看什么呢?他气喘吁吁地再次坐了下来,回头望着一路盘绕而上的小道,庆幸自己居然已经上到了如此的高度,并且来路是那么清晰、那么险峻,尽管挫折不断,不同样可以看到无边的翠绿吗?如同人经历劫难,千辛万苦,不就是为了感受刻骨铭心的大爱和亮丽的心境吗?能活到知天命的年龄,也是上苍的厚爱,那么多人先已而去,每每忆起都有一股荡气回肠的豪气,自己仍能耐着性子活到今天,这难道不是个幸运吗?!

牛紫龙急上两步,用手抚摸着一棵老树,辨别出向北的方向,那里有一抹浓浓的雾帐,如同无法割舍的情结,让人魂牵梦绕。他下意识地把手伸进口袋去摸罗盘,却摸出了父亲、母亲遗留下的玉石嘴烟锅。哆哆嗦嗦捧在手里,端详一会儿,又轻轻地把它咬在嘴里。抬头北望,在重峦叠嶂中,呼啸涌动着磅礴的风云。

良久,他慢慢地张开口,那玉石嘴烟锅飞快地滚落下山崖……

他带着无尽的求索走到了生命的尽头。

1964年夏,牛紫龙在慰问当地驻军时发现自己患上了肺癌,同年9月逝世,那一年他刚刚六十岁。

1983年春,吴村吴志翔家小院。

吴志翔听见堂屋里传来一阵窃窃的笑声,一个不熟悉的女人声音笑着道:"俺爹早就说大伯好人一定会有好报,听公社的干部说大伯这次平反,恢复了党籍,还要按正科级职务发工资呢。"

"只说是恢复原来的……"女儿悄声答道。

吴志翔重重地咳了一声,堂屋的声音戛然而止。他穿着衣服,听见外面"吱"的一声门响,传来家人送客出门的声音。一阵谦让之后,似乎是客人出了门。

他颤颤巍巍掀起东屋卧室与堂屋之间的布帘,看到堂屋桌上放着一篮子瓜果蔬菜,最上边的是一条厚厚的五花肉,篮子旁边还有用麻绳捆扎的一束油条,足有三四十根。

吴志翔家正房是并排三间坐北朝南的青砖瓦房,正房两边是平顶厢房,厢房前面一边是牲口棚,一边是杂物间,围墙有齐人高,是砖垛土垒的厚墙,上面还放着干刺槐枝。正门是用青砖砌成的门楼。吴志翔住在正房东屋,屋内除了一个旧式两扇门的笨重柜子外,就是一张摇摇晃晃的木床。堂屋正对着门的墙上贴着毛主席和朱德的合影照,画面上二人似乎在讨论着什么,两边是那位伟人的著名诗句:"为有牺牲多壮志,敢教日月换新天。"画像下放着一个方桌,桌两边各放一个条凳,客人送的礼物十分显眼地摆放在桌上。

"刚才是谁呀?"吴志翔坐下身时感到身后有人进屋,便随口问了句。

"她说她爹叫颜学林,听说恁平反了,专门让她来家看看,走几十里路,掂来这些东西,恁在里屋咳了一声,她就慌忙走了。"女儿答道。

"噢。"吴志翔一愣,说,"改天也买些东西把人情还回去。"

女儿应了声,提着篮子出了屋,身影闪过门口铺下一块刺眼的阳光,阳光里萦绕着烟雾般的微尘……

显然,吴志翔当初低估了"现行反革命"这项帽子的分量,总想着自己革命恁多年了,咋就能戴上个反革命帽子呢?谁知愣是生生地给戴上了。

之后,便开始了没完没了的审讯、交代、批斗、检讨、殴打、抄家、坦白、录口供,再批斗,上纲上线,最后是审判、定罪。经过了整整半年的折腾,最终落实的"罪行"就那么一条——反对苏联老大哥。根据是现行的言论,"攻击苏联老大哥的武器是傻大笨粗",再加上态度恶劣,拒不认罪,判二十年徒刑。

判决下来后,吴志翔刚刚庆幸捡了条命,又马上后悔起来,后来的经历证明他真的是高兴得太早了。自从他入狱,历次运动总要把他拿出来"典型"一番,他成了"活靶子",住牛棚、挨批斗、挂牌子、陪刑场,挨打受气成了家常便饭,无论是机关、学校,还是工厂、医院,只要进行形势教育、时事报告,或是学习班、讨论会之类的活动,都把他"借"来陪斗,以证明"阶级敌人人还在心不死",特别是1966年"文革"开始后,一般的批斗已经不过瘾了,戴高帽子、坐飞机,乃至拳脚相加、棍棒齐下,这些他都经历过。他也知道,打得狠,是人民群众阶级斗争觉悟高的表现;打得准,是人们学习掌握运用阶级斗争理论水平高的标志。一时间捆人用细绳,打人用钢管外套橡胶皮,把人打得内出血外面还看不出来。

每次拉去批斗,总是先猛地把他提上台面,摁头,再猛地揪着头发扳起脸亮亮相,这时就必须做出龇牙咧嘴的丑态,越丑陋越好,不然革命群众定会再来一次。

当然,上台批判发言的人不论给你戴什么帽子都毋须回答,自然会有台下群众山呼般的应答,等着你的都是"敌人不投降就让他灭亡"、"踏上一只脚让他永世不得翻身"之类的怒吼。

陪斗一般不需要被斗对象的姓名,只在每个人脸上写个字就行。多数情况都会写上牛、鬼、蛇、神、地、富、反、坏、右之类的字,其实每人脸上写的字并不代表他的真实身份,吴志翔发现这个规律后,回回都巧妙地挤到被批判行列的第四位,额头脸上自然便写下个"神"字,神能得罪谁呀?这样既可以省去许多解释,也能少挨许多棍棒。不过有一种情况吴志翔不去争那个"神"字,只要挨斗的队列里有女人,吴志翔总要想办法把那女人挤到"神"的位置,他知道,凡是台上有女人时,"革命群众"的兴奋点大多会在女人身上,自己的处境会略微改善,"革命群众"大批判热情越高涨,就越能花样翻新,出不少创意折腾女人,这让吴志翔有些气愤不过,可又没法出手,只能力所能及地帮助她们。

一次,不知什么单位,把吴志翔拉去陪斗,谁知上台一看就他一个人,原定的批判对象都被两派群众解救走了,各保三个人。吴志翔一想不妙,没等主持人宣布押上台来,便自觉飞快地跑到台子一角,低头,然后猛地仰起亮相——龇牙咧嘴,再低头——再仰起……如是再三,倒也减少了群众不少麻烦。可毕竟台上就他一个人,台下两派不知咋的言语不和,纷纷冲上台来比着看谁下手狠,打得吴志翔实在忍不住了,一恼,在几千人的大会上,突然把高帽和挂的牌子摔到台下,振臂高呼:"毛主席语录——同志们好!"

台上台下的人一时都犯了愣,片刻后冲上来几个打手,厉声问道:

"毛主席在哪儿说的？你怎么知道的？"

"毛主席语录本里有没有？"

吴志翔穿一身补丁纵横色彩各异的黄色旧军装，光头驼背，黑瘦黑瘦，一脸深似沟壑般的皱纹，只有那双眼睛还有点活泛的神色。见上来的几个人又要动手，他挥动双手大喊道："朱总司令语录——"

台上台下再次安静了下来。

"我也是旧军阀部队过来的，早革命晚革命只要革命就是好同志！"

"咦——朱总司令在哪儿说的？跟谁说的？"一个主持会议的人跳起来大声问道。

"跟俺说的！说俺是好同志！"

结果，台下两派群众争论开了，一派群众高喊："造谣可耻，信谣可悲！"一派群众喊道："要相信群众相信党。"接着展开了大辩论。监狱来的几个押送人员见势不妙，急忙押着吴志翔匆匆回到了监狱。

20世纪60年代开始，中苏关系急剧恶化，苏联反而成了中国最大的威胁。

如此一来，吴志翔似乎又看到了活下去的希望，曾经为摘掉"现行反革命"的帽子很是思考了一番。按理说，因反苏打成"现行反革命"的犯罪事实已经不存在了，即便退后一万步，也构不成"反革命"了，更不存在现行了。无论从哪个角度讲，再戴"反革命"的帽子如同马鞍子套牛背上一样，显然不合适了。

可是，吴志翔设身处地再一想，当年领导五人小组定他"现行反革命"的魏政委，如今是他监狱所在地区的革委会主任兼军分区政委，想摘自己的帽子自然要过他那一关，这又成了一个路线问题了。经过这么多年，他才看清楚，肃反的目的就是要抓捕百分之五的人，至于这些人反不反革命，其实没太大关系，要的是阶级斗争越来越激烈的效果。现在那魏政委又紧跟上了，这件事自然上升到了谁对谁错的高度。

吴志翔左思右想，决定比照右派摘帽的做法，提出摘帽的要求，摘帽不同于平反，平反说明搞错了，摘帽就不同了，现行反苏与革命不革命没关系，摘掉"反革命分子"帽子的要求不过分吧？！

吴志翔一个月之内连着写了三份申诉材料要求摘帽，信发出后如同石沉大海，两个月内没任何动静。他也由希望变得忐忑不安，时间一久又渐渐地淡忘了。

1968年5月以后，全国开展了"清理阶级队伍"运动，这次运动针对的重点是在文化革命运动中"混进党内的阶级异己分子、反革命分子、右派分子、变节分子"等，查清各色人等的真实身份便成了"清理"的重点。于是，全国各地各单位的专案组集中进行外调活动，把所有可疑人员的老底翻了一遍。

吴志翔一连接待了几拨专案组，几乎包括了他不同时期认识的人，在回答他们问题的同时也了解了不少老人的下落和处境。

老军统行动队的人大多都去世了，只有姚三活了下来。抗战结束后，姚三所在的民团组织又合编进了国民党的正规军，他还当上了连长。解放战争期间，随军一路南逃到了四川，实在没处跑了，就地投降，也算是起义投诚人员。以后被遣散回家务农，每次运动都要拎出来审查批斗一番，但也平安活了下来。

最让他惊异的是颜氏兄弟，老大颜学礼新中国建立前参加工作，以后被分配到东北一所大学教书,"文革"中被查出家庭成分不对头,被重新定性为"漏网地主",归入黑五类范围,上吊自杀了;颜家老二颜学林隐姓埋名在家务农,倒也平安无事。"文革"开始后,不知咋的,他实在按捺不住呼风唤雨的豪情,竟又造起反来,还神乎其神地瞎掰了一段造反起义、围攻国民党县衙的光荣历史,俨然一副苦大仇深的形象。趁着一片大好的革命形势,他还真夺了生产大队的权。以后风向突变,另一派群众成了正确路线的代表。他匆忙把抢来的公章藏在床下老鼠洞里,重新做起了农民。谁知翻身上台的一派穷追不舍,一定要查清他的光荣历史,请县里的专案组找到了吴志翔。吴志翔琢磨了一夜,第二天写了证明材料,证明他虽有历史罪恶,他哥哥已被定为漏网地主,他应按土改时期划定的成分认定。

1970年春,吴志翔在看守所监号里已经度过了三年。此时,他已经无法起床了。监狱方组成医务小组对他进行了会诊,检查过他的身体后,皆面面相觑、束手无策,病情似已不可逆转,几个大夫一致确认他将不久于人世,签字画押同意保外就医,就这样,他被抬着离开了监狱。

临出门,他奋力扬起一只拳头,声嘶力竭地大声喊道:"俺一定要活到能吃馍的那一天!"

吴志翔创造的最后一个奇迹就是他真的活到了平反的那一天。1982年,河北省军区撤销了1956年"肃反"运动中给吴志翔定性"现行反革命分子"的决定,恢复原先的职级待遇,恢复吴志翔中共党员的党籍。

事后,有人根据1957年7月18日《人民日报》提供的数字推算,1955~1956年的肃反运动,一共打击株连了140多万干部、知识分子,错案率超过了94%。

不过此时,吴志翔经历中认识的人,包括整他的人在内,大多已先他而去了另外一个世界,没完没了的运动也销声匿迹了,战场上已是一片静寂,没有朋友,也没有了对手,他成了一个真正的孤寂老人。

1983年春日,集市,熙熙攘攘。

一家照相馆门外的过道上,吴志翔理完发,站起身摸了摸下巴,又拍了拍刚刚剃光的头,掏出一块钱递给正在收拾工具的理发师。

"不够,剃光、刮脸、洗头三项加起来已经涨到一块二了。"理发师不愉快地看了吴志翔一眼,用围裙擦着手嘟囔道,"还差两毛。"

"咦——早知道恁涨价俺就不找恁理了。"吴志翔手忙脚乱地把身上所有兜翻了个遍,也没找出一分钱,怪呀——自己明明要了张十元大票出的门,咋就没了呢?吴志翔愣怔良久想不起钱放哪儿了。

"啧啧——俺说恁这老头,还说照相呢,连刮脸、洗头的钱都没带够……"

"咦——"吴志翔一脸犯愁,"理发涨价政府咋没通知呀?恁大的人办恁丢人的事,唉——放心!差两毛钱俺回家端两碗黄豆也不会赖恁的账。"

他努力在想,出门接过钱以后,就这么背到了身后……猛然醒悟到当时把钱挽在了宽大的衣袖里了,当时还想,出门带恁大的票子,可别让小偷盯上了,就想着藏到一个小偷找不到的地方,差点让自己也找不着!

想到此,他顿时有了底气:"只怕是俺找出来的大票恁还找不开呢!"说着他从挽起的袖口里摸出一张十元的大票扬了扬。

这回轮到理发师愕然了,他寻思从昨天到现在一共理了七个光头,换了三盆水,兜里连整带零才六块多钱。

"傻眼了吧?等俺进去照完相给恁。"吴志翔背起双手转身进了照相馆。

"小老板,照相。"

进门,他对着镜子打量一番自己的模样,几十年历史和数不清的风险无不写在了脸上,使他看上去显得格外坦荡、豁达。生活被苦难推搡着走到了今天,艰辛和磨难差一点让他看不见彩虹,他想对着镜子笑笑,可一张嘴看到满口已经没几颗牙了,只好作罢。

他吃惊的不是自己满脸纵横的岁月痕迹,而是这把年纪依旧有着对青葱岁月的依依不舍,经历磨难后依然相信世界上还有美好,这无疑是人生最大的勇气。属于他们那个造梦的时代已经轰轰烈烈地过去了,虚弱的身躯或许再也托不起精神的追求,经历过如此多的潮起潮落,当他终于看清被迷雾遮蔽的前途时,才恍然大悟,可惜一切都为时已晚。生与死是人生永恒的命题,无论何人,生命总会有个尽头,只是它来得太匆忙,灵魂还没有找到安放之处,它就不期而遇了。成功失败,名利财富,早已成了过眼云烟,他总感到有些事还没办完,有许多话想留给后人。在他的一生中,经历过我们民族血泪凝结的历史,他多么希望这一切能让更多的人见证和流传,只是时光已经不允许了,一种难言的痛楚一直笼罩在他的心头。

"照相,正面一张,侧面一张。"他喊了一声。

"侧面照?那不是给犯人照的吗?!恁照那干啥?"照相馆的小老板摆弄着相机,惊奇地反问道。

"看看俺是不是头上长角,浑身是枪,脑后有反骨。"不可言说的痛苦让他选择了嬉闹的方式,吴志翔笑眯眯地面对着镜头坐了下来。一个民族、一个社会的文明进步大概只能通过内在的宽容理解,用爱心和公正才能实现,尊重每一个人就是社会进步的阶梯。

吴志翔终于等到了他命运中这一天,他带着这种温暖笑容,离开了人世。

1983年4月14日,吴志翔逝世,去世前,他说:"俺先打个盹,以后有啥事恁们再叫俺吧。"

1985年5月,经湖南省军区复查,广州军区政治部批准,恢复牛紫龙中共党员资格,党龄自1948年8月算起。